中外教育名家思想

田景正 刘黎明 主编

华东师范大学出版社
·上海·

图书在版编目(CIP)数据

中外教育名家思想/田景正,刘黎明主编. —上海:华东师范大学出版社,2016
ISBN 978-7-5675-5573-0

Ⅰ.中… Ⅱ.①田…②刘… Ⅲ.①教育思想-思想史-世界 Ⅳ.①G40-091

中国版本图书馆 CIP 数据核字(2016)第 192027 号

中外教育名家思想

主　　编	田景正　刘黎明
策划编辑	彭呈军
审读编辑	单敏月
责任校对	时东明
装帧设计	崔　楚
出版发行	华东师范大学出版社
社　　址	上海市中山北路 3663 号　邮编 200062
网　　址	www.ecnupress.com.cn
电　　话	021-60821666　行政传真 021-62572105
客服电话	021-62865537　门市(邮购)电话 021-62869887
地　　址	上海市中山北路 3663 号华东师范大学校内先锋路口
网　　店	http://hdsdcbs.tmall.com
印 刷 者	浙江临安曙光印务有限公司
开　　本	787 毫米×1092 毫米　1/16
印　　张	24.25
字　　数	513 千字
版　　次	2016 年 9 月第 1 版
印　　次	2025 年 7 月第 11 次
书　　号	ISBN 978-7-5675-5573-0
定　　价	56.00 元
出版人	王　焰

(如发现本版图书有印订质量问题,请寄回本社客服中心调换或电话 021-62865537 联系)

上卷　中国教育名家思想

001_ 前言

003_ **第一章　学而不厌，诲人不倦：孔子的教育思想**

003_ 一、生平及教育活动
006_ 二、教育思想的理论基础
009_ 三、论教育对象与教育目的
011_ 四、论教育内容
015_ 五、论教学原则与方法
019_ 六、论道德教育
023_ 七、论教师
026_ 八、孔子教育思想评析

028_ **第二章　为学日益，为道日损：老子的教育思想**

028_ 一、生平及教育活动
030_ 二、政治观及哲学思想
033_ 三、论教育目的
034_ 四、论教育内容
038_ 五、论教学原则与方法
041_ 六、论教师
043_ 七、老子教育思想评析

045_ **第三章 由学"事"到明"理"：朱熹的教育思想**

045_ 一、生平及教育活动
047_ 二、教育思想的哲学基础
049_ 三、教育目的论
050_ 四、教育阶段论
053_ 五、道德教育论
057_ 六、教学论
060_ 七、论读书法
063_ 八、朱熹教育思想评析

066_ **第四章 知行合一：王守仁的教育思想**

066_ 一、生平及教育活动
068_ 二、教育的理论基础："心即理"说
069_ 三、论教育目的与内容
071_ 四、论教学原则
074_ 五、论学习方法
076_ 六、论儿童教育
078_ 七、论社师
080_ 八、王守仁教育思想评析

082_ **第五章 "思想自由""兼容并包"：蔡元培的教育思想**

082_ 一、生平及教育活动
083_ 二、"五育并举"的教育方针
087_ 三、"教育独立"的思想
088_ 四、高等教育思想
094_ 五、研究性教学思想
099_ 六、蔡元培教育思想评析

第六章　无业者有业，有业者乐业：黄炎培的教育思想

101　一、生平及教育活动
103　二、职业教育思想的形成与发展
105　三、论职业教育地位
107　四、论职业教育的目的
109　五、论职业教育的办理
112　六、论职业教育的课程设置与教学原则
113　七、黄炎培教育思想评析

第七章　生活即教育：陶行知的教育思想

116　一、生平及教育活动
118　二、生活教育理论
124　三、普及教育理论
126　四、师范教育理论
129　五、创造教育理论
133　六、学前教育理论
136　七、陶行知教育思想评析

第八章　大自然、大社会是活教材：陈鹤琴的教育思想

138　一、生平及教育活动
139　二、儿童教育心理思想
143　三、家庭教育思想
147　四、论幼稚园教育
150　五、"活教育"理论
153　六、陈鹤琴教育理论评析

第九章　化农民与农民化：晏阳初的教育思想

156_ 　一、生平及教育活动
158_ 　二、定县实验
160_ 　三、教育内容论
164_ 　四、教育方式论
167_ 　五、教育路径：知识分子农民化
169_ 　六、晏阳初教育思想评析

第十章　以群众为本位：徐特立的教育思想

172_ 　一、生平及教育活动
174_ 　二、徐特立教育思想的形成与发展
176_ 　三、基础教育思想
177_ 　四、师范教育思想
179_ 　五、论教材
181_ 　六、论教与学
185_ 　七、论教师
187_ 　八、徐特立教育思想评析

下卷　外国教育名家思想

191_　第十一章　"精神助产术"：苏格拉底的教育思想

191_　一、生平及教育活动
193_　二、教育思想的伦理学基础
196_　三、苏格拉底的教育思想
203_　四、苏格拉底教育思想评析

205_　第十二章　"秩序"与"自然"：夸美纽斯的教育思想

205_　一、生平及教育活动
206_　二、论教育的目的和作用
207_　三、论普及教育
212_　四、论教育教学原则
218_　五、学前教育思想
220_　六、夸美纽斯教育思想评析

222_　第十三章　守望儿童的自然本性：卢梭的教育思想

222_　一、生平活动及著作
224_　二、教育思想的理论基础
227_　三、儿童观：把儿童看作儿童

229_ 四、自然教育的内涵
231_ 五、教育目的：培养自然人
232_ 六、自然教育的路径
238_ 七、卢梭自然教育思想评析

242_ **第十四章　教育要心理学化：裴斯泰洛齐的教育思想**

242_ 一、生平及教育活动
244_ 二、教育思想的理论基础
246_ 三、教育目的论
248_ 四、以家庭教育为中心的教育理论体系
250_ 五、和谐教育论
252_ 六、教育要心理学化思想
254_ 七、论爱的教育
255_ 八、要素教育论
257_ 九、裴斯泰洛齐教育思想评析

260_ **第十五章　彰显教育学的心理学基础：赫尔巴特的教育思想**

260_ 一、生平及教育活动
263_ 二、教育思想的理论基础
267_ 三、教育的目的与起点
269_ 四、教育学的理论体系
277_ 五、赫尔巴特教育思想评析

279_ **第十六章　现代教育的创始人：杜威的教育思想**

279_ 一、生平及教育活动
283_ 二、教育思想的理论基础

286_ 三、"双中心"的教育价值观
288_ 四、论教育本质
291_ 五、论教育目的
293_ 六、教学理论
297_ 七、杜威教育思想评析

299_ 第十七章 儿童世界的揭秘者：蒙台梭利的教育思想

299_ 一、生平及教育活动
301_ 二、教育思想的理论渊源
302_ 三、儿童及其发展观
306_ 四、论幼儿教育内容
310_ 五、论自由、纪律与工作
313_ 六、论教师
315_ 七、蒙台梭利教育思想评析

317_ 第十八章 "发展性教学"理论的探索者：赞科夫的教育思想

317_ 一、生平及著作
318_ 二、"教学与发展"理论产生的背景
321_ 三、"教学与发展"的实验研究
322_ 四、"发展性"教学的目标
323_ 五、"发展性"教学的模式
325_ 六、"发展性"教学的基本原则
328_ 七、赞科夫教育思想评析

331_ **第十九章 和谐发展教育的坚定维护者：苏霍姆林斯基的教育思想**

331_ 一、生平及教育活动
332_ 二、人的全面和谐发展教育理论
344_ 三、论学校管理
347_ 四、苏霍姆林斯基教育思想评析

350_ **第二十章 现代人本主义教育的大师：罗杰斯的教育思想**

350_ 一、生平活动
351_ 二、教育思想的理论基础
355_ 三、教育目的论
356_ 四、教学过程观
359_ 五、"非指导性教学"理论
361_ 六、有意义学习与自由学习
365_ 七、师生观
366_ 八、罗杰斯教育思想评析

369_ **参考文献**
373_ **后记**

前言

（一）

　　教育思想是人类对社会和教育认识、概括、论证和思考的结晶，是教育从自发到自觉，并不断科学化的标志。在人类悠久灿烂的文化教育遗产中，教育思想遗产是最丰富、最珍贵的组成部分。在人类教育发展进程中，不同历史时期的教育名家，或在自己教育实践的基础上，或在总结前人教育经验并立足于相关理论的前提下，根据时代的要求，提出了各具特色的教育主张、教育理论和教育方法，成为在某个历史时期或历史阶段教育思想的代表，对这一时期乃至以后很长的一段时间的教育理论和实践产生广泛而深刻的影响。

　　虽然在不同时代，在同一时代不同的国家或不同的区域，在社会和教育的不同发展阶段上，教育活动的目的、内容、形式、范围、方法、组织不同，甚至存在着非常重大的差别。但是，就学校教育而言，其培养人的基本目的，教师与学生的基本活动关系，课程教学的基本活动方式等从根本上说，是一致的和一贯的。由于这个原因，不同时代和不同国家的教育家对于教育的认识和理解的出发点、方式、角度虽然不同，但在本质上，由于他们所面对的教育现象、需要解决的教育问题却存在基本的共同性。因而，他们对教育的认识就必然具有本质的联系。这样，后代人可以汲取前人的思想成果，并把它转化为自己思想的工具和材料。正因为如此，不理解过去的教育思想，也就无法知道今天的教育思想在多大程度上实现了创新，更无法展望教育思想发展的未来。正如德国著名教育家雅斯贝尔斯所说："从历史中我们可以看见自己，就好像站在时间中的一点，惊奇地注视着过去和未来，对过去我们看得越清晰，未来发展的可能性就愈多。"①基于此,就有志于教师职业的大学生来说,开设"中外教育名家思想"课程,学习不同时期中外教育名家的思想,对于打下较好的教育理论功底,培养教育智慧具有重要的意义。

(二)

当前,我国的教师教育得到前所未有的重视,开设教师教育课程是其重要的措施之一。在教师教育课程群中,"中外教育名家思想"课程有其独特的价值,扮演着基础性的功能。

首先,"中外教育名家思想"是教师教育的基础课程,是培养教师不可或缺的内容。教师教育课程有教育学、教育哲学、课程与教学论、学科教学论、德育与班级管理等,而"中外教育名家思想"是教师教育课程中的基础课程,因为"中外教育名家思想"为这些教师教育课程提供了基本的材料和教育观点。以"教育学"课程为例,其内容"教育学的诞生与发展"讲的就是中外教育思想发展历程;其他内容如教学任务、教学过程的本质、教学规律、教学原则、教学方法、班级授课制等,往往需要引述中外教育名家的观点,与中外教育名家思想有着千丝万缕的关联。离开了中外教育名家思想,教育学也就没有多少自身有特色的内容。就教育学研究的许多基本问题,如主体性教育、生命教育、生活教育、活动教育、自由教育、个性化教育、审美教育等等而言,中外教育名家有关思想就是其理论渊源。可见,对于中外教育名家思想的学习有助于未来教师把握教育思想发展的"今生来世",加深对其他教师教育课程的理解,更好地掌握其他教师教育课程的内容;也有助于未来教师们能"以史为鉴",吸收中外教育名家思想的教育智慧,提升自身的专业素质和专业水平,成为21世纪合格的人民教师。

其次,中外教育名家思想有助于拓展教师教育专业学生的视野,培养这些未来教师的理论思维能力。缺乏教育理论,人们只能从经验的角度看待教育世界,停留在经验的常识水平。中外教育名家思想给予人们的是一种具有科学性质的教育世界图景,能使人们不断深化对教育世界的认识和理解。可以说,每一位教育名家的思想理论就是一种有个性化的教育学,各具特色的中外教育名家思想能拓展学习者的视野。就古代教育名家思想而言,中国有孔子的"有教无类"教育思想、老子的"为道日损"教育思想,王守仁的"体悟"与"磨炼"教育思想、朱熹的"朱子读书法";外国如古希腊苏格拉底的"精神助产术"教育思想、夸美纽斯的"泛智教育"思想等。就近现代教育名家思想而言,随着教育理论的分化和立足不同的理论基础及社会使命,他们的教育思想理论个性则更为鲜明,如中国蔡元培的"思想自由,兼容并包"思想及改造北大的实践、陶行知的"生活教育"思想、陈鹤琴的"活教育"思想、黄炎培的"大职业教育"思想、晏阳初的"化农民与农民化"的乡村教育思想、徐特立的"以群众为本位"的老区教育思想与实践等;外国的如卢梭的"自然教育"思想、裴斯泰洛齐的"要素教育"思想、赫尔巴特的"主知主义教育"思想、杜威的"实用主义教育"思

---

① [德]雅斯贝尔斯.什么是教育[M].邹进译.北京:读书·生活·新知三联书店,1991:58

想、蒙台梭利的幼儿教育思想、赞可夫的"教学与发展"教育思想、苏霍姆林斯基"促进学生和谐发展"教育思想，罗杰斯的人本主义教育思想等。可见，教育名家思想为未来教师提供了丰富的精神盛宴，能使其教育知识视野得到拓展，加深他们对教育世界的理解，提升其教育思维水平。掌握了教育理论，我们看待教育世界的眼光就不同，就有了理论的视角。例如，我们学习了卢梭的自然教育理论，就会自觉抵制"儿童就是小大人""棍棒底下出人才"的错误认识和观念，树立起"把儿童当作儿童"的正确儿童观，用自然教育理论指导和规范我们的教育行为。

  再次，中外教育名家思想能促进未来教师个人教育观念的形成，为其在未来职业生活中开展教育反思，实现专业的自主发展奠定基础。教师个人教育观念和教学反思对于教师的成长是不可或缺的。适宜的个人教育观念在促进教师专业的自主发展，提升教育实践效果的作用越来越明显。而教师个人教育观念的形成，尽管与其个人的实践智慧密切相关，但通过学习和研究教育理论，掌握中外教育名家思想，仍然是最主要的途径。一是教师只有掌握了中外教育名家思想，拥有丰厚的教育理论素养，才能切实地把握教育问题，深入地分析教育问题，更本质地看待教育问题。从而使教师有可能制定科学教育方案，解决教育问题，提升教育教学的实效。二是中外教育名家思想还能直接引发和促进教师对教学的反思。尽管中外教育名家的教育思想产生的时代背景、理论旨趣各不相同，不可能对当代各种不同的教育实践都能起到"指导"作用，但正因为它们丰富多彩，各具特色，彰显了各种不同的可能性。这种不同的可能性为教育实践者对教育教学行为的反思提供了丰富的思想源泉和多种多样的参照模式，这有利于他们的教学反思更加高效和合理。

  另外，中外教育名家思想在促使学生感受中外教育名家人格风范，培养献身教育精神方面则具有不可替代的地位。古代的如孔子和苏格拉底，他们学而不厌，诲人不倦，启人心智，传授仁义于四海，成为万世师表；近现代的如裴斯泰洛齐、苏霍姆林斯基、陶行知、徐特立、晏阳初等，他们"捧着一颗心来，不带半根草去""为农民烧心香"，一生致力于教育和平民事业，鞠躬尽瘁，死而后已。这些教育名家之所以被历史铭记，除了其教育思想在历史上产生重要影响外，其献身教育的精神成为世人敬重的榜样，同样给当下教育工作者以启迪。走进他们的世界，去读懂他们的思想，对于奉献教育，痴迷教育，坚守教育，创造教育，就找到了这棵葱茏繁茂教育大树的根，以及滋养教育大树的沃土。因此，中外教育名家思想还应当为培养作为教师的职业精神服务，使优秀的教育传统和教育家的优秀品质在新一代教师身上得到充分的体现和发扬光大。

（三）

  在人类教育史的长河中，中外教育名家辈出。他们灿若群星，他们以其卓越的智慧丰富着人类精神文明的宝库。这给我们编写《中外教育名家思想》提供了丰富的资料，同时，在具体选择数量有限的教育名家时也提出了难题。于是，我们确定了几个基本原则，即目标性原则、重要性原则、多样性原则、人文性原则。目标性原则即所选取的教育家教育思想尽可能在培养未来教师的教育观念、教育理论知识、教育能力、教育信念上发挥最大的功能；重要性原则即选取的教育家一定在历史上对教育理论和实践产生了重大的影响，而这种影响往往是同一时期的其他教育家所不及的；多样性原则指由于教材篇幅限制，除非特别需要，在同一时代，同一类型的教育家尽量不重复出现；人文性原则指在筛选教育家时，除了考虑其教育理论的影响力以外，那些矢志教育，为教育事业鞠躬尽瘁的教育家也应纳入主要考虑的范围。基于上述原则，经过深入分析，反复对比，我们选出了中外各10位，共20位教育名家。中国教育名家为孔子、老子、朱熹、王守仁、蔡元培、陶行知、黄炎培、晏阳初、陈鹤琴、徐特立；外国教育名家为苏格拉底、夸美纽斯、卢梭、裴斯泰洛齐、赫尔巴特、蒙台梭利、杜威、赞可夫、苏霍姆林斯基、罗杰斯。

由于教育名家的思想影响深远，思想内涵极为丰富。为此，本教材在编写内容上，主要基于目标性原则进行取舍。即从培养未来教师在教育教学工作中基本需要的教育观点、方法等知识及对教育事业的情感角度进行材料的选取。这样，在编写各位教育家思想时，重点则放在教育目的、教育内容、教学原则及教学方法方面。同时，对于一生献身教育事业的教育家教育活动也予以较详细的介绍。

（四）

《中外教育名家思想》分为上下两卷。由湖南师范大学田景正、刘黎明任主编，分别负责本书上卷和下卷的篇章结构，共同修改、统稿等。编写人员由湖南、河南、江西、四川、河北、山西、江苏、福建、陕西9个省15所高校共18人组成。本书编写的具体分工如下。

上卷：中国教育名家思想

第一章，由刘保兄（河南大学）撰写；第二章，由田景正、王俊杰（湖南师范大学）撰写；第三章，由刘慧群（湖南第一师范学院）撰写；第四章，由张建中（江西师范大学）撰写；第五章，由刘黎明（湖南师范大学）撰写；第六章，由田张霞（绵阳师范学院）撰写；第七章，由赵俊杰（河北师范大学）撰写；第八章，由田景正（湖南师范大学）撰写；第九章，由梁尔铭（井冈山大学）撰写；第十章，由梁堂华（长沙师范学院）撰写。

下卷：外国教育名家思想

第十一章、第十六章，由郭芬云（山西大学）撰写；第十二章，由但柳松（新乡学院）撰写；第十三章，由刘黎明（湖南师范大学）撰写；第十四章，由余中根（信阳师范学院）撰写；第十五章，由于书娟（江南大学）撰写；第十七章，由周玲（怀化学院）撰写；第十八章，由孙曼丽（福建师范大学）撰写；第十九章，由杨洁（陕西师范大学）撰写；第二十章，由刘黎明、周颖（湖南师范大学）撰写。

田景正　刘黎明
2016年6月

上卷 中国教育名家思想

第一章 学而不厌,诲人不倦:孔子的教育思想

孔子(前551—前479)

> 知之者不如好之者,好之者不如乐之者。
>
> ——孔子

【内容摘要】孔子是中国古代伟大的思想家、教育家,儒家思想的创始人。他一生"学而不厌""诲人不倦",其教育思想奠定了儒家教育理论体系的基础,对中国古代教育产生了重大影响。在教育对象上,孔子主张有教无类,将教育对象扩大到了一般的民众。孔子所倡导的培养"君子"及"学而优则仕"的教育目标,成为中国两千多年古代教育的价值取向。他主张将学生道德修养、文化学习以及生活技能学习相结合,提出了启发诱导、因材施教、学思并重、知行结合的教学原则和立志、改过、反省等道德教育的方法。孔子以其自身的教育实践,向世人诠释了"为人师表"的形象,其教育思想对中国教育的发展产生了深远的影响。

【核心概念】孔子;有教无类;君子;启发诱导;因材施教;学思结合

一、生平及教育活动

孔子姓孔名丘,字仲尼,周灵王二十一年、鲁襄公二十二年(公元前551年)出生于鲁国陬邑(今山东曲阜)。鲁国是西周时期著名政治家周公的封地,由于周公为周王朝建立了卓越的功勋,鲁国成为当时唯一可用天子礼仪祭祀天地祖先的诸侯国,这使得鲁国从西周到春秋时期都是东

部地区一个人文荟萃的文化中心,享有"周礼尽在鲁"①的美誉。孔子正是在这种"郁郁乎文哉"的周文化风习中诞生和成长起来的。孔子远祖为殷纣王的弟弟微子,微子之后传至孔子的先祖孔父嘉,因为距离宋国始祖已经超过五代,便改为孔氏,为宋国贵族。孔父嘉因与世卿华氏不和,被其杀害,孔父嘉的儿子木金父逃到鲁国安身,从此为鲁人。家族传至孔子的父亲叔梁纥(即孔纥),家道已经没落,孔子父亲因两次立战功,被封为陬邑的地方官,因而,孔子也被称为"陬人之子"。②从血族来看,孔子为殷人,他自称:"丘也,殷人也。"③

孔子母亲姓颜,名征在,生于贫家。传说叔梁纥生孔子时已七十岁,颜征在才十七岁。孔子刚生下时,头顶中间凹陷。相传孔子是其母亲于当地尼丘山祈祷得来,因而取名为丘;又因他有一个同父异母的哥哥,弟兄中排行老二,所以字仲尼。孔子三岁左右,父亲去世。多种原因,孔子的母亲带着他离开了自己的出生地,到鲁国平民聚居地曲阜阙里生活。孤儿寡母,其生活艰难可想而知。《史记》称孔子"贫且贱",④孔子本人在回忆自己少年生活时,也称:"吾少也贱,故多能鄙事。"⑤

孔子十七岁时,母亲去世。也就在这一年,鲁国执政大夫季武子举行招待士的宴会,孔子欣然去参加宴会,没想到被季氏的家臣拒之门外。这对孔子无疑是一个不小的打击,也就是这个打击,进一步激发了他发愤自学、努力奋斗自立的志向。

孔子十九岁那年娶宋国亓官氏女子为妻,第二年儿子降生。据说当时鲁昭公派人送来一条鲤鱼,以示祝贺,因而孔子给儿子取名为鲤,字伯鱼。娶妻生子后的生活艰辛,迫使孔子不得不考虑养家糊口。孔子曾短暂担任季氏门下管理仓库的"委吏"和管理畜牧牛羊的"乘田"。但无论从事何职,他始终坚持自学不辍。史载鲁昭公十七年,郯国国君到鲁国访问,时年二十七岁的孔子听说郯君知识渊博,便前去拜见,虚心向郯君学习,既而感叹地对人说:"吾闻之,'天子失官,学在四夷',犹信。"⑥

孔子从什么时候开始授徒讲学史料记载并不清楚。但三十岁时,孔子私学教育已经有一定社会影响,孔子称自己"三十而立"⑦即是指此。孔子三十四岁时,鲁国大夫孟僖子病逝,临终前嘱咐家臣,让他的两个儿子孟懿子(说)和南宫敬叔(何忌)拜孔子为师。其遗言称:"礼,人之干也。无礼,无以立。吾闻将有达者曰孔丘,圣人之后也……臧孙纥有言曰:圣人有明德者,若不当世,

---

① 《左传·昭公二年》.
② 《论语·八佾》.
③ 《礼记·檀弓上》.
④ 《史记·孔子世家》.
⑤ 《论语·子罕》.
⑥ 《左传·昭公十七年》.
⑦ 《论语·为政》.

其后必有达人。今其将在孔丘乎！我若获没，必属说与何忌于夫子，使事之，而学礼焉，以定其位。"①孔子门下弟子不仅有孟懿子、南宫敬叔这样的贵族，也有颜涿聚之类曾经为大盗之人，以及如子路之类鲁莽之徒。孔子以"学而不厌，诲人不倦"的精神吸引了一批又一批的学生跟随他求学。从年轻时开始私人教学，直到去世，孔子的教育活动从未间断，并最终成为当时最有影响的私学教师。

孔子三十多岁时，曾一度想入仕，但并没有如愿。在经历鲁国和齐国的谋职失败后的十余年间，孔子一直贫居不仕，专心于教学和思想文化研究。也正是这段时间，孔子的学术造诣得到飞速发展，为他后来的从政和教学奠定了更为深厚的基础。这期间，孔子曾到京师洛邑参访。洛邑是王室东迁之后周王朝的都城。那里有王室搜集、保存的大量珍贵历史文物和文化典籍，聚集着一批学识渊博、声望很高的大学者。孔子在这里不仅参访了京师内外的文物古迹，阅览了王室的珍贵典籍，还拜访了擅长音乐的周朝大夫苌弘，以及周朝的守藏史老子。这次参访对孔子后来的事业、思想和声望无疑有重大的影响。司马迁说："孔子自周反于鲁，弟子稍益进焉。"②这反映了孔子参访归来一个直接的影响就是弟子相比原来更多。

孔子五十一岁时被任命为鲁国中都宰，之后又连续升任小司空、大司寇，协助季氏处理国事。孔子以大司寇职位参与国家大事三个月后，政绩显著，"粥羔豚者弗饰贾；男女行者别于途；途不拾遗；四方之客至乎邑者，不求有司，皆予之以归"③。意思是说，贩羊卖猪的商人不敢哄抬价钱；行人男女都分开走路，各守礼法；路上见了别人掉落的东西都不敢捡回去；四方旅客来到鲁国，不必向官吏请求，都会给予亲切的照顾。鲁国民风的转变，使与之相邻的齐国"闻而惧"④，于是送美女色诱鲁国国君，最终导致孔子和季氏矛盾激化而下野。从此开始他的周游列国之旅。他先后到过卫、曹、宋、陈、蔡、郑、楚等十几国，但因多种原因，终不被重用。68岁时，孔子返回了鲁国，主要精力放在了教学和整理文化典籍上，晚年完成了《诗》《书》《礼》《乐》《易》《春秋》的编纂和校订工作，为中国古代文化的保存和发展作出了重大的贡献。

周敬王四十一年、鲁哀公十六年（公元前479年）孔子逝世，终年七十三岁。孔子逝世后，学生们为他举行了隆重的葬礼，并为他服丧3年，其中子贡则为其守墓6年。鲁人和孔子的一些学生相继到孔墓附近筑室为家，达百余户。

私学产生于春秋时期，孔子虽非私学的首创者，但创办的私学规模最大，影响最深。孔子所办私学打破了传统的学在官府的惯例，将教育对象扩大到了广大民众，推动了中国古代教育的进步，为中华文明的发展作出了巨大的贡献。

---

① 《左传·昭公七年》.
② 《史记·孔子世家》.
③ 《史记·孔子世家》.
④ 《史记·孔子世家》.

研究孔子最可靠、最基本的资料是《论语》，由孔子的弟子和再传弟子根据他们记忆汇编而成。《论语》的成书年代大约在春秋战国之交，全书共有二十篇，以孔子的思想言行为主，也杂有其弟子的言行，是无系统的语录和记事体裁。此外，有关孔子的史料还散见于《左传》《国语》《孟子》《荀子》《墨子》以及《史记》中的《孔子世家》《仲尼弟子列传》《儒林列传》和《汉书·艺文志》等。

二、教育思想的理论基础

（一）人性论

人性论是孔子教育立论的基础。孔子在中国哲学史上首次提出了人性论的命题，他说："性相近也，习相远也。"①即认为，人与人出生时的本性并没有太大差别，后来之所以有较大的差别，是学习或环境影响的结果。这充分说明了人与人之间的平等特性，同时，强调了教育及环境影响对于人发展的重要性。

孔子指出人本性相近，但他并不否认人在智识上的差别。他提出"生而知之者，上也；学而知之者，次也；困而学之，又其次也；困而不学，民斯为下矣"②，并且强调"唯上知与下愚不移"。③把"生而知之者"称为"上知"之人，表面上，孔子似乎并不否认这类人的存在。但孔子却自称："我非生而知之者，好古，敏以求之者也。"④即是说由于自己不是"上知"之人，但是也不愿意做一个"下愚"之人，因此，就只有通过努力学习不断求知。世界上为什么有"下愚"之人？孔子认为"下愚"者并非天性所致，主要原因是他们"困而不学"，知难而退，不求上进。

从《论语》的整体思想中来看，孔子并非是要刻意把人进行等级的划分，而是强调学习的重要性。孔子本人也是"不怨天，不尤人；下学而上达"⑤。即不埋怨上天，不责备他人，正确的处世态度是通过平常的勤奋学习达到知识和精神的更高境界。也正因为如此，孔子经常鼓励学生积极学习，视学习为快乐之事，称："学而时习之，不亦说乎？"⑥能够视学习为快乐之事，内在有了动力，即便老师不督促也会自觉去学习，这是一个人通向"知"者的内在根据。这样，对于孔子认为"上知与下愚不移说"就有两种评价：一是认为孔子说得过于绝对，任何人都有无限发展的可能，不能简单否认每个人的发展可能性；二是孔子指出"上知""下愚"不移的规律："好古，敏以求之""学而时习"者可达"上知"，而"困而不学"者自甘愚昧，指出了一个人不断学习的重要性。

---

① 《论语·阳货》.
② 《论语·季氏》.
③ 《论语·阳货》.
④ 《论语·述而》.
⑤ 《论语·宪问》.
⑥ 《论语·学而》.

不管如何,现实中人的智识差别是存在的。基于这种认知,孔子提出"中人以上,可以语上也;中人以下,不可以语上也。"①这里的"上"是指高于生活,指导和管理生活的学问。也就是说只有中等水平以上的人,才能够和他们探讨高深的学问。而这也正是孔子"因材施教"原则的人性论基础。人虽"性相近",生而平等,但是在认知能力、品性等方面还存在区别,这是不可否认的。所以,对待不同的学生,其教育内容、方式方法也应当有所不同。

孔子的"性相近也,习相远也"的命题,虽然没有直言人性的善恶,但是开启了儒家对人性认识的先河。"性相近"开了孟子的性善论之端;"习相远"开了荀子的性恶论之端;"唯上智与下愚不移"和"中人以上""中人以下"的观点,则为性善恶混论、性三品说,提供了思考的诱因和基础。

(二) 政治思想

1. 政治理想

孔子生活的年代是奴隶制度向封建社会的过渡时期,这一时期生产力大为发展,物力的丰富不可避免地激发了人们欲望的滋长,出现"上下交征利",即诸侯与周天子争利的局面,导致"礼崩乐坏",周王室地位的衰微,诸侯之间的相互征战,社会的动荡不安。孔子面对这种衰败之象忧心忡忡,主张恢复周礼,使天下复归于政治安宁。

孔子"信而好古",对周公充满仰慕,对周礼充满热爱,所以他在政治上一心要恢复西周的礼仪制度。孔子盛赞西周礼仪制度,称:"周监于二代,郁郁乎文哉!吾从周。"②在孔子看来,西周的礼仪制度在夏、商两代的基础之上发展起来,已经非常完备,所以孔子一心想要追随西周的礼仪制度,并且认为:"其或继周者,虽百世,可知也。"③也就是说,西周礼仪制度可传百世。但随社会发展而愈演愈烈的利益之争,使得传统的周礼已经无法推行,僭越旧礼已经成为一种普遍的社会现象。目睹此状,孔子也认识到单靠外在的礼教的约束,难以出现"百世"之局面。于是孔子转而期望能够借助启迪人们内在之"仁"德,通过人们内在的自我约束达到外在"从礼"。于是"复礼启仁"就成为了孔子一生的政治追求。

2. 政治策略

(1) 正名

从恢复西周的礼仪制度出发,孔子首先强调要正名。子路曾经问孔子:"卫君待子为政,子将奚先?"孔子的回答是:"必也正名乎!"孔子解释说:"名不正则言不顺,言不顺则事不成,事不成

---

① 《论语·雍也》.
② 《论语·八佾》.
③ 《论语·为政》.

则礼乐不兴,礼乐不兴则刑罚不中,刑罚不中,则民无所措手足。"①孔子将纠正名分看作至关重要的问题,因为在他看来,名分不明确,言语就不能顺理成章、工作就不能搞好、国家礼乐制度办不起来、刑法不会得当,最终百姓不知如何做事。怎样做才是"正名"呢?孔子在回答齐景公时给出了答案:"君君,臣臣,父父,子子。"②孔子看来,君、臣、父、子,名分各不相同,所担负的权利、义务也各不一样,只有大家都遵照"礼"的规定"素位而行",严格遵守自己所属的名分,按照自己名分行事,社会才会井然有序。

（2）为政以德

鲁国大夫季康子向孔子请教如何为政,孔子回答说:"政者,正也。子帅以正,孰敢不正?"③意思是所谓"政"字,就是端正。执政者带头端正自己,百姓自然会跟着端正自己。孔子把执政者的道德比作风,民众的德行比做草,风吹向哪里,草就向哪里倒,即:"君子之德风,小人之德草。草上之风必偃。"④正因为如此,孔子提出:"为政以德,譬如北辰,居其所而众星共之。"⑤用道德来治理国家,就会如北极星一样,定好自己的位置,其他星辰自然会环绕着你。"上好礼,则民莫敢不敬",⑥在上位的人崇尚礼仪,按照礼制做好自己的事情,民众自然而然会尚礼敬上。

（3）齐之以礼

作为西周礼仪制度的维护者,孔子非常重视"礼"在政治中的作用。他强调:"道之以政,齐之以刑,民免而无耻;道之以德,齐之以礼,有耻且格。"⑦即在高压政策和刑罚下,虽然人民行为因不敢抵触而暂时免于犯罪,但内心却缺少认同而不服;唯有用道德来引导,用礼仪来约束,人民才会既有羞耻之心,也会从内心归服。在这里,孔子将礼视为重要的治国方略,倡导用礼来约束人民。在《左传》中,孔子更是鲜明地提出:"礼,经国家,定社稷,序民人,利后嗣者也。"⑧他认为礼不仅可以治理国家,安定社稷,使人民有序,还对子孙后代有利。

（4）举直措枉

举直措枉意思是选贤任能,这可以说是孔子德治思想的延伸。孔子强调:"举直错诸枉,则民服;举枉错诸直,则民不服。"⑨意思是说提拔正直的人,使他们的地位在邪恶的人之上,人民才能臣服;反之,人民不会服从。孔子所谈正直之人即是贤能之人,如仲弓问孔子如何为政时,孔子回

---

① 《论语·子路》.
② 《论语·颜渊》.
③ 《论语·颜渊》.
④ 《论语·颜渊》.
⑤ 《论语·为政》.
⑥ 《论语·子路》.
⑦ 《论语·为政》.
⑧ 《左传·隐公十一年》.
⑨ 《论语·为政》.

答:"先有司,赦小过,举贤才。"①即首先让各级官员承担自己的职责,不计较细微的过错,提拔优秀的人才。在孔子看来,只要执政者是"君子""仁人""贤人",则一切问题就好解决。

（5）庶富教

庶、富、教在孔子看来是立国治国的三大要素。其中教育事业的发展即建立在人口发展和经济发展的基础之上,同时,反过来又是提升人的精神境界,促进社会和谐的必然途径。孔子和弟子在前往卫国的旅途中,孔子感言:"庶矣哉。"冉有问:"既庶矣,又何加焉?"孔子回答"富之"。冉有又问:"既富矣,又何加焉?"孔子回答"教之"。②"庶"指较多的人口和劳动力,"富"强调物质生活的富足,"教"是使人民受到政治伦理教育,知道安分守己。孔子生活的年代,战争已经开始频发,战争导致必要劳动力的锐减,因而孔子强调治国第一要素要有基本劳动力,在此基础上才能创造丰富的物质,有了丰富的物质基础则必须对人民施以教育,三者结合才能使国家走上富强康乐之路。结合时代背景,孔子对治国要素的认识不无道理。

三、论教育对象与教育目的

（一）有教无类的教育对象观

在教育对象上,孔子明确提出了"有教无类"③的思想。孔子自称:"自行束修以上,吾未尝无诲焉。"④只要学生本人愿意学习,主动奉送10条干肉履行师生见面礼,孔子就会接收其为自己的弟子。所以,在孔子的弟子中,学生既有来自鲁国的,也有来自齐、宋、卫、秦、晋、陈、蔡、吴、楚等国的;既有贵族家庭出身的孟懿子、南宫敬叔、司马牛等,也有贫贱家庭出身的颜渊、曾参、子张、仲弓等人;既有商人出身的子贡等,也有曾经做过"大盗"或犯人的颜涿聚、公冶长等。孔子门下的弟子可谓各色人物都有。南国惠子曾问子贡说:"夫子之门,何其杂也?"子贡回答说:"君子正身以俟,欲来者不拒,欲去者不止,且夫良医之门多病人,檃栝之侧多枉木,是以杂也。"⑤子贡非常巧妙地回答了南国惠子的问题,君子端正自己的品行以待四方求教之士,愿意来的人不拒绝,愿意走的人不制止。就好比良医之门病人多,良工之旁弯木多一样。同时也指出,只要到他的门下学习,就会有自己的收获。

孔子生活时代是由"学在官府"向"学在四夷"转变的时期,孔子的"有教无类"的教育方针适应了社会发展的需要,把受教育对象的范围扩大到了一般平民,彻底打破了贵族对学校教育的垄

---

① 《论语·子路》.
② 《论语·子路》.
③ 《论语·卫灵公》.
④ 《论语·述而》.
⑤ 《荀子·法行》.

断,为私学教育和中华民族文化的发展作出了重要的贡献。

(二)培养"君子"的教育目的观

孔子的弟子子夏曾提出:"仕而优则学,学而优则仕。"①因此,后世也将孔子的培养目标概括为"学而优则仕"。可以说"学而优则仕"反映了孔子教育目的的社会层面目标,而没有体现出孔子教育目的的个体层面目标。孔子曾对自己学生子夏提出要求说:"女为君子儒,无为小人儒。"②综合看,孔子教育目的是培养能够致仕以"济天下"的君子。

"学而优则仕"是从社会目标来定位教育目的的。即"仕"反映了孔子所要培养"君子"的社会价值或社会定位。一般认为,先秦两汉时期,人们的观念中学与仕即读书与做官是同一的。许慎说:"仕,学也。官,仕也。"③这是当时人们观念的反映。孔子曾说"学也,禄在其中矣",④是说读书为了做官,毫无隐晦。孔子弟子子路说:"不仕无义。长幼之节不可废也,君臣之义如之何其废之?欲洁其身而乱大伦。君子之仕也,行其义也。"⑤子路同样认为读书不做官是目无君上有悖人伦的行为,是大不义。

"君子"是从"学"者所应达到的发展目标和要求来定位教育目的的,即"君子"表达了"学而优"的品质状态。也就是说,"君子"和"学而优"在人才标准或规格上是一致的,"仕"则是教育目标社会价值的延伸。

怎样的人才配为"君子"呢?《论语》中孔子论述君子的观点非常多,概括而言:"有君子之道四焉:其行己也恭,其事上也敬,其养民也惠,其使民也义。"⑥君子的标准可以从四个方面来评价:君子自身庄严恭敬;对待君上认真负责;教养人民有恩惠;役使人民合于道义。从这点来看,孔子的教育目标是和他的政治思想紧密相连,而他的政治理想又是融道德、人伦、政治于一体。所以,孔子培养的人才有其严格的道德、人伦、政治要求。用后世儒家学者总结而言,君子当具备"修身、齐家、治国、平天下"之能力。四个条目中又"壹是皆以修身为本"。所以孔子又提出"君子道者三",即"仁者不忧,知者不惑,勇者不惧"。⑦君子应当具备仁、知、勇的品质。

从仁的层面讲:"君子去仁,恶乎成名?君子无终食之间违仁,造次必于是,颠沛必于是。"⑧君子丢掉了仁之本性,就不可能有成就,所以君子应当时刻都不违背仁。

---

① 《论语·子张》.
② 《论语·雍也》.
③ 《说文解字》.
④ 《论语·卫灵公》.
⑤ 《论语·微子》.
⑥ 《论语·公冶长》.
⑦ 《论语·宪问》.
⑧ 《论语·里仁》.

从知的层面讲:"务民之义,敬鬼神而远之,可谓知矣。"①严肃对待鬼神但并不接近它,把心力专一地用在使人民走向"义"方可谓智慧之人。"知者利仁",②智慧的人知道"仁"对自己有好处,所以他会利用仁去指导自己的实践。

孔子所谈"勇"非匹夫之勇,因为孔子曾多次批评匹夫之勇,"勇而无礼则乱""好勇不好学,其蔽也乱""君子有勇而无义为乱"③。所以孔子所谈之"勇"当为"仁者之勇"。孔子称:"仁者必有勇,勇者不必有仁。"④那么,怎样才能做到"不惧"?孔子的回答是:"内省不疚,夫何忧何惧?"⑤问心无愧之人,才能做到无忧无惧。从上分析可以看出,孔子所培养的君子围绕"礼""仁"展开,看重的是道德层面。而具备仁、知、勇三种品质的人,也被孔子称为"成人"。

从培养致仕的君子为目的出发,孔子反对弟子学习农事。《论语·子路》记载的一则故事就生动反映了孔子这一观点:

樊迟请学稼。

子曰:"吾不如老农。"

请学为圃。

曰:"吾不如老圃。"

樊迟出。子曰:"小人哉,樊须也!上好礼,则民莫敢不敬;上好义,则民莫敢不服;上好信,则民莫敢不用情。夫如是,则四方之民襁负其子而至矣,焉用稼?"

对于多能"鄙事"的孔子来说,种庄稼、种菜并非难事,但弟子樊迟求教,孔子却称自己不如有经验的农民、菜农,不予回答。接着,孔子道出了他不理睬学生樊迟的根本原因。那就是执政者重视礼,百姓没有人敢不恭敬诚实;执政者伸张正义,百姓都会衷心信服;执政者倡导诚信,天下人就会讲真话。做到这样,则四方百姓都会拥戴你,而研究种庄稼有多大的价值呢?这里,孔子表达了"学而优则仕"意义,其培养致仕君子的教育目的非常明确。

四、论教育内容

《论语·述而》载:"子以四教:文、行、忠、信。"文、行、忠、信可以说比较全面地概括了孔子的

---

① 《论语·雍也》.
② 《论语·里仁》.
③ 《论语·泰伯》《论语·阳货》.
④ 《论语·宪问》.
⑤ 《论语·颜渊》.

教育内容。四者中,孔子又尤为看重以"忠""信"为核心的道德教育。对此,孔子称:"弟子入则孝,出则悌,谨而信,泛爱众,而亲仁。行有余力,则以学文。"①

(一)"忠""信"为核心的道德教育

忠、信是孔子所倡导的重要道德标准。在孔子那里,忠、信常常联合为一个概念。如"十室之邑,必有忠信如丘者焉,不如丘之好学也。"②"主忠信,无友不如己者"。③ 宋代著名儒学家程颢解释:"尽己之谓忠,以实之谓信。发己自尽为忠,循物无违谓信,表里之义也。"④程颢解释比较准确地把握了孔子忠信之道的实质。忠就是全心全意地为他人,信则是全心全意为他人时必然表现出的一种诚实的态度。所以孔子的忠信是指为人正直、诚恳厚道,通过实实在在地去做事,来全心全意地为他人。

孔子重视忠信之道。孔子的学生子张问如何提高品德,辨识迷途,孔子回答:"主忠信,徙义,崇德也。"⑤以忠诚信实为主,唯义是从,就可以提高品德。在生活中,孔子强调"臣事君以忠""行之以忠""言思忠""与人忠""忠焉,能勿诲乎?"⑥做到全心全意忠于国家,尽心尽力地为他人着想。在孔子的观念中,"信"不仅是私德,更重要的是立国之基。《论语·颜渊》有一则子贡曾咨询孔子如何为政的故事:

> 子贡问政。子曰:"足食,足兵,民信之矣。"
> 子贡曰:"必不得已而去,于斯三者何先?"曰:"去兵。"
> 子贡曰:"必不得已而去,于斯二者何先?"曰:"去食。自古皆有死,民无信不立。"

足食、足兵、民信三者之中只能保留一项的话,孔子毫不犹豫地选择"民信",因为"民无信不立",一般百姓失去了信用,在社会就没有立足之地;而一个国家不能得到百姓的信任必将垮掉。所以孔子一再强调:"人而无信,不知其可也。"⑦若能做到"言忠信,行笃敬",即便到"蛮貊之邦"也通行无阻;"言不忠信,行不笃敬",则寸步难行。⑧

---

① 《论语·学而》.
② 《论语·公冶长》.
③ 《论语·学而》.
④ 《遗书·卷第十一》.
⑤ 《论语·颜渊》.
⑥ 《论语·八佾》《论语·颜渊》《论语·季氏》《论语·子路》《论语·宪问》.
⑦ 《论语·为政》.
⑧ 《论语·卫灵公》.

(二)"六书"为核心的文化知识教育

孔子自称"述而不作,信而好古,窃比于我老彭。"①事实上,孔子不仅对古代的《诗》《书》《礼》《乐》《易》进行了删编整理,还编撰了《春秋》。"诲人不倦""吾无行而不与二三子者"②的孔子,不可避免会将自己接触到的古典文化知识悉数传授与弟子。

六书中,孔子与弟子谈论较多的就是《诗》《礼》《乐》。孔子称:"兴于诗,立于礼,成于乐。"③《诗》可以让人振奋,是学者的起步;学了《礼》,人方可在社会上立足;《乐》则可以进一步提升人的境界,如融会贯通,可达到"成人"或"至善"状态。

《诗》即《诗经》,是孔子强调最多的内容。孔子多次提到学《诗》的重要性。孔子称:"小子何莫学夫诗?诗,可以兴,可以观,可以群,可以怨。迩之事父,远之事君;多识于鸟兽草木之名。"④《诗》不仅可以培养联想力、提高观察力、锻炼合群性,还可以学到抒发悲怨的方法。运用好其中的道理,近可以侍奉父母,远可以侍奉君上,此外还可以认识众多鸟兽草木的名称,熟悉大自然。学《诗》有这么多的益处,孔子免不得时时督促自己的弟子和儿子学习。有一次,孔子问儿子孔鲤有没有学《诗》中的《周南》、《召南》两组诗,孔鲤说没有,孔子教导说:"人而不为周南、召南,其犹正墙面而立也与?"⑤孔子认为,一个人不学这两组诗,就好比面墙而站,什么也看不到,一步不能前行。

《书》即《尚书》,是夏、商、周三代的历史文献汇编。《论语·泰伯》篇中,孔子盛赞尧、舜、禹、汤、文、武的为人和用人,即是借用《书》中的材料对弟子进行教育。"子所雅言,诗书执礼,皆雅言也。"⑥孔子在读《诗》、读《书》、行礼时,都用当时的通用话,可见孔子对《书》的重视。

《礼》又说是《士礼》,相传为孔子手定,所以后世称《礼经》,主要记载西周以来的政治制度和礼仪规范。孔子一心以恢复西周礼仪制度为追求,对《礼》的教育自然格外重视。在个人修养上,孔子强调"不学礼,无以立"。⑦治国方面,孔子则强调"为国以礼"。⑧

《乐》是有关音乐方面的书,早已亡佚。因相传是孔子所编,所以被儒家称为《乐经》。孔子本人在音乐方面造诣很深,在齐国听到《韶》的乐章,很长时间尝不出肉味。和别人一起唱歌,如果对方唱得好,一定请他再唱一遍,然后与之相和。"子在齐闻韶,三月不知肉味。""子与人歌而善,

---

① 《论语·述而》.
② 《论语·述而》.
③ 《论语·泰伯》.
④ 《论语·阳货》.
⑤ 《论语·阳货》.
⑥ 《论语·述而》.
⑦ 《论语·季氏》.
⑧ 《论语·先进》.

必使反之，而后和之。"①"乐"在孔子思想中占有很高的地位，常常与礼相提并论，从政治角度来看："礼乐不兴，则刑罚不中。"②礼乐制度不确定下来，刑罚就不会得当。从个体角度来看，"文之以礼乐，亦可以为成人矣。"③在具备智仁勇之后，再加上礼乐的修饰，就可以成为全人了。也正因为如此，孔子将乐作为了重要的教育内容。

《易》即《易经》，是一本关于"卜筮"之书。"卜筮"就是对未来事态的发展进行预测，《易经》便是总结这些预测的规律理论的书。《易经》是中国一部古老而深邃的经典。据说，孔子晚年研究《易》，痴迷到"韦编三绝"④的地步，即系在竹简上的牛皮绳都被磨断多次。孔子曾说："加我数年，五十以学易，可以无大过矣。"⑤由此可见，孔子将《易》视为修身的重要学习内容。

《春秋》是我国现存的第一步编年史，记载了从鲁隐公元年（公元前722年）到鲁哀公十四年（公元前481年）的二百四十余年的历史。内容涉及政治、军事、经济、天文、地理、灾异等方面。《春秋》"寓褒贬，别善恶"，寄寓了孔子的社会主张。孟子称"世衰道微，邪说暴行有作，臣弑其君者有之，子弑其父者有之。孔子惧，作《春秋》"⑥，道出了孔子作《春秋》的历史背景和写作动机。面对"邪说暴行"，孔子希望通过具体的历史事实，进行"正名"的说教。《史记·孔子世家》载："弟子受《春秋》，孔子曰：'后世知丘者以春秋，而罪丘者亦以春秋'。"⑦孔子晚年向弟子传授《春秋》当为可信。

（三）"六艺"为核心的生活技能教育

礼、乐、射、御、书、数"六艺"是夏、商、周三代共同实施的教育内容，到西周时期臻于完善。"六艺"当归为孔子关于学生生活技能的教育内容。

孔子传授弟子的技能方面"礼""乐"教育当是和文化方面的礼乐结合在一起的。孔子强调力行，在多数时候，他谈"礼"都是从实践的角度来谈。如"齐之以礼""生，事之以礼；死，葬之以礼，祭之以礼。""君子博学于文，约之以礼，亦可以弗畔矣夫！"⑧均是强调如何做，而非文化的学习。同样，孔子传授弟子"乐"，也非常注重实践。《论语》中记载有一则故事：某天子路、曾皙、冉有、公西华陪着孔子坐，孔子让四位弟子各言其志，其他人都说过了，孔子点名让曾皙说，曾皙云："鼓瑟希，铿尔，舍瑟而作，对曰：'异乎三子者之撰。'""莫春者，春服既成，冠者五六人，童子六七人，浴

---

① 《论语·述而》.
② 《论语·子路》.
③ 《论语·宪问》.
④ 《史记·孔子世家》.
⑤ 《论语·述而》.
⑥ 《孟子·滕文公下》.
⑦ 《史记·孔子世家》.
⑧ 《论语·为政》《论语·雍也》.

乎沂,风乎舞雩,咏而归。"听到弟子的志向,孔子"喟然叹曰:'吾与点也!'"①从这样一则小故事中,可以看出,孔子和弟子们时常习礼作乐,而孔子更是向往"浴乎沂,风乎舞雩,咏而归"天地人和谐共处的生活图景,表达了他的"礼治""教化"的政治主张。

射、御是射箭、驾车的技能,同时也是古代武士必备的技能。孔子本人擅长射箭、驾车,通晓军事技术,他曾说"我战则克"。②《左传》哀公十一年记载,齐以重兵侵略鲁国,冉求联合樊迟大败齐兵。季康子兴奋地问冉求"子之于军旅,学之乎?性之乎?"冉求回答说:"学之于孔子。"从这则故事可以看出,孔子的教授内容设置有军事科目,以培养文武兼备的学生。

"书"是刻字。古代无纸笔,以刀刻字,是学生的基本技能训练。"数"即算数,在于培养学生的计算能力。这些技能在西周时期已经发展完善,而这些技能作为文化学习、日常生活的基本能力,必然也成为了孔子的教育内容。

五、论教学原则与方法

(一) 启发诱导

对学生进行启发诱导是孔子的一条重要教学原则。孔子强调:"不愤不启,不悱不发。举一隅不以三隅反,则不复也。"③愤,指主观上有求知的欲望却不得其解;悱,指主观想表达但是表达不出或表达不清。孔子此句意思是指不到学生主动求知的时候,不去启发学生;不到学生想表达而又有困难的时候不去指导学生。教学要注意培养学生求知的主动性和积极性,激发学生的求知欲望,而不是盲目灌输。

启发诱导的关键在于把握时机。孔子在总结与人讲话要领时称:"侍于君子有三愆:言未及之而言谓之躁;言及之而不言谓之隐;未见颜色而言谓之瞽。"④也就是说陪君子说话要防止出现三种过失:一是急躁,没有轮到他说,却先说;二是该说话时却不说;三是说话时未察言观色。虽是讲的和君子的谈话要领,却也反映出师生谈话时机性问题的重要。而这一原则被后世儒者所继承和发展。儒家集大成者荀子强调"不傲,不隐,不瞽,谨顺其身",⑤即不急躁、不隐瞒、不盲目,谨慎顺着说话的对象进行教育。《学记》谈君子之教称其为"喻也",即"道而弗牵,强而弗抑,开而弗达",⑥也就是说引导学生却不牵着学生鼻子走,鼓励学生但不压制学生,启发学生思考而不是

---

① 《论语·先进》.
② 《礼记·礼器》.
③ 《论语·述而》.
④ 《论语·季氏》.
⑤ 《荀子·劝学》.
⑥ 《礼记·学记》.

告诉现成答案。这些都和孔子启发诱导思想是一脉相承的。

孔子非常注重启发诱导原则在教育实践中的运用。孔子曾结合自己的教学,坦诚地说:"吾有知乎哉?无知也。有鄙夫问于我,空空如也。我叩其两端而竭焉。"①孔子此言有谦虚的成分在里面,但确也生动地反映了他的启发诱导原则,在于诱导求知者自己一步步去找到正确的答案。《论语·学而》中的一则故事生动反映了孔子对于启发诱导原则的运用:

> 子贡曰:"贫而无谄,富而无骄,何如?"
> 子曰:"可也。未若贫而乐,富而好礼者也。"
> 子贡曰:"诗云:'如切如磋,如琢如磨',其斯之谓与?"
> 子曰:"赐也,始可与言诗已矣,告诸往而知来者。"

子贡向老师请教问题,在老师给出回答后,受到启发,联系到了《诗经》所讲,孔子也由此感叹:"可以和你讨论《诗》了,因为告诉你一件事,你能有所发挥,举一反三了。"

(二) 因材施教

因材施教强调教师根据不同学生的现有经验、认知水平、学习能力,选择适合每个学生特点的方法进行有针对性的教学,以发挥学生的长处,弥补学生的不足。孔子虽然没有直接提出因材施教原则,但是在其教学中却充分体现了这一点。《论语·先进》中记载了孔子对待学生同一问题的不同回答:

> 子路问:"闻斯行诸?"子曰:"有父兄在,如之何其闻斯行之?"
> 冉有问:"闻斯行诸?"子曰:"闻斯行之。"
> 公西华曰:"由也问'闻斯行诸',子曰:'有父兄在',求也问'闻斯行诸',子曰:'闻斯行之'。赤也惑,敢问。"子曰:"求也退,故进之;由也兼人,故退之。"

两个弟子都是问"闻斯行诸",即听到了,又感觉可行,要不要立即去做?孔子给子路的回答是,有父兄在必须先问父兄,不可立即去做;而对于冉有的回答则是听到了就应当立即行动。公西华问为什么同一个问题,孔子的回答不一样,孔子解释说冉有性格内向,所以需要鼓励、激励;而子路因性情鲁莽,适当谨慎则是必要的。通过这样一则事例,孔子向我们展露了他的因材施教的策略。

---

① 《论语·子罕》.

因材施教的前提是对每个学生特点的了解,而了解学生关键在于与学生多接触、多交往。孔子总是和学生生活在一起,无论是周游列国,还是为政一方,始终和学生相伴,这就使得孔子有机会、有条件去充分了解学生。从《论语》中孔子对弟子的评价,也确实可以看出孔子对学生了解之深入。如孔子评价自己的学生高柴、曾参、颛孙师、仲由时称:"柴也愚,参也鲁,师也辟,由也喭。"①用愚笨、迟钝、偏激、鲁莽简洁恰当地概括了弟子的特点。孟武伯曾向孔子询问孔子的弟子子路、冉求、公西赤是否有仁德,孔子回答是:"由也,千乘之国,可使治其赋也,不知其仁也。""求也,千室之邑,百乘之家,可使为之宰也,不知其仁也。""赤也,束带立于朝,可使与宾客言也,不知其仁也。"②在孔子的概念中"仁"是非常高尚的品德,他一般不以"仁"称赞人。但"仁"有具体的实现形式。鉴于对弟子能力的了解,孔子恰当指出了其实施"仁"的形式:子路可以负责有千辆兵车国家的兵役和军事管理工作;冉求适合做千户人口的地方长官,或百辆兵车封地的大夫家总管;公西赤能够立于朝廷之中,接待外宾,处理对外事务。

因为能够结合学生的特点给予富有个性的教育,因而,孔子门下弟子多各有特长。如以德行称世的有颜渊、闵子骞、冉伯牛、仲弓;以能言善辩称世的有宰我、子贡;以办理政事称世的则有冉有、季路;以文学称世的有子游、子夏。③

(三) 学思并重

"学而不思则罔,思而不学则殆"④是孔子"学思结合"教学原则的经典概括。孔子认为只是学习却不思考,就会因为不能深入理解作者意图而迷惑无所得;只是思考却不学习,就会精神疲倦而无所得。因此,孔子既反对学而不思,同时也反对思而不学。孔子曾说:"吾尝终日不食,终夜不寝,以思,无益,不如学也。"⑤从这点可以看出,孔子反对空想,强调思考要以学习为基础。孔子又说:"道听而途说,德之弃也。"⑥在孔子看来,对于闻见之知如果不思考,也是"德之弃也"。最不可取的就是"饱食终日,无所用心"。⑦

孔子首先强调要立志于学。孔子以自身为例,称"吾十又五而志于学"。并鼓励学生树立远大的志向,他说:"三军可夺帅也,匹夫不可夺志也。"⑧为让学生充分认识到学习的重要性,孔子专门和子路讨论人如果不好学,即使在品德上有所追求,但结果会出现较大的问题。他说:"由

---

① 《论语·先进》.
② 《论语·公冶长》.
③ 《论语·先进》.
④ 《论语·为政》.
⑤ 《论语·卫灵公》.
⑥ 《论语·阳货》.
⑦ 《论语·阳货》.
⑧ 《论语·子罕》.

也！女闻六言六蔽矣乎？"对曰："未也。""居！吾语女。好仁不好学,其蔽也愚;好知不好学,其蔽也荡;好信不好学,其蔽也贼;好直不好学,其蔽也绞;好勇不好学,其蔽也乱;好刚不好学,其蔽也狂。"①在孔子看来,一个人好仁、好知、好信、好直、好勇、好刚在价值取向上值得称颂,但如离开了学习,就会走向愚蠢、放荡、危害亲人、说话尖刻、莽撞闯祸、胆大妄为的错误。

在学习态度方面,孔子强调要将学习看作愉快的事情。孔子说:"学而时习之,不亦说乎?""知之者不如好之者,好之者不如乐之者。"②认为"乐学"乃最佳的学习态度。孔子感叹:"逝者如斯夫！不舍昼夜。"③要求青年学子在学习上应有"学如不及,犹恐失之"④的紧迫感。

孔子一生的成就得益于他善学、善问、善思。孔子强调生活中应养成思考的习惯。孔子提出:"君子有九思:视思明,听思聪,色思温,貌思恭,言思忠,事思敬,疑思问,忿思难,见得思义。"⑤其中"视思明,听思聪",要求人们在认识事物的时候,要将思辨的能力运用到感性认知中,力求感性认知正确全面。"色思温,貌思恭"则是强调在人际交往中,应当秉持传统礼节,做到以礼待人。"言思忠,事思敬"强调做事时,言行尽到自己本分。"疑思问",则强调要养成独立思考的习惯。"忿思难,见得思义"侧重道德层面,要考虑自己作为是否恰当,是否合义。

孔子的学思并重思想深刻影响了自己的弟子。子夏就提出:"博学而笃志,切问而近思,仁在其中矣。"⑥

(四) 知行结合

在社会生活中,孔子主张知行并重,知行一致。孔子非常重视《诗》的学习,但他同时称:"诵诗三百,授之以政,不达;使于四方,不能专对;虽多,亦奚以为?"⑦孔子看来,一个人即便能熟读《诗经》三百篇,但交给他政治任务却不能完成,让他出使外国,却不能独立去谈判筹措。这样的人,纵使书读得再多,对于社会也没有多大贡献。后世儒者所强调的"博学之,审问之,慎思之,明辨之,笃行之"⑧正是对孔子知行观的恰当解释。广博的学习最后要落实到切实地力行才算达成目的。基于对力行的重视,孔子极力反对言过其实,提出:"古者言之不出,耻躬之不逮也""君子欲讷于言而敏于行。"⑨在考察学生方面,孔子更注重学生实际行为。学生宰予白天睡觉,孔子痛

---

① 《论语·阳货》.
② 《论语·学而》《论语·雍也》.
③ 《论语·子罕》.
④ 《论语·泰伯》.
⑤ 《论语·季氏》.
⑥ 《论语·子张》.
⑦ 《论语·子路》.
⑧ 《礼记·中庸》.
⑨ 《礼记·里仁》.

斥称:"朽木不可雕也,粪土之墙不可圬也;于予与何诛?"并说:"始吾于人也,听其言而信其行;今吾于人也,听其言而观其行。于予与改是。"①

六、论道德教育

(一)道德教育的作用和意义

道德教育是孔子教育的核心内容。他说:"弟子入则孝,出则悌,谨而信,泛爱众,而亲仁。行有余力,则以学文。"可见,孔子把道德修养作为青少年人生的基础,甚至强调文化知识的学习服务于"德行"的提升。

孔子如此重视道德教育的意义,在于他的人生理想就是要恢复西周的礼仪制度。孔子称:"如有用我者,吾其为东周乎?"②而要达到这一目标,孔子选择的路径就是"复礼启仁",也就是外在礼教约束和内在道德唤醒相结合。正因为如此,孔子的道德教育是政治性的道德教育,孔子的政治思想是道德化的政治思想。孔子强调:"道之以政,齐之以刑,民免而无耻;道之以德,齐之以礼,有耻且格。"③可见,孔子认为,最好的治理国家的手段是促使人们遵"德"守"礼"。

(二)道德教育的内容

孔子道德教育的内容从宏观上可以用"礼"和"仁"来概括。

1. "礼"的教育

中国古代礼仪制度发展到西周已经相当完备,相传"周公践天子之位,以治天下,六年,朝诸侯于名堂,制作礼乐,颁度量,而天下服"。④周公所作之礼以政治制度为主,同时包括人们的生活方式、宗教礼仪等方面的规范。其目的在于维护"亲亲""尊尊"的宗法制及等级制。孔子一心想要恢复的礼仪制度,即是周公所制定的系列典章制度,而其核心思想则是"君君,臣臣,父父,子子"。

从"君君,臣臣,父父,子子"的伦理道德出发,孔子要求为人君者当爱民。孔子主张:"道千乘之国,敬事而信,节用而爱人,使民以时。"⑤为人臣者当忠于君,"君使臣以礼,臣事君以忠"。⑥为

---

① 《论语·公冶长》.
② 《论语·阳货》.
③ 《论语·为政》.
④ 《礼记·明堂位》.
⑤ 《论语·学而》.
⑥ 《论语·八佾》.

人父者慈,为人子者孝。"父为子隐,子为父隐"。① 对于孝,孔子谈论要更多一些。孔子强调,孝要以敬为基础,原因在于:"至于犬马,皆能有养;不敬,何以别乎?"②孝不仅在于能奉养父母,关键还在于要能做到从内心尊重父母。如果这点做不到,和犬马就没有什么区别。所以孔子强调,孝亲最难做到的是"色难"。③ 脸色是人内心的反应,内在没有敬,外在很难表现出来。当然,孔子的孝亲思想中,也有一些愚孝之嫌,如其提出的"父为子隐,子为父隐""三年无改于父之道"。④ 孔子之所以强调孝亲,借用他的弟子的话说:"其为人也孝弟,而好犯上者,鲜矣;不好犯上,而好作乱者,未之有也。"⑤是说孝顺自己的父母、敬爱自己兄长的人,是不大容易触犯上级的,而不大容易触犯上级的人是很少有喜欢造反作乱的。

2. "仁"的教育

孔子的"礼"教思想主要是传承周公之礼,而他的"仁"教思想,则是自己学习、思考、实践的结晶。孔子在不同的场合、对不同的弟子解说"仁"的内涵各不同,概括来讲,"仁"的内涵主要有以下几个方面。

(1) 爱人

樊迟问仁。子曰:"爱人。"⑥知易行难,爱人并非易事。设若国君爱人,就应当时时考虑:"爱之,能勿劳乎?"⑦就不会有征伐之战;设若民众能够相爱,社会就会归于和谐。

(2) 忠恕

孔子曾对自己弟子曾参表述自己的做事原则:"参乎!吾道一以贯之。"门人问曾参孔子说的"道"是什么,曾参解释说:"夫子之道,忠恕而已矣。"⑧孔子认为"忠恕"是"仁"的行为表现,同时也是对弟子进行道德教育的内容。孔子在解释"仁"之内涵时曾说:"夫仁者,己欲立而立人,己欲达而达人。能近取譬,可谓仁之方也已。"⑨子贡曾问:"有一言而可以终身行之者乎?"孔子回答说:"其'恕'乎!己所不欲,勿施于人。"⑩忠本义指尽心竭力,即孔子所言"己欲立而立人,己欲达而达"人;恕即"己所不欲,勿施于人",也就是俗称的"将心比心"。从尽心竭力的本义出发,孔子一生积极入仕,期望能恢复西周礼仪制度。同时,也鼓励他的学生积极入仕,通过行政来实现自己

---

① 《论语·子路》.
② 《论语·为政》.
③ 《论语·为政》.
④ 《论语·里仁》.
⑤ 《论语·学而》.
⑥ 《论语·颜渊》.
⑦ 《论语·宪问》.
⑧ 《论语·里仁》.
⑨ 《论语·雍也》.
⑩ 《论语·卫灵公》.

政治理想。

(3) 克己复礼

在回答颜渊关于"仁"的提问时,孔子回答是:"克己复礼为仁。一日克己复礼,天下归仁焉。"①由此可见,孔子的"仁"和礼是紧密相连,"仁"在社会现实表现为遵"礼","克己复礼"是大仁大德。从孔子积极处世的态度看,孔子更进一步把"仁"社会化和政治化了。

(4) 恭宽信敏慧

子张问仁,孔子回答:"能行五者于天下,为仁矣。"孔子接着将其解释为"恭宽信敏惠"。孔子称:"恭则不侮,宽则得众,信则人任焉,敏则有功,惠则足以使人。"②"恭"强调人处事庄重,孔子强调:"居处恭,执事敬,与人忠。虽之夷狄,不可弃也。"③此外,孔子还提出"其行己也恭,其事上也敬"④宽强调对他人持宽容、包容的态度,能够包容他人,就能得到他人之拥护。所以孔子提出:"人不知而不愠,不亦君子乎?"⑤信强调诚信,诚实,为人诚实才能被人所任用。孔子对诚信非常重视,他本人也时时以此要求自己。正因为如此,孔子称自己:"盖有不知而作之者,我无是也。"⑥敏是做事敏捷、勤敏。孔子看来,只有勤敏才能有所成就,有所作为。孔子的弟子宰予白天睡觉,孔子痛斥其"朽木不可雕"。惠指施惠于他人,利他。人皆有趋利之心,满足人的需求才可以得到人的信任,进而才有可能引领他人。另外,孔子称"刚、毅、木、讷近仁。"⑦认为一个人有刚强、果决、质朴、言语谨慎这四种品质,就近于仁德了。

(5) 中庸

中庸之德,同样为孔子道德教育的重要内容。中庸之德被孔子视为至德。孔子称:"中庸之为德也,其至矣乎!民鲜久矣。"⑧何为"中庸"?孔子称"君子而时中"。⑨"时中"即能够根据时间环境选择恰当的处事、处世方式。从孔子的因材施教来看,即是中庸之德在教学中的运用。中庸强调的是恰到好处。所以当子贡问:"师与商也孰贤?"孔子回答"师也过,商也不及",指出"过犹不及"。⑩认为学生师之"过"与商之"不及"一样,均没有达到中庸的智慧。总之,孔子的道德教育内容融合在他和学生的日常对话中,内化在他这样一个师表之中。

---

① 《论语·颜渊》.
② 《论语·阳货》.
③ 《论语·子路》.
④ 《论语·公冶长》.
⑤ 《论语·学而》.
⑥ 《论语·述而》.
⑦ 《论语·子路》.
⑧ 《论语·雍也》.
⑨ 《礼记·中庸》.
⑩ 《论语·先进》.

(三)道德教育方法

1. 立志

孔子曾说:"三军可夺帅也,匹夫不可夺志也。"指出志向是一个人安身立命的根基和方向。立定志向之后,还要坚守志向,持之以恒。孔子称:"譬如为山,未成一篑,止,吾止也。譬如平地,虽覆一篑,进,吾往也。"①他把坚持的价值比作堆土成山,再加一筐土就成功了,但是如果没有去做,前面再怎么努力,最后以失败告终,这就是"功亏一篑"。

2. 榜样

作为教师,孔子重视身教,并认为身教重于言教。他说:"其身正,不令而行;其身不正,虽令不从。"②从榜样所起到的教育角度出发,孔子非常重视择友,提出"就有道而正焉,可谓好学也已",并主张"无友不如己者"。③ 在交友上,孔子提出:"益者三友,损者三友。友直,友谅,友多闻,益矣。友便辟,友善柔,友便佞,损矣。"④告诫学生要与正直的人、信实的人、见闻广博的人交往,因为这些人会使自己受益;相反,如和谄媚奉承的人、当面恭维背后毁谤的人、夸夸其谈的人交往,则有损自己的品行。因而,学生应交益友,避损友。孔子还提出"里仁为美",⑤强调了生活环境中仁德的重要性。

3. 改过

人难免犯错,孔子鼓励弟子"过则勿惮改"⑥,有过错要勇于改正。但是,如果有错不改,那才是真正的过错。"过而不改,是谓过矣。"⑦孔子的弟子子贡继承孔子这一观点,称:"君子之过也,如日月之食焉:过也,人皆见之;更也,人皆仰之。"⑧

4. 反思

反思是孔子道德修养的重要方法。孔子强调:"内省不疚,夫何忧何惧?"⑨如果能够做到反省自己时没有什么愧疚的,内心就能坦荡荡,没有什么可害怕的了。一个人的内省需要"见贤思

---

① 《论语·子罕》.
② 《论语·子路》.
③ 《论语·学而》.
④ 《论语·季氏》.
⑤ 《论语·里仁》.
⑥ 《论语·学而》.
⑦ 《论语·卫灵公》.
⑧ 《论语·子张》.
⑨ 《论语·颜渊》.

齐焉,见不贤而内自省也"。① 孔子的弟子中不乏注重反省的典范。如曾子就时时提醒自己"吾日三省吾身:为人谋而不忠乎? 与朋友交而不信乎? 传不习乎?"②内省的关键在省察自己的不足,所以,孔子又强调厚责于己,薄责于人,提出"不患人之不己知,患其不能也"③,即不担忧别人不知道自己,担忧的应是自己能力达不到,并强调"君子求诸己",④即生活中碰到困难应该在自己身上找原因。

七、论教师

孔子热心教育,一生"诲人不倦",在其四十余年的教育实践中,用其自身的践行为后人树立了师者模范。

(一) 热心教育,诲人不倦

孔子的一生是热心教育,诲人不倦的一生。从其三十岁左右开始教学,一直到生命的结束,从未停止过教学。孔子自己也称:"自行束修以上,吾未尝无诲焉。"不仅如此,孔子时时惦念着"德之不修,学之不讲,闻义不能徙,不善不能改",因为这些才"是吾忧也"。⑤ 孔子不以物质生活的贫困和境遇潦倒为忧,总是把自己精神的生活和学生的学习成长放在首位。

孔子在陈蔡之间时,曾一度绝粮,但他依然"讲诵弦歌不衰"。子路对于当时困境有不满,向老师发问:"君子亦有穷乎?"孔子的回答是:"君子固穷,小人穷斯滥矣。"⑥意思是君子穷困的时候仍然能遵纪守法,小人穷困时就开始乱来了。精神境界的不断提升,始终是孔子追求的目标。他说:"饭疏食饮水,曲肱而枕之,乐亦在其中矣。不义而富且贵,于我如浮云。"⑦孔子特别强调:"默而识之,学而不厌,诲人不倦,何有于我哉?"⑧由此可见,孔子将学习研究和教书育人视为自己生命的追求,除此之外,别无所求。

(二) 学习不止,温故知新

孔子一生是"学而不厌"的一生。孔子出身卑微,早年生活艰苦,但这并没有阻止他对学习的

---

① 《论语·里仁》.
② 《论语·学而》.
③ 《论语·宪问》.
④ 《论语·卫灵公》.
⑤ 《论语·述而》.
⑥ 《论语·卫灵公》.
⑦ 《论语·述而》.
⑧ 《论语·述而》.

热情。孔子自称:"十室之邑,必有忠信如丘者焉,不如丘之好学也。"①叶公曾向子路打听孔子为人,子路当时没有回答,回去向孔子说起此事,孔子称:"女奚不曰,其为人也,发愤忘食,乐以忘忧,不知老之将至云尔。"②从这两段话来看,孔子的毫不谦虚,是以"发愤忘食,乐以忘忧"的精神境界而自豪。因为,任何一个人若没有"发奋忘食,乐以忘忧"的精神和学习行动,就不会有令人羡慕的成就。对此,孔子进一步说:"我非生而知之者,好古,敏以求之者也。"③正是这种严谨的治学态度和"发愤忘食,乐以忘忧"的学习精神,使孔子一步步达到了"三十而立,四十而不惑,五十而知天命,六十而耳顺,七十而从心所欲,不逾矩"的境界。孔子的勤奋好学给后人树立了优秀的典范。

孔子不仅重视学习,更强调"温故而知新,可以为师矣"。④ 温故不是简单的重复学习,而是要带着思考去温习,学思结合才有可能有新的体悟,有新的发现。在孔子看来,温故而知新是教师的重要品质之一。

(三)循循善诱,教学相长

孔子的得意门生颜渊这样评价自己的老师:"仰之弥高,钻之弥坚。瞻之在前,忽焉在后。夫子循循然善诱之,博我以文,约我以礼,欲罢不能。既竭吾才,如有所立卓尔。虽欲从之。末由也已。"⑤"循循然善诱之"诠释了孔子教学的特点,注重启发诱导,而不是硬性灌输,这样的效果就是学生"欲罢不能",学习的兴趣被充分调动,学生的潜能被充分挖掘,"既竭吾才,如有所立卓尔"。不能不说这才是为师的至高境界。

孔子不仅善教,而且还虚心从弟子身上吸取优点,真正做到了教学相长。《论语·八佾》记载:

> 子夏问曰:"'巧笑倩兮,美目盼兮,素以为绚兮。'何谓也?"
> 子曰:"绘事后素。"
> 曰:"礼后乎?"
> 子曰:"起予者商也! 始可与言《诗》已矣。"

从这则小典故可以看出,孔子不仅善于启迪学生,同时也注重向学生学习。孔子曾问子贡:

---

① 《论语·公冶长》.
② 《论语·述而》.
③ 《论语·述而》.
④ 《论语·为政》.
⑤ 《论语·子罕》.

"女与回也孰愈?"子贡回答:"赐也何敢望回?回也闻一以知十,赐也闻一以知二。"孔子也感叹:"弗如也,吾与女弗如也。"①

(四)教育民主,严慈相济

孔子去世后,弟子们因墓而居,为其守丧,学生们对孔子的深厚感情自古以来无以伦比。其师生之间浓厚亲情的建立缘于孔子民主平等的师生观及其严慈相济对待学生的方式方法。

孔子在和弟子相处的过程中,充分体现出了民主平等的作风。《论语·雍也》篇有则故事说,"子见南子,子路不说。夫子矢之曰:'予所否者,天厌之!天厌之!'"孔子去见当时名声不好的卫灵公夫人,子路知道后不高兴。孔子于是发誓说自己清白无辜,如果有过错就让上天厌弃自己。从"子路不悦""夫子矢之曰"这种简短话语,可以看出师生之间关系的民主、平等。在牵涉"仁"德方面,孔子甚至强调:"当仁,不让于师。"②倡导在仁德面前,与老师有不同观点,要能够敢于争辩,是古代东方版的"吾爱吾师,吾更爱真理"。而其"三人行,必有我师焉;择其善者而从之,其不善者而改之"③的观点,更是民主平等师生关系的最好表述。孔子和学生的民主平等还表现在和弟子适时开个玩笑。孔子曾在匡受困,脱离困境后弟子颜渊最后跟来。孔子说:"吾以女为死矣。"颜渊却回答老师:"子在,回何敢死?"④玩笑之间,和谐的师生之情自然滋生。

爱护学生是孔子受学生爱戴的重要原因。孔子强调"忠焉,能勿诲乎?"⑤即是说尽心无私地为其着想的话,就应当真诚地予以教导。正是因为如此,孔子教导学生毫无保留,曾坦诚地对学生说:"二三子以我为隐乎?吾无隐乎尔。吾无行而不与二三子者,是丘也。"⑥"吾无隐乎尔"体现了孔子的真诚,体现了他对学生的"忠"——全身心的爱。孔子对学生的爱是毫不掩饰的,孔子钟爱的弟子颜渊去世,"子哭之恸",说:"噫!天丧予!天丧予!"⑦孔子将学生的死看作是老天要自己的命,他对学生爱之深由此可见。

孔子对学生的爱同时体现在严格要求学生上。冉求有倦学的情绪产生,对孔子说:"非不说子之道,力不足也。"称自己不是不喜欢老师的学问,是自己力量不够。孔子回答:"力不足者,中道而废。今女画。"⑧孔子批评弟子主观懈怠,还没有开步走就称自己做不到。上文还提到,孔子对学生宰予白天睡觉现象予以痛斥。孔子教育弟子,以德教为先,把学生德行放在首位。孔子强

---

① 《论语·公冶长》.
② 《论语·卫灵公》.
③ 《论语·述而》.
④ 《论语·先进》.
⑤ 《论语·宪问》.
⑥ 《论语·述而》.
⑦ 《论语·先进》.
⑧ 《论语·雍也》.

调:"饭疏食饮水,曲肱而枕之,乐亦在其中矣。不义而富且贵,于我如浮云。"①所以,当得知弟子冉求替季氏聚敛财富,违背"仁"德时,对其进行严厉批评,恨不能和弟子断绝师生之情,提出:"非吾徒也,小子鸣鼓而攻之可也。"②

八、孔子教育思想评析

孔子从三十岁左右开始投身于教育,到他七十三岁逝世,从教四十余年。孔子出身贫贱,中年又屡不得志,但这并没有影响他积极的人生态度。四十余年里,孔子"学而不厌,诲人不倦",始终对教育、对学生充满着爱和激情。正是这样的一种精神成就了孔子的形象,孔子的弟子颜渊称赞其"仰之弥高,钻之弥坚。瞻之在前,忽焉在后。"在孔子的学生眼里,老师之道,越抬头看,越觉得高;越深入研究思考,越觉得博大深奥。孔子的另一个学生子贡则说:"夫子之墙数仞,不得其门而入,不见宗庙之美,百官之富。"③可见,孔子的学生认为,老师的道德学问精深艰难,好比高达数丈宫墙,找不到大门进去,就不能看到他那宗庙的雄伟,房舍的多种多样。

作为伟大思想家和教育家,孔子对中国古代教育的发展作出了重大的贡献。主要表现为:第一,孔子秉持"有教无类"的观念,扩大了教育对象的范围,促进了学术和文化的下移;第二,孔子重视教育的作用,首次提出"性相近,习相远"的人性观,把教育建立在了人性论的基础之上,深刻影响了后世教育理论的发展,从人性论出发探讨教育成为中国古代教育家们的一个共性;第三,孔子提出"学而优则仕",主张应通过教育培养从政人才,奠定了封建官僚体系的基础,成为优秀人才脱颖而出的机制;第四,孔子重视古代文化典籍的传承和整理,奠定了后世经学教育的体系和学校课程设置的基础;第五,孔子总结了教育经验,提出了启发诱导、因材施教、学思并重等教学原则,以礼、仁为核心的道德教育内容和立志、改过、反省等道德教育的方法,对后世教育产生了深远的影响;第六,孔子一生"学而不厌,诲人不倦",为后世树立了为师典范,成为历代教师学习的榜样。总之,孔子的教育思想为中国古代教育奠定了理论基础,是中华民族宝贵的财富。

孔子的思想对世界文化的发展也有着重要的影响。他曾被联合国教科文组织列为"世界十大文化名人"之首,德国哲学家雅斯贝尔斯把孔子和释迦牟尼、耶稣、苏格拉底并称为"世界四大圣哲",新加坡、马来西亚、印度尼西亚等国家把孔子的生日定为教师节或庆祝日。由此可见,孔子不仅是中国的,也是全人类的。

---

① 《论语·述而》.
② 《论语·先进》.
③ 《论语·子张》.

【思考题】

1. 试论孔子的政治思想、人性论对其教育思想的影响。
2. 孔子的教育对象及教育目的观的历史意义与现实启示。
3. 试述孔子教学原则及其启示。
4. 论述孔子道德教育思想及其现实价值。
5. 试述孔子师者形象及其现实意义。

【阅读书目】

1. 杨伯峻.论语译注[M].北京：中华书局出版社,2015.
2. 钱穆.孔子传[M].北京：生活·读书·新知三联书店,2002.
3. 王国轩,王秀梅.孔子家语[M].北京：中华书局,2014.
4. 陈景磐.孔子的教育思想[M].汉口：湖北人民出版社,1957.
5. 陈桂生.孔子授业研究[M].北京：教育科学出版社,2012.
6. 林语堂.孔子的智慧[M].北京：当代世界出版社,2009.

第二章　为学日益，为道日损：老子的教育思想

老子（春秋末年）

> 绝圣弃智，民利百倍；绝仁弃义，民复孝慈；绝巧弃利，盗贼无有。此三者以为文，不足。故令有所属：见素抱朴，少私寡欲，绝学无忧。
>
> ——老子

【内容摘要】老子是中国古代最早的教育家之一。老子的教育思想产生于春秋时期，是老子对当时社会现实深刻思考的产物。在教育目的上，他主张"教以为道""回归自然"，以复归人的自然本性，顺应人的个性的自然发展，进而回归其理想的"小国寡民"社会。在教育内容上，老子主张以"主损"为总纲；教学方法上，则采取"行不言之教"的基本方法。老子的教育思想高扬着自然主义教育的旗帜，与儒家学派互为补充，构成了中国古代教育思想发展的动因和基本线索，对中国古代教育理论的发展产生了深远的影响。

【核心概念】老子；自然主义教育；为道日损；不言之教；贵师崇道

一、生平及教育活动

（一）老子其人其书

老子是道家学派的创始人，是中国文化史上第一位真正的哲学家。老子所著的《道德经》（又称《老子》），在中国文化发展史上有着不可代替的作用。

老子，相传为春秋末期人，其姓名和生卒年已不可考，学者一般认为老子即为老聃。司马迁《史记》中的记载："老子者，楚苦县厉乡曲仁里人也，姓李氏名耳，字聃，周守藏室之史也。孔子适

周,将问礼于老子。"①由此可以推断出:老子出生在春秋时期的楚国的苦县,也就是今天的河南省鹿邑县,本名叫做李耳,字聃,做过周的守藏史,是东周王朝掌管图书典籍的官员,其见闻广博,思想深邃,孔子曾经向他请教过周礼的问题。老子的生平史料,主要有《史记·老子韩非列传》《史记·孔子世家》。另外,《庄子》的《天道》《天地》《天运》《天下》《知北游》《德充符》《应帝王》《在宥》《庚桑楚》《则阳》《寓言》《养生主》诸篇及《吕氏春秋·当染》均有老聃事迹的记载。

《老子》一书,早在战国时期已经广为流传,正因如此,韩非子有《解老》《喻老》二篇注解。历史上为《道德经》作注释的人很多,仅据《八史经籍志》著录的就有二百三十部。②唐玄宗、宋徽宗、明太祖、清世祖四皇帝均为《道德经》作过注解。它目前在国外也有多种译本,具有广泛的国际影响。

(二) 教育活动

老子奉求"自然无为""民自化"的教育思想,因此向他学习知识道理,又被他承认的弟子不可能有孔子"弟子盖三千,身通六艺七十有二"的规模。但老子作为春秋时期杰出的哲学家、思想家,对教育非常重视。老子也同样受人尊敬,有许多人慕名而往,或向他求教,或直接做他的弟子。其中,最著名的有孔子问礼。

《史记》中就有记载:"孔子适周,将问礼于老子。老子曰:子所言者,其人与骨皆已朽矣,独其言在耳。且君子得其时则驾,不得其时则蓬累而行。吾闻之,良贾深藏若虚,君子盛德,容貌若愚。去子之骄气与多欲、态色与淫志。是皆无益于子之身。吾所以告子,若是而已。"③这是说孔子向老子请教"礼"的问题,老子指出孔子所主张恢复的"礼"制过时了。与时俱进,顺势而行则如同驾车赶路一样轻松;反之,则像过草地一样累。老子还告诫年轻的孔子不要锋芒毕露,要舍弃一些像名利与淫志这些无益于修身的东西。

《史记》中还记载:孔子"适周问礼,盖见老子云。辞去,而老子送之曰:'吾闻富贵者送人以财,仁人者送人以言。吾不能富贵,窃仁人之号,送子以言,曰:聪明深察而近于死者,好议人者也;博辩广大危其身者,发人之恶者也。为人子者毋以有己。为人臣者毋以有己。'孔子自周反于鲁,弟子稍益进焉。"④意思是说老子告诉孔子:聪慧明白洞察一切反而濒临死亡,是因为喜好议论他人的缘故;博洽善辩宽广弘大反而危及其身,是因为揭发别人丑恶的缘故;为人子和为人臣的就不能过于突出自己。孔子欣然接受老子的观点。关于孔子对于老子的态度,《史记》中记载:

---

① 《史记·老子韩非列传》.
② 刘建国.中国哲学史史料学概要(上)[M].吉林:吉林人民出版社,1983:112.
③ 《史记·老子韩非列传》.
④ 《史记·孔子世家》.

"孔子之所严事,于周则老子,……于郑子产。"①可见,孔子所推崇的人,在周朝廷的就是老子。他在问"礼"于老子后,对他的弟子说:"吾今日见老子,其犹龙邪!"②把老子称为"龙",足以表现出他对老子的崇拜尊敬之情和老子在当时的学术地位。

《庄子》的诸多篇章中也有记述老子与孔子的交往与对话。如对于"道术"的看法,"夫子问于老聃曰:'有人治道若相放,可不可,然不然。'……老聃曰:'……丘,予告若,而所不能闻与而所不能言。凡有首有趾无心无耳者众,有形者与无形无状而皆存者尽无。其动,止也;其生,死也;其废,起也;此又非其所以也。有治在人。忘乎物,忘乎天,其名为忘己。忘己之人,是之谓入于天。"③即老子告诉孔子不要勉强求异,扭曲自然,而需要"忘",忘有超脱以及化解的功能。"忘己"之人才可以回归自然。

老子在"沛"这个地方隐居过,在隐居的时候,还收了几个弟子。据《庄子》记载老子的弟子有阳子居、崔瞿、叔山无趾、庚桑楚、南荣趎、柏矩等,他们都曾在南之沛学于老子。

二、政治观及哲学思想

(一) 政治观

与孔子的"大同"世界和墨子倡导的"兼相爱,交相利"的社会理想不同,老子的政治理想是一个顺应自然、返璞归真的世界,即所谓"小国寡民"的社会。

老子所处的时代,礼崩乐坏,君王为敛财扩土,满足自己的私欲而横征暴敛,直至战火连绵。人们在艰难环境中生存。司马迁曾描述:"春秋之中,弑君三十六,亡国五十二,诸侯奔走不得保其社稷者不可胜数。"④针对这一昏暗残暴的时代,老子提出了"无为而治"的治国之道及其"小国寡民"的社会。"小国寡民"社会模式的目的是针对当时统治阶级的"广土众民"政策而发的。老子认为"广土众民"政策的推行,一方面是当时社会生产力的提高的要求,但另一方面催生了战争频繁、民不聊生的现实,是"一切祸患的根源"。因此,只有做到"小国寡民"才可以消弭兼并战争带来的灾难。

老子把"小国寡民"的社会状况描述为:"小国寡民,使有什伯之器而不用,使民重死而不远徙。虽有舟舆,无所乘之;虽有甲兵,无所陈之;使民复结绳而用之。甘其食,美其服,安其居,乐其俗。邻国相望,鸡犬之声相闻,民至老死不相往来。"⑤据此,可以总结出"小国寡民"的社会有下

---

① 《史记·仲尼弟子列传》.
② 《史记·老子韩非列传》.
③ 《庄子·天地》.
④ 《史记·太史公自序》.
⑤ 《老子》第八十章.

述特征。

首先是国"寡"人"少"。老子认为,一味地进行国土扩展,不如清心寡欲把国家治理好。人们在这样的社会里,包容和睦,民风淳朴,相安无事,悠然自得。这只有在"小国寡民"的社会里方可实现。

其次是人们生活方式自然化。它包括五个方面:一是人们有着淡泊宁静的生活态度。由于"五色令人目盲,……难得之货令人行妨。"①因此,只要保证人们基本的物质需要即可,应排除不必要的一切物质享乐,避免使人们产生攀比、争斗的心理。对此,社会不应该去"尚贤""贵难得之货",做到"虚其心,实其腹",以保证"民心不乱"②。这样,人们方可过着"甘其食,美其服,安其居,乐其俗",宁静祥和,悠然自在的生活。二是无机械操作,"使有什伯之器而不用",不更新生产工具,社会没有更多的剩余产品。三是人们生活在自己的土地上,减少与外界联系,生活自给自足。即心理上"民重死而不远徙",行为上"邻国相望,鸡犬之声相闻,民至老死不相往来",以防止国与国之间的摩擦以及经济上贸易而滋生攀比和奢侈心理。四是"虽有甲兵,无所陈之",人们的日常生活根本用不到军队和器械,没有战争,也没有纷争,因为没有压迫和剥削,生活平静安宁。五是只有生活教育,没有专门的文化教育。因为"小国寡民"的社会里,没有奸巧利诈,鉴于"智慧出,有大伪",因此需做到"绝圣弃智""使民复结绳而用之"。

(二) 哲学思想

1. 世界观

老子认为,道是万物的本原。他说:"道冲而用之或不盈。渊兮似万物之宗……湛兮似或存。吾不知谁之子,象帝之先。"③这是说,道好像是深不见底的深渊,永远注不满却也永远不会虚空,且其功能是用之不竭的。它博大深远,是万物的根本,不知道它是怎样产生的,但却在上帝(天)之先就已存在。

那么,什么是"道"?"道"在哪里呢?老子进一步指出:"有物混成,先天地生。寂兮寥兮,独立而不改,周行而不殆,可以为天下母。吾不知其名,字之曰道,强为之名曰大。"④老子认为,"道"是一种混然一体的东西,它在天地形成之前就已产生,它无声无息,独立存在而不改变,永远循环运动而不停止,它是万物的原初和根本。正因为如此,也可以把它称为"大"。现实生活中有没有"道"?人们对于"道"应该是什么样的态度呢?老子说:"道之为物,惟恍惟忽。忽兮恍兮,其中有

---

① 《老子》第十二章.
② 《老子》第三章.
③ 《老子》第四章.
④ 《老子》第二十五章.

象;恍兮忽兮,其中有物。窈兮冥兮,其中有精,其精甚真,其中有信。"①这是说,"道"是实实在在存在着,但"道"不是一成不变的,在现实中表现为各种不同的事物形态。老子认为,一切事物都是由"道"派生出来的,"道生一,一生二,二生三,三生万物"②。因此,在自然规律面前,"人法地,地法天,天法道,道法自然"③。其"无为而治""顺其自然"的治国之道就是根据他这一理念提出来的。

2. 辩证法思想

老子认为,"道"具有"独立不改,周行而不殆"的特性,认为世界万事万物总是处于运动和变化之中。他主要从以下两个方面探讨了事物的运动和变化规律。

首先,老子提出了"反者,道之动"④的观点,即认为事物向相反的方向转化是事物发展的一条重要规律。他特别对事物的对立面的相互依存和相互转化规律进行了深入的探讨,诸如美丑、贵贱、难易、长短、高下、前后、有无、损益、大小、先后、生死、胜败、刚柔、强弱、祸福、荣辱、阴阳等等。认为这些矛盾的双方既对立又相互依存,提出"有无相望,难易相成,长短相形,高下相倾,声音相和,前后相随"⑤,集中表现了事物矛盾双方相反又相成的辩证观点。关于事物对立面的相互转化,其中最深刻的是提出了"祸兮,福之所倚;福兮,祸之所伏"⑥及"物壮则老"⑦的观点,指出事物的对立面往往是相互依存、相互渗透的,它们各自包含着否定的因素,存在着向自己对立面转化的根据。在这里,老子已经接触到了辩证法的精华,即自身的否定性是一切活动的内在源泉和物极必反的辩证法思想。老子还认识到事物转化的条件,他说:"富贵而骄,自遗其咎。"⑧即"富贵"(福)转化为"咎"(祸)的条件就是"骄"。因此,老子竭力主张"勿矜""知足""守弱""贵柔",强调居安思危,防止因福得祸,以保持旺盛的生命力和不断发展的活力。

其次,提出了质量互变的观点。老子认为,当事物的运动和变化达到一定的量,就会产生质变。他指出:"合抱之木,生于毫末;九层之台,起于累土;千里之行,始于足下。"⑨这说明事物发展首先是一个量的积累过程,一定的量变是事物质变的条件。

老子的"小国寡民"的社会理想及"道"本原的世界观与辩证法思想奠定了其教育思想的

---

① 《老子》第二十一章.
② 《老子》第四十二章.
③ 《老子》第二十五章.
④ 《老子》第四十章.
⑤ 《老子》第二章.
⑥ 《老子》第五十八章.
⑦ 《老子》第三十章.
⑧ 《老子》第九章.
⑨ 《老子》第六十四章.

基础。

三、论教育目的

老子的教育目的是"教以为道"。也就是说,老子认为教育的最终目的在于人们对于"道"的理解掌握和在生活中对于"道"的正确运用,即使人们能够"守道""循道",以避免"失道"。"教以为道"又可以分为"为道"的社会目标和"为道"的个体目标。

从社会目标来看,一是在于使统治阶级能够知"道",并善于守"道",用"道"术来管理社会,处理社会事务,则和谐安宁的"小国寡民"的社会有望实现;二是针对物欲横流的社会现状和人们贪得无厌这一违"道"或失"道"的状况,强调应通过"无为"教育以涵养人们自得、自足、无争的"小国寡民"社会的心态;其三还在于通过教育使人们能撇开纷繁复杂、令人迷茫的社会表象,去反思人类生活的真谛,思索社会基本规律。

对于个体而言,老子的教育目的在于使人"回归自然",即使人恢复其自然本性,从而开启了中国自然主义教育的先声。长期以来,人们所接受的是积极的"有为"教育,显亲扬名的"名利"观念是社会主流的伦理意识。社会的这种状况不仅压抑了人的自然本性,同时,也造成了人性的异化和堕落,并带来了无穷的贪欲、虚伪、狡诈、罪恶等诸多社会丑恶现象。老子因此说"智慧出,有大伪",①认为其所生活的春秋时期所发生的种种社会罪恶和国家乱象,恰恰是"有为"的非自然行为和教育所带来的恶果。对此,老子提出"回归自然"教育目标,力图通过一种"无为"式的消极教育,使人们达到一种理想的品格。

老子心目中人的理想品格是一种什么样的状态呢?与儒家倡导的"君子""圣人"及墨家主张的"兼士"不同,儒墨倡导理想人的品格带有强烈伦理色彩和"力行""有为"实践品格,老子所主张的是一种复归人性的"自然无为"本性。老子说,"专气致柔,能如婴儿乎""常德不离,复归于婴儿""含德之厚,比于赤子"。② 可见,老子心目中人的理想品格是一种类似于"赤子"和"婴儿"的人格境界。老子认为,人性的素朴状态是人之初生之时都具备的天然本性,随着人的社会化和现实功利和工具式的教育,人的本性日益丧失而最终导致人性异化。因此,教育的正确途径是重新恢复这种人性的本真和天然状态,复归于如同初生婴儿般的淳朴自然的精神境界和人性,进而重拾失落的美德。教育的目的就是使人们从追求耳目之欲、名利之心的生活状态中脱离出来,摒弃虚伪、贪婪和自私,使之"回归自然"。

老子的"教以为道"使人回归自然的教育目标与法国18世纪伟大教育家卢梭自然主义教育思

---

① 《老子》第十八章.
② 《老子》第十章,第二十八章,第五十五章.

想极为一致。卢梭认为教育的目标是培养"自然人",反对把儿童变成"年纪轻轻的博士和老态龙钟的儿童"。① 他强调教育应遵循儿童的自然天性,而不是强制性地灌输和压制,应该让儿童在一个自然的环境中自由的成长,从而使他们在自身的教育和成长过程中取得主动地位。老子的"回归自然"的教育目标观在当代仍然有非常重要的价值。有学者在讨论未来人才素质时指出:"真正成熟的人具备这样的特征,他已从童年长大,但并未失去童年时的最美好天性,他保持了婴儿时期原始的情感。幼儿时固执的意志自由、学前时的好奇心、玩性和欢乐,他把这些特征熔为一炉,铸成一个新的淳朴的模型。"② 其所描绘的理想人格范型与老子的教育目标极为近似。

四、论教育内容

基于"教以为道"的教育目的,在教育内容上,老子提出了"为学日益,为道日损。损之又损,以至于无为"③的观点。在这里,老子对"学"和"道"进行了辨析和界定。第一,何为"学"? 如何看待"学"? 如果把诗、书、礼、乐,生产技能或伦理规范作为"学"的对象或评价尺度,这是儒墨学派阐述的"学",但这不是老子所主张的"学"。老子所谓的"学"实则并非现实生活的知识、智慧、能力、伦理,因而,其主张的"为学"是指减少私欲、邪念、妄见,彻底摆脱妨碍人的自然本性发展的伦理道德的束缚,返璞归真。第二,"为学"之道在于"益"还是"损"? 从上可见,儒墨学派主张下的"为学"确实需要"日益",即所谓的"精学";而老子的"为学"实则是"为道",在于"日损"。河上公在其《老子》注解版中认为:学"谓政教礼乐之学也。日益者,情欲文饰日以益多。"道"谓之自然之道也。日损者,情欲文饰日以消损。"即认为当为学者只是关注现实的"政教礼乐",而忽视自然本性的固守时,则人的情欲文饰便会日益增长,便会妨碍"为道",则人的自然善良本性便会遭到冲击与破坏。这指出了"为学"与"为道"此消彼长的关系。

如把"学"看作是"读书学问",而将"道"看作是精神境界,从二者之间的关系看,儒家采取了兼提并举的立场,提出"博学于文"(《论语》)和"尊德性而道问学"(《中庸》),认为"道在学中","道"通过"学"而获得。而老子则认为二者是有区别的,甚至是对立的,认为"学"不尽"道","道"不在"学"。因此,老子指出"善者不辩,辩者不善。知者不博,博者不知""多言数穷,不如守中""多则惑,少则得"等,④充分表达了他的"主损"的教育内容观。

---

① 卢梭.爱弥儿(上)[M].李平沤,译.北京:人民教育出版社,2001:88.
② 中国教科文组织全委会秘书处.未来教育面临的困惑与挑战:面向21世纪教育国际研讨会论文集[C].北京:人民教育出版社,1991:72.
③《老子》第四十八章.
④《老子》第八十一章,第五章,第二十二章.

老子的"绝学"①"主损"的教育内容主张包括以下几个方面。

(一) 绝圣弃智、绝仁弃义

老子认为人们不断创生着文明，但同时，文明和智慧却又反过来腐蚀着善良人性的原初。所以老子说"智慧出，有大伪"，即指人们不断增长的智慧滋生了伪善和邪恶，故教育内容应是"绝圣弃智""绝仁弃义""绝巧弃利"。圣人只有"行不言之教"，人们才可能"见素抱朴""少思寡欲"。②由此可以看出，老子反对人们学习文化知识，也反对现实伦理道德和行为习惯对于人的自然本性规约和扭曲。老子认为，保持人性本有的"素"与"朴"，才是人之所以能够守"道"的根源。

(二) "慈"与"俭"

"慈"的意思是慈祥、仁爱，"俭"的意思为朴素、节约。老子认为人性中的"素"与"朴"体现在日常行为中应是恒"慈"常"俭"，这是人生中最为珍贵的东西。老子说："我有三宝：一曰慈，二曰俭，三曰不敢为天下先。"③

"慈"是对世间万物及人的关心、怜爱的感情，"慈"是"爱"的表达形式，"爱"是所有圣人都具有的思想。如老子提倡"慈爱"，墨子提倡"兼爱"，孔子追求的是"仁爱"，基督提倡"博爱"等等。而老子所讲的"慈爱"体现了一种有似母亲舍身忘己般对所关注对象的崇高的深爱。韩非子对此解释道：爱子者慈于子，重生者慈于身，贵功者慈于事。慈母之于弱子也，务致其福……圣人之于万物，尽如慈母之为弱子虑也，故见必行之道。④ 老子的"慈"中所慈爱、悲悯的对象是宇宙间的"万物"。有了这种慈爱与悲悯，人就会变得能够知足，其内心就会安宁、恬淡，就会在功名利禄面前急流勇退，故曰"慈故能勇"，这与孟子的"收其放心"有着异曲同工之妙。

"慈"心必"俭"。"俭"是朴素、节约、不浪费、不奢侈。老子告诫人们"五色令人目盲，五音令人耳聋，五味令人口爽，驰骋田猎令人心发狂"，指出"治人事天莫若啬"。⑤ "啬"和"俭"意思相同。这就是说，人们应该尽量控制耳目口舌之欲，不要过度去追求和沉溺物质享受，把提升自身内在的精神生活放在首要位置。他指出："甚爱必大费，多藏必厚亡。"⑥对名利过分的追求就必定要付出惨痛的代价，太多积敛财富往往会带来不幸的结局。因此，人们应该明白"俭故能广"的道理。诸葛亮在《诫子书》的开篇就指出"夫君子之行，静以修身，俭以养德"。可见，"俭"是为人处

---

① 《老子》第二十章.
② 《老子》第二十章，第十九章.
③ 《老子》第二章，第六十七.
④ 《韩非子·解老》.
⑤ 《老子》第五十七章.
⑥ 《老子》第四十四章.

事、修养身心的要领,因此是重要的教育内容之一。

(三) 不争与知足

"慈"与"俭"是个人的修养要求。与之相应,在处理人际关系中,老子提出了"不争"的基本准则,因而也是重要的教育内容之一。老子把"不敢为天下先"视为人生三宝之一,认为"不敢为天下先,故能成器长"。"不敢为天下先"这句话包含着避离、谦让、不争等思想。"争"一是指生活中的名利之争,二是为人处事态度上指趾高气扬,不虚心,缺乏远虑。因此,老子指出"不争"是人需要修炼的品德,是"为道"的要求和条件。他要求人们在利益面前应甘愿居后,面对名誉谦虚谨慎,反躬自省。老子以水为例,号召人们去学习"水"的品德,把不争名、不计利作为一个人学习和修养的正确方向。他说:"上善若水。水善利万物而不争,处众人之所恶,故几于道。"① "不争"的具体内容包括"不自见""不自是""不自伐""不自矜",即不认为自己见多识广,不自以为是,不炫耀自己功高劳苦,不吹嘘自己的才能。认为"不自见,故明;不自是,故彰显;不自伐,故有功;不自矜,故长。"② 生活中只有不争,才可能人生目标明确,少犯错误,避免自我迷失。诸葛亮对此也指出:"非淡泊无以明志,非宁静无以致远。"一个人只有安定清静、虚心谨慎才能树立自己远大志向和理想,而急于求成、冒险草率、急躁不安最终难有成就。因此,老子说"夫唯不争,故天下无能与之争"。

"不争"在于人内心的"知足",故老子提出了"知足"的教育内容。他说:"罪莫大于可欲,祸莫大于不知足,咎莫大于欲得。"③ 在老子看来,纵欲是罪孽的渊薮,不知足则会导致无穷的祸患。他指出:"知足之足,恒足矣。"既然不知足会招致灾祸,因此人们应知道:"知足不辱,知止不殆,可以长久。"老子这里的"知足"主要指人们应恪守物质或名利追求欲望的底线,因为生命对一个人来说是其根本,是一个人生活和追求的前提和条件,荣誉与财富是附属的,不要本末倒置,体用模糊。因而必须反思:"名与身孰亲?身与货孰多?得与亡孰病?"④ 可见,人生总有限,功业却无涯。何以达到"长久"?"百年之计,莫如树人",人们应该注意青少年的教育,善于对新兴力量的培植,做到事业后继有人。

(四)"无为"与"贵柔"

老子认为:"道恒无为,而无不为。"⑤ 即指出"道"的最本质特征是"无为",它赋予着"无事""无

---

① 《老子》第八章.
② 《老子》第二十二章.
③ 《老子》第三十二章.
④ 《老子》第四十四章.
⑤ 《老子》第三十七章.

欲"等方面的意义。因此,应教育人们做到"无为"。老子说:"我无为,而民自化;我好静,而民自正;我无事,而民自富;我无欲,而民自朴。"①要做到"无为",在待人处事上需要顺其自然,不强制干预,这就是"无事";在自我调节上,则需要除去私心妄念,不占有、不贪功、不控制,这就是"无欲"。如果每个人能够做到"无事""无欲",则"天下自正",人们相安无事,社会和谐安宁。因而,教育就需要培养人们"无事""无欲"的生活态度和处世方法。

"无为"表现在处事方面的特征即是"柔",因而,"贵柔"也是老子倡导的重要教育内容之一。吕不韦在评价诸子百家时指出"贵柔"是老子的核心主张,他说"老聃贵柔,孔子贵仁,墨翟贵廉,关尹贵清"。②老子总结了自然和社会现象盛衰之理,指出"物壮则老,是谓不道,不道早已"。是说事物一旦强盛就会走向衰老和死亡。应该说,事物的生长、发育、成熟是其自然过程。那么,是否事物即生即死是必然的规律呢?是否有"不死"之药呢?对此,老子提出"贵柔"和"守柔曰强"③的观念。

首先,老子指出:"人之生也柔弱,其死也坚强。万物草木之生也柔脆,其死也枯槁。故坚强者死之徒,柔弱者生之徒。"④"柔"是事物的生机和活力。事物发展能否逃脱即生即死的必然规律,就看其能否持继地保持生机和不断发展的活力。因为,某种事物在一定的状态或环境下可能难逃衰老和死亡的命运,但却存在着另一种状态或生态下生存和发展的活力。因此,防止僵化,促使自我"柔"化,是人或事物保持不断前行的机理。

其次,老子认为,如果想延缓和避免衰老和死亡,在于"贵柔",知道如何"守柔"。他说:"知其雄,守其雌,为天下豀。为天下豀,常德不离,复归于婴儿。"⑤是说人们需要不断研究事物发展变化规律,预测和把握其发展中的问题和障碍,在不断的变革创新中驱动其持续发展。老子看到,人一生中的"婴儿"阶段存在多向度发展的可塑性。对此,人们应思考如何"守雌",复归其"婴儿"品质,保持不断进取的生机和潜力,而不是老气横秋,日薄西山。老子进一步指出"强梁者不得其死",⑥即逞强好胜一条道走到黑的人,最终注定会失败。因为,这种人不了解事物的辩证法,不懂得"物壮则老"的道理。一个人干一番事业,即使最初是顺利的,然而随着时间推移和环境变化,不利的条件和因素往往会伴随而至。这样,虽然一开始你做得很好,但在关键时刻也许就会败北。因此,人们在工作和学习中需要胜不骄、败不馁、居安思危。对此,老子说"吾将以为学父"。即企望人们明白"柔"在学习生活中的重要意义,并把"守柔"作为教育的基本内容和学习原则要求。

---

① 《老子》第五十一章.
② 《吕氏春秋·不二》.
③ 《老子》第五十二章.
④ 《老子》第七十六章.
⑤ 《老子》第二十八章.
⑥ 《老子》第四十二章.

五、论教学原则与方法

(一)"反者道之动"的教学原则

老子认为一切事物都是变化的,而向事物的对立面转化是事物发展的内在趋势或动因,教育活动也是如此。"反者,道之动"的辩证思想揭示了教育教学活动的内在规律,与儒墨学派教育思想相比显示出独特的视野和逻辑。

1. 难易互换

老子认为,人的学习过程是一个不断克服困难的过程。因此,学习者应不畏难,迎难而上。但克服困难也应讲究方法和艺术。一是图难于易。老子说:"图难于其易,为大于其细。天下难事必作于易,天下大事必作于细。是以圣人终不为大,故能成其大。"①指出教育活动是一个由易到难、由少到多、由简及繁、由浅入深过程,教师应注意让学生从容易做起,由浅近入手,打好基础,日积月累,不断进取,终有所成。而不要一开始就好高骛远,好大喜功,若不扎扎实实,最后往往会一事无成。二是要善于化难于易。老子指出:"有无相生,难易相成,……恒也。"即是指知识的深邃奥妙总能够从浅显明白处发现,故教师要善于化难于易,深入浅出,帮助学生把深奥的道理弄明白。他认为自然和社会知识都有其重难点,这是认识事物的关键,解决了关键和要害问题,困难就能迎刃而解,接着可能是一马平川。

2. 欲隐先张

事物的矛盾面可以相互转化,因此,教学活动应能够充分加以运用。老子指出:"将欲歙之,必固张之;将欲弱之,必固强之;将欲废之,必固兴之;将欲取之,必固与之。是谓微明。"②一是关于学生的错误缺点,首先应让学生的错误思想和认识暴露出来;在此基础上,使其发现、感受错误的危害性,引发其与错误作斗争的动机,从而克服错误的言行。二是对于学生知识欠缺,能力不够等问题,可以有意设置生活和学习困境,使学生能在困境中有相应的感悟,认识到自我不足,从而通过不断的学习、实践和反思,加强修养,提升能力。

3. 教学相长

老子的"反者,道之动"思想指出,任何事物在其发展过程中,就有一种朝反方向运动的趋向。

---

① 《老子》第六十三章.
② 《老子》第三十六章.

从教育角度看,应辩证看待师生双方的角色。首先,教师又是学习者。也就是说,教师职业生涯是与不断学习相伴随的。因为,如果教师只是一味春蚕吐丝般的"输出",势必掏空自己。这样,随着时间的推移就会很难胜任教育工作。因此,教育者必须不断提升自我。其次,对于学生而言,"反"即指教育目的在于促进学生不断发展,使其逐渐能够"自我为师"。"教是为了不教",教育应唤起学生的自我教育意识及自我教育能力。具体而言,老子认为,教育应激发受教育者主体的自主性和能动性,使学习成为学生的内在需要。同时,应鼓励学生不墨守成规、大胆思考,创新建树。从以上意义看,老子的教学相长思想与后世儒家经典《学记》中"学学半"教学相长原则有异典同工之妙。

(二)"行不言之教"的教学方法

"绝圣弃智""绝学无忧"的教育内容观决定了老子在教学方法上主张采取"行不言之教"①。"行不言之教"一是不通过或尽量少采用口头语言来对学生进行教训;二是指不以现有的文献典籍为教材。其基本的教学方式方法有以下几个方面。

1. 直观与直觉

老子认为,教育的目的在于能够使人悟"道",即"欲以观其妙"。那么,如何把握自然和社会生活的要领和精妙呢?在反对对现有的文化典籍机械学习的基础上,老子提出了两种学习方法。一是直观法,强调获取知见的基础是直接对自然和社会生活的观察。他提出:"以身观身,以家观家,以乡观乡,以邦观邦,以天下观天下。吾何以知天下然哉?以此。"②强调对于一个人身心的了解,在于通过对这个人外观和行为的观察和分析。以此类推,对于一个区域、一个国家乃至天下万事万物的认识,均可以采用由此及彼、由表及里、由个别到一般寻找普遍规律的学习研究方法。二是闭目塞听的直觉法。老子认为人们的识见,根本不需要通过过多的感性知识。他说:"不出户,知天下;不窥牖,见天道。其出弥远,其知弥少。是以圣人不行而知,不见而明,不为而成。"意思是,万事万物是有一定的法则的,法则并不在遥不可及的地方,往往就在人们心中。因此,足不出户,也可以知晓天下大事的来龙去脉;对自然和社会没有广泛的接触,也同样能够了解万事万物的规律。有时候,与外界接触越多,见识看起来广博,但其实离真知越是遥远。因此,老子认为,学习并不一定强调走得远,见得多,事事亲历亲为,所以他提出了"塞其兑,闭其门"③的直觉学习方法。

---

① 《老子》第二章.
② 《老子》第五十四章.
③ 《老子》第五十二章.

老子所提出的直观与直觉的学习方法看似矛盾，实则是其悟"道"的两个阶段。"以身观身"的观察学习是老子所认为的学习过程的第一个阶段。在这个阶段中，人们往往只获得客观事实的一大堆材料，而材料变成观点，成为人们对于客观世界的真知灼见往往需要一个理性的过程。老子所谓的直觉就包含着理性思考，这也是其所提出的"观"的方法。毛泽东主席在其《实践论》中指出："认识的过程，第一步是开始接触外界事情，属于感觉的阶段。第二步是综合感觉的材料加以整理和改造，属于概念、判断和推理的阶段。只有感觉的材料十分丰富（不是零碎不全）和合于实际（不是错觉），才能根据这样的材料创造出正确的概念和论理来。""要完全地反映整个的事物，反映事物的本质，反映事物的内部规律性，就必须经过思考作用，将丰富的感觉材料加以去粗取精、去伪存真、由此及彼、由表及里的改造制作工夫，造成概念和理论的系统，就必须从感性认识跃进到理性认识。"老子之所以提出"塞其兑，闭其门"，在于提醒人们不要被耳目之幻所耽迷，对事物的内部规律的把握单靠观察所获得感性材料是远远不够的，人们只有通过自己的理性认识，才能够把握事物的本质。

直觉的具体方法包括"玄览""虚极"。老子说："涤除玄览，能无疵乎。"①"玄览"又曰"玄镜"，指人的内心"涤除玄览"，与战国时期名家的观点"去宥"②相似，指人在认识事物的过程中，为了去除人认识事物的障碍，就需要先排除"前识"，即在内心深处清除原有的成见和思维定式，摒弃妄见。也就是说，只有人们把内心清扫干净，一尘不染，像一面清澈的镜子，才能有利于对"道"的体认。"涤除玄览"则要求人能够"虚极""静笃"。老子说："致虚极，守静笃；万物并作，吾以观复。夫物芸芸，各复归其根。归根曰静，静曰复命。复命曰常，知常曰明。不知常，妄作凶。"③"虚"和"静"是指人空明宁静状态。老子认为，由于外界的干扰、诱惑，人的私欲开始活动，心灵蔽塞不安。所以必须注意"致虚"和"守静"，尽力使心灵的虚寂达到极点，生活清静坚守不变。如果不这么做，人们无法认识自我和他者，从而糊里糊涂地逆自然规律而动，往往会出错致灾。

2. 善教"无痕"

老子倡导"行不言之教"，追求善教"无痕"，认为对教育对象的引导于潜移默化的不知不觉中进行，这是教育者的工作艺术。苏联教育家苏霍姆林斯基曾指出："造成教育青少年困难的最重要的原因在于：教育实践在他们面前以赤裸裸的形式进行。而处在这种年龄的人按其本性来说是不愿意感到有人在教育他们。"相反，"教育者的教育意图越是隐蔽，就越是能为教育的对象所接受，就越能转化成教育对象自己的内心要求"。④苏霍姆林斯基的观点及18世纪法国教育家卢

---

① 《老子》第五十二章.
② 《吕氏春秋（卷十六）·先识览第四》.
③ 《老子》第十六章.
④ ［苏联］苏霍姆林斯基.教育的艺术[M].肖勇，译.长沙：湖南教育出版社，1983：76.

梭所倡导的"消极教育"与老子思想是惊人地相似。老子要求教育者应做到"善行无辙迹,善言无瑕谪,善数不用筹策。"①是说善于驾车行走的人,是不会留下痕迹的;善辩者不会留下把柄;精于算数的人,则不需要计算工具。教育者应向"善行""善言""善数"者学习,切忌向教育对象实施填鸭式的教训,在教育过程中要善于打造"隐性课程",通过身教,借助环境影响,使教育犹如春风化雨、润物无声,自然而然。这样,受教育者在没有任何压抑、束缚,在自然快乐的生活中接受影响,发生改变。

3. "自化"而正

老子认为人有其自组织功能,具有不断自我完善的趋向,因而,教育可以"无为"。他甚至认为,正是因为教育者过于强势,包办过多,指导过于具体,往往会剥夺了受教育者自我选择、自我发展的权利和机会,其发展态势则会大打折扣。老子说:"我无为,而民自化;我好静,而民自正;我无事,而民自富;我无欲,而民自朴。"指出教育对象有其自我领悟、自我教育和自主学习的能力。完全可以"自化"而"正",关键是教育活动也应尽量消除教育环境中外在的强制性、压抑性力量和因素,教育者应守住"无为""无事""不动""无欲"的基本教育方法。这样,教育对象的自然本性和发展倾向能够得以自然地展开,其学习主动性、积极性和创造性得到极大的激发,其内在学习需求因充分释放而实现自我教化和自我发展。

老子"自化"而正的思想与美国现代人本主义教育家罗杰斯所倡导的"非指导性"教育理念有着异曲同工之处。罗杰斯的教育理念非常重视对人的内在潜能的挖掘、发挥和自我实现,认为在学习过程中受教育者要真正掌握知识,最终需要通过自己的"内化"才能完成,仅靠教育者的外在说教和灌输是无法实现的。因此,他提出了"非指导性"教育原则,即尽量少干预学生,给予他们尽可能多的学习自主,反而能够激发他们的学习天性而收到意想不到的教育效果。罗杰斯的这种教育理念也是一种老子意义上"不言之教"。

六、论教师

(一)贵师崇教

老子非常重视教师在"为道"中的作用,他在《老子》中把教育者称作"圣人"或"师"。"圣"有"神圣""崇高"之意,表明教育者在人们心目中的地位应该是神圣、崇高的。因而,老子提出了"贵师"的主张。他指出:"故善人者,不善人之师;不善人者,善人之资。不贵其师,不爱其资,虽智大

---

① 《老子》第二十七章.

迷。是谓要妙。"①这几句话的意思是说,好人可以成为别人的老师,而不良之人可以成为他人的反面教材。一个人生活在社会之中,应该善于总结他人成功的经验和教训,否则,这种人自以为聪明,其实是很糊涂,总会有失败的一天。老子"贵师"思想可以从两个方面分析。一是全社会应以师者为"贵",即形成尊师重道的良好风气,国家也应该因为有一批崇道明理的良师而自豪。二是提出"群师"观,即主张人们应有"学无常师""无贵无贱,无长无少,道之所存,师之所存"的学习态度。这说明老子已深刻了解统治阶级的腐朽及对于广大老百姓在生活中表现出智慧的肯定,也顺应了春秋时期"学在官府""官师合一"局面已被冲破,"学在四夷"开始出现的历史潮流。老子指出,向他人学习是"为道"的重要途径,即使"圣人"也应该这样。"善人"固然是学习的标杆,而别人的过失和教训更应作为一面镜子,以起到"前事不忘,后事之师"的效果。可见孔子提出的"三人行,必有我师焉,择其善者而从之,其不善者而改之"(《论语·述而》)的观点明显受老子影响。

(二)矢志于道

老子对教育者提出了严格的要求。老子说:"古之善为道者,微妙玄通,深不可识。"即要求教育者首先必须是善于体道、悟道、得道之人,而且应是道的忠实履行者。如何能够悟道、得道呢?老子提出了修身以明道。老子说:"古之善为道者……豫兮若冬之涉川,犹兮若畏四邻,严兮其若客,涣兮若冰之将释,敦兮其若朴,旷兮其若谷,混兮其若浊。……故能蔽而新成。"②在这里,老子首先提出了师者体道处世的态度要求:审慎严谨、居安思危,同时又和蔼可亲、敦厚质朴、心态旷达、浑厚深沉,并能做到不自满自负、善于学习,不断地推陈出新。其次是要求教育者要把教育的目的和内容自化到自己的人格力量中,以自己的言行来影响教育对象,引起他们的共鸣,并自觉地遵道而行。老子还要求老师要具有"慈爱啬俭""无私为人"等品格。总之,教师应该做到"修之于身,其德乃真"③,时刻警醒自己,做到慎独,保持高尚的品行,这样才可以做到"行不言之教"。

(三)信而无弃

老子说:"圣人常善救人,故无弃人。"用在教育方面,即指教师的职业秉性在于"救人",而不是"弃人"。这就是说,促进每个儿童在现有基础之上的发展和转变是教师的职责和能力要求,不随意放弃任何一个学生是教师固有的教育信念和教育行为。对此,老子还补充说:"人之不善,何弃之有。"④即使对于"不善者",做教师的应该相信他们也有自己的长处,要善于发现其优点,不对

---

① 《老子》第二十七章.
② 《老子》第十五章.
③ 《老子》第五十四章.
④ 《老子》第六十二章.

他们失去信心,最终同样可以感化他们,促进其自我发展和成长,达到教育的目的。老子认为理想的执政者对待百姓的态度应是:"圣人常无心,以百姓之心为心。善者,吾善之;不善者,吾亦善之;德(得)善。信者,吾信之;不信者,吾亦信之;德(得)信。"①意思是说,当政者不要先入为主,墨守成规,治国方略应立于深入的调查研究的基础之上。教师对待学生也应这样,要深入了解学生的身心特点、兴趣爱好、理想态度和个性差异。鼓励较好的学生不断进步是必然的,同样,对于发展落后的学生不仅不能放弃,而且更需要加以呵护引导。同时,要关注学生的个别差异,扬长避短,因势利导。这样,"不善者"也可以"得善",而"不信者"也可以"得信"。可见,在老子看来,只有"救人"的老师,没有"弃人"的老师。长善救失是为师者的基本品格。

七、老子教育思想评析

老子是我国历史上著名的思想家和哲学家,道家学派的创始人,他所著的《道德经》言辞微妙,意涵精深,对中华文明影响深远。其教育思想可以与儒墨体系并论,是我国教育文化的一个重要源头,在今天仍有重要而独到的启示。

老子的政治理想是建立一个顺应自然、返璞归真的世界,因而主张退守至"小国寡民"的社会,强调统治者应采取"无为"的管理策略。在哲学上他提出了"道"本原的世界观,以及事物的对立统一,又相互转化的辩证法思想,它们共同奠定了其教育思想的基础。

老子倡导的"教以为道"的教育目的在于让人们去悟"道",进而能够顺"道"而行。对于个体而言,老子的教育目的在于使人"回归自然",恢复其自然本性,开启了中国自然主义教育的先声。它表达了对于"积极教育"造成人性异化和堕落的深刻思考和批判,促使社会对于"人"的意义与价值的反思,对于教育遵循儿童的本性,促使儿童主动成长有重要的指导意义。"主损"是老子教育内容的总纲。老子所提出"为学日益,为道日损"的积极意义在于,不同于当时官学"六艺"教育,也不同于孔子对学生的伦理道德和文化知识教育,老子的教育内容明确指向于"无为"和"回归自然"的目标。老子提出的"绝圣弃智""绝仁弃义""绝巧弃利""见素抱朴"及"不争""知足""柔"等教育内容既有反对陈规教条的意义,也有提升人的理性和精神境界的价值。更为重要的是,老子所主张的教育内容鼓舞了人们挑战权威的勇气,特别是为人们探求真知、追本溯源指引了方向,对当今的课程教学改革具有高屋建瓴的指导意义。

老子的"反者,道之动"的辩证思想揭示了教育教学活动的内在规律,指出教师在教学活动中应掌握学生的学习特点,在指导学生时,对于教学内容要善于化难为易。尤其是其所蕴含的重视学生独立思考及挑战权威,追求真理的思想,开启了主体性教育的先声。教学方法上强调"行不

---

① 《老子》第四十九章.

言之教",特别重视"直觉"的"悟"道方法。这提醒人们对于事物内部规律的认识,单靠观察所获得大量的感性材料是远远不够的,要把握事物的本质,就需要充分地运用好自己的理性。

关于教师观,老子提出"群师"的思想和教师应具备矢志于道、信而无弃的职业道德素养和善教"无痕"的教育艺术,提出社会应形成尊师重教的风尚。

总之,作为中国教育思想的源头之一,老子的教育思想对于教育教学改革有着重要的意义,其教育目的、内容和方法原则等观点为我们反思当下教育弊端,解决教育问题提供了极为宝贵的资源。

【思考题】
1. 谈谈老子的政治观及哲学思想对其教育思想的影响。
2. 评述"主损"教育思想及其意义。
3. 如何看待老子"不言之教"的积极意义?
4. 为什么说老子与孔子教育思想是一种对立互补的关系?
5. 论述老子的自然教育思想特色及现实意义。

【阅读书目】
1. 朱晓鹏. 老子哲学研究[M]. 北京:商务印书馆,2010.
2. 邱进之. 道法自然:老子的智慧[M]. 成都:四川教育出版社,1996.
3. 田云刚,张元洁. 老子人本思想研究[M]. 北京:中国社会科学出版社,2005.

第三章 由学"事"到明"理":朱熹的教育思想

朱熹(1130—1200)

读书有三到,谓心到、眼到、口到。心不在此,则眼不看仔细,心眼既不专一,却只漫浪诵读,决不能记,记不能久也。三到之中,心到最急。心既到矣,眼口岂不到乎?

——朱熹

【内容摘要】朱熹是继孔子之后中国古代最有影响的教育家。朱熹在其教育实践的基础上,集我国儒、道、释三教思想为一体,创建了以"道问学""尊德性"为旨归的理学教育体系,在教育目的、道德教育、教学阶段论、课程设置、教学方法及读书方法等方面都形成了独到的学术思想,在历史上产生了深远的积极影响。朱熹毕生著书立说,并致力于以书院为基地的教育实践,为推进我国古代教育事业发展作出了杰出的贡献,在我国教育史上具有重要的地位。

【核心概念】朱熹;格物致知;明人伦;"小学"与"大学";德行修养;朱子读书法

一、生平及教育活动

朱熹字元晦,号晦庵,出生于福建尤溪县,祖籍徽州婺源(今江西婺源)。朱熹从小深受儒学的熏陶和影响,其家族是南宋时期的"以儒名家",家教严格。朱熹父亲朱松是当时程学主要代表人物李侗的同学,又是程颢、程颐再传弟子罗从彦的学生。朱熹5岁时就学习《孝经》,且很快能融会贯通,并在《孝经》上题下了"不若是,非人也"的行孝决心。8岁开始学习儒家经典,接受正规的六经训蒙教育,坚持每日读《论语》《孟子》,并立下了做圣人的人生目标。[①] 14岁时,父亲朱松病逝

---

① 《朱子语类·朱子五》.

后,朱熹求学于当时有名的学者胡原仲、刘致中(刘勉之)和刘彦冲(刘子翚)即"二刘一胡"。"二刘一胡"除治儒家思想外,都好佛教禅学,这对于后来朱熹哲学思想和道学性格的形成产生了重要影响。年轻时期的朱熹居敬持志、潜心学习,后又师从李侗,为他之后融合儒、道思想并创建集大成的理学奠定了良好的学术基础。朱熹19岁考中进士,22岁授泉州同安县主簿。青年朱熹勤政治学、积极改革,为整顿县学,从选拔优秀学生、访求名师及亲自讲授圣贤之道等三个方面进行改革与治理,成效显著,并开始了一生坎坷的仕途和教育生涯。此后,朱熹每到一处任官,必以修复学校、授徒讲学为己任,在教育史上书写了具有划时代意义的华丽篇章。

(一) 聚徒讲学

从绍兴三十二年(1162年)至淳熙四年(1177年)15年中,朱熹虽然参加过巡视水灾和倡办社仓等活动,但其主要时间和精力是在武夷山讲学,潜心研究学问,这个时期是他理学思想的形成时期。于绍熙二年(1191年)建室于建阳考亭,置田90多亩,并置学田千余亩,盖"竹林精舍",聚徒讲学。① 绍熙五年(1194年),由于学徒增多,又将精舍扩建,更名"沧州精舍",并作《沧州歌》,致力于理学思想的研究与传播。朱熹所教的学生数以千计。据《朱子实纪》记载,他的学生中号称高弟且有著作者68人,录有问答及后见称许者71人,姓字爵邑仅存者180人。

(二) 鹅湖之会

淳熙二年(1175年)夏天,朱熹和陆九龄、陆九渊(陆象山)兄弟在信州鹅湖寺论辩、讲学达十日之久,史称"鹅湖之会",又称"朱陆之辩"。在辩论中,为学之方及学问宗旨的教育思想始终是两人关注的核心和论辩的焦点。朱熹主张"道问学""性即理"和"即物而穷其理",即学者应从博览群书和从外物的观察来启发自己的知识;陆象山认为"心即理",因而,学习在于"发明本心""求放心",指出"既不知尊德性,焉有所谓道问学"②,强调不必多做读书穷理的功夫。陆象山认为,自己和朱子的最主要分歧在于教育应以德性的培养为主还是以知识的探索为先,他认为朱子教学方法过于繁难。在朱子看来,陆象山教育方法则失之太简,认为自己不专以"尊德性"立教,另讲一个"道问学",是怕学者束书不观、流入禅学、难应事变。③ 鹅湖之会后,朱陆二人继续通过书信讨论学术问题,虽然学术思想有分歧,但并未影响他们之间的学术交往和友谊。"朱陆之辩"成为我国学术思想史和教育史的美谈,堪称学术自由研讨的典范。

---

① 《建阳县志》卷三.
② [宋]陆九渊.陆九渊集[M].北京:中华书局,1980:400.
③ 李长春."道问学"处多了些子?——朱熹教育思想新论[J].北京大学教育评论,2009(1):90.

(三）振兴书院

书院是我国北宋到清朝的重要文化教育形式，具有举办讲学活动，从事学术研究和藏书、校书等高等文化教育功能。朱熹从政期间重修了当时全国著名的白鹿洞书院和岳麓书院，先后主持了白鹿洞书院、岳麓书院等古代著名书院讲学活动。南宋淳熙五年(1178年)，朱熹在唐代李渤隐居的"白鹿国学"旧址重修了白鹿洞书院，并设立了以"修齐治平"儒家经典思想为主题的《白鹿洞书院揭示》等教学规章制度，成为南宋以后书院和各地方官学遵守的学规。白鹿洞书院重修后，"一时文风士习之盛济济焉，彬彬焉"，朱熹逐渐名扬天下。1193年，朱熹任知潭州(今长沙)时，扩建岳麓书院，增加学舍至百余间，田15顷，还亲手书"忠、孝、廉、洁"四字于学堂，甚至利用晚上从政之暇，亲临书院，教诲诸生。另外，朱熹还创建了全国闻名的考亭书院、武夷书院、紫阳书院、晦庵书院以及建安书院。可以说，朱熹塑造了我国著名的书院文化，使书院成为儒家文化传播的重要载体，形成了宋代之后我国古代办学的基本模式。朱熹设立的学规也为后代书院所沿袭。

（四）著书立说

朱熹从19岁中进士到71岁病逝的52年间，当地方官五任，在朝46天，有四十余年研究学问，著书立说，在教育和学术上作出了显著的成绩。在学术上，他对经学、哲学、史学、文学、乐律、佛学乃至自然科学都作了深入研究，著述颇丰。除《资治通鉴纲目》《伊洛渊源录》《四书章句集注》等20多种专著外，还有《朱文公文集》《续集》《别集》，三种共计121卷，《朱子语类》140卷。另外，朱熹在长期的教育实践中编撰了丰富的教育著作，主要有《四书集注》《白鹿洞书院揭示》《学校贡举私议》《读书之要》《童蒙须知》《近思录》及《小学》等。

二、教育思想的哲学基础

（一）"理""气"论

朱熹发展了程颢、程颐的理一元论，把理看成宇宙的根本，万物的根源。"天地之间，有理有气。理也者，形而上之道也，生物之本也。气也者，形而下之器也，生物之具也。"[1]理是第一性的，是创造万物的根本；气是第二性的，是创造万物的材料。朱熹所指的"理"包含以下三个方面的含义。第一，理是先于自然现象和社会现象的形而上者，理比气更根本，逻辑上"理在气先"。同时，万物各有其理，但万物之理终归一，这就是"太极"。第二，理是指事物的规律，朱熹认为："阴阳五

---

[1] 《朱文公文集·答黄道夫（一）》.

行,错综不失条绪,便是理。"①第三,理是指伦理道德的基本准则,每一个人和物都以抽象的理作为它存在的根据,每一个人和物都具有完整的理,即理一分殊。气是朱熹哲学体系中仅次于理的第二个范畴。它是形而下者,是有情、有状、有迹的,它具有凝聚、造作等特性,是铸成万物的质料。天下万物都是理和气相统一的产物。朱熹认为理和气的关系有主有次,理生气并寓于气中,理为主,为先;气为客,为后。②

(二) 人性二元论

朱熹认为人性有二:一是"天地之性",是人与天地万物共有的本然之性,是从世界本源的"理"得来的。朱熹认为,"理"在人先浑然于天地,附之于人,成为先验禀赋于人,是先天的善性所在,人人皆有,它是永恒不变的。具体体现为"道",即仁义礼智等封建道德规范,道是纯粹至善的,是"理"的社会意志体现。二是"气质之性",指每个具体的人,生来所具有的个性,它有善有恶,人体形成之时,必禀此气,由于气精粗、厚薄、清浊、久暂的不同,就产生了善恶、贤愚、贫富、寿夭的不同和性格上的差异。"天地之性"和"气质之性"并存于人身。③ 因此,朱熹认为,人性的根本是善的,一些人之所以存在不足或性恶的表现,是因为他们被欲望所迷惑,由于"气质"的偏蔽,阻碍了"天地之性"的正常发展与显现,所以要清除和去掉偏蔽,使"气质之性"完全受"天地之性"的约束和管辖。于是,他告诫:"学者须是革尽人欲,复尽天理,方是始学。"④即强调要"存天理,灭人欲"。教育的作用就在于"变化气质",提出"人之为学,却是要变化气禀"。⑤ 让人发挥"气质之性"中所具有的善性,去蔽明善,就好比把浊水中的明珠揩拭干净,恢复宝珠原有的光泽一样。⑥ 对此,他说:"圣人千言万语只是反其固有而复其性。"⑦

(三) "格物致知"论

朱熹继承了二程"格犹穷也,物犹理也。犹曰穷其理而已矣"⑧的思想,建立了更系统的格物穷理说。认为"所谓致知在格物者,言欲致吾之知,在即物而穷其理也"。⑨ 他通过对"格物致知"的阐释,表述了自己的认识论思想。从认识的目的来看,朱熹认为只有"格物致知",才能做圣人。

---

① 《朱子语类·理气上》.
② 《朱子语类·理气上》.
③ 《朱子语类·性理一》.
④ 《朱子语类·卷十三》.
⑤ 《朱子语类·性理一》.
⑥ 《朱子语类·性理一》.
⑦ 《朱子语类·学二》.
⑧ 《二程遗书》.
⑨ 《大学章句补》.

认为若做不到"格物致知",无论如何都是凡人,只有达到"物格知至",方可进入圣贤之域。朱熹认为,"格物致知"的具体内容是"穷天理,明人伦,讲圣言,通事故"。①"天理"既包括人伦,也包括物理。朱熹认为,"即物穷理"就是要实实在在地研究具体的事物,刨根究底地探求其中的奥秘和规律,它揭示的正是一种科学精神和知识理性。朱熹认为"物"有两义,一是与"事"同,指人伦日常世务;二是指物质、自然界的现象,知识理性强调的认识对象恰是此种物中之理。物理之知即知其物理,"物之理"即"物之则",即指自然界内部的规律。对此,朱熹有明确的表述:"既有是物,其所以为是物者,莫不各有当然之则,而自不容已,而皆得于天地所赋,而非人之所能为也。"②朱熹又认为,"穷理"必须通过"格物",心中先验的"已知之理"如果不通过"格物"来究竟,这个"已知之理"仍是悬空之物。所以,他指出"自家虽有这道理,须是经历过方得"。而所谓"经历",就是"今日格一物,明日格一物"。格到一定程度,"则众物之表里精粗无不到,而吾心之全体大用无不明矣。"也就是说,通过"格物",就会经历"在物之理",使先验的"在己之理"得到验证。

朱熹在《大学章句》中解释"致知"二字说:"致,推极也。知,犹识也。推极吾之知识,欲其所知无不尽也。"③这是朱熹的认知理性的明确表述。显然,朱熹的这种认知理性既是唯物的,也是辩证的,在道德理性至上的儒家哲学中,朱熹"即物穷理"的思想为自然科学的研究留下了一块地盘。④事实上,朱熹在当时确是一位杰出的"深入观察自然现象的人"。⑤

朱熹在认识论方面已模糊地感觉到认识是一个从感性到理性的深化过程,是一个由此及彼、由表及里、由粗到精的发展过程。基于对认识过程的理解,朱熹形成了教育阶段的思想。即由"小学"至"大学",就是要让学生在对事物由感性认识到理性认识的不断上升中,理解宇宙间的道理。"小学"至"大学"的学习是儿童通过养成良好行动习惯到逐渐领悟"义理",由近及远,由浅及深,方可达到至善明理的目的。

朱熹哲学的理气世界观、人性思想、认知理性精神,是朱熹教育目的论、教育作用及课程论的思想根源。朱熹与其先前的理学家一样,先探讨宇宙的生成与万物的演化,继而谈人的生命、心理与价值,进而论证封建的道德与教育,从而完成其宇宙观—人性论—教育论的"对接"。⑥

三、教育目的论

朱熹关于教育目的的思想是与其人性论和教育作用的思想分不开的。朱熹认为教育的作用

---

① 《朱文公文集·小学辑说》.
② 《朱文公文集·大学或问》.
③ 《朱文公文集·大学章句》.
④ 张允熠.朱熹哲学教育价值三题[J],安徽师范大学学报(人文社会科学版),2014(5):611.
⑤ 李约瑟.李约瑟文集[M].沈阳:辽宁科学技术出版社,1986:52.
⑥ 苗春德.宋代教育[M].郑州:河南大学出版社,1992:231.

在于"变化气质""存心养性"。基于"天地之性""气质之性"及"存心养性"的思想,朱熹提出教育目的就是"明人伦"和"为圣贤",即"始乎为士,终乎为圣人"。①

关于"明人伦",朱熹在《白鹿洞书院学规》中明确把"父子有亲,君臣有义,夫妇有别,长幼有序,朋友有信"列为"五教之目",他还说"学者学此而已。"②"五教"即五伦,就是要学五伦、明人伦、为圣人。朱熹一方面要求受教育者体认"人伦",并实践"人伦";同时,还要远涉他人,推己及人。朱熹在《白鹿洞书院学规》中提出:"熹窃观古昔圣贤所以教人为学之意,莫非讲明义理,以修其身,然后推己及人。"

朱熹"明人伦"的教育思想还明确针砭当时科举考试的时弊。他认为当时学校教育完全违背了"先王之学以明人伦为本"的宗旨,师生关系冷漠,学生"怀利去义",科考腐败,学校名存实亡。为使教育具有"道德政理之实",朱熹提出了明人伦的教育改革主张,其实也体现了朱熹"尊德性"和"道问学"相统一的教育目的的思想。朱熹认为,"道问学"和"尊德性"在学理层面,前者旨在求真,后者意在求善,求知是"道问学",是致善即"尊德性"的前提。而在实践层面上,前者指导学生如何做学问,后者指导学生如何做人,认为做人最根本,做学问也是为了更好地做人。朱熹在《近思录》中列举了历史上一些成圣成贤的楷模,诸如孔子、颜渊、曾参、孟子、董仲舒、诸葛亮、韩愈、周敦颐、程颢、程颐等,认为他们是品德与学识兼具的典范,能以治国平天下为己任,忧国忧民,克己治学,为国效力,这即是教育的最高目的。

关于"为圣贤",朱熹认为还必须树立志向,矢志不移,努力追求,即"学者大要立志,才学便要做圣人,是也。"③否则,难成大器,沦为俗儒。朱熹还对"圣人"的标准作了解释:"圣贤,只是做得人当为底事尽。今做到圣贤,止是恰好,又不是过外。"④这里"人当为底事",主要是指忠孝仁爱、礼义智信、修身齐家等,即"明人伦"。"为圣人"并不是去做不能做的事情,也不是去做超越人的能力之外的事情,而是做到恰到好处,"止于至善"。

四、教育阶段论

基于其认识论及自己的教育实践经验,朱熹对人的教育阶段进行了论述,认为在学校教育前家庭应实施胎教和早期教育,而学校教育又应该分为小学和大学两个阶段。不同阶段人的教育是相互联系的一个整体,但由于每个阶段儿童的生理和心理特点不一,所实施的教育内容与方法应不一样。

---

① 《朱文公文集·策问》.
② 《朱文公文集·白鹿洞书院学规》.
③ 《朱子语类·学七》.
④ 《朱子语类·学七》.

（一）胎教和早期教育

朱熹认为，人的教育应从胎教开始，孕妇应安居闲静，谨守礼法，使胎儿受到良好的影响。并对孕妇坐、站姿势有要求，要求"目不视邪色，耳不听淫声"，这样"生子形容端正，才过人矣"。① 朱熹十分重视儿童 8 岁前的教育，认为儿童自幼能受良好的家庭教育，培养其所谓合乎"天理"的性格和生活习惯，能为今后的小学学习打好基础。对此，应谨慎地选择乳母，认为乳母不良不但教子不成，还会败乱家规。同时，要精心设计家庭环境，使儿童"耳目游处，所见皆善"。② 在教育时机和方法上，认为当儿童自能食能言时教起，应从日常行处着手，由易到难，由浅入深，由事至理，渐化之以"孝悌诚敬之实"。③

（二）学校教育阶段

朱熹认为儿童 8 岁后应进入学校学习，他把儿童的学校教育划分为小学和大学两个阶段，并根据儿童不同年龄心理特点进行了课程设计。

1. 小学教育

朱熹把 8—15 岁儿童划为小学阶段，认为小学阶段应该实施普及教育。他在《大学章句序》中说："人生八岁，则自王公以下，至于庶人之子弟，皆入小学。"认为这一阶段是人生打基础的阶段，是成为"圣人"的准备阶段，朱熹将之比喻为"坯璞"阶段。他说："古者小学已自养得小儿子，这里定已自是圣贤坯璞了。"④小学阶段若打好了基础，接受大学教育就毫不费力，水到渠成。他说："古人便都从小学中学了，所以大学，都不费力，如礼乐射御书数大纲都学了，及至长大，便只理会穷理致知工夫，而今自小失了，要补填实是难。"⑤

朱熹认为，小学阶段教育内容的重点是"学其事"，他认为："小学是事，如事君、事父、事兄、处友等事。只是教他依此规矩做去。"⑥通过日常生活来体会伦理纲常之教。他说："古者小学，教人以洒扫、应对、进退之节，爱亲、敬长、隆师、亲友之道。"⑦同时要学习礼、乐、射、御、书、数。显然，朱熹强调小学要侧重日常礼节的教育与六艺的教育，不主张引导小孩从小就去"做对"，认为教其对诗对

---

① 《小学·稽古》.
② 《养正遗规补编·诸儒论小学》(上).
③ 苗春德.宋代教育[M].郑州：河南大学出版社,1992：434.
④ 《朱文公文集·小学辑说》.
⑤ 《朱文公文集·小学辑说》.
⑥ 《朱子语类·学一》.
⑦ 《朱文公文集·小学题记》.

赋、造作文词、"做虚诞之文"会"坏其性质",即对儿童的成长不利,提出"只做禅苑清规样做,亦自好"。①在教学方法上,朱熹认为教师应针对小学阶段儿童特点组织教学,要从实际出发,从日用常行处着手,使学生通过做事学得"圣人之心"。

2. 大学教育

朱熹把15岁以后划为大学阶段,他指出大学教育是小学教育的深化与扩充,是在小学教育基础上的"加光饰"。认为"大学之道,知之深而行之大者也。"②即大学要求学生在道德、知识及能力方面达到较高的水平。其实在这里朱熹明确阐释了"大学是传授高深学问地方"的思想,大学教育的特点是"察义理""措事业"和"理教"。

朱熹认为,大学的教育内容应突出"明其理""小学者学其事,大学者学其小学所学之事之所以。"③大学要按《大学》中规定的格物、致知、诚意、正心、修身、齐家、治国、平天下等程序,达到明明德、亲民、止于至善的最高教育纲领。主要包括:"穷理""修己"和"治人"三方面。④ 穷理主要是学习儒家经典;"修己"就是坚守"三纲五常";"治人"掌握"为政""事君""安民""治国""平天下"的实际本领。在教学方法上,朱熹强调深入探究"明德亲民"的深层次学问,提倡质疑、辩论与学术交流。

(三)不同教育阶段的教材编写

朱熹十分重视教材编写。他认为儿童自幼所要习行的伦常之道,均蕴藏于圣贤书中,儒家的四书五经理应作为小学教育的重要内容。但因其内容广博,义理精深,这对"智识未开"的儿童来说是难以接受的。故需要编写相应的课本和读物,使之既据于四书五经,能完整体现儒家道,又适合于儿童的心理特点和学习能力。对此,朱熹根据教育目的和内容,把古代圣贤名流的"嘉言而善行"汇集编成《小学》一书,作为小学儿童的必读之物。该书分内、外两篇,共385章,以立教、明伦、敬身、稽古为纲,以父子、君臣、夫妇、长幼、朋友及心术、威仪、衣服、饮食为目,皆惯以封建伦常之道。《小学》一书不仅成为后来我国古代社会小学的必修教材,还流传到日本、朝鲜等国。朱熹还为小学儿童编定了《童蒙须知》。该教材共分五部分,包括《衣服冠履第一》,对小学生的穿衣戴帽、系带着装作了详细规定;《语言步趋第二》,对语言与行为作了规范;《洒扫涓洁第三》,对小学生卫生行为习惯作了要求;《读书写文字第四》,对读书与写字要求作了具体规定;《杂细事宜第五》,对饮食、起居、烤火、作揖、称呼长辈等日常行为作了规定。⑤ 生活习惯方面要求如:"大抵

---

① 《朱子语类·学一》.
② 《朱文公文集·小学辑说》.
③ 《朱子语类·学七》.
④ 《朱子语类·大学一》.
⑤ 《朱文公文集·童蒙须知》.

为人,先要身体整端。自冠巾衣服鞋袜,皆须收拾爱护,常令洁净整齐。"①学习习惯方面要求如:"凡读书,须整顿几案,令洁净端正。将书册整齐顿放,正身体,对书册详缓,看字仔细分明。读之,须要读得字字响亮,不可误一字,不可少一字,不可多一字,不可倒一字,不可牵强暗记,只是要多诵遍数,自然上口久远不忘。"②

对于大学阶段儒家经典教材,朱熹还特别注重用理学的观点来阐释。朱熹提出《论语》《孟子》《大学》《中庸》四书为大学的基本教材,他说:"如大学中庸语孟四书,道理粲然。人只是不去看。若理会得此四书,何书不可读!何理不可究!何事不可处!""学问须以大学为先,次论语,次孟子,次中庸。"③他在对《论语》《孟子》《大学》《中庸》四本儒家著作注释时用力很深,认为"添一字不得,减一字不得""不多一个字,不少一个字"。④《论语》从西汉开始就作为学生必读课本。朱熹在编著有关《论语》诸书时,主要引理学家对《论语》的解释和发挥,重在阐述义理,很少引汉魏隋唐注家诠释名物训诂的文字,抛开了汉儒注经的传统。他坚决反对贬孟之说,认为必须尊孟,极力提高孟子地位,从此《孟子》一书作为教材地位被确立下来。《大学》本是《礼记》中的一篇文章,朱熹认为其与《孟子》《易经》是同样重要的经书,认为《大学》是古之大学所以教人之法。"通得《大学》了,去看他经,方见得此是格物致知事。"⑤《中庸》也是《礼记》中的一篇,朱熹十分推崇这篇书,认为它"提挈纲领,开示蕴奥",他根据"孔门传授心法"这一理学要求,划分了《中庸》的篇章,使之"脉络贯通",把它们巧妙地纳入理学范畴,使之系统化、结构化。朱熹还规定了学习四书的次序和目的。他说:"某要人先读《大学》以定其规模,次读《论语》以立其根本,次读《孟子》以见其发越,次读《中庸》以求古人之微妙处。"⑥关于四书与五经的关系,朱熹认为应先学四书再学五经,从易到难。他还编成《近思录》作为读四书的入门书。自从朱熹作《四书集注》后,四书取代了五经在我国古代社会学校教育中作为教材中的垄断地位,其影响甚至超过了五经,成为了我国古代社会后期的法定教材和科举考试的参考标准。

五、道德教育论

(一)存天理的道德教育目标

朱熹在道德教育思想方面,十分注重个人的道德修养问题,他继承了汉代董仲舒的道德观,

---

① 《朱文公文集·童蒙须知》.
② 《朱文公文集·童蒙须知》.
③ 《朱子语类·大学一》.
④ 《朱子语类·论语一》.
⑤ 《朱子语类·大学一》.
⑥ 《朱子语类·大学一》.

吸收了佛教和道教用以约束人们思想和行为的规则与思想,对于道德教育的作用、本质、目的、过程、原则和方法做了系统全面的论述,构建了"存天理""灭人欲"的道德教育体系。

对于道德教育的本质、目标和方法论问题,朱熹提出:"修德之实,在乎去人欲,存天理。"①"圣人千万语,只是教人明天理、去人欲。"②朱熹在此表述的"天理",既指社会伦理,又指自然规律。朱熹认为,人们如果按照"天理"行事,就会处事公平而且正确,"盖天理者,心之本然,循之其心则公而且正"。③"欲"在朱熹的思想体系中包括两层含义,一指"私意之欲",即人为了追求自身的无节制的欲望享乐而去违反自然规律;二指"公共之欲",即符合"天理"之欲,如饥食渴饮都是欲,但这种欲是公共的、不得不满足的欲,故这种欲不能称之为欲,而称之为"天理",即"合道理底是天理,循情欲的是人欲"。④ 显然,朱熹所说的"人欲"特指"私意之欲",所说的"灭人欲",即指遏制人的贪婪的"私意之欲"。

朱熹"存天理""灭人欲"的思想也体现了其对于儒家"尊德性"思想的重视和继承,将"尊德性"放在了非常重要的位置。他说:"致知之要,当知善之所在,如父止于慈、子止于孝之类。若不务此,而徒欲泛然以观物之理,则吾恐其如大军之游骑,出太远而无所归也"。⑤ 而"道问学"的过程本质就是"存天理"的过程,它们的终极目标都是为了"尊德性"。对于"存天理,灭人欲"的方法论思想,朱熹又提出了"道心"和"人心"的概念,朱熹认为,服从于生理欲求的心则是"人心",禀受了仁义礼智等道德内容的心是"道心","知觉从耳目之欲上去,便是人心;知觉从义理上去,便是道心"。⑥ 他强调"人心"要遵从"道心",道心对人心要进行引导和控制,"从事于斯,无少间断,必使道心常为一身之主,而人心每听命也,则危者安,微者著"。⑦ 主张道德理性对感性欲望的主宰。在此基础上,朱子又提出了以培养理想人格——"仁人"为道德教育的目标。朱熹认为,"仁"是一种至善的象征,这种理想人格要求"人心""道心"合二为一,使"人心"的活动完全能够符合"道心"的引导,并通过"变化气质"、摒去"气质之偏""物欲之蔽"来实现。

(二) 修养德性的原则方法

朱熹在继承儒家"为善去恶""致知与践行并重""循序渐进"等德育思想的基础上,还提出了如下所谓"变化气质"的修养德性的原则和方法。

---

① 《朱文公文集·与刘共父》.
② 《朱子语类·学六》.
③ 《朱子语类·学六》.
④ 《朱子语类·尚书一》.
⑤ 《朱文公文集·大学或问》.
⑥ 《朱子语类·尚书一》.
⑦ 《朱子语类·尚书一》.

1. 致知力行

朱熹认为道德认知和道德实践应相统一,特别重视道德践行,提出"致知力行"。他说:"致知力行,论其先后,固然以知为先,然论其轻重,则当以力行为重。"①朱熹把致知与力行视为完整的修养德性过程中不可分割的两个方面,认为"知行常相须,如目无足不行,足无目不见"。②知与行,就好像是"目"与"足"的关系一样,行离不开知,但行又是知的目的,是对知的促进,不管是道德修养,还是研究学问,均做好"理会、践行"两件事。③他说:"知与行功夫须着并重,知之愈明,则行之愈笃;行之愈笃,则知之愈明。二者皆不可偏废。"④这一理念说明在道德教育过程中要把知行统一起来,在道德教育方法的应用上要鼓励受教育者进行"知"与"行"的互动,促进它们互相深化。

2. 立志践行

朱熹认为:"学者大要立志,才学便要做圣人。"⑤立志是道德修养的首要环节。"问为学功夫,以何为先?曰:亦不过如前所说,专在人自立志。既知这道理,办得坚固心,一味向前,何患不进。只患立志不坚,只听人言语,看人文字,是无得于己。"⑥朱熹强调,一个人确立志向后,行动的落实是关键,主张将目标和行为辩证地统一起来,从宏观目标入手,从具体细微的小事开始,做到:"勿以善小而不为,勿以恶小而为之。""铢积寸累,工夫到后,自然贯通。"⑦做小事为"行",树志向为"知"。另外,朱熹还认为,格物致知的过程,也是道德行为积累的过程,是力行的过程。

3. 主敬涵养

儒家的修身哲学形成了一整套"主敬涵养"的方法论。"主敬涵养"中的"敬",乃是一种敬仰、敬畏、敬重,诚如古人所言"战战兢兢、如临深渊、如履薄冰",主张修身有敬、事天有敬、待人有敬、治事有敬。朱熹进一步发展了"主敬涵养"的思想,强调个体修身的主动性、自觉性,崇尚自身修养的理性自觉。朱熹非常重视"敬"在道德修养中的价值,他说:"敬者一心之主宰,而万事之本根也。"⑧"敬之一字,圣学所以成始而成终者也。"⑨即"敬"是使用于"为小学者"与"为大学者"的普遍

---

① 《朱子语类·学三》.
② 《朱文公文集·朱子语类辑略》.
③ 《朱文公文集·朱子行状》.
④ 《朱子语类·朱子十四》.
⑤ 《朱子语类·学七》.
⑥ 《性理精义》卷七.
⑦ 《朱子语类·学三》.
⑧ 《朱文公文集·大学或问》.
⑨ 《朱文公文集·大学或问》.

教法,是儒家圣学"成始成终"之工夫,认为由小学阶段的"涵养本原"而进之于大学阶段的"进德修业",便可最终实现"明德新民""治国平天下"这一儒家终极理想。

那么,如何"主敬"? 朱熹主张内无妄思、外无妄动。他说:"敬是个莹彻底物事。……提撕便敬;昏倦便是肆,肆便不敬。"①朱熹进一步阐释了二程的"涵养须用敬,进学则在致知"的思想,认为:"无事时,且存养在这里,提撕警觉,不要放肆。到讲习应接时,便当思量义理。"②这是道德修养和教育的最重要也是最基本的要求。朱子认为主敬涵养的主要方法是治心,"何者为心? 只是个敬。人才敬时,这心便在身上了。""只敬则心便一。""心是做工夫处。""心字只一个字母。"③朱子极力倡导人们的内心自觉,启示人们进行道德品质的自我体察,使人形成道德自觉和自律,做到静时涵养于未发,动时察之于已发。朱熹非常强调"自做主宰""敬只是此心自做主宰处",④也就是内心的"自存""自省"。朱熹还注意人动态中的"主敬",即"主敬"贯穿于知和行的全过程。朱子倡导"主敬涵养"的修养方法,在宋明理学中有很大影响。

4. 禁于未发

朱熹认为,道德教育提前预防,即防患于未然。主张"小学书要多说那恭敬处,少说那防禁处"。⑤ 主张"禁于未发",他建议"遏人欲于将萌"。人的不良思想尚未出现或刚萌生时,便将其消灭在萌芽状态。为此,朱子强调平时要培养学生的省察能力,并提出了两点要求:一是"省察于将发之际者,谓谨之于念虑之始萌也"。⑥ 主张在言行发生之前,就要有预见性,发现可知的问题及时调整;二是"省察于已发之后者,谓审之于言动已见后也"。⑦ 在言行发生之后才觉察其错误的,也要注意及时反思以警示今后的言行。"此一个心,须每日提撕,令常惺觉。"⑧另外,前述的朱熹"主敬"理论还突出强调了"未发",即人在无所思虑及情感未发生时,仍须保持一种收敛、谨畏和警觉的知觉状态,最大程度地平静思想和情绪,这样就可以涵养一个人的德性。

朱熹的道德教育思想突出了伦理本位,他极重视个人道德修养的完善,并为此提出了修养的方法论,重视和发挥受教育者的主观能动性,实现由外在道德教育到内在的道德自觉,这也是朱熹道德教育思想的显著特色和主体价值所在。另外,朱熹"存天理,灭人欲""道心""人心"的思想,不仅仅是对儒家传统"尊德性"思想的继承和发展,指向个人的道德修养,也是针砭当时封建官

---

① 《朱子语类·大学一》.
② 《朱子语类·程子之书一》.
③ 《朱子语类·学六》《朱子语类·学六》《朱子语类·性理二》.
④ 《朱子语类·学六》.
⑤ 《朱文公文集·小学辑说》.
⑥ 《朱文公文集·性理精义》.
⑦ 《朱文公文集·性理精义》.
⑧ 《朱子语类·大学三》.

僚贪婪腐朽的现实,强调用伦理道德去规范统治阶级的行为,遏制官僚贵族对物欲的无限追求,表现出历史性和政治性的双重内涵。虽然朱熹关于"五伦"的德育内容和德育方法存在着历史的局限性,但我们在反思自我修养及公民道德教育等方面,都可以发现并感受朱熹道德教育思想的意义。

六、教学论

朱熹继承了儒家传统的教学思想,对《中庸》中提出的"博学之、审问之、慎思之、明辨之、笃行之"①进行了进一步的演绎和发展,探索了教学原则和教学方式方法。

(一) 教学原则

1. 学思结合

朱熹发展了孔子"学而不思则罔,思而不学则殆"②的教学思想。他诠释"学思结合"时说:"学便是读,读了又思,思了又读,自然有意。若读而不思,必不知其意味;思而不读,纵使晓得,终是兀不安。一似请得人来守屋相似,不是自家人,终不属自家使唤。若读得熟而又思得精,自然心与理一,永远不忘。"③进一步论述了读书与思考的关系,认为读书不善于思考,就只能浅尝辄止,不能深入探其究竟。他说:"今后一般人看文字,却只摸得些渣滓,到有深意处,却全不识。"④为此,朱子提出:"求其理之所安,以考其是非。"⑤强调在读书学习时,要认真探究、明辨是非。

2. 博专结合

朱熹说:"学须先理会那大底,理会得大底了,将来那里小底,自然通透。""为学须是先立大本,其初甚约,中间一节甚广大,到末梢又约。"⑥同时,他又强调只有在"博学"的基础上进一步"专精",才能在学术上有所建树,指出:"治学贵专而不贵博,盖惟专为能知其意而得其用,徒博则反苦于杂乱,浅略而无所得。"⑦

3. 知行相须

朱熹在《白鹿洞书院学规》中,将"博学之,审问之,慎思之,明辨之,笃行之"作为"为学之序",

---

① 《朱文公文集·白鹿洞书院学规》.
② 《论语·为政》.
③ 《朱文公文集·学规类编》.
④ 《朱子语类·学五》.
⑤ 《朱文公文集·读书之要》.
⑥ 《朱子语类·学二》《朱子语类·学五》.
⑦ 《朱子语类·孟子十》.

要求学者切实做到。它既是学习的规律,又是学习的原则。前四项目的是"致知",后一项是"力行"。朱熹说:"致知、力行,用功不可偏。偏过一边,则一边受病。""二者不可废一,如车两轮,如鸟两翼。""知与行功夫,须着并到,知之愈明,则行之愈笃;行之愈笃,则知之愈明。"①读书要经过"博学、审问、慎思、明辨"的功夫,从书本中获得的知识,还需"笃行",即运用到实际中去。这是学习的规律和原则,也是一个人获得真知的必然过程。

4. 自觉主动

朱熹说:"读书是自家读书,为学是自家为学。""事事都用你自去理会,自去体察,自去涵养。书用你自己去读,道理用你自己去究索。"②指出学习必须发挥学者的主动积极性,学生的进步得需要自身的努力,靠别人是不行的。教师是学生思想的引导者,学习的开导者,而不能包办代替学生的学习。对此,他还说:"指引者,师之功也。""某只是做得个引路底人,做得个证明底人,有疑难处,同商量而已。"③

5. 循序渐进

朱熹首次提出了"循序渐进"这一概念,对循序渐进进行了具体阐释。"请问循序渐进之说?曰:以二书言之,则先《论》而后《孟》,通一书而后及一书。"④即朱熹认为,学校在课程安排上要有先后次序,在读书篇章中有首尾之次。朱熹还总结了循序渐进教学的方法:"君子教人有序,先传小者近者,而后教以大者远者。""自浅以至于深,自近以至于远。"⑤强调教学要遵循从小到大、由近及远、由浅入深、从已知到未知的规律。朱熹还以身垂范,遵照循序渐进的教学原则,依据教学难度为大学制定了教学程序:先读《近思录》,次读四书,后读五经;四书的教学也有先后顺序,先《大学》,次《论语》,次《孟子》,最后《中庸》。

(二) 教学方法
1. 质疑法

朱熹认为教学不能以疏通书本文意为满足,非常重视启发学生思考,强调"诸生质疑问难,诲人不倦"。⑥ 朱熹说:"读书无疑者须教有疑,有疑者却要无疑,到这里方是长进。"⑦他强调引导发

---

① 《朱子语类·学三》.
② 《朱子语类·朱子十四》《朱子语类·学二》.
③ 《朱子语类·学二》.
④ 《朱子大全·读书之要》.
⑤ 《朱子大全·读书之要》.
⑥ 《朱文公文集·白鹿洞书院学规》.
⑦ 《朱子大全·读书之要》.

现问题的重要性,善于提出疑问,并在学习中解决它,这才是真正进步。朱熹在对《中庸》的"博学之,审问之,慎思之,明辨之,笃行之"①的解释中,对"审问之"作了详细注解,强调"会问"和"问到底",提出"问其当所问"。②他说:"人须是会问始得。圣门颜子也是会问。他问仁,曰:'克己复礼',圣人恁地答他。"③朱熹以孔子弟子颜渊作为"会问"的榜样,教育学生向颜渊学习,去探索与运用审问之技巧。对于"问到底",朱子提出"须当研究到底,使答者词穷理尽,始得"。④强调要问就问个彻底,穷追不舍,"打破砂锅问到底",让回答者穷尽所有的道理,方可获得知识。朱熹注重引经据典激发学生的兴趣和思疑,积极倡导教学改革,他听说吕子约"讲授亦颇勤劳",但不得其法,学生学得头昏脑涨,就及时写信告诫他:"此恐或有未便,今日正要清源正本,以察事变之几微,岂可一向汩溺于故纸堆中,使精神昏弊失后忘前呢!"⑤朱子还专门向学习者提供了一个由无疑到有疑再到解疑的思考模式。他说:"读书始读,未知有疑;其次,则渐渐有疑;中则节节是疑。过了这一番,疑渐渐释,以至融会贯通,都无所疑,方始是学。"⑥

2. 问答法

朱熹特别重视师生间的对话与互动,朱熹和他学生们的日常"问答",被其弟子编成《朱子语类》,长达 140 卷。该书详细记录了朱熹师生问答的情况,分门别类,计有理气、鬼神、性理、论学、儒家经典、儒家诸子、老庄、释氏、本朝、历代、战国汉唐诸子、杂类、作文等门。可谓朱熹师生教学问答的"实录",内容十分丰富。单就"论学"一门来看,便有"小学,为学之方,知行,读书之法,持守,行事七卷"的问答内容,非常详实,为后代留下了宝贵的教育史料。

3. 讲会式

学术的发展需要不同学术观点之间的相互交流。朱熹对当时学术界的各派观点,很有自己的看法,认为"海内学术之弊,不过两说,江西(陆九渊)顿悟,康(陈亮)事功,若不极力争辩,此道无由得明"。⑦因此,他极力寻找机会,或开会讲学,或信函往来,与他们一起进行学术讨论。前述朱熹与陆九渊的"鹅湖之会"堪称历史上学术盛事。六年后,即淳熙八年(1181 年)二月,时任南康知军的朱熹邀请陆九渊到白鹿洞书院讲学,使六年前的辩论在这里得以继续,被称为白鹿洞"朱陆讲会"。辩论中,陆指朱为"邪意见","闲议论",朱指陆为"作禅会""为禅学"。但是,朱熹并不因

---

① 《朱文公文集·白鹿洞书院学规》.
② 《朱子语类·论语二十三》.
③ 《朱子语类·论语二十三》.
④ 《朱子语类·中庸三》.
⑤ 《朱熹文集·答吕子约》.
⑥ 《宋元学案·晦翁学案》.
⑦ 王懋竑,何忠礼.朱熹年谱[M].北京:北京中华书局,1998:158.

此而持有门户之见,作为东道主,待陆九渊为贵宾,"率寮友诸生与俱至于白鹿洞书院,请得一言以警学者"。陆九渊应邀在白鹿洞书院以《论语》中"君子喻于义,小人喻于利"一章为题,发表演讲,对当时科举取士的弊病揭露得十分深刻。朱熹认为他讲得很好,"其所以发明敷畅,则又恳到明白,而皆有以切中学者隐微深痼之病",因此很受听众的欢迎。朱熹"惧其久而或忘之也",立即请陆九渊"笔之于简,受而藏之",希望"凡我同志于此反身而深察之,则庶乎其可不迷于入德之方矣",并为之写了一段"跋识"。① 这场白鹿洞书院"朱陆讲会"佳话,流传至今。

七、论读书法

朱熹在其一生的教育实践中,总结出了一套行之有效的读书方法,对后世产生了重大影响。他说:"为学之道,莫先于穷理,穷理之要,必在于读书。"②至于如何读书?其论说颇多,朱熹去世后不久,其弟子汇集概括了他的读书经验,归纳在所编的《朱子语类》卷10—11中。南宋末,在四明任教的张洪,取其《语录》和《文集》编了一部《朱子读书法》,把朱熹的有关论说,概括为六条:"循序渐进、熟读精思、虚心涵泳、切己体察、著紧用力、居敬持志。"下面就"朱熹读书六法"摘取其要,概括如下。

(一) 循序渐进

循序渐进不仅是朱熹倡导的教学原则,也他所提倡的读书方法。他说:"读书之法,当循序而有常。"③在《读书之要》中对"读书"的循序渐进要求作了阐释,说:"以一书言之,则其篇章文句,首尾次第,亦各有序而不可乱也。量力所至,约其课程而谨守之。字求其训,句索其旨,未得乎前,则不敢求乎后;未通乎此,则不敢志乎彼。如是循序而渐进焉,则意定理明,而无疏易凌躐之患矣。"这段话朱熹阐明了读书如何循序渐进的三个要意:一是说读书要按先后和首尾篇章顺序,按部就班地来,不可颠倒;二是说要按自己的情况和能力,制定计划,切实遵守;三是读书切忌急躁,须打好基础,"字求其训,句索其旨",不可囫囵吞枣。他进一步指出:"读书须是遍布周满,某尝以宁详毋略,宁下毋高,宁拙毋巧,宁近毋远。"④强调读书要按次序、按进度、稳步、适度,既要抓紧时间,又不能急于求成。当然,他虽指出读书"急不得",同时强调读书"也不可慢。"⑤

---

① 王懋竑,何忠礼.朱熹年谱[M].北京:北京中华书局,1998.112—113.
②《朱文公文集·性理精义》.
③《朱文公文集·学规类编》.
④《朱子语类·学四》.
⑤《朱子语类·学一》.

(二) 熟读精思

朱熹指出读书须把熟读与精思结合起来。他说:"大抵观书先须熟读,使其言皆若出于吾之口。继以精思,使其意皆若出于吾之心,然后可以有得尔。"①朱熹非常重视书要多读、熟读。他说:"读书必须成诵。学者观书,读得正文,记得注解,成诵精熟,注中训释文意事物名件发明相穿纽处,一一认得,如自己做出来底一般,方能玩味反复向上,有通透处,若不如此,只是虚设议论,非为己之学也。"②这里,朱子强调的是读书要读够一定的遍数,熟读自然成诵,可以背下了;再精于思考,把书中的事物全都"认得",好像自己"做出来"的,才能说是"通透"了。切不可"虚设议论",骗己骗人。对此,朱熹强调读书的遍数越多越好,他说:

> 荀子说,诵数以贯之。见得古人诵书,亦记遍数。乃知横渠教人读书必须成诵,真道学第一义。遍数已足,而未成诵,必欲成诵。遍数未足,虽已成诵,必满遍数。但百遍时,自是强五十遍时;二百遍时,自是强一百遍时。今所以记不得、说不去、心下若存若亡,皆是不精不熟之患。③

对于如何熟读精思,朱熹也提出了具体的方法。首先,"熟读"要准确。他说:"读之,须要读得字字响亮,不可误一字,不可少一字,不可多一字,不可倒一字,不可牵强暗记。"④其次,"熟读"须三到,即"心到、眼到、口到。""三到之中,心到最急。"⑤第三,"精思"要求贯通,强调读书时善于思考,熟读与精思相互促进才能融会贯通。"读书之法,读一遍了又思量一遍,思量一遍又读一遍。读诵者所以助其思量,常教此心在上面流转,若只是口里读,心里不思量,看如何也记不仔细。"⑥

(三) 虚心涵泳

朱熹要求读书做到"虚心涵泳"。"虚心"就是要虚怀若谷,心境平静,不能先入为主;"涵泳",就是要反复玩味、细心咀嚼,不能人云亦云,随声附和。他说:

> 读书须是虚心,方得圣贤说一字是一字。自家只平著心去称他,都使不得一毫杜撰。学者看文字,不必自立说,只记前贤与诸家说便了。今人读书多是心下先有个意思了,却将圣

---

① 《朱文公文集·童蒙须知》.
② 《朱文公文集·读书之要》.
③ 《程氏家塾读书分年日程·朱熹读书法》.
④ 《朱文公文集·童蒙须知》.
⑤ 《朱文公文集·童蒙须知》.
⑥ 《朱文语类·学四》.

贤言语来凑他底意思,其有不合,便穿凿之使合。其虚心涵泳之说如此。①

朱熹要求的"虚心涵泳"有以下几方面的要旨。一是读书时要虚怀而迎,读书不先带框框,不先下结论,不固执己见,要尊重原著,探明原意。主张"看文字须是虚心,莫先立己意。""凡看书须虚心看,不要先立说。"②二是读书不先带偏见,不执着旧见,要持公正态度,坚持独立思考。朱熹说:"读书正如听讼,心先有主张乙底意思,便只寻甲底不是;先有主张甲底意思,便只见乙底不是。不若姑置甲乙之说,徐徐观之,方能辨其曲直。"③就是说读书遇着不同观点,不同论述,决不可先入为主,必须冷静思考,全面归纳,综合比较,得出客观的结论。三是读书时要"涵泳",反复咀嚼,细心玩味,体会出书中涵义的真谛。朱熹批评了那些只会轻信他人、附和定论,不作深入考究、推敲的学习者,强调:"读书之法无他,惟是笃志虚心,反复详玩,为有功耳。近见学者,多是率然穿凿,便为定论,或即信所传闻,不复稽考。"

(四)切己体察

朱熹说:"读书要切己体察,不可只作文字看。"④何为"切己体察"?朱熹解释,"读书穷理,当体之于身",⑤又说"读书不可只专就纸上求义理,须反来就自家身上推究"。⑥这是对"切己体察"的明确解释,即要求学习者不能只拘泥于书面意义的理解,而应当"反来就自家身上推究",结合自己的经验、认识和生活实际去探究思考书中暗含的意义,推陈出新,并躬身实践。针对当时大多数读书人一心为了获取科举功名,而读书不求甚解,只顾文义,不重体察的时弊,朱熹作了犀利的批评:"今人读书,多不就切己上体察,但于纸上看,文义上说得去便了。如此,济得甚事!'何必读书,然后为学?'"⑦他倡导:"学问须做自家看,便是切己。今人读书,只要科举用,及已及第,则以杂文用;其高者,则为古文用,皆做外面看。"⑧朱熹主张"切己体察",倡导学习者要抛弃功名利禄的思想,将自身完置身于学业之中,领悟书中大义,并以付诸实践为最终目的。

(五)著紧用力

朱熹强调读书必须抓紧时间,振作精神,发愤忘食。要"宽着期限,紧着课程。为学要刚毅果

---

① 《朱文公文集·学规类编》.
② 《朱子语类·卷十一》.
③ 《朱子语类·卷十一》.
④ 《朱文语类·学五》.
⑤ 《朱文公文集·学规类编》.
⑥ 《朱文公文集·学规类编》.
⑦ 《朱文语类·学五》.
⑧ 《朱文语类·学五》.

决,悠悠不济事。且如发愤忘食,乐以忘忧,是甚么精神,甚么骨肋。今之学者,全不曾发愤,直要抖擞精神,如救火治病然,如撑上水船,一篙不可放缓。"①朱熹读书的"著紧用力"有两层要义:一是要抓紧时间,集中精力,不能有丝毫放松,读书要像救火灾、治疾病那样来不得半点怠慢,就是要有一种紧迫感,一鼓作气,不能半途而废。倘若中道松弛,就会导致船只"半沉半浮""半上半落"。二是读书还需有吃苦耐劳、废寝忘食的精神。朱熹用救火治病、撑船渡水作比喻,强调读书应当学习项羽"破釜沉舟"的精神,有"咬定青山不放松"的意志和勇气,奋力拼搏。他说:"看文字须是如猛将用兵,直是鏖战一阵;如酷吏治狱,直是推勘到底,决是不恕他,方得。"②

(六) 居敬持志

"居敬持志"是朱熹所倡导的很重要的读书方法。朱熹说:"读书之法,莫贵乎循序而致精,而致精之本,则又在于居敬而持志。"③"涵养须用敬,进学则在致知。此最精要,方无事时,敬以自持,凡心不可放入无何有之乡,须是收敛在此。及应事时,敬于应事。"④这里所说的"居敬",是读书时要精神专一,注意力集中,"读书须收敛此心,这便是敬。"⑤朱熹采用现身说法极力劝勉青年学子在读书时应当全力以赴,聚精会神,说:"看文字须大段精彩看,耸起精神,竖起筋骨,不要困,如有刀剑在后面一般。"⑥所说的"持志",就是要树立远大的目标和志向,以顽强的毅力长期坚持。朱熹指出:"立志不定,如何读书?"⑦理想、目标是读书学习的内在动力,有明确的目标,读书才会收到显著的效果。"办得坚固心,一味向前,何患不进?"⑧读书目标明确,坚持不懈,就会不断进步。

朱子读书六法是朱熹对自己教育教学的经验总结和深入思考,论述形象生动、精辟深刻,对当前青年学子的治学科研仍有极为重要的价值。

八、朱熹教育思想评析

朱熹教育思想博大精深,系统全面,自成一家,被历史上的学者誉为"致广大,尽精微,综罗百

---

① 《朱文语类·学二》.
② 《朱文语类·学四》.
③ 《程氏家塾读书分年日程·朱熹读书法》.
④ 《朱文语类·学三》.
⑤ 《朱文语类·学三》.
⑥ 《朱文语类·学四》.
⑦ 《程氏家塾读书分年日程·朱熹读书法》.
⑧ 《程氏家塾读书分年日程·朱熹读书法》.

代"。① 作为大教育家,朱熹集聚了自然、社会、人生的哲理,融合了儒、道、释三教的理念,提出了以理学为核心的教育思想,为后人留下了宝贵的精神财富。朱熹教学实践经验丰富,他从事教育活动近五十年,即使在从政期间,也从未间断教育和学术活动。他每到一地,即整顿学校,培养了大批学者,对理学的传播与发展发挥了巨大的推动作用。朱熹在长期的教育实践中形成了独特的教育思想,对中国古代社会后期的教育发展产生了重要影响。

首先,朱熹始终把对学生的道德教育放在首位。他独特地解释了"道问学"和"尊德性"的关系,认为若把"尊德性"与"道问学"分开说,则两者可收相资互救之效;若把"尊德性"与"道问学"合起来看,则实际上只是"尊德性"一件事。② 朱熹强调知识理性,同样重视道德理性,他把德育与智育融为一体,既教学生知识又教他们如何做人。其对道德教育的重视及对知识和道德的关系的论述,对当代仍有积极的意义和启示。

其次,朱熹对于教育阶段的划分及阶段教育思想反映了人才培养规律,为我国传统学校教育体系的发展奠定了基础。朱熹重视儿童的"学事"基础教育和大学的"明理"教育,认为从小就应让儿童学习洒扫应对、爱亲敬长及六艺课程的基本内容,并在此基础上方进一步进行大学的"理性"内容的教学。他要求从小树立学生良好的日常行为礼规,学习要从小打好基础,这一思想与我们现代教育思想是一致的。

第三,朱熹反对读书为"钓声名、取利禄",对当时为了应付科举考试而办教育的做法进行了尖锐的批评。他认为必须改革学校教学以科举考试作为指挥棒这一现象。这对我们今天一些学校为"升学"而造成学生片面发展的"应试教育"做法有深刻的警示意义,其倡导教育回归"尊德"和"穷理"的观点值得深思。

第四,朱熹在教学方面主张采取问答方式,启发学生思考,不搞满堂灌;主张因材施教,不搞一刀切。在学生学习方面,主张循序渐进,学思结合,善于怀疑;强调学习态度上要独立自主,反对随声附和,这些也正是今天在学校教育中所提倡的。

第五,"朱子读书法"总结精辟,是对我国传统读书方法的高度提炼和传承发展,已成为我国流传久远的经典的读书要旨,对我们今天的治学研究,对"书香中国""书香校园"的建设仍有重要的指导意义。

朱熹的教育思想也存在历史局限性。如其提倡的理想人格和道德标准,特别是"存天理,灭人欲"的封建伦常教育,其基本目的是迎合了封建专制统治的需求,禁锢了人的自由的发展。其所倡导的以四书五经的教育内容及其学习顺序,较之传统教材虽增强了学理的逻辑性,但赋予了强烈的理学色彩。他在读书方法上过分强调反复,显得单调而枯燥,有脱离社会现实生活之嫌,

---

① 全组望.《晦翁学案》,见《宋元学案》卷四十八.
② 李长春."道问学"处多了些子?——朱熹教育思想新论[J].北京大学教育评论,2009(1):90.

难免使学子陷入"两耳不闻窗外事,一心只读圣贤书"的境地,客观上阻碍了创造性人才的成长。因此,我们在学习与研究朱熹的教育思想时,要历史和辩证地对待,有选择性地吸收与借鉴,能结合时代需要加以继承、发展与创新。

朱熹一生致力于治学与教育活动,其治学的勤勉和对教育的执着、严谨和勤奋,给后世留下了回味无穷的"精神大餐"和享用不尽的"思想财富"。"半亩方塘一鉴开,天光云影共徘徊。问渠那得清如许,为有源头活水来。"①朱熹关于读书学习的千古吟唱,既是朱熹一生的教书育人精神旨向,也是中华历代知识分子学习创造、以天下为己任的优良传统。这种传统是历代莘莘学子不懈努力和追求的"源头活水"与动力。②

【思考题】

1. 朱熹是如何论述"小学"和"大学"教育的?
2. 论朱熹的教学论思想及其对于我国教学改革的启示。
3. 试述"朱子读书法"对大学生治学的启示。
4. 朱熹教育思想及其历史地位述评。

【阅读书目】

1. 张立文.朱熹思想研究[M].北京:中国社会科学出版社,2001.
2. 朱汉明,萧永明.旷世大儒——朱熹[M].石家庄:河北人民出版社,2001.
3. 蔡方鹿.新视野新诠释:朱熹思想与现代社会[M].成都:四川大学出版社,2007.

---

① 《朱文公文集·观书有感》.
② 余子侠.中国教育名家思想[M].武汉:华中师范大学出版社,2013:92.

第四章　知行合一：王守仁的教育思想

王守仁(1472—1529)

> 知之真切笃实处，即是行；行之明觉精察处，即是知。知行工夫本不可离。
>
> ——王守仁

【内容摘要】王守仁是中国古代具有重要影响的教育家。王守仁以"心即理"说为基础，形成了一套系统"心学"教育思想。他主张教育要以"致良知"为目的，学生儒家经典的学习，应以增进"良知"为指向。主张教学应遵循"知行合一""因材施教""循序渐进""教学相长""循循善诱"等原则，提出了"立志与勤学""反己与责善""体悟与磨炼""批判与创新"等学习方法。在批判传统教育的基础上，王守仁提出教育应遵循儿童身心特点的要求，显示出明显的自然主义教育特征，在封建专制的古代中国无疑空谷绝响，产生了积极的历史影响。

【核心概念】王守仁；心即理；致良知；知行合一；静处体悟，事上磨练；自然主义教育

一、生平及教育活动

王守仁，字伯安，自号阳明子、阳明山人，世称阳明先生。死后追赠新建侯，谥"文成"，故后人又称王文成公。今浙江余姚人。明代著名政治家、军事家、思想家、教育家。其一生以正德三年（1508年）"龙场悟道"为界，大致可以划分为"自我发现"和"自我完成"两个阶段。①

王守仁出身于书香门第，祖父王伦学识渊博，胸襟洒脱，父亲王华满腹经纶，为成化辛丑科状

---

① 蔡仁厚.王阳明哲学[M].北京：九州出版社，2013：1.

元,为人豪迈。而受到祖父、父亲的道德文章的熏陶,王守仁很早就树立了远大的抱负,表现出出众的潜质。王守仁在12岁时便有学做圣贤的志向。当时,他向塾师问"什么是人生第一等事",塾师答道"读书登科做官"。王守仁很不以为然,认为"读书学圣贤"才是第一等事。① 为此,他在年轻时代就非常努力地学习儒家经典著作,并有意识练就治国本领。成化二十二年(1486年),到京师便赴关外窥探边地形势,学习骑射技术。弘治二年(1489年),新婚过后携夫人回余姚经广信(今江西上饶)时,拜谒了理学家娄谅。受其影响,开始研究程朱理学。翌年在准备科考的过程中,认识到学习八股文只是求取功名而无实际用处,故在习八股文之余,每夜探究经、史、子、集,夯实了学识功底。② 弘治十年(1497年),王守仁寓居京师,恰巧边局不稳定;他念及国家亟需"韬略统驭之才","于是留情武事",钻研兵书。③ 经过不懈的努力,成为了一位能文能武的英才。28岁时,王守仁中进士,赐观政工部,进入政坛,开始施展才华。

王守仁13岁时母亲早逝,受此影响,他曾一度沉溺词章、修道念佛。弘治五年(1492年),王守仁念及程朱理学"一草一木,皆涵至理"的言论,与朋友一起取竹格物,结果格不出理,还大病一场,由此"随世就词章之学"长达五六年之久。④ 弘治十五年,王守仁因病向政府告假回乡养病,在会稽山阳明洞筑室修道。尽管走上过一段歧路,王守仁终能大彻大悟。他认识到词章为无用的虚文,佛道"簸弄精神,非道也",⑤于是改旧自新,发现自我,在检讨程朱理学中开始突破。

正德元年(1506年),时任兵部选清吏司主事的王守仁为营救南京科道官戴铣等人上疏进谏,得罪宦官刘瑾,被谪为贵州龙场(今贵阳市修文境内)驿丞。在蛮烟瘴雨,荒山绝域的边远之地,王守仁不畏艰苦,苦求精思,于1508年最终悟道,提出了一套"心学"思想。此后,他的人生轨迹发生逆转。正德四年(1509年),王守仁被礼聘至贵阳书院主讲"知行合一"说。刘瑾被诛后,升为庐陵(今江西吉安)知县。此后,又升为南京刑部四川清吏司主事、南京吏部清吏司、南京鸿胪寺卿等职。正德十一年(1516年),经人推荐,升任都察院左佥都御史,巡抚南、赣、汀、漳等地,在江西生活了5年。其间,王守仁镇压了南赣农民起义,平定了宁王朱宸濠的叛乱;还在赣州修缮了濂溪书院,倡立社学,刊行古本《大学》《朱子晚年定论》,招徒授学,宣扬其"致良知"学说。正德十六年(1521年),王守仁因功升任南京兵部尚书,封"新建伯"。翌年,乞假返乡,创设稽山书院,继续收徒讲学。嘉靖六年(1527年),总督两广军务,远赴广西平思、八寨等地平复少数民族起义,并创办了敷文书院。嘉靖七年十一月(1529年1月)在班师归途中,王守仁病死于江西南安的舟中。

王守仁热心教育,培养了一大批学生。其目的一是为了传播自己的学说,二是为了加强对民

---

① 王守仁.王阳明全集[M].上海:上海古籍出版社,2014:1346—1347.
② 王守仁.王阳明全集[M].上海:上海古籍出版社,2014:1349.
③ 王守仁.王阳明全集[M].上海:上海古籍出版社,2014:1349.
④ 蔡仁厚.王阳明哲学[M].北京:九州出版社,2013:5.
⑤ 王守仁.王阳明全集[M].上海:上海古籍出版社,2014:1351.

众的教育,即所谓"破山中贼易,破心中贼难"。客观上对于明中叶以后书院的发展,讲学之风的兴起起到了积极的推动作用。王学思想在明中后期风靡日炽,并影响到东亚一带。王守仁的著作被刊印成《王阳明全集》。其中,记录他的言论和选摘他论学书札而成的《传习录》,是研究王守仁教育思想的主要资料。

二、教育的理论基础:"心即理"说

(一)"心即理"的提出

王守仁生活的时代是朱熹理学思想盛行的时期。当时,明朝政府采用以程朱理学思想为指导思想的文教政策,以宋儒特别是朱熹传注的四书五经作为科举考试的主要内容,试图以此在思想上钳制广大知识分子,强化封建中央集权统治。而宋代另一位大儒陆九渊的心学思想由于其表述"过分简洁,未能致曲,开拓不去,杨简(1140—1225)一代以后,即难以为继,……到王阳明的时代,几成绝响"。① 在这种情况下,王守仁学习主要从探究朱熹的理学思想入手,按照朱熹的格物致知办法来做,年青时代其与朋友取竹格物便是一个例子。朱熹在27岁时又开始按照朱熹"居敬持志,循序致精"的读书法去做,结果还是"物理吾心终若判而为二也"。② 于是,王守仁认识到朱熹的理学思想存在着二元论问题,造成人们在求学中产生"务外遗内""博而寡要""玩物丧志"等一系列的毛病,遂有意超越朱熹的思想。在谪居贵州龙场时,王守仁曾于一日夜晚忽然悟道:"圣人之道,吾性自足,向之求理于事物者误也。"③这标志着他抛弃了朱熹的"格物穷理"说。此后,王守仁遂转向陆九渊的"心学"思想方向,提出了"心即理"的学说。

(二)"心即理"的内涵

王守仁所谓的"理",在本质上讲是儒家伦理道德原则与道德法则,即为"至善"。它是以仁、孝、忠、信等为核心内容。这一点与朱熹所理解的"理"并无二致。不过,在关于"理"的本体论及修养功夫方面,王守仁与朱熹的看法截然不同。朱熹认为"理"的存在是与万事万物联系在一起的,自然界虽有万事万物,但它们的"理"只有一个:"理一分殊。""理"受到昏浊偏驳之私欲的影响,就会被障蔽。为了解决这一问题,朱熹认为人须"存天理,灭人欲"。而要到做这一点,人就要向外求,要从格物上着眼来寻"理",即"格物穷理"。

与朱熹的看法不同,王守仁认为,"理"不在身外,而在内心,"理"即为内在本心之真诚恻怛;

---

① 刘述先.论儒家哲学的三个大时代[M].贵阳:贵州人民出版社,2009:123.
② 王守仁.王阳明全集[M].上海:上海古籍出版社,2014:1349—1350.
③ 王守仁.王阳明全集[M].上海:上海古籍出版社,2014:1354.

求"理"不应向外求索,而应"求诸心"。他在回答弟子徐爱关于"朱熹以为'事事物物皆有定理',似与先生之说相戾"的问难时做了举例说明。他认为:"心即理也。天下又有心外之事,心外之理乎?"像孝之理不可在父母身上求,忠之理不可在君主身上求,信之理不可在朋友身上求,仁爱之理不可在百姓身上求,因为孝、忠、信、仁爱都是"心之条理",本于"吾之一心","此心无私欲之蔽,即是天理,不须外面添一分",人们只需要去除自身的私欲,养心存心即可。① 从与徐爱的交流内容来看,王守仁的"心即理"说包含了心体"至善"的看法,倡导了"心"是道德意识根源的主张,使"心"和"理"统一融合在一起。

"心即理"说还对"心"与"物"之间的关系进行了重新梳理,这一梳理表露出王守仁对道德修养功夫的看法。王守仁说:"身之主宰便是心,心之所发便是意,意之本体便是知,意之所在便是物。如意在于事亲即事亲便是一物,意在于事君便是一物,意在于仁民爱物即仁民爱物便是一物,意在于视听言动即视听言动便是一物。"②也就是说,在王守仁看来,"物"是与"心"相关联的,"物"之"理"是随着"心"之所发赋予"物"的,"物"成了意义结构、实践行为中的"事"。顺着这种看法而下,王守仁视"物"为"事",把"心"看作"物"之"理"的本原根据,由此提出了"心外无物"的观点。需要说明的是,所谓"心外无物"并不是说王守仁否定外界事物的客观存在性,而是说事物的意义与价值取决"心"。譬如,当有人向王守仁问到"花树在深山中自开自落,于我心亦何相关"的问题时,王守仁答之以"你未看此花时,此花与汝心同归于寂。你来看此花时,则此花颜色一时明白起来"。③ 可见,在王守仁眼里,"花"的价值与意义是与"你心"不可分的。因此,在道德修养上,人不必事事向外求,而是"存心""养心"。

综上所述,王守仁以"心即理"说为核心内容的心学思想试图摆脱程朱理学的拘束,继承了陆九渊的思想发展方向,更为强调人的主体性。而这一思想旨趣为王守仁提出"致良知"的教育目的、"知行合一"的教育原则等教育思想提供了理论基础。

三、论教育目的与内容

(一)"致良知"的教育目的

何谓"良知"? 这一概念原本出自战国时期的孟子。《孟子·尽心上》说:"人之所不学而能者,其良能也。所不虑而知者,其良知也。孩提之童,无不知爱其亲者;及其长也,无不知敬其兄也。"孟子从"爱亲""敬长"之心指出人有先天良知。其中,"爱亲"是仁,"敬长"是"义",人的本心

---

① 王守仁.王阳明全集[M].上海:上海古籍出版社,2014:2—3.
② 郭齐勇.中国哲学史[M].北京:高等教育出版社,2006:311.
③ 郭齐勇.中国哲学史[M].北京:高等教育出版社,2006:122.

能知爱知敬；由此推而广之仁、义、礼、智皆是人的良知。而王守仁承袭了孟子之说，认为"良知"是指知是知非，知善知恶，好善恶恶，人先天具有的道德意识和道德情感。

何谓"致"呢？"致"就是推致、扩充的意思。在王守仁看来，"致良知"说乃"致吾心良知之天理于事事物物，则事事物物皆得其理矣"，也就是人一面要扩充良知本体，一面要依良知而行。

为什么要"致良知"呢？王守仁认为，天下所有人在内心上起初"亦非有异于圣人"，一般人和圣人的差别在于，圣人能"以天地万物为一体"，而一般人被私欲蒙蔽。他说："特其间于有我之私，隔于物欲之蔽，大者以小，通者以塞，人各有心，至有视其父子兄弟如仇雠者。"故而，对于被私欲蒙蔽的情况，王守仁指出教育者应"以推其天地万物一体之仁，以教天下"，使人们"皆有以克其私，去其蔽，复其心体之同然"。可见，"致良知"是为了克服外部私欲，提升自身的道德修养。

如前所言，王守仁认为"致良知"是要恢复人的"心体"。而这"心体"即指"'父子有亲，君臣有义，夫妇有别，长幼有序，朋友有信'，五者而已"。换言之，王守仁的"致良知"教育目的就是要使人涵养扩充儒家人伦道德，做圣贤一样的人。这一点与朱熹倡导的以"明人伦为本"为教育目的是一样的。王守仁本人也多次明确说过学校教育要"明人伦""作圣贤"。如，正德十三年（1518年），王守仁在剿抚南赣等地的农民起义时，颁行《社学教条》，批评了"后世记诵词章之习起，而先王之教亡"的情况，指出"古之教者，教之人伦"。[1] 嘉靖四年（1525年），在撰写《万松书院记》中，再次批评士人"驰骛于记诵辞章，而功利得丧分惑其心"的乱象，指出教育在于"明人伦"。[2] 嘉靖七年（1528年），在南宁创办敷文书院时，王守仁指摘广西当地"理学不明，人心陷溺，是以士习益偷，风教不振"，提出学生们应"务去旧染卑污之习，以求圣贤身心之功"。[3]

（二）以"歌诗""习礼""读书"为教育内容

朱熹认为"理一分殊"，"理"存在万事万物中，人的道德修养功夫须"格物致知""即物穷理"，由此在教育内容上，朱熹多读儒家经典。与朱熹的看法不同，王守仁从"心即理"说及"致良知"的教育目的出发，认为儒家伦理道德即"良知"在人的心中已有，在道德修养功夫上主要是"涵养心性"。由此，王守仁认为人不应拘泥于书本章句的学习，还曾批判世人只知读圣贤书而忘记遵循儒家伦理道德本身的作法。他说："后世……专去知识才能上求圣人。以为圣人无所不知，无所不能，我须是将圣人许多知识才能逐一理会始得。故不务去天理上着工夫，徒弊精竭力，从册子钻研，名物上考索，形迹上比拟，知识愈广而人欲愈滋，才力愈多而天理愈蔽。"[4]他还指出，像儒家经典著作是人心的一种记载，读这些不能专记其中知识，而应为恢复人的本心而服务。对此，他

---

[1] 王守仁. 王阳明全集[M]. 上海：上海古籍出版社，2014：99.
[2] 王守仁. 王阳明全集[M]. 上海：上海古籍出版社，2014：282.
[3] 王守仁. 王阳明全集[M]. 上海：上海古籍出版社，2014：701.
[4] 王守仁. 王阳明全集[M]. 上海：上海古籍出版社，2014：32.

讲了一大段话:"《易》也者,志吾心之阴阳消息者也;《书》也者,志吾心之纪纲政事者也;《诗》也者,志吾心之歌咏性情者也;《礼》也者,志吾心之条理节文者也;《乐》也者,志吾心之欣喜和平者也;《春秋》也者,志吾心之诚伪邪政者也。君子之于《六经》也,求之吾心之阴阳消息而时行焉,……故《六经》者,吾心之记籍也,而'六经'之实,则具于吾心,犹之产业库藏之实积,种种色色,具存于其家,其记籍者,特名状数目而已。"①言外之意,凡是涉及"心体"的书,都可以读,读书无须拘泥于儒家经典著作,凡是可以有助于"求心"者都可以作为教育内容。

由于人在各个阶段的身心特点不同,对此,王守仁根据儿童的特点,设计了一套以"歌诗""习礼""读书"为主要内容的课程体系。在他的设计中,王守仁坚决反对死读书的作法。他指出,世人教育儿童,片面要求儿童"记诵词章,以歌诗习礼为不切时务",这种作法使得"先王之教亡"。王守仁认为,"歌诗""习礼""读书"等内容各有作用。其中,歌诗"非但发其志意而已,亦以泄其跳号呼啸于咏歌,宣其幽抑结滞于音节也",即可以激发儿童的意志,促使儿童心气平和;习礼"非但肃其威仪而已,亦所以周旋揖让而动荡其血脉,拜起屈伸而固束其筋骸也",即可以锻炼儿童身体,增强他们的体质;读书"非但开其知觉而已,亦所以沈潜反复而存其本心,抑扬讽诵以宣其志也",即可以开发儿童智力,提升他们的道德。② 王守仁还认为,通过这三门课程,儿童可以很快地摆脱顽性,了解到儒家礼义。"凡此皆所以顺导其志意,调理其性情,潜消其鄙吝,默化其粗顽,日使之渐于礼义而不苦其难,入于中和而不知其故。是盖先王立教之微意也。"从这些论述来看,王守仁设计的这套课程类似于现今音乐教育、道德教育、体育教育和智力教育,相比于程朱理学的"记诵词章"内容活泼,且更广泛。

四、论教学原则

王守仁一生授徒讲学,热心教育,最早收徒是弘治十八年(1505年)在京师任兵部武选清吏司时。龙场悟道后,王守仁倡导心学思想,弟子逐渐增多。到晚年乞假回乡创立稽山书院时,王守仁在浙江的弟子达到三百余人,年龄最大"年六十八"。在教学活动中,王守仁积累了大量的经验,提出了一系列具有宝贵价值的教学原则。

(一)知行合一原则

王守仁倡导的知行合一教学原则,有比较强的针对朱熹提出的"知先行后"说的意味。众所周知,儒家重视培养个人的德性,朱熹主张"知先行后"说,即主张人应先读书明人伦,后实践人

---

① 王守仁.王阳明全集[M].上海:上海古籍出版社,2014:284.
② 王守仁.王阳明全集[M].上海:上海古籍出版社,2014:99.

伦。但是,"知先行后"说容易导致学者的书本主义,严重脱离现实生活。针对这种情况,王守仁认为人的道德认知应与道德实践密切结合,主张"知行合一"。他对"知先行后"说进行了批判,他说:"今人却就将知行分作两件去做,以为必先知了然后能行。我如今且去讲习讨论做知的工夫,待知得真了方去做行的工夫,故遂终身不行,亦遂终身不知。"他指出"知"与"行"是人认识过程的两个方面,"知"中含"行","行"中含"知","知""行"两者间是相辅相成、相互促进的。他进一步指出:"知行原是两个字说一个工夫""知是行的主意,行是知的功夫;知是行之始,行是知之成。若会得时,只说一个知,已自有行在;只说一个行,已自有知在。"①很显然,王守仁认为道德认识固然对于道德实践有重要意义,但道德实践对于强化道德认识同样也有重要价值。而且,王守仁很重视道德实践,认为一个人如果没有经过道德实践,很难说这个人真正地内化了道德认知,即"真知即所以为行,不行不足谓之知"。②

(二) 循序渐进原则

王守仁认为教育应"随人分限所及",即遵守循序渐进原则。他在回答门人黄以方关于如何达到"溥博如天,渊泉如渊"的道德修养境界时明确阐述了这一原则,他说:"我辈致知,只是各随分限所及。今日良知见在如此,只随今日所知扩充到底;明日良知又有开悟,便从明日所知扩充到底。如此方是精一功夫。"他还以树的成长为例,指出教育切不可拔苗助长:"与人论学,亦须随人分限所及。如树有这些萌芽,只把这些水去灌溉,萌芽再长,便又加水,自拱把以至合抱,灌溉之功皆是随其分限所及。若些小萌芽,有一桶水在,尽要倾上,便浸坏他了。"③王守仁还特别提到儿童教育要符合其身心发展特点,更应遵守循序渐进的原则:"洒扫应对就是一件物,童子良知只到此,便教去洒扫应对,就是致他这一点良知了。又如童子知畏先生长者,此亦是他良知处。故虽嬉戏中见了先生长者,便去作揖恭敬,是他能格物以致敬师长之良知了。童子自有童子的格物致知。……我这里言格物,自童子以至圣人,皆是此等功夫。但圣人格物,便更熟得些子,不消费力。"④

(三) 循循善诱原则

王守仁倡导循循善诱原则针对的是传统教育填鸭式的教育方式。他根据"心即理"说指出:个体本来就有是非之心,所以不必强迫学生来学,不应该向学生一味地灌输,而要积极引导学生"明心"。他以孔子的教育活动为例作了说明。他说:"圣人之学,不是这等捆缚苦楚的,不是装做

---

① 王守仁.王阳明全集[M].上海:上海古籍出版社,2014:5.
② 王守仁.王阳明全集[M].上海:上海古籍出版社,2014:48.
③ 王守仁.王阳明全集[M].上海:上海古籍出版社,2014:109.
④ 王守仁.王阳明全集[M].上海:上海古籍出版社,2014:136—137.

道学的模样。"①"孔子有鄙夫来问,未尝先有知识以应之,其心只空空而已,但叩他自知的是非两端,与之一剖决,鄙夫之心便已了然。鄙夫自知的是非,便是他本来天则,虽圣人聪明,如何可与增减一毫?他只不能自信,夫子与之一剖决,便已竭尽无余了。"②曾有农夫向孔子请教,孔子并没有直接把已知的东西告诉这位农夫,而是根据农夫所知道的内容来引导,结果取得了很好的教学效果。

(四)因材施教原则

王守仁认为,每个人的资质是不同的,即使圣人与圣人之间也有不可忽视的差异。他以黄金的成色打比方说:"圣人之才力亦有大小不同,犹金之分两有轻重。尧、舜犹万镒,文王、孔子犹九千镒,禹、汤、武王犹七八千镒,伯夷、伊尹犹四五千镒。"③而正因如此,王守仁认为教学有必要因材施教。在回答弟子顾东桥关于学校办学问题时,他就明确地阐述了这一观点:"学校之中,惟以成德为事,而才能之异或有长于礼乐,长于政教,长于水土播植者,则就其成德,而因使益精其能于学校之中。""中人以下的人,便与他说性,说命,他也不省得,也须慢慢琢磨他起来。"④他还以医生对症下药来作比方:"夫良医之治病,随其疾之虚实、强弱、寒热、内外,而斟酌加减,调理补泄之要,在去病而已,初无一定之方,不问证候之如何,而必使人人服之也。君子养心之学,亦何以异于是!"⑤由此可见,在王守仁眼里,教书育人与治病救人一样要因人而异。

(五)教学相长原则

王守仁很重视教学相长原则。他在贵州龙场授徒讲学时指出,弟子之间可以劝勉从善,师生之间也可以相互劝勉。他认为那种不需要劝谏教师的看法是错误的。他说:"人谓事师无犯无隐,而遂谓师无可谏,非也。谏师之道,直不至于犯,而婉不至于隐耳。使吾而非也,因得以去其非;盖教学相长也。"也就是说,学生对老师可以劝谏,只要方式做到"直不至于犯,而婉不至于隐耳"就可以了。他还特别强调,如果学生发现他在言行上有问题,可以立即劝谏。"诸生责善,当自吾始。"⑥这里的责善,即劝勉从善的意思。在教育活动中,王守仁也是这样做的。他不断地与弟子们进行辩难,从中获得了不少的进步,这在《传习录》的记载中可以清楚地看到。比如,王守仁发现弟子们采取"澄心静坐"作法易入空虚,为此提出了"致良知"说,而提出该说即得益于弟子

---

① 王守仁.王阳明全集[M].上海:上海古籍出版社,2014:118.
② 王守仁.王阳明全集[M].上海:上海古籍出版社,2014:128.
③ 王守仁.王阳明全集[M].上海:上海古籍出版社,2014:31.
④ 王守仁.王阳明全集[M].上海:上海古籍出版社,2014:61.
⑤ 王守仁.王阳明全集[M].上海:上海古籍出版社,2014:213.
⑥ 王守仁.王阳明全集[M].上海:上海古籍出版社,2014:1074—1075.

徐爱发挥了"疏通辨析,畅其指要"的作用。

五、论学习方法

(一) 立志与勤学

王守仁极为重视学生的"立志"与"勤学"。在龙场时,王守仁在为弟子们制定的求学要则——《教条示龙场诸生》(以下简称《教条》)的开篇中就提到学子要"立志""勤学"。他说:"志不立,天下无可成之事,虽百工技艺,未有不本于志者。"是说人如不首先立志,那么就做不好事情。指出不少人因为没有志向,自甘颓废,只有志向坚定才可能成圣成贤。"今学者旷废隳惰,玩岁愒时,而百无所成,皆由于志之未立耳。故立志而圣,则圣矣;立志而贤,则贤矣。"①一个人有了志向,紧接着就是要"勤学"。王守仁认为学子应"已立志为君子,自当从事于学。凡学之不勤,必其志之尚未笃也"。要求弟子一定要勤学苦读,"从吾游者,不以聪慧警捷为高,而以勤确谦抑为上"。② 王守仁就是"立志"与"勤学"的楷模。如前所述,王守仁很小就立志成圣贤,为此勤奋学习。他在洪都外舅家时,看到官署藏纸很多,便天天临池学书法,书法进步很快。后来,又在学习八股文之余,每夜搜求经、史、子、集,殚精竭虑地研究起来,家人害怕其太晚休息伤身,将蜡烛藏起来,他还是会用尽办法来学习。

(二) 反己与责善

王守仁还十分重视"反己"与"责善"。他在《教条》中明确讲到这两方面的重要。他说,每个人都避免不了过错,即使圣贤也是如此,但有过错不要紧,人的可贵之处就在于能改掉过错。他说:"夫过者,自大贤所不免,然不害其卒为大贤者,为其能改也。故不贵于无过,而贵于能改过。""诸生自思平日亦有缺于廉耻忠信之行者乎?亦有薄于孝友之道,陷于狡诈偷刻之习者乎?"如果有问题,那么就改正。③ 要求弟子们多"反己",检讨反思日常生活中是否存在着有违于儒家伦理道德的言行。王守仁还探讨了"反己改过"的方法,如"澄心静坐""省察克治"等。他说:"教人为学,不可执一偏。初学时心猿意马,拴缚不定,其所思虑多是人欲一边,故且教之静坐、息思虑。久之,俟其心意稍定,只悬空静守,如槁木死灰,亦无用。须教他省察克治,省察克治之功,则无时而可间。如去盗贼,须有个扫除廓清之意,无事时将好色、好货、好名等私欲,逐一追究,搜寻出来,定要拔去病根,永不复起,方始为快。"④在"反己"之后,王守仁又紧接着提出"责善"。所谓"责

---

① 王守仁. 王阳明全集[M]. 上海:上海古籍出版社,2014:1073.
② 王守仁. 王阳明全集[M]. 上海:上海古籍出版社,2014:1073.
③ 王守仁. 王阳明全集[M]. 上海:上海古籍出版社,2014:1074.
④ 王守仁. 王阳明全集[M]. 上海:上海古籍出版社,2014:18.

善"就是要人劝勉从善,强调个体间的互动。如前所述,他认为师生间的责善,可以促使师生的共同进步;朋友之间、弟子之间更应该"责善",并提出相应的方式,他指出:"责善,朋友之道;然须忠告而善道之,悉其忠爱,致其婉曲,使彼闻之而可从,绎之而可改,有所感而无所怒,乃为善耳。"①也就是说,朋友间"责善"以让对方接受建议有所感悟而不至于迁怒责善一方。

(三) 体悟与磨炼

根据"心即理"说,王守仁很重视体悟在学习中的作用。他要求学生不唯书本,多亲身体验,多主动学习,要有自己的看法。他说:"君子之学求以得之于其心。"他还常常引用孟子的"君子深造之以道,欲其自得",认为自得方能左右逢源。王守仁在贵阳和滁州时强调"默坐澄心",就是要弟子们通过自己来体悟什么是"理"。尔后,当王守仁发现"默坐澄心"易使人"喜静厌动,流入枯槁之病",甚至使人变成"沉空守寂"的"痴呆汉",故在江西倡导"致良知",强调弟子在内心体悟的同时,还必须与日常生活不相隔离,多在"事上磨练"。他说:"人须在事上磨练做功夫乃有益;若只好静,遇事便乱,终无长进;那静时功夫,亦差似收敛,而实放溺也。"②他主张结合生活实践来开展道德修养:"如言学孝,则必服劳奉养,躬行孝道,然后谓之学,岂徒悬空口耳讲说,而遂可以谓之学孝乎!"③很显然,王守仁倡导"磨炼"是其"知行合一"说在学习方法上的反映。

(四) 批判与创新

王守仁认为治学需要批判和创新精神。他认为学生应能独立思考,不迷信圣贤,不要轻易被他人观点左右。他指出,对于古圣先贤一方面要学习,一方面也要敢于怀疑批判。在他看来,即使来自圣贤孔子的观点,我们也一定要经过自己的认真思考来对待。他说:"夫学贵得之心,求之于心而非也,虽其言之出于孔子,不敢以为是也,而况其未及孔子者乎!求之于心而是也,虽其言之出于庸常,不敢以为非也,而况其出于孔子者乎。"④他认为,评价事物自有客观标准,符合这一标准的就吸收,不符合这一标准的就需要批判;文化与学术是天下公有的,而不是孔子、朱熹私有的,文化与学术只有在探讨的基础上才会不断昌明。因而,人人都有研究学术、探求新知的权利和义务。"夫道,天下之公道也;学,天下之公学也。非朱子可得而私也,非孔子可得而私也。天下之公也,公言之而已矣。"⑤正因为有着批判创新的精神,王守仁才能够在前人先贤思想观点的基础上,提出自己的新说。

---

① 王守仁.王阳明全集[M].上海:上海古籍出版社,2014:1074.
② 毛礼锐,瞿菊农,邵鹤亭.中国古代教育史[M].北京:人民教育出版社,1962:226.
③ 王守仁.王阳明全集[M].上海:上海古籍出版社,2014:51.
④ 王守仁.王阳明全集[M].上海:上海古籍出版社,2014:85.
⑤ 王守仁.王阳明全集[M].上海:上海古籍出版社,2014:88.

六、论儿童教育

王守仁讨论儿童教育是与其在南方从事军事征伐有关。他曾在南赣一带平定农民起义的过程中发现儒家教化在民间逐渐衰微,不少农村缺少教育机构。这种情况导致民间诉讼之风兴起,许多百姓不懂得遵守儒家人伦之道:"往者新民盖常弃其宗族,畔其乡里,四出而为暴,岂独其性之异,其人之罪哉?亦由我有司治之无道,教之无方。尔父老子弟所以训诲戒饬于家庭者不早,薰陶渐染于里闬者无素,诱掖奖劝之不行,连属叶和之无具,又或愤怨相激,狡伪相残,故遂使之靡然日流于恶,则我有司与尔父老子弟皆宜分受其责。"①针对这种情况,王守仁一面在南赣制定乡约,规范乡村基层的运行,一面又在乡村创办社学,希望通过社学促进教化,为此颁布了《训蒙大意示教读刘伯颂等》和《教约》(合称"社学教条"),系统地提出了改革儿童教育的主张,倡导自然教育的理念。

(一) 对传统儿童教育的批判

王守仁对传统儿童教育观及做法持严厉的批判态度。他指出当时不少教师只知一味地督促学生读书习字,只会严格要求儿童修身,而不知道用礼义来引导他们。他描述传统教育的情形:"若近世之训蒙稚者,日惟督以句读课仿,责其检束,而不知导之以礼;求其聪明,而不知养之以善;鞭挞绳缚,若待拘囚。""彼视学舍如囹狱而不肯入,视师长如寇仇而不欲见,窥避掩覆以遂其嬉游,设诈饰诡以肆其顽鄙,偷薄庸劣,日趋下流。"②他认为这些教师的做法只会让儿童把入学读书当成进监狱一般,把教师当成仇敌一样,儿童在个性上变得顽劣。其结果"是盖驱之于恶而求其为善也,何可得乎?""后世记诵词章之习起,而先王之教亡。"③指责当时教师简直是把儿童向恶的方向推而不是向善的方向拉。其结果最终会导致圣贤之道消亡。王守仁对传统教育的批判可谓入木三分。

(二) 教育应顺应儿童身心特点

王守仁生活的时代不少人不顾孩子身心特点,多强行逼迫儿童背诵词章。王守仁认为这种做法是错误的。他认为,儿童"乐嬉游而惮拘检,如草木之始萌芽,舒畅之则条达,摧挠之则衰萎。"他们性情好动,多是好动不居的,教师不宜过严要求。他主张在教育方法上应对儿童采取

---

① 王守仁.王阳明全集[M].上海:上海古籍出版社,2014:664.
② 王守仁.王阳明全集[M].上海:上海古籍出版社,2014:100.
③ 王守仁.王阳明全集[M].上海:上海古籍出版社,2014:99.

"诱""导""讽"的教学办法,取代过去的"督""责""罚"的作法,促使儿童"调理性情""潜消鄙吝""默化粗顽",即让儿童在潜移默化中接受儒家礼义。对于儿童,教师不宜"鞭挞绳缚,若待拘囚",授课内容不宜过于"徒多",而应"量其(儿童)资禀,能二百字者,止可授以一百字","讽诵之际,务令专心一志,口诵心惟"。如果这样的话,儿童们就会在学习文字方面"心中喜悦""进自不能已",就会"精神力量有余,则无厌苦之患,而有自得之美";在学习诗歌方面就会反复咀嚼,在礼义方面有所收获:"(诗歌)字字句句,绅绎反复,抑扬其音节,宽虚其心意。久则义礼浃洽,聪明日开矣。"①

(三) 教学活动应注意动静交错

王守仁不仅提出了儿童教育的内容,而且还在《教约》中精心安排了教学程序。首先,"每日功夫,先考德",即寻问儿童在家中的道德表现。然后"背书诵书,次习礼,或作课仿,次复诵书讲书,次歌诗"。其中,"习礼""歌诗"为"动"的课程,它们穿插在"诵书""讲书""背书"等"静"的课程之间。儿童"歌诗""习礼"时必须采取分班形式、观摩形式。如歌诗时,"每学量童生多寡,分为四班。每日轮一班歌诗;其余皆就席,敛容肃听。每五日则总四班递歌于本学。每朔望,集各学会歌于书院";习礼时,"童生班次,皆如歌诗。每间一日,则轮一班习礼。其余皆就席,敛容肃观。习礼之日,免其课仿。每十日则总四班递习于本学"。王守仁认为,通过这种教学程序,孩子们在读书疲乏之余可以宣畅精神、动荡血脉,最终"乐习不倦,而无暇及于邪僻"。②

(四) 教育应尊重儿童个性

王守仁从因材施教原则出发,认为教育不仅要考虑儿童所处阶段的身心特点,还要注意儿童之间的个体差异性,发展他们的个性。其弟子钱德洪在问到如何看待朱熹关于孟子"巧力、圣智"说所阐述的"三子力有余而巧不足"的观点时,王守仁就以学箭为例说到了采取不同方法教育不同儿童的重要性。他表示不赞成朱熹的看法,认为"三子固有力,亦有巧,巧力实非两事。巧亦只有用力处,力而不巧,亦是徒力"。即三位儿童学射箭,不是他们只有力没有巧,而是他们的个体特点不一样。他认为三位儿童或许在潜力上有所不同,指出:"三子譬如射:一能步箭,一能马箭,一能远箭;他射得到,俱谓之力,中处俱可谓之巧。但步不能马,马不能远,各有所长,便是才力分限有不同处。"③据此,王守仁认为顺应儿童的个性,主张对不同的儿童采取不同的方法进行教育,最终使他们能学有所成。

---

① 王守仁.王阳明全集[M].上海:上海古籍出版社,2014:99—101.
② 王守仁.王阳明全集[M].上海:上海古籍出版社,2014:101.
③ 王守仁.王阳明全集[M].上海:上海古籍出版社,2014:125.

七、论社师

社学是元、明、清时期在乡村创办的一类学校,主要教授 15 岁以下的幼童读书,兼以教劝乡民以农桑为务。社师则是任教于社学的教师。对于社师的选拔,王守仁曾经很重视。如前所述,王守仁认为南赣一带政局动荡很大程度上是与当地民风顽劣有关的,他希望通过教化促使民间净化民风。为此在南赣镇压农民起义之时,其颁行《社学教条》,延聘教师创办社学。之后,在平复广西民族起义时,他认为安定民族聚居区也需要通过教化途径。故在广西期间,王守仁通过表彰乡村有成绩社学教师,鼓励民间人士参与创办社学。在这些活动中,王守仁较系统地阐述了关于社师的看法。

(一) 社师应有优秀的"学""行"

社师应有优秀的学识与品行。王守仁在赣州时发现,"教读贤否,颇多淆杂;是以诗礼之教,久已施行;而淳厚之俗,未见兴起"。即当地曾经设立过社学乡馆,但开展的情况不是太好,不少社学教授过诗礼方面的内容,但是乡间的风气并不见好转。针对这种糟糕的情况,他指示岭北道督及其管辖之下的府县官吏要谨慎聘任社师。他认为选择社师应注意他们在学识与品行两方面的表现,其中"学术(须)明正""行止须端方",只有这样"德才兼备"的知识分子才能被聘任。① 后来,王守仁在雩都县(今江西于都)指示当地有关部门创办社学时,再次强调了必须聘用在学、行两端优秀的社师,指出"敦请学行之士,延为师长"。所谓学、行两端都要优秀,按照王守仁撰述的《社学教条》所言,就是要求教师在学识方面懂得"诗礼章句",也就是熟稔儒家经典。在品行方面要求教师能"致力于德行心术",也就是言行举止符合儒家伦理道德。

(二) 社师对社学工作应有高度责任感

王守仁还认为社师要有负责任的教学态度。他说,社师"视童蒙如己子,以启迪为家事,不但训饬其子弟,亦复化喻其父兄;不但勤劳于诗礼章句之间,尤在致力于德行心术之本;务使礼让日新,风俗日美,庶不负有司作兴之意,与士民趋向之心,而凡教授于兹土者,亦永有光矣"。② 他指出,社师身系重整社会风气的重任,他们应有负责任的态度,不论对儿童还是对成人村民,社师应一律视作教化对象,要把儒学教化当成自家的事情来做。在雩都时,王守仁要求当地社师严格地

---

① 王守仁. 王阳明全集[M]. 上海:上海古籍出版社,2014:670.
② 王守仁. 王阳明全集[M]. 上海:上海古籍出版社,2014:677.

按照学规条文教授,要"尽心教导",以促使当地"人知礼让,户习诗书"。① 后来在广西授予谭勋、功彪等以"社学师"称号时,王守仁再次强调社师要有良好的教学态度。他要求教师要把百姓视作自己的子女一般来教育。做到"须诚爱恻怛,实有视民如子之心"。指出:"乃能涵育薰陶,委曲开导,使之感发兴起。""未信而劳其民,反以为厉己矣。"他认为只有这样,儒学教化的效果方能实现;如果做不到,那么教化的效果只会打折扣。他希望社师们要认识到自身责任的重大,全身心地投入到教化事业中,承担起改变民风的重担。要求社师"行以实心,节用爱民,施为有渐,不致徒饰一时之名,务垂百年之泽始可"。②

(三) 社师应有良好的教学能力

王守仁要求社师还应具备良好的教学能力。在《训蒙大意示教读刘伯颂等》中,王守仁提到社师应有明确的教学目标,应采用符合儿童身心的教学方法,应实施合适的教学内容;《教约》提出社师须掌握动静结合的教学程序,采用合适的教学组织形式,熟悉课程的教学要点。譬如,在教学方法方面,王守仁要求社师"其栽培涵养之方,则宜诱之歌诗以发其志意,导之习礼以肃其威仪,讽之读书以开其知觉",即采用"诱""导""讽"等方法;他还提出教师应根据儿童的身心特点来教学,严厉批判了"日惟督以句读课仿,责其检束……鞭挞绳缚,若待拘囚"等违背儿童发展规律的教师,认为如果按照这样教学方法来教育儿童,只会促使儿童"趋之于恶"。在各门课程的教学要点把握上,提出歌诗"须要整容定气,清朗其声音,均审其节调;毋躁而急,毋荡而嚣,毋馁而慑",也就是要求教师在学生读诗时,注意学生的精神面貌,以及诵读音调、情感投入;习礼"须要澄心肃虑,审其仪节,度其容止;毋忽而惰,毋沮而怍,毋径而野;从容而不失之迂缓,修谨而不失之拘局",也就是要求教师在学生习礼时考察学生的具体表现。讲授书本方面,"不在徒多,但贵精熟",并根据学生的资质来确定教学量,"常使(学生)精神力量有余,则无厌苦之患,而有自得之美"③。也就是要求教师根据学生的身心特点来循序渐进地授课。

(四) 对社师的礼遇

社师身处乡村基层,生活条件较为艰苦。王守仁提出有关管理部门应保障社师的基本生活条件,各方面都能兴起尊师重道的风气。在颁布《社学教条》时,他告诫岭北道的官员:选送的刘伯颂等社师不是赣州本地人,"多系客寓",他们的生活来源是较困难的。要求岭北道对他们应"能加礼貌优待""给薪米纸笔之资",以慰劳社师们任教的辛苦。④ 在赣州兴办社学立牌时,王守

---

① 王守仁.王阳明全集[M].上海:上海古籍出版社,2014:1284.
② 王守仁.王阳明全集[M].上海:上海古籍出版社,2014:694.
③ 王守仁.王阳明全集[M].上海:上海古籍出版社,2014:101.
④ 王守仁.王阳明全集[M].上海:上海古籍出版社,2014:677.

仁又指示"官府用籍姓名,量行支给薪米,以资勤苦;优其礼待,以示崇劝""以各童生之家,亦各通行戒饬,务在隆师重道,教训子弟"。即政府部门和普通百姓要礼遇社师,政府部门要根据工作量来拨给薪金,发给粮食;学生的家长们则在礼数上要尊重教师。王守仁的这些指示和具体措施无疑对于推动社师扎根乡村、改进社学教育水平、提升明代基层的社会风气起到了良好的作用。

八、王守仁教育思想评析

王守仁的教育思想特色鲜明,在中国教育史上有着显著的进步意义。第一,在明代思想空前钳制的专制背景之下,王守仁冲破程朱理学思想的束缚,继承并发展了陆九渊的"心学"思想体系,张扬了人的主体能动力量,反映其思想自由的治学精神和社会担当,为明清之际的中国思想界、教育界带来了清新的风气。第二,王守仁提出"致良知"和"知行合一"的教育目的及学习原则,力求认识与实践统一,道德认识与道德实践密切结合,这对于解决科举时代士人追求功名利禄而忽视道德修养及对社会实际问题的思考的弊端无疑是一剂良药。第三,王守仁主张根据儿童的身心发展特点来教育儿童,认为教育儿童应动静结合、一张一弛,应尊重儿童的个性。这些看法包含着自然主义的教育理念,与中国古代家庭及学校里的填鸭式的教学方式方法相较,无疑是科学的、先进的。

王守仁的教育思想产生了深远的影响。从国内来看,王守仁的教育思想广为传播,推动了明清之际教育界的进步。如王艮创立的泰州学派以天下为己任,继承和发扬了王守仁的心学思想以及"致良知"的教育目的,成为明清之际颇有声势的学术派别。明末学者李贽接受陆王心学思想,猛烈抨击了程朱理学的虚伪性,主张恢复人天然纯真的本性,倡导解放女性,这些观点突破了儒家伦理道德的窠臼,一定程度上标志着民主思想在中国逐渐萌芽。[1] 此外,直接接受其影响的还有黄宗羲、康有为、谭嗣同等。从国外来看,日本的吉田松阴、西乡隆盛、佐久间象山、木户孝允、伊藤博文等人不同程度上受到王守仁心学思想的影响,同时,进一步宣传并发展了王守仁的教育思想,[2]为日本明治维新运动提供了思想动力。

王守仁的教育思想有着重要的现实意义。首先,王守仁强调学生学习要发挥主动性,要敢于批判与创新,力倡师生及学友间责善,这些思想对于学校如何培养学生创造性而言有着启发意义。其次,王守仁主张以"学""行"标准选聘社师,要求社师要有良好的教学能力以及高度负责的使命感,这对于目前我们推行教师专业标准实施,提升学校教师素养有着重要启示。再次,王守仁力倡"知行合一"说,强调学生通过道德实践的磨炼和反省,提高道德水平,这与我国学校德育

---

[1] 田正平,肖朗.中国教育经典解读[M].上海:上海教育出版社,2005:231—232.
[2] 蔡仁厚.王阳明哲学[M].北京:九州出版社,2013:189—195.

工作改进思路是一致的。此外,王守仁主张动静结合、教学相长、循序渐进、循循善诱、因材施教等教学思想值得现今教育工作者认真汲取。

当然,王守仁教育思想体系也存在历史局限性。比如,王守仁倡导的教育内容指向主要为道德教育,较为单一。他的心学思想体系具有一定的主观色彩,在学习上主张澄心静坐,不向外求,一定程度上轻视了书本知识的学习,这种取向容易导致学习者产生空虚轻浮、忽视实务的弊病。

【思考题】

1. 比较王守仁与朱熹在哲学观及教育思想的不同之处。
2. 论述王守仁"心即理"思想及对其教育思想的影响。
3. 论述王守仁儿童教育思想的特色及历史与现实意义。
4. 评述王守仁教育思想的地位及现实价值。

【阅读书目】

1. 王阳明.传习录[M].南京:江苏古籍出版社,2001.
2. 黄宗羲.明儒学案[M].北京:中华书局,1981.
3. 蔡仁厚.王阳明哲学[M].北京:九州出版社,2013.
4. 王勉三.王阳明生活[M].武汉:华中科技大学出版社,2015.
5. 余文武.王阳明教育思想研究[M].成都:西南交通大学出版社,2010.

第五章 "思想自由""兼容并包":蔡元培的教育思想

诸君须知,大学并不是贩卖毕业证书的机关,也不是灌输固定知识的机关,而是研究学理的机关。

——蔡元培

蔡元培(1868年—1940年)

【内容摘要】蔡元培是我国近代著名的民主革命家、教育家和思想家。他的教育思想博大精深,主要有:"五育并举"的教育方针、教育独立思想及高等教育思想,包括"研究高深学问"的大学观、"思想自由"、"兼容并包"的办学方针、"学为基本,术为支干"的学术观、研究性教学观和研究型教师的素养观。这些教育思想无论是对北京大学的改革,还是对我国近现代教育的发展,都产生了重大影响,具有里程碑的意义,是我国宝贵的优秀的教育遗产。

【核心概念】蔡元培;"五育并举";"思想自由""兼容并包";研究性教学;研究型教师

一、生平及教育活动

蔡元培,字鹤卿,号孑民,浙江绍兴人。是我国近代著名的民主革命家、教育家和思想家。17岁考取秀才,18岁设馆教书。青年时期,连续中举人、取进士、点翰林、授编修。1898年初任绍兴中西学堂监督、嵊县剡山书院院长、南洋公学特班总教习。1907年赴德国留学,入莱比锡大学,学习哲学、心理学、美术史、文学等。1912年任南京临时政府教育总长,提出了一系列教育改革的主张。1912年7月,因不满袁世凯的专制统治,辞去教育总长职务,再次赴德留学莱比锡大学。1913年,他赴法国考察教育,并在法国学习法文和著述,1916年底回国。

1917年1月到北京大学就任校长职,以"囊括大典、网罗众家,思想自由、兼容并包"的办学方针,对北京大学进行了重大改革。在课程设置上,从偏重文理到沟通文理,废科设系;在教学制度上,实行研究性教学和选科制;在行政管理上,实行教授治校等。这些改革措施使北京大学的面貌焕然一新,把官僚习气很浓的旧北大改造成为全国瞩目的最高学府、马克思主义最早的传播基地、五四运动的策源地。

1927年,蔡元培任国民党政府大学院院长,1929年以后,专任中央研究院院长。"九一八"事变后,他积极主张对日抗战。1937年他移居香港,但仍然忧念国事。1940年3月5日病逝。

蔡元培关心教育,提倡学术,为官清廉,忧国忧民,是中国知识界的卓越先驱。他被誉为"中国近现代教育学之父"。毛泽东称他为"学界泰斗,人世楷模"。周恩来称他是"从排满到抗日,先生之志在民主革命;从五四到人权同盟,先生之志在民主自由"。

蔡元培的主要教育著作有:《蔡元培教育论集》《蔡元培全集》。

二、"五育并举"的教育方针

(一)"五育并举"教育方针的终极目标:培养健全人格

在蔡元培的视野中,"健全之人格",有时也称"完全之人格",它包含四层意思:一是指个性与群性和谐统一。他认为,教育追求的是个性与群性的共同发展。"教育家之任务,在发见一种方法,能使国民内含个性发达,同时使外延的社会与国家之共同性发达矣。"[①]二是指身心和谐发展。他要求"小学教育既以遵循天性、养成人格为本义,则身心两方面,决不可偏废,而且不可不使为一致之调和"。[②] 不过,在身和心两个方面,他更注重心理方面,也就是精神方面的发展。三是指人的智、情、意的和谐统一。"心理有三方面,意志不能离知识与情感而单独进行。凡道德之关系功利者,伴乎知识,恃有科学之作用。而道德之超越功利者,伴乎情感,恃有美术之作用。"[③]只有这三个方面的和谐发展,才能养成健全人格。四是指体、智、德、美的和谐发展。它是通过体育、智育、德育、美育、世界观教育来实现的。

在蔡元培看来,培养健全人格是"教育"题中应有之意,也是"五育并举"教育方针的终极目标。他在《向参议院宣布政见之演说》中正式提出了共和国民养成健全人格之教育目标,即"在普通教育,务顺应时势,养成共和国民健全之人格。在专门教育,务养成学问神圣之风习"。[④] 1915年,蔡元培在《1900年以来教育之进步》中,提出培养健全人格是"教育"题中应有之意,指出:"教

[①] 高平叔.蔡元培教育论集[M].长沙:湖南教育出版社,1987:221.
[②] 高平叔.蔡元培教育论集[M].长沙:湖南教育出版社,1987:88.
[③] 高平叔.蔡元培教育论集[M].长沙:湖南教育出版社,1987:195.
[④] 高平叔.蔡元培教育哲学论著[M].石家庄:河北人民出版社,1985:172.

育者,养成人格之事业也",①进而强调小学教育要"以遵循天性、养成人格为本义"。② 1917 年,蔡元培在《在爱国女学校之演说》中指出,爱国和办学校"其精神不在提倡革命,而在养成完全之人格。……造成完全之人格,使国民之隆盛而不衰亡,真所谓爱国矣"。③ 1919 年,他在《教育之对待的发展》中指出,"盖群性个性的发展,相反而适以相成,是今日完全之人格,亦即新教育之标准也"。④ 1920 年 12 月,他在《普通教育和职业教育》中提出"普通教育的宗旨,定为(一)养成健全人格,(二)发展共和精神"。"所谓健全人格,内分四育,即(一)体育,(二)智育,(三)德育,(四)美育"⑤。这也就是说,"五育并举"教育方针的终极目标是通过"五育"培养学生的健全人格。在这里,蔡元培虽然没有谈及世界观教育,但无论是"养成健全人格",还是"发展共和精神",都离不开世界观教育。因为它们原本就是一种精神教育,渗透在体、智、德、美各育之中,正所谓"世界观者,心理作用也,附丽于神经系,而无迹象之可求"⑥。可见,蔡元培提出的"培养健全人格"就是他的"五育并举"教育方针的终极目标。

(二)"五育并举"教育方针的基本内容

为了实现培养学生的健全人格,蔡元培在批判地继承清末学部的"忠君"、"尊孔"、"尚公"、"尚武"、"尚实""五项宗旨"的基础上,于 1912 年发表的《对于教育方针之意见》中提出了军国民教育、实利主义教育、公民道德教育、世界观教育和美育"五育并举"的教育方针。

1. 军国民教育

军国民教育也叫体育。最早是由清末留日学生介绍进来的一种教育思潮,其本义是尚武健身。蔡元培是基于当时的社会背景来提倡军国民教育的。对外而言,当时中国"强邻交逼,亟图自卫,而历年丧失之国权,非凭借武力,势难恢复"。⑦ 对内而言,需要"行举国皆兵之制",以打破当时国内封建军阀拥兵妄为之局面,以"平均其势力"。因此,无论对内,还是对外,都需要军国民教育。后来,他把军国民教育发展为普通的体育,指出:"今经科学发明,人之智慧学术,皆由人之脑质运用之力而出,故脑力盛则智力富,身体弱则脑力衰,新教育之所以注意体育运动实基于此。"⑧

---

① 高平叔.蔡元培教育论集[M].长沙:湖南教育出版社,1987:88.
② 高平叔.蔡元培教育论集[M].长沙:湖南教育出版社,1987:88.
③ 高平叔.蔡元培教育论集[M].长沙:湖南教育出版社,1987:155.
④ 高平叔.蔡元培教育论集[M].长沙:湖南教育出版社,1987:221.
⑤ 高平叔.蔡元培教育论集[M].长沙:湖南教育出版社,1987:303.
⑥ 中国蔡元培研究会.蔡元培全集(第四卷)[M].杭州:浙江教育出版社,1997:15.
⑦ 高平叔.蔡元培教育论集[M].长沙:湖南教育出版社,1987:42.
⑧ 高平叔.蔡元培教育论集[M].长沙:湖南教育出版社,1987:185.

"殊不知有健全之身体,始有健全之精神,若身体柔弱,则思想精神何由发达?"①因此,他要求学生要经常运动,以发达身体和振作精神。

2. 实利主义教育

实利主义教育即智育,它是国富民强之本。之所以提倡实利主义教育,是因为"自人文进化,而国家之贫富强弱与其国民学问深浅为比例""是故文明国恃以竞争者,非武力而智力也。方今海外各国,交际频繁,智力之竞争,日益激烈"。② 知识对于个体而言则是"人事之基本也。人事之种类至繁,而无一不有赖于知识"。③ 然而,当时的我国地宝不发达,国家贫弱,人民失业者较多,"实利主义教育,固亦当务之急者也"。④ 实利主义教育正是为了振兴工业、农业、交通运输业而实施的教育。这种教育"以人民生计为普通教育之中坚。其主张最力者,至以普通学术,悉寓于树艺、烹饪、裁缝及金、木、土工之中"。⑤ 因此,他把物理、化学、博物学、算学、历史、地理、金工、木工等列入智育的范围。其意图是传授科学技术知识,训练学生的思维能力,发达学生的智力,培养国家有用之才。

3. 公民道德教育

公民道德教育即德育,在五育中处于中坚的地位。"五者以公民道德为中坚,盖世界观及美育皆所以完成道德,而军国民教育及实利主义,则必以道德为根本。"⑥何谓公民道德教育?蔡元培认为,法兰西革命揭示了公民道德教育之要旨,这就是自由、平等和博爱。虽然它属于资产阶级道德的范畴,但在否定中国传统的以三纲五常为中心的封建主义道德,促进人的思想解放方面具有进步意义。他要求道德教育不能简单地让学生背诵信条,而应身体力行。"道德不是记熟几句格言,就可以了事的,要重在实行。"⑦

4. 世界观教育

世界观教育是蔡元培所独创的被称为是教育的终极目的和最高境界,它属于哲学教育的范畴。蔡元培指出:"世界观有两方面:一为现象世界,二为实体世界。现象世界之事为政治,故以造成现世幸福为鹄的;实体世界之事为宗教,故以摆脱现世幸福为作用。而教育者,则立于现象

---

① 高平叔.蔡元培教育论集[M].长沙:湖南教育出版社,1987:178.
② 中国蔡元培研究会.蔡元培全集(第二卷)[M].杭州:浙江教育出版社,1997:184.
③ 中国蔡元培研究会.蔡元培全集(第二卷)[M].杭州:浙江教育出版社,1997:184.
④ 张圣华.蔡元培教育名篇[M].北京:教育科学出版社,2007:2.
⑤ 高平叔.蔡元培教育论集[M].长沙:湖南教育出版社,1987:42.
⑥ 高平叔.蔡元培教育论集[M].长沙:湖南教育出版社,1987:54.
⑦ 高平叔.蔡元培教育论集[M].长沙:湖南教育出版社,1987:305.

世界,而有事于实体世界者也。"①世界观教育的方法有二:消极方面讲,对于现象世界之事如物质生活、人类幸福等"无厌弃亦无执著";从积极方面看,对于最高精神境界的实体世界应"非常渴慕而渐进于领悟"。其目的是引导人们去追求真理,过自由的和有意义的人生,"不以一流派之哲学一宗门之教义梏其心"。②

5. 美感教育

美感教育亦即美育。蔡元培是中国教育史上第一个大力倡导、系统阐释美育的教育家。他给美育下的定义是:"美育者,应用美学之理论于教育,以陶养感情为目的者也。"③美育不同于智育和德育,它不属于知识和意志,属于感情,是美的情感教育,其教育方式就是通过陶冶激发人的美感。美感具有普遍性和超越性两个特征。就前者而言,美可以作用于一切,每个人都可以领略美和感受美。他说:"美感,不仅手工、图画、诗歌有之,无论何地何时,或何种科学,苟吾人具情感,皆可生美感。如见动物之一鸟一兽,植物之一草一木,以情感的观察,无一不觉有美感也。"④就后者而言,美感是超越现实的,美之物与人没有利害关系,因而美感具有超越性。

在蔡元培看来,美育对个体的发展具有重要作用。一是能培育和谐人格。因为和谐人格的培育离不开知、情、意和谐统一。"知、情、意,以真善美为目的。"⑤二是美育是由现象世界进入实体世界的桥梁。因为美具有脱离现象接触实体的超越性和体现现世幸福的普遍性。美育的这一特性能使人超越利害关系和人我之分界,"而已接触于实体世界之观念矣",从而破除现象世界的意识,陶冶、净化人的心灵,完善人之健全人格。三是能提升人的创造精神。"美育所以为高尚的消遣,就是能提起创造精神。"⑥之所以如此,是因为"美育一方面有超脱利害的性质,一方面有发展个性的自由。所以沉浸其中,能把占有的冲动逐渐减少,创造的冲动逐渐扩展。"⑦

(三)"五育并举"教育方针实施的方略

1. 诸育并举、多育互通

在蔡元培看来,体育、智育、德育、美育、世界观教育在实现健全人格的塑造中发挥各自独特的作用,即体育居健全人格之首,智育为健全人格之基本,德育是健全人格之中坚,美育陶冶人的情感,世界观教育指向人的终极关怀。尽管它们的作用不同,但它们是有机的整体,相互制约,相

---

① 高平叔.蔡元培教育论集[M].长沙:湖南教育出版社,1987:44.
② 高平叔.蔡元培教育论集[M].长沙:湖南教育出版社,1987:45.
③ 高平叔.蔡元培教育论集[M].长沙:湖南教育出版社,1987:208.
④ 高平叔.蔡元培教育论集[M].长沙:湖南教育出版社,1987:140.
⑤ 高平叔.蔡元培美育论集[M].长沙:湖南教育出版社,1987:189.
⑥ 高平叔.蔡元培全集(第四卷)[M].北京:中华书局,1984:43.
⑦ 高平叔.蔡元培全集(第四卷)[M].北京:中华书局,1984:43.

互促进,是不可偏废的。在实施中是诸育并行、相得益彰。用蔡元培的话说就是:"譬之人身,军国主义者,筋骨也,用以自卫;实利主义者,胃肠也,用以营养;公民道德者,呼吸机循环机也,周贯全体;美育者,神经系也,所以传导;世界观者,心理作用也,附丽于神经系无迹象之可求。此即五者不可偏废之理也。"①

2. 尚自然,展个性

"尚自然,展个性"是蔡元培提出的独特的教育理念,也是实现"五育并举"教育方针尤其是美育的重要途径。他一方面批判了违反自然,束缚个性的旧教育:"是教育者预定一目的,而强受教育者以就之;故不问其性质之动静,资禀之锐钝,而教之止有一法,能者奖之,不能者罚之。"②另一方面倡导"尚自然,展个性"的新教育理念,这就是"知教育者,与其守成法,毋宁尚自然;与其求划一,毋宁展个性。"③蔡元培列举了与此理念相适应的三个典型:一是俄国的托尔斯泰创办的"自由学校";二是美国杜威创办的"实验学校";三是意大利蒙台梭利创办的"儿童室"。

为了实现"尚自然,展个性",蔡元培认为,首先应反对注入式,倡导启发性教学。他说:我们教书,并不是像注水入瓶一样,注满了就算完事,最要紧的是引起学生读书的兴味。教师不可一句一句,或一字一字的,都讲给学生听,最好让学生自己去研究,等到学生实在不能用自己的力量了解功课时,才去帮助他。其次要鼓励学生自动自主地学习。他说:"在学校,不能单靠教科书和教习。课堂功课固然要紧,自动自习,随时注意,自己发见求学的门径和学问的兴趣,更为要紧。"④再次要尊重学生的个性,因材施教。因为学生的兴趣爱好是不同的,"有的近文学,有的喜艺术,所以各人于各科进步的快慢,也不能一致。"⑤因此,教师必须因材施教,"遇到特别的天才的,总宜施以特别的教练"。⑥总之,他要求教师"在深知儿童身心发达之程序,而择种种适当之方法以助之"。⑦

三、"教育独立"的思想

为了反对当时军阀政府对教育的控制以及宗教和帝国主义奴化教育对中国教育的控制,蔡元培在1922年发表的《教育独立议》中系统地阐释了在特殊背景下的"教育独立"的思想。

---

① 高平叔.蔡元培教育论集[M].长沙:湖南教育出版社,1987:47.
② 高平叔.蔡元培教育论集[M].长沙:湖南教育出版社,1987:207.
③ 高平叔.蔡元培教育论集[M].长沙:湖南教育出版社,1987:208.
④ 高平叔.蔡元培教育论集[M].长沙:湖南教育出版社,1987:288.
⑤ 高平叔.蔡元培全集(第三卷)[M].北京:中华书局,1984:475.
⑥ 高平叔.蔡元培全集(第三卷)[M].北京:中华书局,1984:283.
⑦ 高平叔.蔡元培教育论集[M].长沙:湖南教育出版社,1987:207.

(一) 教育独立的理由

教育为什么要独立？蔡元培给出的答案是：第一，教育是帮助被教育的人，给他能发展自己的能力，完成他的人格，于人类文化上能尽一分子的责任；不是把被教育的人，造成一种特别的器具，给抱有他种目的的人去应用的。所以，教育事业应保持独立的资格，毫不受各派政党和各派教会的影响。第二，"政党不能掌握政权，往往不出数年，便要更迭。若把教育权也交与政党，两党更迭的时候，教育方针也要跟着改变，教育就没有成效了。所以，教育事业不可不超然于各派政党以外。"①第三，教育是进步的，这体现在无论何种学术，总是后人在前人的基础上，"更加一番功夫"，就会超越前者。教会是保守的：无论怎样尊重科学，一到《圣经》的成语，便绝对不许批评，这使得教育受到限制，甚至不能绝对自由，因而，教育事业不可不超然于各派教会以外。

蔡元培教育独立思想的提出与当时北洋军阀政府摧残教育事业的政治背景密切相关民国建立以后，各派军阀为争权夺利，连年混战，政潮迭起，时局混乱，教育事业备受摧残。北洋政府不重视教育，国家预算多作军费，致使教育经费匮乏，连教职员的薪水都发不出，加上帝国主义各国对我国教育事业控制严重，教育危机日益严重，罢教罢课风潮迭起。正是在这种政府和教育危机日益严重的背景下，蔡元培提出了教育独立的思想，意在彻底摆脱军阀政府的控制，超越教会和专制的政治，按资产阶级的要求，培养人才，塑造学生完全之人格。

(二) 教育独立的内容

第一，教育行政独立。要求各省设立不附属于政务所之下的专管教育的司，由懂得教育专业的人充任；大学推行大学院、大学区制，冲淡教育行政官员的官僚习气，加重大学院的学术色彩，以"学术化代替官僚化"。

第二，教育经费独立。要求军阀政府划出某项固定收入，专作教育经费，不能移作他用。

第三，教育学术和内容独立。教育方针保持稳定，不受政治的干扰。能自由编辑、自由出版、自由选用教科书。

第四，教育脱离宗教而独立，"以美育代宗教"。

四、高等教育思想

(一) 大学的定位："研究高深学问"

"研究高深学问"是蔡元培的大学观，也是他的大学办学理念。他在北京大学每年开学的时候，总是反复阐述这一思想："为学问而求学问。"1917 年 1 月 9 日，他在就任北京大学校长之演说

---

① 高平叔.蔡元培教育论集[M].长沙：湖南教育出版社,1987：334.

中要求学生明确大学的性质,即"大学者,研究高深学问者也。"①在北京大学 1918 年开学式的演说词中又说:"大学为纯粹研究学问之机关。"②同年他在《北京大学月刊》发刊词中强调"所谓大学者,非仅为多数学生按时授课,造成一毕业生之资格而已也,实以是为共同研究学术之机关。"③1919 年 9 月 20 日在北京大学第二十二年开学式演说词中再次强调"诸君须知,大学并不是贩卖毕业证书的机关,也不是灌输固定知识的机关,而是研究学理的机关"。④大学的培养目标是"教授高深学术,养成硕学闳材",培养研究性人才,以服务于国家民族的发展。他始终认定青年学生的责任就是研究学问,要求学生"以研究学问为第一责任"。⑤他的理想是"自今以后,愿与诸君共同尽瘁学术,使大学为最高文化中心,定吾国文明前途百年大计。"⑥这就是蔡元培对大学性质的确定和对大学的定位。

(二) 大学办学方针:"思想自由""兼容并包"

蔡元培根据"研究高深学问"的大学定位和大学性质的确定,提出了"思想自由""兼容并包"的办学方针。这一办学方针是蔡元培革新北京大学的根本指导思想,也是他的高等教育思想的重要组成部分。它的提出有两个思想渊源,一是我国的传统文化,特别是先秦时代和古代书院自由讨论、百家争鸣的精神给了他重要影响和启迪。二是从西方大学特别是德国大学学术自由的办学特色吸取了"营养",使他认识到:"思想自由,是世界大学的通例。德意志帝政时代,是世界著名开明专制帝国,他的大学何等自由!那美、法等国,更不必说了。"⑦

关于"思想自由""兼容并包"的办学方针,蔡元培虽然在许多地方有过阐释,但最完整的阐释有两次。一次是在 1918 年《北京大学月刊》发刊词中的阐释。他提出:"大学者,'囊括大典,网罗众家'之学府也。《礼记》《中庸》曰:'万物并育而不相害,道并行而不相悖。'足以形容之。如人身然,官体之有左右也,呼吸之有出入也,骨肉之有刚柔也,若相反而实相成。各国大学,哲学之唯心论,文学、美术之理想派与写实派,计学之干涉论与放任论,伦理学之动机论与功利论,宇宙论之乐天观与厌世观,常樊然并峙于其中,此思想自由之通则,而大学之所以为大也。"⑧另一次是在 1919 年《致公言报函并答林琴南君函》中的阐释。他说:"至于弟在大学,则有两种主张如下:(一)对于学说,仿世界各大学通例,循'思想自由'原则,取兼容并包主义……无论为何种

---

① 高平叔.蔡元培教育论集[M].长沙:湖南教育出版社,1987:152.
② 高平叔.蔡元培全集(第三卷)[M].北京:中华书局,1989:191.
③ 高平叔.蔡元培教育论集[M].长沙:湖南教育出版社,1987:212.
④ 高平叔.蔡元培教育论集[M].长沙:湖南教育出版社,1987:248.
⑤ 高平叔.蔡元培教育论集[M].长沙:湖南教育出版社,1987:239.
⑥ 高平叔.蔡元培教育论集[M].长沙:湖南教育出版社,1987:240.
⑦ 高平叔.蔡元培教育论集[M].长沙:湖南教育出版社,1987:236.
⑧ 高平叔.蔡元培教育论集[M].长沙:湖南教育出版社,1987:213.

学派,苟其言之成理,持之有故,尚不达自然淘汰之运命者,虽彼此相反,而悉听其自由发展。(二)对于教员,以学诣为主,在校讲授,以无背于第一种之主张为界限。其在校外之言动,本校从不过问,亦不能代负责任。"①蔡元培所说的两种主张指的就是"思想自由""兼容并包"的办学方针。

具体来说,它包含四层意思:其一,思想自由。蔡元培主张,大学以思想自由为原则。教师所发表的思想,既不受任何宗教或政党的束缚,也不受任何著名学者的牵掣。因为"凡物之评判力,均随其思想为定,无所谓绝对的。一己之学说,不得束缚他人,而他人之学说,亦不束缚一己。诚如是,则科学、社会学等等,将均任吾人自由讨论矣。"②他"素信学术上的派别,是相对的,不是绝对的",学术和真理是在各种不同的学术观点与派别的争论和辩论中得到发展的,应该允许它们并存,自由讨论。因此,在北大,各种学说思想"各行其是,并不相妨",都能自由讨论,形成了百家争鸣,自由讲学、唱对台戏的盛况。其二,兼容并包。最能蕴含这一思想的是蔡元培所说的"大学者,'囊括大典,网罗众家'之学府也"。囊括大典,是指对待古今中外不同学派、思想、典籍的态度,主张"大学者是包容各种学问的机关",③要能平等地对待各种学术观点和学术派别,即使它们不同甚至相反,也应允许其自由发展。当然前提是它们"言之成理,持之有故,尚不达自然淘汰之运命"。网罗众家,重点在对待教员上,力求广收人才,不拘一格,恰当运用,不求全责备,不论资排辈,只问学问才能,不问思想派别,兼收并用,唯才是举。为此,蔡元培聘任了一批宣传新文化、新思想的新派人士如陈独秀、李大钊、鲁迅、胡适、钱玄同、刘半农、高一涵等担任文科教授,同时也聘用了学术造诣很深、思想保守顽旧的辜鸿铭、刘师培、黄侃、黄节、陈汉章等人。北大教授中有白发苍苍的崔适,也有二十多岁的胡适;学历中有未上过大学的梁漱溟,有洋博士也有晚清的进士,还有德、英、法、美各国籍的教师。这使当时的北大新旧人士、老少人士、中外人士济济一堂,各种思想和学派互相争鸣,众家林立,竞相发展,盛极一时。这种浓厚的学术空气,有力地促进了北大思想学术水平的提升,促进了新文化运动的发展和马克思主义在中国的传播。其三,"思想自由""兼容并包"的一个重要目的就是"令学生有自由选择的余地"④,培养学生的独立研究之能力和自由发展之精神。蔡元培认为不同学派的并存,各种学术观点的互相争鸣,能使学生不"守一先生之言,而排斥其他"⑤,除专精一门科学之外,还旁涉种种相关之学理。这有助于培养学生鉴别真理和独立研究的能力,也符合培养人才成长的规律。其四,"思想自由""兼容并包"还体现在融会贯通、兼收并蓄中西文化。在他看来,"综观历史,凡不同文化相互接触,必能产生一种

---

① 高平叔.蔡元培教育论集[M].长沙:湖南教育出版社,1987:231.
② 高平叔.蔡元培教育论集[M].长沙:湖南教育出版社,1987:184.
③ 中国蔡元培研究会.蔡元培全集(第四卷)[M].杭州:浙江教育出版社,1997:236.
④ 高平叔.蔡元培教育论集[M].长沙:湖南教育出版社,1987:537.
⑤ 高平叔.蔡元培教育论集[M].长沙:湖南教育出版社,1987:213.

新文化。"①因此,他倡导广泛学习和吸收外国先进文化的成果,尤其是要掌握外国先进的科学方法。"研究也者,非徒输入欧化,而必于欧化之中为更先进之发明;非徒保存国粹,而必以科学方法,揭国粹之真相。"②在课程设置上也要体现中西文化并蓄。他在北大"于英语外,兼提倡法德俄意等国语,及世界语;于旧文学外,兼提倡本国近世文学,及世界新文学。"③他"力矫偏重英语的旧习,增设法、德、俄诸国文学系,即世界语亦列为选科"。④ 他倡导中西文化融合的实质是吸取外国文化以发展中国文化,使中国文化在中西文化的交流融合中达到一个新的境界。

当然,蔡元培的"思想自由""兼容并包"并非无所不包,而是立足于新文化、新思潮的发展,"兼容"和"并包"的对象主要是"新学"和"新思想",而非封建文化。他不允许在大学里尊孔和设经科,也不准在大学里开设宗教课。对于滥竽充数的教员不管是中国人还是"洋人",他都坚决摈弃不用。这说明,蔡元培在这个问题上是很有原则的。

(三) 学术观:"学为基本,术为支干"

蔡元培从"研究高深学问"的大学观出发,较为系统地提出了他的学术观。他认为,学与术可分为两个名词,其中"学为学理,术为应用"。所谓学理是指基础理论的学习和研究,它与应用科学是有区别的。"各国大学中所有科目,如工商,如法律,如医学,非但研求学理,并且讲求适用,都是术。纯粹的科学与哲学,就是学。学必借术以应用,术必以学为基本。"⑤也就是说,两者的关系是"学为基本,术为应用",⑥学与术的关系至为密切,然而学习它们的旨趣是不相同的。"文、理,学也,虽亦有间接之应用,而治此者以研究真理为的,终身以之。所兼营者,不过教授著述之业,不出学理范围。法、商、医、工,术也,直接应用,治此者虽亦可有永久研究之兴趣,而及一程度,不可不服务于社会;转以服务时之所经验,促其术之进步。与治学者之极深研机,不相侔也。"⑦既然学习它们的旨趣不同,那么"治学者可谓之'大学',治术者可谓之'高等专门学校',两者有性质之别,而不必有年限与程度之差",⑧高等专门学校的任务是"学成任事",大学的任务是"研究高深学问"。

这种学术观为他"破学生专己守残之陋见",批判"守一先生之言,而排斥其他",文理不沟通的现象提供了理论依据,也为他在北大进行课程改革,打破学科界限,融通文、理两科,使文理学

---

① 高平叔.蔡元培教育全集(第四卷)[M].北京:中华书局,1984:50.
② 高平叔.蔡元培教育论集[M].长沙:湖南教育出版社,1987:212.
③ 蔡元培.蔡孑民先生言行录[M].桂林:广西师范大学出版社,2005:151.
④ 高平叔.蔡元培教育论集[M].长沙:湖南教育出版社,1987:618.
⑤ 张圣华.蔡元培教育名篇[M].北京:教育科学出版社,2007:150—151.
⑥ 蔡元培.蔡孑民先生言行录[M].桂林:广西师范大学出版社,2005:109.
⑦ 蔡元培.蔡孑民先生言行录[M].桂林:广西师范大学出版社,2005:109.
⑧ 蔡元培.蔡孑民先生言行录[M].桂林:广西师范大学出版社,2005:109.

生在专精本专业学科的同时,旁涉其他相关学科,促进自己的全面发展奠定了基础。

(四) 大学教师的素养:研究型教师

蔡元培对研究型教师具备什么样的素养提出了一套系统的理论。

1. 高深的理论修养

这是研究型教师必备的素质。如前所述,蔡元培认定大学是研究高深学问的学府。大学的这种研究性质客观上要求大学教师具有高深的理论修养。这是做学问的基础,因为"学问是各种有系统的知识;研究学问,是接受一种有系统的知识,而窥破他尚有不足或不确的点,专心研求,要有一种新发明或新发见,来补充他,或改正他。所以,不能接受一种有系统的知识及与有关系的知识,不能谈研究"。① 如果教师没有高深的理论修养,是难以实现大学的研究高深学问的理想,也难以培养"以研究学术为天职"的学生。因此,蔡元培聘任教师以"学诣"为主,注重"积学",也就是有无真才实学,有无高深的理论修养和学问。可见,他的"积学"标准是相当高的,如胡适的"旧学深邃"和"新知深沉"。而对于教员的政治见解、学术派别、年龄、资历,甚至国籍,则不作为取舍标准。根据这个原则,蔡元培聘请了许多具有高深理论修养,学有专长的"纯粹之学问家"担任北京大学的教授。

2. 对学问有浓厚的研究兴趣和较强的研究能力

蔡元培认为,大学是教师和学生"共同研究学术机关",要求大学生"以研究学术为天职",对学问有浓厚研究的兴趣,"以研究真理为的,终身以之"。② 他说,大学生课堂功课固然要紧,而"自己发见求学的门径和学问的兴趣,更为要紧"。③ 而大学生对学问的研究兴趣主要依靠教师引起。因此,教师本身要对研究学问有浓厚的兴趣,而且这种兴趣应保持终身,因为"在大学,则必择其以终身研究学问者为之师"。④ 在谈到教师的聘用标准时,蔡元培更是强调"延聘教员,不但是求有学问的,还要求于学问上很有研究兴趣,并能引起学生的研究兴趣的"。⑤ 为此,他在北大"广延积学与热心的教员,认真教授,以提起学生研究学问的兴会"。⑥ 不仅如此,他还要求教师有较强的研究能力,"以学者自力研究为本旨,学术以外无他鹄的"。⑦ 他强调"教授及讲师不仅仅是授

---

① 高平叔.蔡元培教育论集[M].长沙:湖南教育出版社,1987:573.
② 高平叔.蔡元培教育论集[M].长沙:湖南教育出版社,1987:202.
③ 高平叔.蔡元培教育论集[M].长沙:湖南教育出版社,1987:288.
④ 高平叔.蔡元培教育论集[M].长沙:湖南教育出版社,1987:203.
⑤ 高平叔.蔡元培教育论集[M].长沙:湖南教育出版社,1987:248.
⑥ 高平叔.蔡元培教育论集[M].长沙:湖南教育出版社,1987:617.
⑦ 高平叔.蔡元培教育论集[M].长沙:湖南教育出版社,1987:362.

课,还要不放过一切有利于自己研究的机会,使自己的知识不断更新,保持活力"。① 在教师的聘用观上就体现了他对教师研究能力的重视:"只问学问能力,不问资格年龄,从复辟党到共产党,都可容纳;从国学到西学都要注重。"②例如,对思想保守的国学研究者如辜鸿铭、刘师培、黄侃、黄节、陈汉章等的聘用,就是看重他们学术造诣深,研究能力强,而不求全责备。

3. 学术创新精神

蔡元培特别注重教师的学术创新精神,把它作为聘用教师的一个必要条件。在蔡元培看来,学术创新精神是学术研究的内在要求。因为"研究学问,是接受一种有系统的知识,而窥破他尚有不足或不确的点,专心研求,要有一种新发明或新发见,来补充他,或改正他",如果只接受一种有系统的知识,"而不尽力于新发明或新发见,也就不是研究"。③ 从事学术研究,"要必有几许之新义,可以贡献于吾国之学者,若世界之学者"。④ 可见,学术创新对于学术研究而言是多么重要。因此,他强调"现世界之学术,日新月异,大学教授须年年用功,传授新学"。⑤ "不但世界的科学取最新的学说,就是我们本国固有的材料,也要用新的方法整理他。"⑥这是聘用教师的一个重要标准。他倡导"思想自由,兼容并包",百家争鸣,自由讨论,在很大程度上就是要促进教员个性发展,使教员的学说有"独到之处",有新思想、新观点。在聘请教员时,蔡元培特别注重学术创新精神,尤为重视"一家之说"。没有大学文凭的梁漱溟在《东方杂志》上发表了一篇讲佛教哲学的论文——《究元决疑论》,蔡元培看了以后,认为是"一家之说",就破格聘请了梁漱溟来北大任教,讲印度哲学。

4. 较强的指导学生研究学问的能力

在蔡元培看来,大学教学不是原来意义上的"灌输固定知识"的注入式教学,而是对学生研究学问的引导和启发,因为大学本来以专门研究为本位,所有分班讲授,不过指导研究的作用。学生的学习也不是原来意义上的"硬记教员讲义",而是在教员指导下"自动的研究学问的",学习即研究。而研究学问,当然要有专门的教员的指导。可见,这两方面都离不开教师的有效指导。

那么,怎样指导学生研究学问呢?第一,教师要经常认真研究教学内容和相关学科,用最新的研究成果传授给学生,以促进学生对学问的探索。第二,要研究教授法,反对注入式教学,提倡启发式教学,主张"以后所印讲义,只列纲要,细微末节,以及精旨奥义,或讲师口授,或自行参考,

---

① 高平叔.蔡元培教育论集[M].长沙:湖南教育出版社,1987:399—400.
② 张平海,张国祥.试析蔡元培"思想自由,兼容并包"的教育思想[J].河南师范大学学报(哲学板),2000,(4).
③ 高平叔.蔡元培教育论集[M].长沙:湖南教育出版社,1987:573.
④ 高平叔.蔡元培教育论集[M].长沙:湖南教育出版社,1987:212.
⑤ 高平叔.蔡元培教育论集[M].长沙:湖南教育出版社,1987:316.
⑥ 高平叔.蔡元培教育论集[M].长沙:湖南教育出版社,1987:248.

以期学有心得,能裨实用"。① 因为大学是研究高深学问的地方,它不同于中学和高等专科学校,"不惟恃教员讲授,尤赖一己潜修。"②第三,鼓励学生不囿于一己之见,一家之学说,广泛接触教员各种学说观点,如此"令学生有自由选择的余地"。第四,指导学生研究方法,和学生一起共同研究讨论,质疑问难。

五、研究性教学思想

(一)研究性教学思想提出的依据

1. 北京大学教学改革的需要

这是蔡元培的研究性教学观提出的实践依据。在蔡元培任校长之前的北京大学学风不正,不少学生上大学是为了升官发财,混资历谋取官位,而对学问没有什么兴趣。上课"或瞌睡,或看看杂书,下课时,把讲义带回去,堆在书架上,等到学期、学年或毕业的考试,教员认真的,学生就拼命的连夜阅读讲义,只要把考试对付过去,就永远不再去翻一翻了"。要是教员通融一点,就先期告诉学生要出的题目或出题范围,于是"他们不用功的习惯,得了一种保障了"。③ 他们的目的,不但在毕业,而尤看重毕业以后的出路,即升官发财。而有的教师不学无术,只想当官;有的教师本身就是北洋政府的官僚,学问不大,架子大;有的教师不用功,"永不修增"地重复第一次讲义;有的教师死守本分,不允许有新思想。蔡元培任校长后,对北大学术消沉,教学质量低下的状况提出了挑战。一方面改变学生的观念,要求学生"抱定宗旨,为求学而来",强调"大学学生,当以研究学术为天职,不当以大学为升官发财之阶梯";④另一方面,要求大学教师终身研究学问,"认真教授,以提起学生研究学问的兴会"。⑤ 蔡元培的研究性教学观的提出就源于教学改革中对师生共同研究高深学问的追求。

2. 西方大学研究与教学统一的经验

蔡元培的研究性教学观的提出受到了西方大学尤其是德国大学研究与教学统一经验的启示。蔡元培认为,德国的大学问家同时也是大学教授。在德国"凡大学教授,为真研究学问者,为大学问家,而此真研究学问者,与大学问家,无一不在大学为教师"。⑥ "至于通则,则为教授者,必

---

① 高平叔.蔡元培教育论集[M].长沙:湖南教育出版社,1987:154.
② 高平叔.蔡元培教育论集[M].长沙:湖南教育出版社,1987:154.
③ 高平叔.蔡元培教育论集[M].长沙:湖南教育出版社,1987:536.
④ 高平叔.蔡元培教育论集[M].长沙:湖南教育出版社,1987:537.
⑤ 高平叔.蔡元培教育论集[M].长沙:湖南教育出版社,1987:617.
⑥ 中国蔡元培研究会.蔡元培全集(第九卷)[M].杭州:浙江教育出版社,1998:449.

当为大学问家,故德国习尚,指一学者姓名,必询其人居何处大学讲座。"①他们一方面"专重研究学问","注重精细分析的研究",另一方面,把研究成果运用到教学中,使研究与教学有机结合。注重研究与学习的统一是西方大学的重要特色,这在蔡元培时代就已经存在。蔡元培认为,"西洋学生研究学问完全系自动的"。例如,德国大学学生听讲与否,学校是不管的。教师对学生主要起"指示几种参考书和研究方法"的作用。学生学术成就的取得,"都是学生自动的研究学问的效果"。因此,"外国大学生的学问完全由自动的研究得来的"。② 这种研究与教学融通的特色为蔡元培的研究性教学观的提出提供了重要的理论资源。

(二)研究性教学思想的主要内容

1. 研究性教学的指导思想:研究与教学统一

何谓研究与教学统一?对此,蔡元培在《北大第二十二年开学式演说词》一文有精深的论述:"大学并不是贩卖毕业证书的机关,也不是灌输固定知识的机关,而是研究学理的机关。所以,大学的学生并不是熬资格,也不是硬记教员讲义,是在教员指导下自动地研究学问的。"③也就是说教学与研究必须统一。教师与学生共同为学术研究而共处,教与学在研究学问上达到了高度的统一和融合。我们还可以从两个方面进一步阐释研究与教学统一的内涵。

(1)研究与讲授结合

蔡元培既反对"教而不学",即不搞学术研究,年复一年"永不修增"地在讲堂上重复过时的讲义;也反对"学而不教",即肯钻研学问但不谙教学方法;更反对"不教不学",即对所教的学科没有透彻的了解与持续的研究,又不谙教学方法。倡导"既教且学",将研究与教学有机结合。为此,他提出了如下的策略。

其一,要求教师要不断地研究,更新教学内容。蔡元培强调教授及讲师不仅仅是授课,还要不放过一切有利于自己研究的机会,使自己的知识不断更新,保持活力。学术创新精神是学术研究的内在要求,因为,研究学问,是接受一种有系统的知识,而窥破他尚有不足或不确的点,专门研求,要有一种新发明或新发现,来补充他,或改正他。学术"研究之目的,在于发宇宙之秘奥,成事物之创造,崭然有新的发现与发明"。④ 实现这一目的,必须"不但世界的科学取最新的学说,就是我们本国固有的材料,也要用新方法来整理他"。⑤ 经过教员的不断研究,"组织最新的学理",因而讲义的内容得到了充实和更新,提高了学科的学术水平。把这些富有个性色彩的研究成果

---

① 中国蔡元培研究会.蔡元培全集(第九卷)[M].杭州:浙江教育出版社,1998:449.
② 中国蔡元培研究会.蔡元培全集(第四卷)[M].杭州:浙江教育出版社,1998:399—400.
③ 高平叔.蔡元培教育论集[M].长沙:湖南教育出版社,1987:248.
④ 中国蔡元培研究会.蔡元培全集(第六卷)[M].杭州:浙江教育出版社,1998:404.
⑤ 高平叔.蔡元培教育论集[M].长沙:湖南教育出版社,1987:248.

引入教学过程,就能使教学变得生动活泼,从而极大地"提起了学生研究学问的兴会"。

其二,倡导学术讲演。蔡元培针对当时社会师资坠落,学术消沉,教师墨守其所学,不能修业问道,增进知识的状况,提倡学术讲演,认为学术讲演有助于振兴学术,引起"求学问道之心"。蔡元培、钱玄同、陈启修、李大钊、马寅初、李四光、陶行知、李书华等校内外学者都参加过学术讲演活动。外国的知名学者如美国的杜威、英国的罗素、印度的泰戈尔等也应邀讲学。讲演的内容既有普及性的介绍,也有专题学术报告,几乎涉及人文科学、社会科学、自然科学的各个方面,讲演收到了引起师生"研究的兴味"的效果。

其三,指导学生研究学问的方法。蔡元培要求"若干学生必有一个专科的导师。应读什么书? 应什么样的研究? 有什么疑义,研究的有什么结果,都是在师生谈话间随时指导"。①

其四,因材施教。蔡元培要求研究性教学要根据学生的个性特点来进行,因为"人体不同,营养料不能完全相同。个人特性不同,教学者所授与之知识,亦决不能完全相同"。② 选科制的推行既为教师按照自己的研究兴趣和成果来开课创造了条件,也培养和发展了学生的个性精神。据冯友兰在自述中回忆:"蔡元培到北大以前,各学门的功课表都订得很死。既然有一个死的功课表,就得拉着教师讲没有准备的课,甚至他不愿意讲的课。后来,选修课加多了,功课表就活了。学生各人有各人的功课表,说是选修课也不很恰当,因为这些课并不是先有一个预订的表,然后拉着教师去讲,而是让教师说出他们的研究题目,就把这个题目作为一门课。对于教师来说,功课表真是活了。"③

正是在这种"研究与讲授统一"思想的指导下,北大教师都能把研究与讲授有机结合,表现在:讲课以研究成果为"内容",研究以讲课中发现的问题为"先决条件"。这在《冯友兰自述》中有精辟的论述:教师"所教的课,就是他的研究题目,他可以随时把研究的新成就充实到课程的内容里去,也可以用在讲课时所发现的问题发展他的研究。讲课就是发表他的研究的机会,研究就是充实他的教学的内容。这样,他讲起来就觉得心情舒畅,不以讲课为负担;学生听起来也觉得生动活泼,不以听课为负担。这样,就把研究和教学统一起来了。说'统一',还是多了两个字。其实它们本来就是一回事"。④

（2）研究与自学结合

蔡元培主张把自学与研究结合:教师在讲堂上要尽可能精讲少讲,"不专叫学生在讲堂上听讲,要省出多少时间,让他自己去研究"。⑤ 学生只有在"日新不已的研究空气中,才能真的得到丰

---

① 高平叔.蔡元培教育论集[M].长沙:湖南教育出版社,1987:361.
② 中国蔡元培研究会.蔡元培全集(第四卷)[M].杭州:浙江教育出版社,1998:383.
③ 冯友兰.冯友兰自述[M].北京:中国人民大学出版社,2004:250.
④ 冯友兰.冯友兰自述[M].北京:中国人民大学出版社,2004:251.
⑤ 高平叔.蔡元培教育论集[M].长沙:湖南教育出版社,1987:275.

富的知识"。① 为了提高研究性学习效果,培养学生的研究能力,蔡元培采取了如下措施。

其一,拓宽学生的知识面,倡导文理渗透,知识互补。蔡元培认为,学术是互相关联的,不是孤立的,就是专研一种学术的人,也常常感到他种学术的需要。为此,他要求学生"融通文、理两科之界限:习文科各门者,不可不兼习理科之某种(如习史学者,兼习地质学,习哲学者,兼习生物学之类);习理科者,不可不兼习文科之某种(如哲学史、文明史之类)"。②

其二,"对自己学问能力的切实了解"。了解自己的学问是否有用,自己的研究能力"哪处是长,哪处是短"。

其三,要求学生自动地研求学术。他强调,在学校里,不能单靠教科书和教习,课堂功课固然要紧,但"自动自习,随时注意,自己发见求学的门径和学问的兴趣,更为要紧"。③ 只有"自动研究学问,才能够发达个性,个性发达,才有创造的能力"。④

其四,研究学问要排除门户之见。"最忌的是先存成见,以为某事某事,早已不成问题了。又最忌的是知道了一派的学说,就奉为金科玉律,以为什么问题,都可照他的说法去解决,其余的学说,都可置之不顾了。入门的时候,要先知道前人所提出的,已经有哪几个问题?要知道前人的各种解答,还有疑点在哪里?自己应该怎样解答他。"⑤这要求学生具有质疑精神。

其五,注重"合群运动",主张相互切磋。"同学之间相互切磋,那是很有益的",这是蔡元培从欧美大学得到的启示:"美国大学之研究学问,与欧洲大学一样,其提倡合群运动,惟无科条约束学生耳。"⑥

2. 研究性教学的原则:自由性原则

蔡元培非常重视研究性教学的"自由精神",强调只有保证研究性教学的自由,才能充分发挥教师与学生在教、学与研究中的个性,才能最大限度地发掘他们的创造潜能。为此,蔡元培提出了研究性教学的原则——自由性原则。这一原则的具体内容如下。

(1) 自由研究

蔡元培对西方大学特别是德国大学的学术自由进行了成功的借鉴,提出了"思想自由,兼容并包"的思想。据许德珩回忆,当时的北大"在这种自由研究的旗帜下,尊孔的老牌学者、拖辫子的辜鸿铭先生,小学家、词章家刘申叔先生、黄季刚先生;与那'专打孔家店'的新派学者陈独秀、

---

① 高平叔.蔡元培教育论集[M].长沙:湖南教育出版社,1987:448.
② 中国蔡元培研究会.蔡元培全集(第八卷)[M].杭州:浙江教育出版社,1998:151—152.
③ 高平叔.蔡元培教育论集[M].长沙:湖南教育出版社,1987:288.
④ 中国蔡元培研究会.蔡元培全集(第四卷)[M].杭州:浙江教育出版社,1998:400.
⑤ 中国蔡元培研究会.蔡元培纪念集[M].杭州:浙江教育出版社,1998:504.
⑥ 高平叔.蔡元培教育论集[M].长沙:湖南教育出版社,1987:319.

胡适之、钱玄同先生,以及社会主义者的李大钊先生,可以一炉而冶"。① 这种尊重学术自由的思想,使北大盛行自由研究学术之风气。马寅初先生的回忆也印证了这一点:"当时在北大……各派对于学说,均能自由研究,而鲜摩擦,学风丕变,蔚成巨观。"②

（2）自由讲学

蔡元培不仅允许不同学派并存,只要它们持之有故,言之有理,而且允许不同主张的教员自由讲学,不分新旧。他特别强调"大学教员所发表之思想,不但不受任何宗教或政党之拘束,亦不受任何著名学者之牵掣。苟其确有所见,而言之成理,则虽在一校中,两相反对之学说,不妨同时并行"。③ 当时的北大学生梅恕曾在总结蔡元培对北大的改革与贡献时说,蔡元培"主张思想学术自由,在当时北大的老师中,有无政府主义者,如李石曾先生;有后来成为共产党的如文科学长陈独秀和李大钊;还有保皇党,如辜鸿铭先生。所以说,蔡先生主张思想自由,只要学有专精,足为传道授业,不管他的思想如何,北大都能容纳他的讲学"。④ 当然,这种自由讲学也是有限度的,蔡元培请刘师培讲六朝文学,决不允许他提倡"帝制",请辜鸿铭教英诗,决不允许他提倡"复辟"。

（3）自由听课

蔡元培提倡自由研究,自由讲学,一个重要的目的就是"令学生有自由选择的余地"。这有助于培养学生独立研究能力和创新能力。正是这种"自由选择"原则,不仅使北大的学生,而且使其他学校的学生,甚至社会人士可以自由出入课堂,自由听课,这种现象在当时北大是相当普遍的,尤其是著名专家学者,"叫座教授"讲课时更为突出。据梁濑溟回忆,哲学系在当时是最重要的系,自由听讲的人极多,除了照章注册选修这一哲学课程外,其他科系的学生,其他学校的学生,甚至壮年中年的社会好学人士,亦来入座听讲。他讲儒家思想一课,来听讲的通常总在二百人左右。初排定在红楼第一院某教室,却必改在第二院大礼堂才行。而胡适之讲课,其听讲的人比这还要多。⑤ 陈平原先生认为,这种自由听课的传统"已经成为北大校园最为引人注目的风景",它"在众多关于北大的神奇传说中,最有影响而且延续至今"。⑥

3. 研究性教学的方法：研究法和比较法

蔡元培在北京大学的教学改革中形成了独特而新颖的研究性教学方法,即研究法和比较法。

研究法是学生在教师指导下,针对某个研究课题进行专门研究,使学生独立探索,创造性分

---

① 中国蔡元培研究会.蔡元培纪念集[M].杭州:浙江教育出版社,1998:119.
② 中国蔡元培研究会.蔡元培纪念集[M].杭州:浙江教育出版社,1998:326.
③ 高平叔.蔡元培教育论集[M].长沙:湖南教育出版社,1987:488—489.
④ 中国蔡元培研究会.蔡元培纪念集[M].杭州:浙江教育出版社,1998:211.
⑤ 中国蔡元培研究会.蔡元培纪念集[M].杭州:浙江教育出版社,1998:202.
⑥ 陈平原.北大边缘[N].中华读书报,2001年9月19日.

析问题和解决问题,以培养研究能力的方法。具体地说,有两种比较灵活的教学方式,一种是"某课研究"。所谓"某课研究"就是"各学系之学课,有专门研究之必要者,由教员指导学生研究之"。"例如:康德哲学研究、王守仁哲学研究、溶液电解状研究、胶体研究、接触剂研究。"①另一种是"演习课"。该课分调查与译书两种。由学生选定一研究课题或一本外文书,在教师指导下进行调研或翻译,然后在课堂上报告或答辩,最后由教师综合评定成绩。讲得较好的国文课则历来就强调对经典著作的讲读和指导。

比较法是蔡元培在《我在教育界的经验》一文中提出来的。这一富有特色的方法在当时的北京大学教学改革中得到了普遍的采用。它源于蔡元培对学术成果或真理的相对性的认识。学术研究以追求、探索真理为旨趣,而真理是在人的创造性的研究活动中生成的,因而,学术成果是个性化的、相对的,从来就没有普遍适用的绝对真理。因为"凡物之评断力,均随其思想而定,无所谓绝对的"。② 因此他不仅允许不同学说、观点并存,而且倡导它们比较、讨论、唱对台戏,并强调"研究者进行学术讨论有绝对的自由,丝毫不受政治、宗教、历史纠纷或传统观念的干扰"。③ "一己之学说,不得束缚他人;而他人之学说,亦不束缚一己。诚如是,则科学、社会科学等等,将均任吾人自由讨论矣?"④

这一比较法使北大盛行学术自由讨论、交流之风气。胡适和梁漱溟对孔子的看法不同,蔡元培就请他们同时各开一课,唱对台戏。这种"唱对台戏"的局面在马征的《教育之梦——蔡元培传》中更有生动的描绘:当时的北大"形成了各派并存,百家争鸣的新局面,学术思想空前活跃,研究、讨论之风盛极一时,尤其是五四前后,文、理、法各科几乎每周都举办学术讲座,专家学者各显神通。讲堂里学术交流更是生动活泼,提倡白话文的与维护文言文的大唱对台戏,宣传唯物论与主张唯心论的亦论争不停。比如:有资料载,在北大三院礼堂里是留美博士胡适在用资产阶级学术观点讲授《中国哲学史》,在北大二院礼堂里则是旧学渊源深厚的孔教派教员梁漱溟在大发宏论。他们两人的课都安排在星期六下午,让学生自由选择。在文字学上黄侃是旧国粹派,钱玄同是新(白话)派,两人观点争锋相对,谁也不肯服谁,各讲各的,自以为是。

六、蔡元培教育思想评析

蔡元培是我国著名的思想家和教育家、民主革命家,为中国教育的发展作出了杰出的贡献。在中国近代教育史上,蔡元培是第一个提出"五育并举"教育方针的教育思想家,这一教育思想是

---

① 中国蔡元培研究会.蔡元培全集(第十八卷)[M].杭州:浙江教育出版社,1998:345.
② 高平叔.蔡元培教育论集[M].长沙:湖南教育出版社,1987:184.
③ 高平叔.蔡元培教育论集[M].长沙:湖南教育出版社,1987:400.
④ 高平叔.蔡元培教育论集[M].长沙:湖南教育出版社,1987:184.

他对中国近代教育理论的重大贡献,它顺应了辛亥革命后资产阶级改革封建教育的需要,具有反封建的革命性质。它突破了近代社会"中体西用"的人才培养模式,使"中学"与"西学"、"治身心"与"应世事"、"现象世界"的物质追求与"实体世界"的精神目标有机融合,充分体现了个体的发展价值与社会的发展价值的统一,能有效地培养学生的健全人格,发展学生的个性。它在当时具有指导性和权威性,奠定了民国时期教育方针的基础,也为新中国成立后德、智、体、美、劳教育方针的提出提供了重要的思想资源。

蔡元培教育思想,最精彩之处是他的具有里程碑意义的高等教育思想。他的大学观和学术观为北大成为研究型大学奠定了基础,指明了方向。他提出的"思想自由""兼容并包"的办学方针,是他改革北大的根本指导思想,使北大发生了根本的变化:开创了北大自由讲学、百家争鸣的传统,有利于新文化、新思想的传播和发展;为学生自由选课和听课提供了机会,有利于发展他们的独立思维和创新能力。这不仅使北大成为新文化新思想的传播阵地和五四运动的策源地,而且促进了中国教育、学术的发展,其产生的积极影响是不可估量的。他的研究性教学观改变了北京大学师生"官本位"的倾向,使大学生树立了"以研究学术为天职,不当以大学为升官发财之阶梯"的新观念;使教师则"以学者自力研究为本旨,学术以外无他鹜的";使北京大学从官僚场所变成学术自由研究、自由讲学、自由听课蔚然成风的研究型大学。他的研究型教师观为延聘一大批具有高深理论修养、学有专长的知名教授,把腐败沉寂、学术消沉的旧北大改造成"思想自由""兼容并包"的新北大提供了理论基础,也为北大的"教授治校"提供了思想资源,提升了北大的学术研究水平。

【思考题】

1. 评析蔡元培的"五育并举"教育方针。
2. 蔡元培"思想自由""兼容并包"的办学方针对我国高等教育改革有何启示?
3. 论蔡元培研究性教学观的主要内容及其对当代教育的启示。
4. 试述蔡元培的研究型教师素养观的主要内容并加以评价。

【阅读书目】

1. 汤广全.自由与和谐——蔡元培"五育并举"观研究[M].成都:四川出版集团巴蜀书社,2009.
2. 王玉生.蔡元培大学教育思想论纲[M].北京:光明日报出版社,2007.
3. 金林祥.思想自由、兼容并包——北京大学校长蔡元培[M].济南:山东教育出版社,2004.

第六章 无业者有业,有业者乐业:黄炎培的教育思想

黄炎培(1878—1965)

> 职业教育,将使受教育者各得一技之长,以从事于社会生产事业,藉获适当之生活;同时更注意于共同之大目标,即养成青年自求知识之能力、巩固之意志、优美之感情,不惟以之应用于职业,且能进而协助社会、国家,为其健全优良之分子也。
>
> ——黄炎培

【内容摘要】黄炎培是20世纪中国杰出的教育家。他主张打通教育与社会的壁垒,通过有效的教育来培养社会所需要的人才,通过培育人才服务于社会,以改善国计民生,促进社会进步。黄炎培毕生关注职业教育,形成了独特的职业教育思想体系。其职业教育思想主要包括以下几个方面:应确立职业教育的正统地位,因而职业教育体现在学制上是"一贯"的,在实施上是"整个"的;职业教育目的包括为个人谋生和为社会服务两个层面,职业教育的终极目标是"使无业者有业,使有业者乐业";职业教育的办理必须社会化、平民化、科学化;职业教育在课程设置上应专业与广博兼顾,在教学中强调"手脑并用"。黄炎培职业教育思想及其实践对我国现代教育的发展产生了重大的影响。

【核心概念】黄炎培;大职业教育主义;职业教育目的;职业教育办理;手脑并用

一、生平及教育活动

黄炎培,字韧之、任之,号楚南,别号抱一,江苏川沙(今属上海市)人。黄炎培出身于书香世家,早年父母双亡,9岁时进入外祖家东野草堂学习,博览群书。21岁时中秀才,三年后中江南乡试举人,有"江南才子"之称。在此期间,黄炎培坚持学习中国传统文化,同时他也在努力感知和了解新世界。"一书一先生"在引导黄炎培从旧式士人向近代知识分子转变中起了关键性作用。

这本书就是赫胥黎的《天演论》，"物竞天择、适者生存"的观点使黄炎培思想发生了重大变化。对此，他曾说"自读了《天演论》，觉我身在世界上，太伟大了，也可以说太渺小了，因此脑中充满着我们天职的严重"。① 他从此开始跳出旧文化的圈子，走上了新文化教育的道路。1901年初，黄炎培考入南洋公学特班，结识了对其具有重要意义的先生——蔡元培。南洋公学特班的开办，旨在培养学贯中西、经世致用的人才。蔡元培自任特班班主任后，亲手为学生们制定了循序渐进的以实用为特色的课程体系，其"教育方法切合学生们的要求""蔡师语言态度的亲切、谦和，使每一位学生都心悦诚服"。② 蔡元培还非常注重培养学生的爱国热忱和关注社会民生的情怀。民主思想的种子开始在年轻的黄炎培心中生根、发芽。次年南洋公学学潮后，黄炎培遵老师所嘱，回乡开办新式学校——川沙小学堂及开群女学，欲实现其"唤醒民众"的目的。其间因鼓吹反清，被迫亡命日本。1905年，在蔡元培的引导下，黄炎培加入同盟会。

1911年辛亥革命后，江苏省独立，黄炎培出任省民政司总务科科长兼教育科科长。1912年12月，又被委任为江苏省教育司司长。1913年发表《学校教育采用实用主义之商榷》，倡导教育与社会实际、学生生活相联系。1914年，辞去江苏省教育司司长一职后，黄炎培对多省进行了教育考察。1915年，随同游美实业团参观巴拿马太平洋万国博览会，对美国25座城市52所不同等级、不同类别的学校进行了深入细致的考察，拜会了时任美国总统威尔逊、发明家爱迪生、推行新式教育的傅兰雅等著名人物，并与其他一些教育界、实业界人士进行了广泛的接触和讨论。1917年，黄炎培又相继考察了日本、菲律宾两国的教育状况。对美国、日本、菲律宾教育的直接接触，促成了黄炎培从主张实用主义教育向倡导职业教育转变。为了实践职业教育理想，1917年5月，黄炎培联络蔡元培、马良、穆藕初等教育界、实业界人士在上海成立了中华职业教育社，10月，创办《教育与职业》杂志，探讨和倡导职业教育思想。1918年又创立了中华职业学校，实验和探索职业教育。1917年至1931年间，黄炎培在大力发展职业教育的同时，还参与了其他各类学校的筹建工作，如南京高等师范学校、东南大学、南京河海工程学校、暨南大学、上海商科大学、厦门大学等。

"九一八"事变后，黄炎培积极投身到抗日救亡运动中。1941年参与创建中国民主政团同盟，一度任主席。1945年，应邀访问延安，与毛泽东等中共高层进行了深入讨论，并将自身经历写成《延安归来》一书，向社会各界介绍延安。1946年，在上海创办比乐中学，探索办理兼顾升学和就业双重任务的普通中学的方法。新中国成立后，历任政务院副总理兼轻工业部部长、全国人大常委会副委员长等职，并继续领导中华职业教育社。1965年12月，黄炎培病逝于北京。

---

① 中华职业教育社. 黄炎培教育文集（第四卷）[M]. 北京：中国文史出版社，1994：58.
② 黄炎培. 八十年来[M]. 北京：文史资料出版社，1982：33.

二、职业教育思想的形成与发展

黄炎培职业教育思想的发展经历了萌芽期、形成期、发展期三个阶段。

(一) 萌芽期：注重教育的实用性

近代以来，中国社会陷入内外交困的境地，特别是甲午战争的失败以及八国联军侵华使当时的中国面临着亡国灭种的危险，这不断刺激着知识分子，并促使他们觉醒和转型，探索救国救民的途径。同时西方"物竞天择、适者生存"的思想经严复翻译的《天演论》深入人心。包括黄炎培在内的人们意识到必须开启民智、发展实业，才能使中国免除被历史淘汰的命运，徐图进步和发展。黄炎培在取得举人后的一段乡居时光里阅读了《天演论》，对"优胜劣汰"的思想深以为然，并将之运用于教育社会功用的解释之中。"生而为人，第一目的曰生活。任天而行，其能生存与否，未可知也。则不得不辅以人力，本其天赋之能，而长养之、扩大之，求有以利其生，而教育起焉。"①教育在人们获得谋生技能并赢得社会竞争的过程中具有巨大的作用。正是因为教育具有如此作用，黄炎培特别强调教育贴合生活实际的必要性："盖知识日增，欲望日高，而生存之能力不伴以俱进，徒令厌苦其寂寞之家庭，奋欲脱之，而实莫能名一艺以自适于天演界。"②"丁此生存剧争之秋，其人受教育愈充，则其生活所需用之能事愈富，而其被汰于天演亦愈后。一人有然，乃至积而为家为国，其兴灭存败，罔弗系此。"③一人得益，惠及全家，乃至全国，所以教育必须和社会生活实际密切结合。这也是实用最初之意蕴。

然而，当时学校教育有没有实现人们的期望呢？黄炎培在反思的同时，也考察了当时学校教育的实况，他感到忧心忡忡，因为"今之学子，往往受学校教育之岁月愈深，其厌苦家庭鄙薄社会之思想愈烈，扞格之情状亦愈著。而其在家庭社会间，所谓道德身体技能知识，所得于学校教育堪以实地运用处，亦殊碌碌无以自见。"④当时的学校教育非但不能帮助社会，而且会危害社会。面对"教育前途危险之现象"，黄炎培一方面从传统文化中汲取"实学实用"的精神，另一方面认真研究了西方从古罗马塞涅卡到近代以来的白善独、康丕以至裴斯泰洛齐的相关思想，他尤其赞赏裴斯泰洛齐的学校教育与实际生活相联系的学说，渐渐坚定了其信念：增强教育的实用性是解决中国社会问题的唯一办法。

---

① 中华职业教育社.黄炎培教育文集(第一卷)[M].北京：中国文史出版社,1994：54.
② 余子侠.黄炎培卷[M].北京：中国人民大学出版社,2015：19.
③ 中华职业教育社.黄炎培教育文集(第一卷)[M].北京：中国文史出版社,1994：54.
④ 余子侠.黄炎培卷[M].北京：中国人民大学出版社,2015：27.

注重教育的实用性在民国初年形成了潮流,"余亦推荡此潮流之一人也。"①在江苏省教育司司长任上,黄炎培拟定了《江苏今后五年间教育计划书》,为苏省五年的教育发展做出了规划。该计划书明确指出中学教育阶段须设置师范学校、农业学校、工业学校、商业学校等实用学校,并详细设定了各种学校的层次和实施办法。他还倡导女子教育,主张设立女子专业学校,如女子师范学校、女子艺术学校等。他要求一切教育皆审苏省之所需,应苏省之所要,以切实有用为基本要求。然而,民国初期设立的各类实业学校并没有达到满足社会需要的目的,反而出现了"举国学法政"之类的危险现象。当时人们虽然主张多设实业学校,在普通学校加设实业科,提倡实业补习教育,然"苟于普通诸学科不能使之活用于实地之业务,此外,管理训练亦未能陶冶之,使适于实际之生活。而徒专设学校,增设学科,譬犹习运动者,感觉袍大,服之不适也,特制一种运动用衣,袭于其外,乃其里衣之宽大如故,可乎哉?""循是不变,学校普而百业废,社会生计绝矣"。② 因此,黄炎培认为教育必须以实用为目的,并于1913年10月在《教育杂志》第5卷第7号发表了《学校教育采用实用主义之商榷》,表达了他的实用主义教育观点。

(二) 形成期:"爱国之根本在职业教育"

实用主义教育思想倡行不久,黄炎培辞去了江苏省教育行政职务,开始了被其视为"寻病源""读方书"的国内外考察。

1914年,黄炎培以《申报》记者身份,对安徽、江西、浙江、山东、北京、天津等地进行了为期数月的实地考察。通过国内的考察,黄炎培发现,中国教育在继续"闭户读书"习惯的同时,还出现了"产出高等游民"、各种学校除升学外别无他途等新问题,中国的教育还是"虚名的教育""玩物的教育"。但是同时期一些外国人在中国所办学校却不同——这些学校的教材教法等都含有实用的精神。这促使黄炎培开展域外的考察。

1915年,黄炎培参与北洋政府组织的游美实业团,远赴美国进行考察。此行目的在于考察"彼所谓实用教育,其精神若何,其设施方法若何,其适合于我国现在时期与程度,而可以为法者何在。"③然经过对美国大量的学校和各界人士的调查之后,黄炎培发现,彼时的美国教育界并不常常提倡实用教育,因为实用主义已经深入人心,教育与实用已经具有了深刻的关联。即美国的教育与职业、社会、生活、实用已经深度的融合。"今吾观美国教育,凡所设施,无一非实用,揣彼国教育家之意,不言教育则已,苟言教育固当如是,初非于若干途径中,采取其一,以为准鹄。世

---

① 余子侠.黄炎培卷[M].北京:中国人民大学出版社,2015:27.
② 余子侠.黄炎培卷[M].北京:中国人民大学出版社,2015:27—29.
③ 中华职业教育社.黄炎培教育文集(第二卷)[M].北京:中国文史出版社,1994:1.

安有不实无用,而尚得谓教育耶。"①"其教科课程,处处与生活关系,校内设施,处处与社会联络。"②黄炎培对此极为推崇,认为效法美国教育是解决中国教育问题的不二法门。"回念吾国,由后之说,或未暇计及,而满地青年学成无用,由前之说,相需可谓殷矣……要不能不认职业教育为方今急务。"③至此,黄炎培教育思想发生了重大飞跃,从倡导实用主义转而投身职业教育事业。

自美归国后,秉着对于中国社会特殊性的认识,黄炎培又选择了和中国文化相近的日本和菲律宾两国作为自己继续考察的地点,以借鉴两国的教育经验。1917年1—3月,黄炎培与朋友对日本和菲律宾进行了深入考察,他看到了职业教育对日本和菲律宾社会发展产生的巨大作用,特别是菲律宾,"市无游民,道无行乞。国多藏富之源,民有乐生之感""骎骎乎将合两大洋文明而融会之"④,遂坚信"爱国之根本在职业教育"。此间,黄炎培的《中华职业教育社宣言书》发表,后主持成立中华职业教育社,创办《教育与职业》杂志,宣传职业教育思想,推进职业教育实践。

(三) 发展期:提倡大职业教育主义

随着时势的变化,黄炎培的职业教育思想继续发展、成熟。黄炎培既强调职业教育在个人谋生和服务社会中的作用,也关注个体职业道德教育,关注学生在职业教育中获得全面的发展和进步。在职业教育的实践过程中,黄炎培一方面推进职业教育在教育制度中地位的提升,同时不断摸索职业教育的办理原则和方法。1925年底,黄炎培总结多年来的职业教育实践经验,提出了"大职业教育主义"。他指出:"(一)只从职业学校做工夫,不能发达职业教育;(二)只从教育界做工夫,不能发达职业教育;(三)只从农、工、商职业界做工夫,不能发达职业教育"。⑤ 他认为职业教育必须沟通联络教育界、职业界乃至全社会,探寻职业教育与外部环境的适应问题。至此黄炎培职业教育思想成熟。20世纪30年代以后,民族危机日益深重,黄炎培积极投入到救国救亡的事业中,在不断为抗战奔走的同时,亦尽可能地利用各种条件,结合社会实际需求,继续推进职业教育的发展。其职业教育思想持续不断地影响着中国职业教育实践。

三、论职业教育地位

职业教育作为沟通教育与社会的方法,虽为"东方教育词典向所未载",在民国以后却是"嚣嚣于口,洋洋于耳",受到学界的普遍关注。黄炎培在调查中发现,当时学校教育于规模上虽然有

---

① 中华职业教育社.黄炎培教育文集(第一卷)[M].北京:中国文史出版社,1994:183.
② 中华职业教育社.黄炎培教育文集(第一卷)[M].北京:中国文史出版社,1994:169.
③ 中华职业教育社.黄炎培教育文集(第二卷)[M].北京:中国文史出版社,1994:108.
④ 中华职业教育社.黄炎培教育文集(第二卷)[M].北京:中国文史出版社,1994:233—234.
⑤ 余子侠.黄炎培卷[M].北京:中国人民大学出版社,2015:252.

一定的发展,但是却面临着许多问题,如"各种学校皆有学成无用之恐慌,而最恐慌者莫中学若"。① 普通中学升学率低,大量的中学毕业生求生计而未得,沦为"高等游民",毕业于学校、失业于社会者,比比皆是。一战后,中国工商业迅速发展,相关行业对人才产生了大量的需要,然而当时的教育却难以培养出实际需要的人才。黄炎培主张建立职业教育制度以改变这种情况。同时认为,职业教育制度的建立需要根据国力国情徐图进行。他说:"凡欲解决制度问题,不宜沾沾于各国制度利害得失之比较,必一以吾国历史与现状为根据而研究之。"② 指出,各级学校可根据便利,酌情实施职业教育,以养成社会服务所需要者。1918年至1922年间,黄炎培几次在文中提到职业教育制度化的进展,关切之情溢于言表。

黄炎培认为职业教育在整个学校教育制度中的地位应当是"一贯的"、"整个的"和"正统的"。

"一贯的"是指应当建立起从初级到高级的职业教育系统,将职业教育贯彻于全部教育过程和全部职业生涯中,职业教育起始于初等教育,结束应晚于高等教育。他主张小学和中学阶段设立职业科。江苏省小学普遍设立实用科目并开始尝试编制相关教材,他乐见其成,将之形容为"春笋惊雷,争先出地"。③ 在黄炎培等人的积极推动下,职业教育制度化得到了迅速的推进。1922年新学制规定小学六年中的后二年,得施职业准备教育。中学六年中,初级中学三年设立普通科,高级中学三年得设职业科,并得设一年、二年、三年之完全职业科。大学中也应有相应职业科目,如农、工、商等科。大学教育科特设职业教育学程。④ 职业教育与普通教育接近于并行。在职业教育体系中,有职业陶冶、职业指导、职业教育、职业补习和再补习的体系。如果职业指导、职业陶冶、职业教育由学生入职前在学校内完成,那么职业补习和再补习则贯穿于个体的职业生涯中。

"整个的"一是指普通教育与职业教育相互沟通,二是指职业教育要防止偏执片面,培养全面和谐发展的个体。职业教育与普通教育不是格格不入的两个部分。事实上,普通教育可以通过设置职业科目、职业课程等而兼备职业教育的色彩。对于"若中、小学校加设农、工、商等职业科,或疑为混乱学制者"的议论,黄炎培认为,"二者直当认为一物,而非可别职业教育于普通教育之外矣"。⑤ 而职业教育也绝对不可以只是职业知识和技能技巧的授受,它应当兼顾"职业"和"教育"两个方面,其重心在"教育"上。因此,职业教育的目的是养成个性充分发育、拥有谋生技能并能服务社会的具有"敬业乐群"精神、"爱国不废求学、求学不忘爱国"的青年。职业教育是"整个的",个体通过职业教育获得的发展也是"整个的"。

---

① 田正平,李笑贤.黄炎培教育论著选[M].北京:人民教育出版社,1993:69.
② 余子侠.黄炎培卷[M].北京:中国人民大学出版社,2015:96.
③ 余子侠.黄炎培卷[M].北京:中国人民大学出版社,2015:149.
④ 余子侠.黄炎培卷[M].北京:中国人民大学出版社,2015:200.
⑤ 余子侠.黄炎培卷[M].北京:中国人民大学出版社,2015:169.

所谓"正统的",是指应当建立为升学做准备的普通教育和为就业做准备的职业教育同等重要的观念。在黄炎培看来,在当时的中国,无论中小学,其毕业生都只有很小一部分能升入高一级的学校,大部分的学生将走上社会,面临着就业和生存的挑战。因此,相对于普通教育,职业教育更能解决实际问题,也有着更直接更广泛的需要。教育界以及其他社会各界都应该认识到职业教育所具有的重要意义。教育界和社会各界相互沟通相互联合,共同参与到职业教育发展中来。广大青年要破除"万般皆下品,惟有读书高"的想法,建立劳工神圣、为社会服务的观念,端正态度,在职业学校中习得谋生的技能,同时积蓄社会革新的力量。

四、论职业教育的目的

(一) 对传统学校教育目的的反思

黄炎培对职业教育目的的认识建立在对传统教育反思的基础上。封建时代教育的目的在于读书做官,一般社会成员也以"读书做官"为荣,以做工劳动为耻。黄炎培指出:"此种种心理,括言之,非以职业为贱,即以职业为苦",在青年脑海之中如"无形之礁石",阻碍了职业教育的进步。清末民初的中国社会已经发生了巨大的变化,对人才的要求远远超出了"做官",社会各业需要新式的实用人才来推动。黄炎培谆谆告诫青年,"人生必须服务,求学非以自娱""职业平等,无高下,无贵贱",把求学与做事打通起来。① 1933年,在中华职业学校成立十五周年纪念会上,他号召学生人人都要做一个"复兴国家的新国民,人格好,体格好;人人有一种专长,为社会、国家效用"。② 黄炎培勉励学生成长为对国家和社会有强烈的责任心,以为社会服务为追求的人。

(二) 职业教育具体目的

不同时期黄炎培关于职业教育目的的表述不尽相同。1918年5月,黄炎培在中华职业教育社成立一周年之际,将职业教育目的具体化为"为个人谋生之准备""为个人服务社会之准备""为世界、国家增进生产力之准备"。③ 1922年,在中华职业教育社成立五周年时提出,职业教育要在解决个人生计问题的基础上,促进青年的全面发展。这种认识于1934年明确纳入到黄炎培职业教育目的系统中,称为"谋个性之发展"。"职业教育之目的,一方为人计,曰以供青年谋生之所急也;一方又为事计,曰以供社会分业之所需也。"④结合黄炎培关于职业双重意义(对己谋生和对群服务)的认识,可以将其职业教育目的归结为个人和社会两个层面。

---

① 余子侠.黄炎培卷[M].北京:中国人民大学出版社,2015:218.
② 余子侠.黄炎培卷[M].北京:中国人民大学出版社,2015:302.
③ 余子侠.黄炎培卷[M].北京:中国人民大学出版社,2015:145.
④ 余子侠.黄炎培卷[M].北京:中国人民大学出版社,2015:105.

就个人而言,职业教育的目的在于"谋生"。"谋生"的前提是"个性之发展"。黄炎培指出,"人们大都有天赋的个性与特长,而兴趣做他的先导,一经启发着,很可能尽量地发挥出来"。① 但是当时的教育以教师为本位,忽视了学生的个性与特长,有时以学生能力所不及为借口,仅仅授之以教科书,其结果是功课虽及格,然而人却"愈发呆滞、愈发笨拙"。为着"求工作效能的增进与工作者天性、天才的认识与浚发,进而与其工作适合",②教育必须充分发挥人所具有的特别之才能、未来之天赋。黄炎培将"自求知识之能力、巩固之意志、优美之感情"③的获得视为职业教育的大目标。个性得到充分发展之后,才能实现"谋生"的目的。"吾人在世之目的与天赋之责任,其决非仅为个人生活明矣。虽然,苟并个人生活之力而不具,而尚与言精神事业乎? 而尚与言社会事业乎?"④即便被人误解职业教育就是啖饭教育,黄炎培仍坚持个人须在社会上生存,然后方能谈到为社会服务,若无此前提,一切皆是镜花水月。职业教育有很宏远的目标,其基础却在于个人的生存技能的习得。

就社会而言,职业教育的目的在于"为社会服务"——培养符合社会发展实际需要的人才,并逐渐促进中国乃至全世界生产的发展和社会的进步。黄炎培认为"职业的真谛"一方面在于为谋个人生计,另一方面也在为社会服务,否则,个人的生活依然不能解决,且社会也不能得到他的好处。"职业教育,即是给人们以互助行为的素养,完成他共同生活的天职",黄炎培号召同仁用"最高的热诚,包涵一切,最大的度量,容纳一切,发挥大合作精神,做训练的方针,使吾受教育的,精神方面和知能方面,完全适合于人群需要"。⑤ 1934 年,针对当时的时势,他重新诠释了社会服务的意义:"为民族谋独立与繁荣。"可见,随着时代的发展,为社会服务的内容也应当不断调整,以创造公众之福利,谋民族之复兴。此外,黄炎培关于职业教育目的的认识还充分体现了他的世界眼光。根据一战后世界发展趋势,黄炎培认为,战后教育就是生产教育,比如,如何使土地增加收获,如何使人力增加效能,如何使制造更加精良,如何使运输更加快捷等。而欲解决此问题,必然通过职业教育。比照中国当时社会的发展情形,土地之大,人口之多,"苟不亟亟焉自谋所以增进其生产力,他人将有代为谋者。是故,吾国之战后教育,更舍职业教育无所为计"。⑥ 将职业教育与社会生产力发展联系在一起,无论对教育的发展还是社会物质文明的进步,都具有很重要的意义。透过职业教育与生产力之间的密切关系,黄炎培最终实现了将教育与生产实际相结合的初衷。

---

① 余子侠.黄炎培卷[M].北京:中国人民大学出版社,2015:387.
② 余子侠.黄炎培卷[M].北京:中国人民大学出版社,2015:387.
③ 余子侠.黄炎培卷[M].北京:中国人民大学出版社,2015:208.
④ 余子侠.黄炎培卷[M].北京:中国人民大学出版社,2015:145.
⑤ 余子侠.黄炎培卷[M].北京:中国人民大学出版社,2015:260—262.
⑥ 余子侠.黄炎培卷[M].北京:中国人民大学出版社,2015:146—147.

（三）职业教育的终极目标：使无业者有业，使有业者乐业

黄炎培在不同的时代、不同的场合多次提到"使无业者有业，使有业者乐业"，并将之作为职业教育"终极的目标"。

"使无业者有业"是指通过职业教育使得个体获得谋生的能力和机会，解决社会失业问题，并使人才不至于浪费。清末以来提倡的新教育并未能解决实际问题，反而造就了很多"高等游民"，加剧了社会就业的困难。黄炎培之所以提倡职业教育，正是有感于当时中国社会百业凋敝、社会生计艰难。黄炎培倡导职业教育，主张改造普通教育，希望各级教育都能够注重与社会生活的联系，提高其实用性。这在《中华职业教育社组织大纲》中得到了充分的展现。黄炎培曾提倡和创办过各种各样类型的职业教育，包括普通职业学校、职业补习学校、职业指导机构、农村职业教育实验区、伤兵职业教育、灾民职业教育、战后伤残职业教育等，虽然重点不同，但是其目的是不变的。他说："如果办职业教育而不知着眼在大多数平民身上，他的教育无有是处。即办职业教育，亦无有是处。"① 他在上海创办中华职业学校选址在上海的西南区，就是考虑到上海西南各区民众贫苦而无业者最多，学校开设铁工、木工两科，也是考虑到其更能适合民众的需要。在新中国成立后，他认识到职业教育仍然要为劳动者文化和业务水平的提高服务。时代尽管发生了巨变，但黄炎培"使无业者有业"的信念未曾改变。

"使有业者乐业"是指通过职业教育，人们形成适应于新时代的道德观念，能任职，能爱职，进而能有所发明创造，造福于人类。黄炎培认为，职业教育不仅要培养学生的职业技能，而且要培养他们的职业道德。良好的职业道德将保障职业技能的形成与充分发挥。关于职业道德，黄炎培认为应该包含几个方面：敬业乐群、劳工神圣、人格教育以及爱国主义教育等，其中，"敬业乐群"是核心，并贯穿于整个职业教育的全过程。"敬业"指的是对自己所学的职业具备好奇心，对自己所担任的事业具备责任心，即"对所习之职业具嗜好心，所任之事业具责任心"。"乐群"指的是自身应该具备良好的品格，热爱集体，具有合作协作的精神，即"具优美和乐之情操及共同协作之精神"。在黄炎培看来，职业技能和职业道德是缺一不可的，离开职业道德培养，职业技能的学习也将失去方向。他反复强调，职业不仅是一己之事，不仅是"啖饭"技能的获得，更是为社会服务的，具有关系全社会的意义，职业教育第一要义就是为群体服务。"敬业乐群"表现了黄炎培对现代职业和现代职业道德的深刻理解。

五、论职业教育的办理

黄炎培总结其长期的职业教育实践，认为职业教育的办理应当遵循三大方针，即社会化、平

---

① 余子侠.黄炎培卷[M].北京：中国人民大学出版社,2015：260.

民化、科学化。

(一) 职业教育社会化

首先,办理职业教育要遵循社会化的方针。黄炎培认为,教育就是一个社会问题,离开社会便无所谓教育,当时教育上最大问题,就在于不能与社会建立有效的联系,甚至与社会隔绝,因此出现了学校培养出的人才不能就业和百业生产缺乏人才这种"有人无事做,有事无人做"的困境。因此,办理职业教育必须注意时代趋势,社会需要什么人才,就办理什么学校,培养什么人才,"社会化是职业教育的唯一生命"。对此,他提出了要建立产学联合体、实行联合办学的可贵见解,认为把教育和实业联为一体,学校的就业需求得到满足,实业一方也可以得到人才从而发展产业,教育与实业将各得其所。他还认为应该根据学校特点,开办校办工厂或农场,并依托这些设施举办工业或农业教育。

黄炎培职业教育社会化的思想在其 1926 年 1 月发表于《教育与职业》上的《提出大职业教育主义征求同志意见》一文中得到了较深入的阐述。① 主要观点有以下几个方面:(1) 只从职业学校下功夫,不能发达职业教育。职业教育是一个特殊的教育领域,与其他教育有密切联系,彼此的"界"是分不开的。在他看来,师范教育、医学教育等都是广义的职业教育,就连高等教育、普通中小学教育也都与职业教育有一定的联系。因此,如果职业教育工作者仅关注职业学校,而"职业学校以外各教育机关总觉得你们另是一派,与我们没有相干",如此范围越划越小,界限越分越严,职业教育就不可能发达。(2) 只从教育界下功夫,不能发达职业教育。黄炎培在实践中发现,办职业教育,需要教育界与职业界相沟通,合力来办。即办职业教育,绝不仅仅是教育界的事情。职业教育"设什么科,要看看职业界的需要;定什么课程用什么教材,要问问职业界的意见;就是训练学生,也要体察职业界的习惯"。此外,还可以通过聘请教员、参观、实习、请人演讲等方式与职业界联络。"最好使得职业界认做为我们而设的学校,是我们自家的学校,那就打成一片了。"(3) 只从农、工、商职业界下功夫,不能发达职业教育。办职业教育是社会各行各业的事情,社会各行业应认识到办职业教育是保证本行业发展的基础事业。他分析说:"社会是整个的。不和别部分联络,这部分休想办得好;别部分没有办好,这部分很难办。"他精辟地指出:"办职业学校的,须同时和一切教育界、职业界努力地沟通和联络;提倡职业教育的,同时须分一部分精神,参加全社会的运动。"

(二) 职业教育平民化

基于对社会发展水平的理解和现时教育状况的认识,黄炎培提出办理职业教育要坚持平民

---

① 余子侠.黄炎培卷[M].北京:中国人民大学出版社,2015:252—253.

化的方针。他认为当时的社会是"劳工占社会大多数,一切问题,皆以大多数的平民为总目标""政治则重平民政治,经济则重平民经济,乃至文学亦重平民文学。其在教育,安得不重平民教育?"①当时中国教育已经进入了"欧化"时期,即以平民教育为主要特征的时期。但当时的教育不仅不能收到成效,造福于平民,反而给平民前途以很大的危险:它诱导平民脱离其固有生活。正是看到了此种困境,黄炎培才强烈要求,解决一切平民问题,定要改革当时的教育,定要从职业教育上着手。

黄炎培曾多次强调,"办职业教育,须下决心为大多数平民谋福利。"②认为凡有生计问题之处皆应有职业教育,职业教育为广大平民的生计服务。在教育对象上,他认为职业教育要面向全部社会职业,着眼于广大的社会下层群众。职业教育机构的设置上要多样化。除了举办各种正规的职业学校,还要根据社会实际的发展需要,举办多种层次、多种形式的职业教育。1922年,他考虑到,一旦社会稳定之后,将有大批裁撤下来的士兵,因此,要对这些人也开展职业教育。他指出:"以余测之,职业教育前途必将有一种重大发展,即军队职业教育是也,今全国既有数处试办矣。"③1924年,根据当时形势的需要,他指出要举办"灾民职业教育""伤兵职业教育""裁兵后之职业教育"和"清室旗人职业教育"。1925年,他还提出了划区试办乡村职业教育的主张,拉开了职业教育向农村推进的序幕。特别是在"大职业教育主义"提出之后,其职业教育工作的中心开始由城市转向农村,直接面向中国最广大的普通民众——农民。此外,在职业教育的内容和方法上,黄炎培也主张要抛弃"掉书袋"的方式,紧密结合平民生活实际,提供切实可行的服务。

(三) 职业教育科学化

黄炎培考察近代世界历史发展之后,认为一百五十年来的工业革命的领导者"就是科学","职业教育,直接求百业的进步,间接关系民生国计大问题,并不会在科学之外,别有解决的新方法"。④ 因此,需要以科学化的态度和方法办理职业教育。

所谓科学化,就是用科学的方法解决职业教育问题。黄炎培认为职业教育的问题大概有两大方面:一是物质方面的问题,如农业、工业、家事应用、化学、机械学等;二是人事问题,如工厂、商店、学校以及各机关应用科学管理方法等。不论是物质问题还是人事问题,都需要用科学方法来解决。1920年,黄炎培专门介绍了美国哥伦比亚大学教授荷金华甫所著的《职业心理学》,建议不论是家长为子弟选择职业,还是学校设立各种学科,或者工厂商店经理人招募役员,都应该读

---

① 余子侠.黄炎培卷[M].北京:中国人民大学出版社,2015:266.
② 余子侠.黄炎培卷[M].北京:中国人民大学出版社,2015:260.
③ 余子侠.黄炎培卷[M].北京:中国人民大学出版社,2015:209.
④ 余子侠.黄炎培卷[M].北京:中国人民大学出版社,2015:267.

一读这本书,因为"教育并没有绝对的能力。如果那人所入的学科,于他的性质和才能不相当的,无论给他怎么样教育上的准备,总是无效"。① 中华职业教育社曾参酌德国的方法,制造七种职业心理测验器,并在该社招生时实地使用,"应用科学方法于职业教育上,在中国算是第一次"。② 黄炎培努力把职业教育纳入科学化的轨道,既学习国外的有益经验,同时注重中国的特殊情况。在长期实践的基础上,经过调查与试验,逐渐形成了一套基于中国实际情况的办学思想和教育教学方法。此外,他还专门研讨设立科学管理研究机构,亲自撰写科学管理论著。黄炎培开拓性的工作为中国职业教育发展积累了宝贵的经验。

六、论职业教育的课程设置与教学原则

近代以来,中国社会发生了巨大的变化,新式的人才不仅要能通晓一门技艺以谋生,且要经过全面的学习,拥有广博的知识,方能游刃有余地参与社会生活。经过实地考察,黄炎培发现当时的教育是"纸面上之教育",片面追求静态知识的学习,与社会实践严重割裂。学用分离的同时,手和脑也是分开的:一方面士大夫"是死读书老不用手的",另一方面劳动者又是"死用手老不读书的"。黄炎培认为这种情况已经不能适应日趋激烈的竞争,必须要对教育进行改革,必须要"使动手的读书,读书的动手,把读书和做工两下并起家来"。③

(一)职业教育课程设置原则:专业与广博兼顾

职业学校分为不同的类别,要依据职业学校的性质设置相应的课程——职业学科课程,培养该职业之知能。比如家事学校,应当设立烹饪、缝纫、家庭整理、儿童保育、工役管理、家计簿记、卫生看护等课程。职业学科课程要涵盖各项专业知识,包括基础课程和实习。基础课程是学生学习理论知识的过程,在学校内完成。实习是操作实践过程,在各实习基地如农场、企业、家庭等内完成。二者要互相联络,学习后即实习,实习后再学习,遵循"学习一贯互进法",务必使学生"知与行双方并进",成为专业人才。

职业教育培养的人才既精通职业技能,也应当有比较广博的知识。1930年,黄炎培为《教育大辞书》撰写"职业教育"词条时特别提出:除了职业学科外,职业学校还应该设置职业基本学科和非职业学科。职业基本学科是培养职业知能之基本,如农科须习生物及化学,工科须习数学及物理,商科须习算术,家事须习理科等,国文、算学是所有职业学校的基本学科。非职业学科与职

---

① 余子侠.黄炎培卷[M].北京:中国人民大学出版社,2015:182.
② 余子侠.黄炎培卷[M].北京:中国人民大学出版社,2015:198.
③ 余子侠.黄炎培卷[M].北京:中国人民大学出版社,2015:296.

业有间接关系,为人生不可少之修习。认为非职业学科至少应有三科:关于公民者、关于体育者、关于音乐等艺术者,此三科之教学总时间,至少应占全时间20%。① 既专业又广博的学生才能符合现代社会的要求。

(二)职业教育教学原则:手脑并用

职业教育怎样开展教学活动?因为职业教育"是给人家一种实际上服务的知能,得了以后,要去实际应用的。"所以黄炎培主张"手脑并用"。"譬如学游泳,是要真会游泳,但说一大篇游泳的理论,哪里行呢?""办职业教育,万不可专靠想,专靠说,专靠写,必须切切实实去'做'"。手脑并用,意味着学生既要勤动脑,也要勤用手,学习时联系运用,操作时不忘领会,做的能力和学的能力同时获得进步。学生"一面做,一面学""从做里求学""从随时随地的工作中间,求得系统的知能"。② 这一思想在黄炎培的职业教育实践中得到了生动的体现。中华职业学校的校歌就说"用我手,用我脑,不单是用我笔,要做,不单要说,是我中华职业学校的金科玉律"。③ 在中华职业教育社以及中华职业学校的社徽、社旗、校标等图案中,也都包含了手脑结合的寓意。

黄炎培职业教育实践的每一个环节,都力争做到手脑并用、做学合一。在办理职业学校时,他要求尽量附设工厂、农场、商店等。"若是工场办不好,敢断言工校也是办不好的。"④职业学校在招收学生时,要考虑其家长的职业等社会背景及学生可能受到的家庭熏陶和教育。黄炎培还主张职业学校应当选择兼具理论与经验的人士担任教师。职业教育不惟"先知觉后知",而且是"先能授后能"的过程,倘若老师"都还没有取得'先能'的资格,以盲导盲,又哪里行呢?"⑤若两者不能兼顾,宁愿选择有经验的人。学生修业期满时仅仅发放修业证书,毕业证书则必待其在工作单位实习一年后,证明其能力足以胜任其工作才发放。这些措施强化了学生的动手能力以及实际操作能力的训练,保障了"手脑并用"原则的落实。黄炎培"手脑并用"的教学原则不仅符合职业教育的特殊规律,而且也符合当时的社会潮流,有助于其教育目的的达成。

七、黄炎培教育思想评析

黄炎培是中国现代教育史上极有影响的一位教育家。他不仅建立了职业教育思想体系,而

---

① 余子侠.黄炎培卷[M].北京:中国人民大学出版社,2015:283.
② 余子侠.黄炎培卷[M].北京:中国人民大学出版社,2015:289.
③ 郑琼星.本能教育与自主创新——浅析黄炎培职业教育思想中的本能教育[J].中国成人教育,2006(12):22—23.
④ 余子侠.黄炎培卷[M].北京:中国人民大学出版社,2015:216.
⑤ 余子侠.黄炎培卷[M].北京:中国人民大学出版社,2015:289.

且致力于推进中国职业教育实践，筚路蓝缕，锐意进取，对我国现代教育发展产生了重大的影响，对我国教育改革有着积极的启示。

黄炎培职业教育思想表现出鲜明的时代性，它随着时代的发展而进步。鉴于20世纪世界大势和中国社会的发展，黄炎培对中国传统教育和清末以来的新式教育进行了深入的思考，发现其中存在着巨大的危机，必须进行教育改革。从实用主义教育到职业教育，是黄炎培考察国内外教育并认真思考的结果。"九一八"事变之后，黄炎培创办《国难》杂志，倡导国难教育。在大后方创办各种短期实用的学校，努力为贫困交加的百姓提供生存的机会。在剧烈的社会动荡中，黄炎培不断地探索，为中国社会的发展作出了重要的贡献。

黄炎培职业教育思想表现出强烈的社会性。黄炎培指出，所谓职业教育，就是"用教育方法，使人人依其个性，获得生活的供给，发展其能力，同时尽己对群之义务"。① 职业教育具有个人谋生与社会发展的双重目的，而个人目的最终要服从于社会目的。即职业教育在"使无业者有业"的同时，助推社会发展。职业教育本质具有社会性，必须沟通职业教育与社会各业的关系。长期的实践活动使黄炎培深深认识到，只从职业学校做功夫，只从教育界做功夫，只从职业界做功夫，都不能办好职业教育。职业教育必须与一切教育界、职业界努力沟通和联络方能获得发展和进步。

黄炎培职业教育思想还表现出彻底的平民性。虽然中国传统教育也主张有教无类，但是凡大俗子仍然很难获得教育机会。黄炎培的教育活动则旨在让全体国民受到教育，尤其是让中下层劳动人民获得有效的、实用的教育。黄炎培认为让广大民众获得有效的、实用的教育是利民、救国的关键，这种教育就是职业教育。在黄炎培看来，社会各行各业都是值得尊重的，无高低贵贱之分，"苟有益于人群，皆是无上上品"。② 从其职业教育目的、对象、职业教育课程与方法等论述看，黄炎培构筑的职业教育体系在于使广大民众获得最基本的教育，促进人人"有业""乐业"，继而促使社会繁荣，体现出黄炎培推进广大民众受教育的良苦用心。

【思考题】

1. 简述黄炎培职业教育思想产生的背景与形成过程。
2. 黄炎培的职业教育目的观述评。
3. 结合黄炎培的论述，你怎样看待现代职业教育的地位？
4. 论述黄炎培的职业教育办学方针的历史意义和现实意义。
5. 试析黄炎培职业教育思想体系及其对现代职业教育的启示。

---

① 中华职业教育社.黄炎培教育文集(第三卷)[M].北京：中国文史出版社，1994：261.
② 余子侠.黄炎培卷[M].北京：中国人民大学出版社，2015：218.

【阅读书目】

1. 中华职业教育社.黄炎培教育文集[M].北京：中国文史出版社,1994.
2. 田正平,李笑贤.黄炎培教育论著选[M].北京：人民教育出版社,1993.
3. 余子侠.中国近代思想家文库·黄炎培卷[M].北京：中国人民大学出版社,2015.
4. 田正平,周志毅.黄炎培教育思想研究[M].沈阳：辽宁教育出版社,1997.
5. 许纪霖.无穷的困惑：黄炎培、张君劢与现代中国[M].上海：生活·读书·新知三联书店,1998.

第七章 生活即教育：陶行知的教育思想

陶行知(1891—1946)

> 我们要活的书，不要死的书；要真的书，不要假的书；要动的书，不要静的书；要用的书，不要读的书。总起来说，我们要以生活为中心的教学做指导，不要以文字为中心的教科书。
>
> ——陶行知

【内容摘要】陶行知是现代中国伟大的人民教育家、民主活动家和大众诗人。他毕生致力于教育事业，勇于批判和改革旧教育，探索中国特色的教育发展之路。他从深厚的爱国主义和民主主义出发，创造和发展了生活教育理论，对中国现代教育的改革和发展指明了方向，产生了深刻的影响。他终身为普及教育而奋斗，创新普及教育方法及师范教育的理论体系，重视创造教育，提出儿童的"六大解放"。在学前教育方面，他针对现实弊端，主张创建中国特色幼稚园、身体力行推动幼稚园走进农村和工厂，并采用"艺友制"办法培养实际需要的幼儿师资等，对中国学前教育的发展产生了重要影响。

【核心概念】陶行知；生活教育；普及教育；师范教育；儿童六大解放；学前教育

一、生平及教育活动

(一) 艰苦求学，探讨新知

陶行知，原名陶文濬，后改知行、行知，1891年10月18日生于安徽歙县黄潭源村。他自幼生活在贫困的农村，家境贫寒却聪敏好学，打下了坚实的国学基础。1906年，入教会崇一学堂读书，开始接受西方教育。1909年考入南京汇文书院，1910年汇文书院与其他教会学校合并为金陵大学，陶行知升入金陵大学文科。其间，他组织讲演会、发动爱国捐等活动，先后担任金陵大学学报

《金陵光》的中文编辑和主笔,发表许多文章和译文,宣传爱国民主思想。

1914年,陶行知以第一名的优异成绩毕业于金陵大学,获美国纽约州立大学文科学士学位。不久筹措经费赴美留学,入伊利诺大学攻读市政学。1915年获政治学硕士学位,后转入哥伦比亚大学师范学院研究教育,师从美国著名的实用主义教育家杜威和著名的心理学家孟禄,他们的学说对陶行知产生很大影响。1917年秋获美国哥伦比亚大学师范学院"都市学务总监"文凭。同年秋,陶行知怀着"要使全中国人都受到教育"的宏愿回国,开始了改造中国旧教育的艰难历程。

(二) 改革教育,创新理论

1917年陶行知回国后,先在南京高等师范学校任教,担任教育专修科主任、教务主任。1921年,中华教育改进社成立,任主任干事,兼《新教育》杂志主编。中华教育改进社是当时规模最大、影响最广泛的教育学术团体。其间,陶行知主张展开教育调查,对教育进行分门别类的调查研究。他主持普通教育的调查活动,促进了普通教育的改革发展。1922年底南京高师归并东南大学,陶行知任东南大学教授、教育科主任。1923年夏,受聘南京安徽公学校长。不久,他辞去教职,与朱其慧、晏阳初等发起成立中华平民教育促进会,任执行书记,致力于平民教育,希望通过平民教育"创造一个四通八达的社会"。

1923至1926年,陶行知主要从事平民教育运动。他满怀激情为平民教育奔走,踏遍大江南北,到处发表演讲,广泛接触劳苦大众。为实践平民教育理念,他在自家门口挂上"笑山平民读书处"的牌匾,以便于广大民众读书识字。与朱经农合编《平民识字课本》,让不识字的人在四个月读完这套课本,达到初步的扫盲效果。

此时期,陶行知开始创建生活教育理论。他从美国回来后,积极从事教学改革,建议将"教授法"改为"教学法",开始酝酿生活教育理论。1927年,陶行知在南京郊区创建晓庄乡村师范学校。这既是陶行知平民教育的成果,也是他生活教育理论的实验基地。晓庄学校的教学组织、教学原则、教学方式和方法,都是根据"生活即教育""社会即学校""教学做合一"的生活教育原理规划设计的。在实验的基础上,陶行知进行理论总结。先后发表《教学做合一》、《生活工具主义之教育》、《生活即教育》等文章,标志着生活教育理论逐步成熟。

(三) 服务社会,与时俱进

1931年,陶行知努力推行教育普及运动。创办"自然学园"和"儿童科学通讯学校",与高士其、戴伯韬、董纯才等编辑《儿童科学丛书》和《大众科学丛书》,开展科学普及教育,从事科学下嫁运动。1932年,在上海郊区大场创办山海工学团,提出"工以养生,学以明生,团以保生"的教育宗旨。力图将工场、学校、社会打成一片,以达改造社会、普及教育的目的。在教育实践中陶行知总结出了"即知即传"的"小先生制""传递先生制"等普及教育的方法。1934年,陶行知创办《生活教育》半月刊,任主编。7月,发表《行知行》文章,从此正式改名陶行知。

1935年,"华北事变"发生,中国民族危机日益严重。面对祖国的危难,陶行知积极参加抗日救亡运动。1936年1月,他组织"国难教育社",推行"国难教育"。5月,"全国各界救国联合会"成立,陶行知当选为常委和执行委员。7月,赴英国伦敦参加国际新教育会议,介绍了生活教育理论和小先生制。1938年回国后,在全民族抗战中,积极倡导战时教育,使教育为抗战服务。12月生活教育社在桂林成立,被推为理事长。1939年7月,在重庆创办育才学校。"用生活教育的原理与方法,培养难童中之优秀儿童,使成为抗战建国人才。"①

1945年,陶行知参加中国民主同盟首次代表大会,当选为中央常务委员兼教育委员会主任。根据时代需要,将战时教育改为民主教育。1946年1月,与李公朴等在重庆创办社会大学,任校长,积极推进民主教育运动。4月,返回南京、上海,一面忙于育才迁校等工作,一面投身于争取和平民主的斗争。在生命的最后100天里,陶行知演讲100多次,呼吁"反内战,要民主"。7月25日,因劳累过度突发脑溢血在上海逝世,享年55岁。8月11日,延安各界举行隆重追悼大会,毛泽东主席题写挽联:"痛悼伟大的人民教育家陶行知先生千古!"

二、生活教育理论

生活教育理论是陶行知在批判传统教育、吸收中外优秀教育理论成果的基础上,经过不断探索、试验而形成的符合中国实际,有中国特色的教育理论体系。它由"生活即教育""社会即学校"和"教学做合一"三部分构成,是陶行知教育思想的核心和理论基础,贯穿于陶行知教育思想和实践的各个方面。生活教育理论是陶行知为中国教育发展所探寻的生路,是改造中国旧教育的锐利思想武器,是陶行知吸收中外教育思想精华,博采众家之长的智慧结晶。

(一)思想渊源

陶行知的生活教育理论是在批判教育传统和深刻认识现实的基础上产生的。陶行知认为,清末以来虽然废科举兴学校,逐步在全国建立新教育体系,但新教育的方法仍是旧的一套。所谓科学教育也不过是"书本的科学,陈列的实验"。"书本的科学是洋版的八股,在讲堂上高谈阔论的科学客,与童蒙馆里的冬烘先生是同胞兄弟。"②旧传统教育"先生是教死书,死教书,教书死;学

---

① 陶行知.陶行知全集·卷二[M].长沙:湖南教育出版社,1985:366.
② 陶行知.陶行知教育文选[M].北京:教育科学出版社,1981:71.

生是读死书,死读书,读书死。"①按这样的方法培养的学生只能是书呆子、蛀书虫,会走路的"字纸篓""书架子",这种教育不能培养学生的生活能力和创造能力。这种旧教育只能为少数少爷、小姐享用。老八股与民众生活无关,洋八股也与大众生活关系不大。于是,激发了陶行知去创建新的教育理论。

陶行知生活教育理论的另一来源是杜威的实用主义教育理论。杜威是美国著名的实用主义哲学大师。他实用主义教育学说的"教育即生活""学校即社会""在做中学"观点对陶行知生活教育理论的形成产生了重大影响。陶行知曾经说过:"我可以说'教育即生活'是杜威先生的教育理论,也是现代教育思想的中流。我从民国六年起便陪着这个思潮到中国来。八年的经验告诉我说:'此路不通'。在山穷水尽的时候才悟到教学做合一的道理。所以教学做合一是实行'教育即生活'碰到墙壁把头碰痛时所找出来的新路。'教育即生活'的理论至此乃翻了半个筋斗。……没有'教育即生活'的理论在前,决产生不出'教学做合一'的理论。但到了'教学做合一'的理论形成的时候,整个教育便根本改变了方向。这个新方向是'生活即教育'。"②由此可知,陶行知的生活教育理论是他在推行杜威教育理论"碰了壁"以后创建的,是对杜威教育思想的吸取和改造。

(二) 基本内容

生活教育理论是陶行知教育思想的核心。其基本内容包括"生活即教育""社会即学校"和"教学做合一"三方面。

1. "生活即教育"的本体论

"生活即教育"是陶行知生活教育思想的核心,是在批判杜威"教育即生活"的基础上结合中国教育实际加以改造创建的,是对教育本质、教育起源问题的概括和对教育内容的规定。它内涵丰富,主要包括以下几方面。

(1) 生活含有教育的意义

陶行知指出,教育的根本意义是生活之变化。这样,"生活无时不变即生活无时不含有教育的意义"。③"生活即教育"的核心是"过什么生活便是受什么教育"。他认为,人们在社会上生活状态不同,所受教育也不同,"过好的生活,便是受好的教育;过坏的生活,便是受坏的教育;过有目的的生活,便是受有目的的教育;过糊里糊涂的生活,便是受糊里糊涂的教育;过有组织的生活,便是受有组织的教育"。④ 换言之,"要想受什么教育,便须过什么生活"。如果"过的是少爷的

---

① 陶行知.陶行知教育文选[M].北京:教育科学出版社,1981:116.
② 陶行知.教学做合一讨论集[M].上海:上海教育书店,1951:36.
③ 陶行知.陶行知全集·卷二[M].长沙:湖南教育出版社,1985:633.
④ 陶行知.陶行知教育文选[M].北京:教育科学出版社,1981:164—165.

生活,虽天天读劳动的书籍,不算是受劳动教育"。① 因此,陶行知主张人们要积极投入到生活中去,接受好生活和好教育。

（2）实际生活是教育的中心

陶行知把教育和社会联系起来考察,认为"生活教育是生活所原有,生活所自营,生活所必需的教育"。② 即是,一方面,教育是生活过程中本有的,是生活所需要的,生活过程中既有教育的因素,人的生活与生活教育也是不能分离的;另一方面,生活与教育共振,教育随生活变化而变化。所以,生活教育是在生活中进行的。无论教育的内容,还是教育的方法,都要以生活的需要为依据。

（3）生活决定教育,教育改造生活

自从有了人类社会,便有了教育,且随着人类生活的变化而发展。陶行知指出:"从定义上说,生活教育是给生活以教育,用生活来教育,为生活向前向上的需要而教育。从生活与教育的关系上说,是生活决定教育。从效力上说,教育要通过生活才能发生力量而成为真正的教育。"③由此可见,教育的目的、内容、原则、方法均由生活决定,教育要通过生活来进行,生活是发展的,教育也应随时代的前进而不断发展。教育改造生活是指教育不只是被动的由生活制约,而是对生活有能动的促进作用。

总之,"生活即教育"强调生活决定教育,有什么样的生活便有与之相应的教育;教育是供给人生需要,实际生活是教育的中心,教育要通过生活才能产生力量。教育的意义是生活的变化,因此生活教育的内容是随生活的变化而不断发展的。"生活即教育"是终生教育,是与人共始终的教育。"生活即教育"使教育与生活成为一个有机的整体,从而改变了"生活自生活""教育自教育"互相隔离的传统教育观念,使生活教育成为"生活变化"所必需的教育。所以,生活教育既和脱离人民生活的以死的书本为中心的传统教育相对立,也反对杜威"教育即生活"的"假生活"和只教人"适应生活",主张在实际生活中教人去追求向前向上的生活。这种"向前、向上"的生活,随陶行知思想和实践的发展越来越有明确的革命方向,最终使生活教育完全与抗战救国的民族解放运动和反独裁、反内战的民主革命运动结合起来,成为新民主主义教育的有机组成部分。

2. "社会即学校"的场域论

"社会即学校"是陶行知生活教育理论的场域论。"社会即学校"是对杜威"学校即社会"教育思想批判的继承和发展,其基本含义有以下两个方面。

---

① 陶行知.陶行知全集·卷二[M].长沙:湖南教育出版社,1985:288.
② 陶行知.陶行知全集·卷二[M].长沙:湖南教育出版社,1985:633.
③ 陶行知.陶行知全集·卷二[M].长沙:湖南教育出版社,1985:633.

（1）以社会为学校

陶行知在《什么是生活教育》中指出："自有人类以来,社会就是学校,生活就是教育。"由于生活无处不在,因而教育也无处不在。"整个的社会是生活的场所,亦即教育之场所。因此,我们又可以说'社会即学校'。"①陶行知认为,社会就是学校。所以"整个社会的运动,就是教育的范围……整个社会是生活的场所,亦即教育之场所"。②传统的教育把学校与社会隔绝,学校与社会之间有一道高墙。"社会即学校"就是为了冲破这道高墙,把学校扩展到社会。在社会这所大学校里,人人可以做先生,人人可以做学生。"随手抓来都是活书,都是学问,都是本领。""凡是生活的场所,都是我们教育自己的场所"。③这就拆掉了学校的围墙,把原来的"小众教育"化为大众教育。将传统教育的场所扩大,"马路、弄堂、乡村、工厂、店铺、监狱、战场,凡是生活的场所,都是我们教育的场所"。④因此,陶行知鼓励人民大众在社会中学习,向社会学习。他创办了各种各样方便民众及其子弟学习的场所,通过"社会"这所大学校,使广大劳动人民尽量多地受到教育。

（2）学校含有社会的意味

陶行知认为学校不能关门办学,应该突破围墙,与整个社会联系起来,使之与社会打成一片。基于此,陶行知积极组织学生走出校门,走向社会,让学生接触自然和社会的大课堂,把课内与课外、校内与校外、学校与社会结合起来,以增强教育的活力。陶行知认为："我们的生活力是必然地冲开校门,冲开村门,冲开城门,冲开国门,冲开无论什么自私自利的人所造的铁门。所以,整个的中华民国和整个世界,才是我们真正的学校咧。"⑤陶行知称之为人民创造大社会,社会变成大学堂。这个学堂有多大？陶行知描绘为"以青天为顶,大地为底,二十八宿为围墙,人类都是同学"。⑥在陶行知心目中,人类历史有多长,教育时间就有多久;社会空间有多广,教育的范围就有多大;生活需要多少种类,教育就有多少专业。这就是生活教育的范围或场域。

"社会即学校"扩大了学校教育的内涵和作用,对传统的学校观、教育观以革命性的冲击。一方面,以社会为学校,使学校教育的材料、教育的方法、教育的工具、教育的环境,都可以大大地扩展,有利于学生知识的增加、能力的培养。另一方面,"社会即学校"使被传统学校拒之门外的劳苦大众能够受到基本的教育,体现了陶行知普及民众教育的良苦用心。但这一主张将社会等同于学校,没注意到学校与社会的根本区别,把学校概念泛化了,难免有"取消学校"之嫌。

---

① 陶行知.陶行知全集·卷二[M].长沙:湖南教育出版社,1985:633.
② 陶行知.陶行知全集·卷二[M].长沙:湖南教育出版社,1985:634.
③ 陶行知.陶行知全集·卷二[M].长沙:湖南教育出版社,1985:634.
④ 陶行知.陶行知全集·卷三[M].长沙:湖南教育出版社,1985:27.
⑤ 陶行知.陶行知全集·卷三[M].长沙:湖南教育出版社,1985:27.
⑥ 陶行知.陶行知全集·卷三[M].长沙:湖南教育出版社,1985:584.

3. "教学做合一"的方法论

"教学做合一"是陶行知生活教育理论的教学方法论,是在杜威"从做中学"思想批判和教育改革过程中逐步形成的。

对"教学做合一"的含义,陶行知界定为"一是方法,二是生活的说明"。① 首先它"是生活的说明",是生活法,即通过"教学做合一"使儿童"做"事,而不是"读"书,做后有所收获,是生活中随处可见的现象;在实际生活中,时时处处都有"教学做合一"。"一个活动对事说是做,对己说是学,对人说是教"。如烧饭,你烧了一次饭取得经验便是学,你的进步影响了别人便是教。教、学、做是一种生活的三个方面,"从广义的教育观点看,先生和学生并没有严格的区别。……会的教人,不会的跟人学,是我们不知不觉中天天有的现象。因此教学做是合一的"。② 在现实生活中,无论干什么工作都是在做中学习、进步及影响他人的"教学做合一"现象,所以,"教学做合一"是对生活的说明。其次,"教学做合一"是方法论。陶行知主张"教的法子根据学的法子,学的法子根据做的法子"。③ 教、学、做结合为统一的整体,"在做上教的是先生,在做上学的是学生。从先生对学生的关系说,做便是教;从学生对先生的关系说,做便是学。先生拿做来教,乃是真教;学生拿做来学,乃是实学。不在做上用功夫,教不成教,学也不成学"。④ 这就从根本上改变了传统教育中"先生只管教,学生只管受教"和教自教、学自学、做自做三者分离的弊端,克服了书本与生活脱节、理论与实际分离的陋习,实现了教学方法上的一大革命。

"教学做合一"的"做"有特殊含义。陶行知说:"'做'字在晓庄有个特别定义,这定义便是在劳力上劳心。单纯的劳力,只是蛮干,不能算做;单纯的劳心,只是空想,也不能算做。真正的做只是在劳力上劳心。"⑤陶行知认为在传统教育下,劳力者与劳心者是割裂的,造成了"田呆子"(劳力者)和"书呆子"(劳心者)两个极端。为此,必须"(1)教劳心者劳力——教读书的人做工;(2)教劳力者劳心——教做工的人读书"。⑥ 可见,"在劳力上劳心"就是手脑并用,将传统教育下劳力和劳心的割裂连接起来,以克服传统教育的弊端。

"教学做合一"在陶行知生活教育理论中占有十分重要的地位。陶行知认为"教学做合一"的形成,使他的思想从杜威的"教育即生活"转变为"生活即教育",晓庄师范学校的基础"就是立在这五个字之上"的。"教学做合一"的教学方法论,使"生活即教育"、"社会即学校"借助它得以落实。

---

① 陶行知.陶行知教育文选[M].北京:教育科学出版社,1981:88.
② 陶行知.陶行知文集[M].南京:江苏教育出版社,1981:185.
③ 陶行知.陶行知全集·卷三[M].长沙:湖南教育出版社,1985:88.
④ 陶行知.陶行知教育文选[M].北京:教育科学出版社,1981:88—89.
⑤ 陶行知.陶行知教育文选[M].北京:教育科学出版社,1981:95.
⑥ 陶行知.陶行知全集·卷二[M].长沙:湖南教育出版社,1985:598.

(三) 主要特征

陶行知在《生活教育之特质》中把生活教育的特点概括为"生活的""行动的""大众的""前进的""世界的""有历史联系的"六个方面。据此把生活教育理论主要特征归纳如下。

1. 生活教育是为人民大众服务的教育

生活教育是面向大众的教育,是为广大人民服务的教育。陶行知认为,"大众是文化的创造者""创造文化的大众应该享受创造的结果"。[①] 但在旧社会广大人民却被剥夺了受教育的权利。他深刻地指出:"少爷小姐有的是钱,大可以为读书而读书,这叫做小众教育;大众只可以在生活里找教育,为生活而教育。当大众没有解放之前,生活斗争是大众唯一的教育。""从真正的生活教育看来,大众都是先生,大众都是同学,大众都是学生。教学做合一,即知即传,是大众的生活法,既是大众的教育法。……生活教育是大众的教育,大众自己办的教育,大众为生活解放而办的教育。"[②]陶行知强调生活教育要完全站在人民大众的立场上,根据人民大众的生活需要,从人民大众的实际出发,争取受教育和办教育的权利,从而解放自己。为使更多的民众有受教育的机会,陶行知主张用多种办法,开办各种形式的学校普及教育。其根本宗旨是提高大众文化水平,"为大众谋福利除痛苦"。[③] 可见,陶行知生活教育的理论与实践的目的、内容和形式都突出地反映了为人民大众服务的思想,具有极为鲜明的人民性,是"民族解放、大众解放的武器"。

2. 生活教育是民族化的爱国教育

生活教育理论和实践自始至终都贯穿着民族化的爱国民主思想。留学归来,陶行知就以反对传统的八股教育和洋化教育为己任,给旧传统教育和洋化教育以深刻的揭露和批判。他在《告生活教育社同志书》中总结自己12年来干了三件事:"一是反洋化教育,二是反传统教育,三是在半殖民地半封建的国家建立争取自由平等之教育理论与方法。"[④]他把平民教育、乡村教育、普及教育、国难教育、战时教育、民主教育都作为"从半殖民地半封建过渡到自由平等国家的教育运动"。生活教育在反传统和洋化教育的同时,还提倡争取民族和大众解放的爱国教育。陶行知认为"国家是大家的。爱国是个人的本分……凡是脚站中国土地,嘴吃中国五谷,身穿中国衣服的,无论男女老少,都应当爱中国"。[⑤] 这种爱国爱民、教育救国的思想是生活教育运动的原动力,它推动着生活教育随着时代的发展而不断创新、前进。当中华民族受到外敌威胁时陶行知赋予生

---

① 陶行知.陶行知教育文选[M].北京:教育科学出版社,1981:229.
② 陶行知.陶行知教育文选[M].北京:教育科学出版社,1981:250.
③ 陶行知.陶行知教育文选[M].北京:教育科学出版社,1981:165.
④ 陶行知.陶行知教育文选[M].北京:教育科学出版社,1981:257.
⑤ 陶行知.陶行知文集[M].南京:江苏教育出版社,1981:70.

活教育争取民族解放的新使命。其内容就是必须教育大众,联合大众,团结起来共御外辱。打出战时教育的旗帜,明确战时教育的任务:首先,教育必须以民族的生命为生命;其次,一切教育设施都要以保卫中国领土的完整,争取劳苦大众之自由平等为中心;第三,武力抵抗是挽救民族危亡的主要办法。教育大众联合起来,以实际行动共同抗敌。抗战胜利后,陶行知又发动了民主教育运动,确定民主教育的内容"一方面是教人争取民主,一方面是教人发展民主",要"在民主生活中学习民主。在争取民主的生活中学习争取民主。在创造民主的新中国的生活中学习创造民主的新中国"。① 由此可见,陶行知生活教育理论与实践直接服务于新民主主义时期的革命斗争,是民族化的爱国教育运动。

3. 生活教育是与社会现实融合的终身教育

生活教育的理论和实践,一方面在于使人民大众在生活斗争中,结合自己的需要在生活中学习、思考和创造;另一方面在于使学校教育以生活为中心,学校与社会相互联系。陶行知提出了"行动是老子,知识是儿子,创造是孙子""接知如接枝"等命题,强调亲身实践在认识中的重要作用。陶行知所谓的"做"就是生活,就是实践,就是斗争。生产生活贯穿于人的一生,因此,"生活教育与生俱来,与生同去。出世便是破蒙,进棺材才算毕业"。② "活到老,做到老,学到老"。后又增加"团到老",就是团结起来共同斗争,共创人类美好的明天。由此看来,生活教育理论已经不是只以学校和学生为对象,而是以整个中国社会、全体中国人民为对象,"整个的社会活动就是我们教育的范围"。他要求从根本上改变教育与实际脱离、学校与社会隔绝的教育弊病,使学校教育联系人类改造客观世界的生活斗争实际,使学生从狭小的学校圈子和书本里走出来。学生不仅要读书本知识,更要学书本上所没有而又比书本知识更丰富、更生动的活知识。从乡村教育运动到民主教育运动,从晓庄师范学校到社会大学的生活教育实践无不体现这种精神。生活教育是与生产劳动和社会实践相结合的终身教育。

三、普及教育理论

陶行知的全部教育实践,围绕着一个核心目标,即普及人民大众的教育。陶行知最大的心愿,就是要在中国实现教育普及,把文化科学知识从少数人手里拿来交给人民大众,使整个民族实现现代化。1934年,他在《普及教育运动小史》一文中说:"这十几年来,我有时提倡平民教育,有时提倡乡村教育,有时提倡劳苦大众的教育,不知道的人以为我见异思迁,欢喜翻新花样,其实

---

① 陶行知.陶行知教育文选[M].北京:教育科学出版社,1981:326.
② 陶行知.陶行知教育文选[M].北京:教育科学出版社,1981:165.

我心中只有一个中心问题,这问题便是如何使教育普及,如何使没有机会受教育的人可以得到他们所需要的教育。"[1]为了实现这一目标,陶行知历尽千辛万苦,不怕挫折和失败,坚韧不拔地奋斗了一生。

(一) 积极开展普及教育运动

陶行知在推行平民教育运动期间,曾发动暑期留校的学生教学校附近的居民读书识字。他亲自编写《平民千字课》教材,把它送到农民、车夫、小商贩等人手中,教他们识字。举办平民读书处和平民学校,为人民大众扫盲。他到过全国许多省市的机关、工厂、商店、家庭、寺庙乃至监狱推行平民教育。1926年后,陶行知致力于乡村教育,希望占全国人口85%的农民能受到文化知识教育,并通过乡村教育运动"谋中国三万万四千万农民之解放"。他号召从事乡村教育的同志,要把心献给农民,要向农民"烧心香",心里要充满农民的甘苦,真诚地为农民服务。陶行知就是怀着这样一颗赤诚的心,创办了晓庄师范学校、山海工学团等旨在普及农民教育的教育机构,真心实意为农民办实事,把普及教育的工作落到实处。

1931~1935年间,陶行知发起了普及教育运动。他认为:"我们今天最迫切要做的事,是使生产的劳苦大众受教育,不是生产教育,而是生产者受教育。……受人民所需要的教育。"[2]所以,陶行知主张普及教育就是把文化知识变成像空气一样,弥漫于宇宙,荡涤于乾坤,普及于众生,人人都需要,人人不可少。普及教育是要城里与乡村同时并进,成人教育与儿童教育打成一片。

(二) 普及教育的方法

陶行知指出如果用传统方法,学龄儿童教育普及需要100年,失学成人的教育普及需要400年。因此,必须创新普及教育的方法。首先,运用小先生制普及教育。从劳苦大众的生活实际出发,用小先生把知识输送到不能上学的穷孩子的队伍中去。所谓"小先生制",是指人人都是先生,主张"好为人师",能够将自己认识的字和学到的文化随时随地教给别人,儿童是这一传授过程的主要承担者。小先生是指在学校的儿童,利用他们传播文化知识可以攻破"先生关""娘子关""衰老关""饭碗关""课本关""学校关"等。其次,普及教育不能妨碍群众生产。陶行知主张在普及教育时一定不要影响人民大众的生产活动,在时间上、组织上灵活多样,适应群众的生产和生活需要。从群众的生活实际出发,因陋就简,不要太注重条件。第三,实行教育立法,把教育与教育立法联系起来。在普及教育中"劝导与强迫并行",立定妨害进步罪,使一切妨害别人求学的

---

[1] 陶行知.陶行知教育文选[M].北京:教育科学出版社,1981:150.
[2] 戴伯韬.陶行知的生平及其学说[M].北京:人民教育出版社,1982:80—90.

人都受到法律的制裁。对"侵犯别人上学或自修权利者,处以一年以下有期徒刑或一千元以下罚金"。① 第四,把普及教育的目的与保卫祖国领土主权的完整,争取中华民族之自由平等联系起来,实现教育机会均等。第五,一致奋斗,要求确定教育经费。

陶行知还把普及教育和控制人口增长联系起来。认为要普及教育,必须控制人口增长,节制生育。他说:"依照老法子,每年只增加几十万学生,而人口之增加倒超过十倍之数,那是一万年教育也不会普及。就是我们提议的新法去普及教育,这过分的人口增加也得要统制。"② 陶行知是最早提出计划生育的教育家,他对人口增加与教育普及关系的认识,可谓真知灼见,至今仍有借鉴作用。

陶行知普及教育的思想,是从当时社会实际出发的。在旧中国,文盲占了总人口的90%,而经费、师资等极端困难,场地缺失,他把普及教育的计划"建筑在困难的农业经济的基础上"。因此,他主张用穷办法,普及穷人所需要的"粗茶淡饭的教育"。陶行知认为只依靠学校进行教育普及是不够的,要在校外创造出一种较为自然的组织来补救。同时,陶行知又提出,普及教育必须要有三个条件:一要省钱;二要省时;三要通俗。他反对用浪费的方法去普及穷人所不需要的"少爷教育""小姐教育""书呆子教育"。陶行知这种普及教育的思想非常符合中国社会实际,在当时也最能反映人民的需要。

四、师范教育理论

陶行知师范教育理论是其教育理论体系的重要组成部分。陶行知长期从事师范教育工作,积累了丰富的经验,对师范教育的作用、培养目标、课程设置、培养方法等都做了精辟的阐述,形成了独特的师范教育理论体系。

(一) 师范教育关系到国家和民族命运

陶行知非常重视师范教育,他不仅注意到师范教育对发展教育事业的作用,并且从中国实际国情出发,把师范教育放到挽救落后贫穷的民族、改造旧社会、创建新国家的高度上认识,把师范教育与国家和民族的命运紧密地联系起来。陶行知认为,师范教育是"国家所托命""可以兴邦,也可以促国家之亡"。③ 陶行知指出,传统师范学校只是教洋八股,制造书呆子。这些大书呆子分布到小学,又以几何的加速率制造小书呆子。倘使再刮一阵义务教育的大风,可以把书呆子的种

---

① 陶行知.陶行知教育文选[M].北京:教育科学出版社,1981:161—162.
② 陶行知.陶行知教育文选[M].北京:教育科学出版社,1981:181.
③ 陶行知.陶行知全集·卷五[M].长沙:湖南教育出版社,1985:161—162.

子遍布全国,叫全国的国民都变成书呆子!中国简直就会变成中华书呆子国。培养书呆子的旧师范教育,是与实际生活隔阂,是从主观的头脑里空想出来的,或者是间接从外国运输来的。"这种师范教育倘不根本改造,直接可以造成不死不活的教师,间接可以造成不死不活的国民。有生活力的国民,是要靠着有生活力的教师培养的;有生活力的教师,又是要靠着有生活力的师范学校训练的。"① 为了国家和民族的兴旺发达,陶行知"很希望全国同志聚精会神地来对付这个问题",研究如何改造旧师范,创建崭新的师范教育体系。

推动社会发展,改变中国广大农村的贫穷落后面貌,也要靠师范教育。陶行知在《中国乡村教育之根本改造》中对此做了全面论述。陶行知坚信乡村学校是改造乡村生活的中心,乡村教师是改造乡村生活的灵魂。他主张:"要有好的学校,先要有好的教师。"② 有了良好的乡村教师,才能办出好的乡村学校。"教师得人,则学校活,学校活,则社会活。"因此,"必须拿出代价去培养教师,去培养教师的教师","这是地方教育根本之谋,也是改造乡村根本之谋"。③ 这是陶行知20年代末从平民教育转向乡村教育,首先创办乡村试验师范学校的根本原因。

(二)师范教育要培养全能型教育工作者

中国近代自师范教育创建以来,无论是高等师范还是初等师范,都把培养各科教员作为自己的主要任务,"只是以造就教员为目的,对于教育行政人员、指导员、校长和职员的训练都没有相当的注意"。④ 甚至教师是否要专业化都受到质疑。如,1926年浙江教育行政会议上有人认为:"凡知识阶级人尽可为师,教育原理并无秘诀,不比它项筋肉技巧,非熟练不可。"⑤ 有位教授说:"就我所留学的某国说,教育还不曾当做一门学术研究。"可见,当时对教育行政人员、指导员、校长和职员的训练,都被严重忽略了。结果正如陶行知所指出的:教育都交给了连教育的常识都不懂的"土士绅和小政客去办理"。中国学务不发达的重要原因,就是教育行政办学指导人员得不到相当培养。

陶行知主张"凡教育界需要的人才都应当受相当的培养"。⑥ 培养教育界的一切人才,成为师范教育的总目标。对师范教育的培养目标,陶行知有一个逐步的认识过程,他开始认为,"师范教育功用是培养教师""乡村师范学校是依据乡村实际生活,造就乡村学校教师、校长、辅导员的地方"⑦。陶行知指出师范教育的目标是培养乡村人民儿童所敬爱的导师。这些导师应接受健康的

---

① 陶行知.陶行知教育文选[M].北京:教育科学出版社,1981:48.
② 陶行知.陶行知全集·卷一[M].长沙:湖南教育出版社,1985:664.
③ 陶行知.陶行知全集·卷二[M].长沙:湖南教育出版社,1985:130.
④ 陶行知.陶行知全集·卷一[M].长沙:湖南教育出版社,1985:215.
⑤ 刘问岫.中国师范教育简史[M].北京:人民教育出版社,1985:58.
⑥ 陶行知.陶行知全集·卷一[M].长沙:湖南教育出版社,1985:216.
⑦ 陶行知.陶行知全集·卷一[M].长沙:湖南教育出版社,1985:664.

体魄、农夫的身手、科学的头脑、艺术的兴趣和改造社会的精神五项训练,陶行知称之为师范生必须具备的"五大要项",缺一便是不健康的废品。1922年,陶行知在《新学制与师范教育》一文中,认为师范教育任务是培养教育界所需要的人才。这种人才共有四种:"一是教育行政人员,二是各种指导员,三是各种学校校长和职员,四是各种教员。"[①]这四方面的人员都在师范教育所培养的人才之列。这就是陶行知强调的"广义师范教育论"。陶行知说:"我们应该有广义的师范教育——虽所培养的人以教员为大多数,但目的方法并不以培养教员为限。"[②]师范教育既要培养教师,也要培养教育行政人员。

(三) 课程设置师范性与培养学生生活力并举

1. 课程设置与生活相结合

陶行知在创办晓庄师范时,主张根据生活的需要开设课程,培养学生的生活力。生活中有接人待物、洒扫应对等事,师范学校就应开设"招待教学做""洒扫教学做""烹饪教学做"等课程。乡村生活肯定要自己做饭,所以陶行知强调"不会烧饭,不得毕业"。师范生不会种菜烧饭,到乡村就有吃不尽的苦头,所以必须掌握这些生活的基本技能。与生活相结合课程还体现在课程设置与生产劳动相结合。晓庄师范设有"征服自然环境教学做",其中包括农业、造林、园艺、基础土木工程等课程。晓庄师范根据农业生产需要开设捉蛇、种牛痘、捉蝗虫、灭虫等灵活机动的课程,贯彻了陶行知师范学校课程设置与生产劳动紧密结合的精神,充分体现出"生活即教育"思想和师范教育培养学生基本生活力的特色。

2. 课程设置突出师范性特征

陶行知认为师范生与普通学生在要求德智体全面发展、培养生活能力上是相同的,这是共性、普遍性;但在突出"师范性"方面又与其他普通学生不同,这是师范学校在培养目标上的个性、特殊性。所谓师范性,就是教育界的需要。在陶行知看来,师范性是师范教育的出发点和归宿。目标的一致性决定了师范性必须与师范学校的课程设置紧密结合。师范性的基本内容包括教育学、心理学和教学法等课程。这些课程是师范学校"师范性"的重要表征,是突出师范性的重要手段。

(四) 创建新的师范教育体系

对旧师范教育在培养目标上的弊端,陶行知作了揭露和批判。他认为,旧师范学校的弊端是脱离师范教育实际、脱离社会生活、无视师范特点、抹杀师范学校本质特征的。这些弊病具体表

---

① 陶行知.陶行知文集[M].南京:江苏教育出版社,1981:45.
② 陶行知.陶行知文集[M].南京:江苏教育出版社,1981:46.

现为：第一，传统的师范教育只以培养教员为目的，没有把教育界所需要的各种人才纳入培养训练之列。第二，传统师范教育忽视了乡村师范学校的建设，没有培养出能够献身教育事业、敢于到农村、内地和边疆地区进行普及教育的人才。第三，师范教育脱离实际，与一般学校脱节，与实际生活脱节。师范学校与附属学校隔阂，附属学校与实际生活隔阂。出现这种隔阂，陶行知认为是"因为我们的师范教育或是从主观的头脑里空想出来的，或是间接从外国运输进来的，不是从自己的亲切经验里长出来的"。① 这种师范学校必然脱离实际，培养不出教育所需要的人才。

因此，陶行知主张摈除旧的师范教育，创建崭新的师范教育体系，以适应教育的需要。陶行知新师范教育体系的内容包括：第一，树立"广义的师范教育"理念。所谓"广义的师范教育"有两层含义：一是师范教育不要只以培养教师为限，凡教育界所需要的人才都应纳入培养训练之列。陶行知认为，"教育行政办学指导人员之不得相当培养"，是造成中国学务不发达的重要原因。二是对教师的培养不要以在师范学校所受的教育为限，还应当有师范补习教育。陶行知认为从事教育的人应该有继续学习进修的机会。因此他主张在师范学校创设师范补习学校，以继续提高师范学校出身的教师的技能为目的，期限不定。第二，创办乡村师范学校，开展师范下乡运动。陶行知认为，传统的师范教育忽视乡村，培养不出适合乡村需要的教师。从而造成乡村师资缺乏，乡村的普及教育很难展开。因此，有必要开展师范教育下乡运动。乡村师范学校的目的是培养具有"农夫的身手，科学的头脑，改造社会精神的教师"。② 这样才能普及乡村教育，进而改造社会。第三，创办女子师范学校，进行女子师范教育。陶行知认为，当务之急是发展女子师范教育，这是教育发展的客观需要。他主张最少要保持一个女子师范大学，并且要逐渐扩充。陶行知师范教育的主张，对当时师范教育的改革发展具有一定的促进作用。

五、创造教育理论

生活教育理论的重要特点，是尊重创造精神和培养创造才能。陶行知是中国教育史上为数不多的明确提倡开展创造教育的教育家。创造教育思想是陶行知创造性培养人才的实践经验总结，也是生活教育理论体系宝库中的精髓。

（一）创造教育的目的

陶行知是中国创造教育理论和实践的开拓者和奠基人。他非常重视创造教育，不仅撰写了《创造宣言》《创造的教育》《创造的儿童教育》和《创造的社会教育》等创造教育专论，形成了系统

---

① 陶行知.陶行知文集[M].南京：江苏教育出版社，1981：141.
② 陶行知.陶行知教育文选[M].北京：教育科学出版社，1981：33.

的创造教育理论,而且创办乡村幼稚园、晓庄学校、山海工学团、育才学校和社会大学等教育机构,积累了丰富而独特的创造教育经验。

陶行知毕生的教育理论和实践,就是探索培养人的生活创造能力。他说"儿童是新时代的创造者,不是旧时代之继承人。"①培养学生生活实践和创造能力是生活教育的根本目的。陶行知认为创造教育就是以生活为教育、以社会为学校、学校和社会打成一片的教育。他说:"行动是老子,思想是儿子,创造是孙子。"②"做的最高境界就是创造。"③目的是"创造幸福的新中国、新世界"。④ 表现在教育上就是"'行动'是中国教育的开始,'创造'是中国教育的完成"。⑤ 从创造教育的方法看,"手和脑一块儿干是创造教育的开始,手脑双全是创造教育的目的"。⑥ 陶行知主张创造教育的目的有两大方面。其一是创造教育的社会目的,在于为"老百姓造福利",为"整个国家民族谋幸福",为"整个人类谋利益"。⑦ 其二是创造教育的个体目的,在于培养具有真善美人格和创造力的人,陶行知称这种人为"活人",后来在《创造宣言》中称之为"真善美的活人"。⑧

为了实现创造教育的目的,陶行知强调必须培养学生的创造能力。他认为创造能力由以下三部分构成:第一是治学能力,即自动、自学、自得的学习能力;第二是思维能力或认识能力,即观察、分析、综合、推理和判断的独立思考能力;第三是"治事"能力,即手脑并用、能言能行、待人接物、能做实事的办事能力。在三种能力中,陶行知特别注重治事能力的培养。因为无论改造社会还是改造自然都需要集中民众的创造能力,而治事能力是发挥个人创造力的具体表现。传统知识分子往往做事能力较差,因此做事能力便成了新型人才的关键素养。所以,陶行知认为创造教育必须以做和实践为基础,才能培养创造人才。

总之,只有培养学生的创造力,才能实现陶行知所说的"处处是创造之地,天天是创造之时,人人是创造之人",⑨最终实现"征服自然,改造社会,创造新的中国、新的世界、新的未来"。

(二) 创造教育的实施

创造教育的实施,陶行知认为必须从儿童抓起,培养儿童有独立生活、独立思考和创新能力。他指出"儿童是新时代的创造者",应当解放和培养而不是压制更不能摧残儿童的创造力。为了

---

① 陶行知.陶行知教育文选[M].北京:教育科学出版社,1981:148.
② 陶行知.陶行知教育文选[M].北京:教育科学出版社,1981:148.
③ 陶行知.陶行知教育论著选[M].北京:人民教育出版社,1991:385.
④ 陶行知.陶行知教育文选[M].北京:教育科学出版社,1981:293.
⑤ 陶行知.陶行知教育论著选[M].北京:人民教育出版社,1991:389.
⑥ 陶行知.陶行知教育论著选[M].北京:人民教育出版社,1991:383.
⑦ 陶行知.陶行知教育论著选[M].北京:人民教育出版社,1991:592.
⑧ 陶行知.陶行知教育论著选[M].北京:人民教育出版社,1991:583.
⑨ 陶行知.陶行知教育文选[M].北京:教育科学出版社,1981:300.

培养儿童的创造能力,陶行知专门写了《创造的儿童教育》《实施民主教育提纲》和《民主教育》等文章,提出儿童"六大解放"的号召。

1. 解放儿童的眼睛

"解放儿童眼睛"是指让儿童多观察现实社会,多了解现实生活,进而能够有新发现和新问题。陶行知在《民主教育》中指出:"解放眼睛,敲碎有色眼镜,教大家看事实。"① 传统教育中儿童"两耳不闻窗外事,一心只读圣贤书",脱离社会生活实际,结果使儿童成为小书呆子。创造教育应让儿童对大自然、大社会进行观察分析,培养提高他们分析和解决问题的能力。同时,也使儿童的性情得到不一样的陶冶,意志得到锻炼。

2. 解放儿童的头脑

传统教育以灌输为主,儿童的思想被限制,创造力受到压抑。陶行知认为,要发展儿童的创造力,必须首先把儿童的头脑从迷信、成见、曲解、幻想中解放出来。鼓励儿童大胆想象,大胆探索,大胆创新,独立思考,让创造力"突围而出"。因为"大凡人类对于一件事,研究其中的道理,首先发生思想,思想贯通,以后才生信仰,才生力量。思想贯通,便等于头脑解放"。② 陶行知认为儿童思想解放,就是要儿童用自己的头脑去思考,得到自己的认识。创造教育就是允许学生经过自由的探索得出自己的认识和见解,产生创造的力量,成为开拓创造的人才。

3. 解放儿童的双手

在进化中人类使自己前脚变成一双可以自由活动的手,才成为了万物之灵。而"中国对于小孩子一直不许动手,动手要打手心,往往因此摧残了儿童的创造力",以至于不知枪毙了多少中国的"爱迪生"。因此,陶行知主张对儿童"剪去指甲,摔掉无形的手套,使大家可以执行头脑的命令,动手向前开辟",强调要多为儿童创造动手的机会,使儿童能够亲自操作,动手实践。陶行知多次赞扬爱迪生的母亲敢于让孩子玩化学药品,动手实验,使他一步步把自己造就成发明之王。他希望我国的教师、家长"跟爱迪生的母亲学,让孩子有动手的机会",③ 去促进儿童创造力的发展。

4. 解放儿童的嘴巴

中国传统教育中的家长和教师习惯于不让儿童多说话,不喜欢孩子提问题,从而压制了儿童

---

① 陶行知.陶行知教育文选[M].北京:教育科学出版社,1981:325.
② 陶行知.陶行知全集·卷三[M].长沙:湖南教育出版社,1985:525.
③ 陶行知.陶行知教育文选[M].北京:教育科学出版社,1981:306—307.

的问题意识,阻碍了儿童创造力的发展。对此,陶行知鼓励儿童大胆开口说话,主张:"儿童应当有言论自由,有话直接和先生说,并且高兴心甘情愿和先生说。"①"使大家可以享受言论自由,摆龙门阵,谈天谈心,谈出真理来。"儿童有了"言论的自由,特别是问的自由,才能充分发挥他的创造力"。② 陶行知在《每事问》诗中充分肯定了"问"对创造力培养的作用。他说:"发明千千万,起点是一问。禽兽不如人,过在不会问。智者问得巧,愚者问得笨。人力胜天工,只在每事问。"③只有解放儿童的嘴巴,儿童有了问的自由,才能促使其对大自然、大社会独立思考,发展他们创造和想象的天赋。

5. 解放儿童的空间

陶行知在《民主教育》中指出,解放儿童的空间就是把"小孩从文化鸟笼里解放出来,飞进大自然大社会去寻觅丰富的食粮"。解放儿童的空间目的在于拓宽学习的范围,这与其"社会即学校"的理念是一致的。陶行知觉得"从前的学校完全是一只鸟笼,改良的学校是放大的鸟笼"。鸟笼式学校使儿童精神营养非常贫乏,儿童就像困在笼中的小鸟,被束缚在狭窄的空间里不能自由飞翔。陶行知主张"打开鸟笼让鸟飞",把学生从封闭的学校范围即鸟笼中解放出来。"让他们去接触大自然中的花草、树木、青山、绿水、日月、星辰,以及大社会中之士、农、工、商、三教九流,自由地对宇宙发问,与万物为友,并且向中外古今三百六十行学习。"④这是因为"创造需要广博的基础。解放了空间,才能搜集丰富的资料,扩大认识的眼界,以发挥其内在之创造力"。⑤ "空间放大了,才能各学所需;扩大了空间,才能各教所知;扩大了空间,才能各尽所能。"⑥扩大了认识的视野,才能发挥个体内在的无限创造力。

6. 解放儿童的时间

解放儿童的时间就是把"小孩从劳碌中解放出来,使大家有点空闲,想想问题,谈谈国事,看看书,干点与老百姓有益的事,还要有空玩玩,才算是有点做人的味道。"⑦但学校却没有给儿童留出时间,陶行知说:"现在一般学校把儿童时间排得太紧。一个茶杯要有空位方可盛水。现在中学校有月考、学期考、毕业考、会考、开学考。""日间由先生督课,晚上由家长督课,为的都是准备

---

① 陶行知.陶行知全集·卷三[M].长沙:湖南教育出版社,1985:542.
② 陶行知.陶行知全集·卷三[M].长沙:湖南教育出版社,1985:526.
③ 陶行知.陶行知全集·卷七[M].成都:四川出版集团,1991:49.
④ 陶行知.陶行知教育文选[M].北京:教育科学出版社,1981:308.
⑤ 陶行知.陶行知教育文选[M].北京:教育科学出版社,1981:308.
⑥ 陶行知.陶行知全集·卷三[M].长沙:湖南教育出版社,1985:543.
⑦ 陶行知.陶行知教育文选[M].北京:教育科学出版社,1981:326.

赶考,拼命赶考,还有多少时间去接受大自然和大社会的宝贵的知识呢?"①陶行知要求教师和家长尽可能多把时间留给学生,使他们有时间玩、有时间想、有时间说和有时间做。他坚决反对传统教育完全挤占了学生的自由时间,让学生失去了学习人生、做事和创造机会和欲望,继而也失去了身心健康乃至忘记了对国家、民族和人类的责任。

总体上,陶行知认为儿童"有了这六大解放,创造力才可以尽量发挥出来"。② 解放儿童的眼睛,使儿童敢看;解放儿童的大脑,使儿童敢想;解放儿童的双手,使儿童敢做;解放儿童的嘴,使儿童敢说;解放儿童的空间,拓展儿童的视野;解放儿童的时间,使儿童有时间去看、去想、去说、去做。六大解放,确实解放了儿童。为儿童创造力的发展提供了有利条件,至今值得借鉴。

六、学前教育理论

在陶行知教育理论体系中,学前教育是其相当重要的组成部分。他从人民大众的立场出发,针对当时中国学前教育实际状况,亲自创办幼稚园,撰写《创造乡村幼稚园宣言书》《幼稚园之新大陆》《如何使幼稚教育普及》等多篇学前教育论文,较早地创立了比较全面的中国化的学前教育理论体系,对我国学前教育的发展做出了重要贡献。

(一)创建中国特色幼稚园

陶行知很重视我国学前教育研究,他认为我国近代幼稚教育模式是从西方引进的,存在三大弊病:③一是外国病,即仿效外国,不适国情。这种仿效不是经验上的借鉴,而是不顾国情条件,从形式到内容整体抄袭。即幼稚园的一切都照搬外国的东西,弹的是外国钢琴,唱的是外国歌曲,讲的是外国故事,玩的是外国玩具,甚至吃的也是外国点心。从物质到精神,幼稚园都成了外国货的倾销场地。二是花钱病,即费用太大,普及太难。这种病是从"外国病"发展而来的。幼稚园一切都仰仗于外国,既然处处模仿外国,因此代价高昂,花钱太多,在贫困落后的中国很难普及。三是富贵病。幼稚园收费很高,只有富贵子弟才上得起,于是幼稚园成了富贵人家的专利品,一般平民子弟则望尘莫及,因而也就失去了接受学前教育的机会。

针对当时中国幼稚教育存在的种种弊病,陶行知认为,要在中国发展幼教事业,就必须下定决心,办"中国的""省钱的""平民的"幼儿教育。必须把"外国的"幼稚园化成"中国的"幼稚园;把"费钱的"幼稚园化成"省钱的"幼稚园;把"富贵的"幼稚园化成"平民的"幼稚园。所谓"中国的"

---

① 陶行知.陶行知教育文选[M].北京:教育科学出版社,1981:308.
② 陶行知.陶行知全集·卷三[M].长沙:湖南教育出版社,1985:569—570.
③ 中国学前教育史编写组.中国学前教育史资料选(全一册)[M].北京:人民教育出版社,1989:137—138.

幼稚园,就是在中国办幼稚教育就要适合中国国情,因地制宜,充分运用中国已有的音乐、诗歌、故事、玩具以及自然界存在的事物来教育儿童。所谓"省钱的"幼稚园,就是要在打破外国偶像崇拜的基础上,依据周围社会和家庭所能提供的经济条件,尽量少花钱,多办事、办好事,以便于在平民社会中普及幼儿教育。所谓"平民的"幼稚园,就是要坚持教育平民原则,把幼稚教育从富贵人家的专利品变成国家全体儿童的共享品,让劳苦大众有接受幼稚教育的机会,享有幼稚教育的权利。使幼稚园真正成为全体儿童表现自我,接受教育的中心。

(二) 把幼稚园办到工厂和农村去

在建设适合中国国情、节省费用、裨益平民幼稚园的幼教原则指导下,陶行知主张改革幼稚教育体制,改变以往幼稚园建在城市,成为富贵人家子弟的教育机构,而广大农村和工厂没有幼稚教育机构的局面。为此,陶行知提出"工厂和农村是幼稚园可以发现的新大陆"。

陶行知认为,从事幼教事业的同志,要明白什么地方最需要、最欢迎幼稚园,要善于发现这种教育事业的"新大陆",并致力于这种"新大陆"的开拓和发展。根据当时中国的国情,陶行知阐述了在农村和工厂开展幼稚教育的必要性。他认为,女工在工厂上班时,对幼儿安置进退两难。放家中无人照料看护,带进工厂又没有专门供小孩生活学习的场所。因此,无论为儿童考虑,还是为工厂效率考虑,凡是有女工上班的工厂都应设立幼稚园。在农村,创办乡村幼稚园不仅可以为幼儿带来幸福,还可以为农忙时的妇女解除后顾之忧,更不至于使小学生因照顾弟弟妹妹而影响学习。此外,乡村幼稚园的推广,可以为受过教育的乡村女性"开一职业上之出路",并使这幼教场所成为乡村妇女运动的"中心"。① 因此,陶行知强调要及早开辟工厂和农村这一幼稚教育的"新大陆"。

基于上述幼稚教育理念,陶行知主张幼稚教育必须下乡下厂,向工农子女普及。他呼吁:"幼稚园的下乡运动和下厂运动必须开始!"为工农利益考虑,陶行知主张在乡村和工厂开办幼稚园,绝对不可以照搬一般幼稚园的办法,"非根本的把幼稚园变成平民的、中国的和省钱的不可"。② 陶行知强调,幼稚园下乡下厂,必须坚持三大原则:"第一要打破外国的面具,第二要把贵族的架子放下,第三要省钱。"③这样才能办出工人农民需要和喜欢的幼稚园。

除了大力宣传,陶行知还全身心地投入了"开发新大陆"的行动中。继 1927 年创办了中国第一所乡村幼稚园——南京燕子矶幼稚园后,又先后在晓庄学校大多数中心小学设置了幼稚园,并于 1929 年将晓庄学校所有附属幼稚园合并成独立的幼稚学院(蟠桃学园),以便于统筹办理和研究。1932 年底指导孙铭勋等在江苏淮安创办一所乡村幼稚园,1934 年 5 月指派戴自俺在山海工

---

① 陶行知.陶行知全集·卷二[M].长沙:湖南教育出版社,1985:103.
② 陶行知.陶行知全集·卷二[M].长沙:湖南教育出版社,1985:32.
③ 陶行知.陶行知全集·卷一[M].长沙:湖南教育出版社,1985:626.

学团总部建立了一所乡村幼儿团。为满足工人子女的学前教育问题,陶行知指导学生孙铭勋、戴自俺等人于1934年4月创办了"上海劳工幼儿团"。陶行知创办的这批幼教机构,有力地推进了中国学前教育的平民化运动。

(三) 培养实际需要的幼教师资

在中国普及教育的最大困难是合格教师的训练,而幼师的培训和来源是其中最困难的问题之一。陶行知认为,要想普及幼儿教育,至少需要150万幼儿教师,这是普及幼儿教育中最难解决的问题。因为训练这些教师首先需要浩大的经费;其次,如"训练不得其法,受了办理幼稚园的训练,不一定去办稚园,或者是去办出一个不合国情的幼稚园,那就糟了"。[①]

为解决幼儿师资匮乏问题,陶行知提出用三条途径培养幼儿教师,以满足普及幼儿教育的需要。

1. "训练本乡师资教导本乡儿童"

为了创建省钱的农村幼稚园,陶行知主张"训练本乡师资教导本乡儿童"。具体做法是,从乡村村寨中吸收"一二天资聪敏,同情富厚之妇女","经过相当训练之后,出来担任乡村幼稚园的教师"。[②] 经过训练的妇女必须达到五个目标,即"看护的身手""科学的头脑""艺术的兴趣""儿童的伴侣"以及"乡村妇女的朋友和导师"。[③] 这样,既节省了培训经费,又解决了幼教师资问题,一举两得。

2. 创办幼稚师范学校

1927年,陶行知在南京创办的晓庄师范学校中专门培训了一批幼儿师范生。当时还计划增设第二院(幼稚师范院),聘请幼教专家陈鹤琴为院长。1928年5月,在全国教育会议期间陶行知提出《各省开办试验幼稚师范案》,建议在全国各县区创办幼稚师范。1929年,晓庄师范学校创建幼稚学院,定名为蟠桃学院,这是中国第一所幼稚师范学院。在蟠桃学院,陶行知根据"教学做合一"的理论,改革教学内容和方法,既冲破旧框框的束缚,又克服了传统教育的学用分家的弊病,培养的学生都能很好地胜任幼稚园的教育工作。

3. 用"艺友制"培养幼儿教师

"艺友制"是陶行知受我国传统手工业作坊"艺徒制"培养工匠方法的启示,根据"教学做合

[①] 陶行知.陶行知全集·卷二[M].长沙:湖南教育出版社,1985:82—83.
[②] 陶行知.陶行知全集·卷一[M].长沙:湖南教育出版社,1985:619.
[③] 陶行知.陶行知全集·卷二[M].长沙:湖南教育出版社,1985:118.

一"的方法论提出的培养幼儿教师的具体方法之一。陶行知在《艺友制师范教育答客问》一文中对艺友制的内涵进行了说明:"艺友制是什么?艺是艺术,也可做手艺解。友就是朋友。凡用朋友之道教人学做艺术或手艺便是艺友制……凡用朋友之道教人学做教师便是艺友制师范教育。"①具体说来,艺友制就是学生(称艺友)与有经验的教师(称导师)交朋友,在幼稚园的实践中学习如何当教师,方法是边干边学。具体做法是:以乡村中优良幼稚园为中心,由园中有经验的教师带二三位徒弟,进行各种基本训练,学习一定的教育理论和技能技巧。在做中教,在做中学。经过一至两年的训练(包括二个月从事整个幼稚园工作),学成后可独立担任乡村幼稚园教师工作。陶行知强调,采用"艺友制"师范教育,则"多办一所幼稚园,即是多加一所训练师资地方"。②

艺友制师范教育的最大特点是:首先,学生在幼稚园中实地学习,克服了师范教育脱离实际的现象;第二,在不可能迅速建立大批师范学校的情况下,亦能培养有质量的师资。第三,节省时间,一年半到两年结业,缩短幼师 3 年的毕业期限。陶行知在教育实践中,用艺友制的办法培养了一批幼儿师资,为学前教育的发展创造了条件。但是,陶行知也强调,艺友制不能完全替代师范学校的办理。

七、陶行知教育思想评析

伟大的人民教育家陶行知的生活教育理论、普及教育理论、师范教育理论、创造教育理论和学前教育理论立体地构成了他的教育理论体系。

陶行知的生活教育既是一种教育理论,也是一个教育运动。它源于生活,又吸取了古今中外的优秀教育成果,在教育实践中不断发展完善。它服务于现代中国的社会实践,又随着生活的前进、社会实践的发展而发展。它打破了传统教育与社会的隔阂,使教育与社会实践紧密结合。生活教育是为人民大众服务的教育,是具有中国民族特色的教育理论,极大地促进了中国现代教育的发展。对当今中国教育的改革和发展仍有极强的借鉴价值。

陶行知的普及教育理论是建立在中国社会实际基础上的教育理论。他主张用穷办法普及穷人所需要的"粗茶淡饭的教育"。这种普及教育只依靠学校是远远不够的,必须在学校之外创造一种比较自然的组织来补救。陶行知主张普及教育必须要省钱、省时和通俗,适合广大民众的实际需要。通过推动"科学下嫁运动",实行"小先生制"等办法切实普及人民大众的教育,特别是前瞻性地提出把普及教育与人口控制结合起来。陶行知普及教育的理论和实践推动了中国教育普及的开展,有助于社会的进步。

---

① 陶行知.陶行知全集·卷二[M].长沙:湖南教育出版社,1985:54.
② 陶行知.陶行知全集·卷二[M].长沙:湖南教育出版社,1985:83.

陶行知的师范教育理论和实践对现代中国师范教育的发展产生了重要影响。他以"师范教育兴邦"的观点,将师范教育的重要作用提高到了一个新的高度。其关于师范课程设置的师范性与培养学生生活力并举思想以及新师范教育体系建设的理论为中国师范教育的改革发展提供了重要的启示。

在创造教育理论和实践中,陶行知提出了创造教育目标、措施和方法,特别是提出儿童的"六大解放",推动了中国创造教育的不断发展,对当今教育教学改革和创造人才培养极具借鉴价值。

陶行知基于中国国情的学前教育理论,有力地推动了中国现代学前教育的发展。陶行知从人民大众的立场出发,针对中国社会实际,提出了办"中国的、省钱的、平民的"学前教育,倡导"幼稚园的下乡运动和下工厂运动",并亲自创办第一所乡村和工厂幼稚园,努力探索创办发展中国特色的学前教育事业路径,取得了丰富的经验,对我们今天仍有重要的启示。

陶行知的一生是为人民教育事业奋斗不息的一生。"捧着一颗心来,不带半根草去"是他光辉人生的真实写照。陶行知用自己的一生为中国教育的发展不断求索、奋斗、创造,筚路蓝缕,书写了中国现代教育史的光辉篇章,无愧于"伟大的人民教育家"的光荣称号。

【思考题】

1. 论述陶行知生活教育理论的内涵、历史意义及现实启示。
2. 试析陶行知普及教育思想及现实意义。
3. 试析陶行知师范教育思想的特色及启示。
4. 试述陶行知"六大解放"思想的内涵及启示。
5. 试评陶行知学前教育理论与实践的开创性贡献。

【阅读书目】

1. 何国华.陶行知教育学[M].广州:广东高等教育出版社,1999.
2. 董宝良主编.陶行知教育学说[M].武汉:湖北教育出版社,1993.
3. 周洪宇.陶行知研究在海外[C].北京:人民教育出版社,1991.
4. 余子侠.山乡社会走出的人民教育家:陶行知[M].武汉:湖北教育出版社,1999.
5. 江苏陶行知研究会编.纪念陶行知[C].长沙:湖南教育出版社,1884.

第八章 大自然、大社会是活教材：陈鹤琴的教育思想

陈鹤琴(1892—1982)

教育的根本目的在于教儿童做人。教育要培养儿童成为一个完整的人：做人的态度、良好的习惯、内在的兴趣、学习的方法、人生的技能。

——陈鹤琴

【内容摘要】陈鹤琴在儿童教育心理、家庭教育、学前教育等理论方面均有其杰出的贡献，其"活教育"理论尤其对中国现代教育有着重要的影响。他指出了儿童独特的心理特征，要求教育工作根据儿童的年龄特征实施，揭示了家庭教育中错误的儿童观和教养行为，要求家庭教育应运用科学的方法，倡导办中国化、科学化的学前教育，提出"整个教学法"和"五指课程"。陈鹤琴提出的"活教育"理论则对"书本中心"的传统教育予以根本性的冲击，为教育革新注入了崭新的气象。

【核心概念】陈鹤琴；儿童心理与教育；家庭教育；中国化、科学化的学前教育；整个教学法；五指课程；"活教育"理论

一、生平及教育活动

陈鹤琴是我国现代教育史上著名的儿童心理学家和儿童教育家，我国学前教育理论与实践的奠基人。他是我国现代学习、引进和运用西方教育与心理学的思想与方法，并对其进行中国化和科学化的学前教育实验和理论建树的代表人物，其学前教育理论与实践对于传统学前教育的改造产生了重要影响，引领了20世纪20~40年代我国学前教育的发展与变革。

陈鹤琴于1892年生于浙江省上虞县百官镇。6岁丧父，家境困厄，在家乡读了6年私塾后，于1906年进入教会办理的蕙兰中学。1911年2月，考入上海圣约翰大学。同年秋，转考入北京

清华学堂高等科。1914年夏,结束清华学业,与陶行知同船赴美留学。1917年夏获霍普金斯大学文学学士学位后,旋入哥伦比亚大学专攻教育学和心理学,就学于克伯屈、孟禄、桑代克、罗格等著名教授。1918年夏,获教育硕士学位后,继续攻读一段时间心理学博士学位课程。

1919年夏,受南京高师校长郭炳文之聘,归国任南京高师教授、教育科主任等职,主讲儿童心理学和儿童教育学,并开始从事儿童实验和智力测验工作,参与创设南京高师心理实验室。1923年任东南大学(南京高师改名)教授兼教务主任,并在家中试办幼稚园。1925年秋,将该园迁出扩办为南京鼓楼实验幼稚园,进行中国化、科学化的学前教育实验。1927年6月,出任南京特别市教育局学校教育课课长,发起组织了幼稚教育研究会,创办《幼稚教育》月刊。次年5月,参加第一次全国教育会议,与陶行知共同提出《注重幼稚教育案》。同年9月,受聘担任上海工部局华人教育处处长,主持上海公共租界内的华人教育工作。1929年主持拟订了《幼稚园暂行课程标准(草案)》,主持创设中华儿童教育社,任主席。抗日战争爆发后,发起成立难民教育协会,任上海国际救济会教育股主任,发起成立儿童保育会,创设儿童保育院,开展难童救助工作。

1940年10月,陈鹤琴在江西泰和创设我国第一所幼稚师范学校——江西省立实验幼稚师范学校,明确提出"活教育"理论主张。1943年江西幼师由省立改为国立后,在该校增设专科部,深入开展"活教育"实验。1945年抗战胜利后,回上海任教育局督导处主任督学,兼任上海市立幼稚师范校长,并复办鼓楼幼稚园。

中华人民共和国成立后,历任政务院文教委员会委员、南京中央大学师范学院院长、南京师院院长、江苏省心理学会名誉理事长、中国教育学会名誉会长、全国幼儿教育研究会名誉理事长等。陈鹤琴一生发表约400万字的论著,被编为《陈鹤琴全集》(6卷)。

二、儿童教育心理思想

(一)儿童心理研究

陈鹤琴从1920年冬开始,坚持808天,以其长子陈一鸣为对象,从出生时起,就儿童的动作、能力、情绪、言语、游戏、学习、美感等发展变化和各种刺激反应进行周密的观察和实验,做出详细的文字记录和摄影记录,于1925年写成《儿童心理之研究》一书。他在书中阐述了儿童心理发展的一般规律与年龄特征,揭示了儿童形成心理特征和道德品质、掌握知识与技能以及发展智力和体力的过程。20世纪50年代初,他结合教学完成了《儿童心理学》讲稿,进一步系统地论述了儿童从新生到成长的发展变化。他对儿童身心发展进行的缜密研究,为我国儿童教育的科学化提供了坚实的心理学基础。

根据实验研究,陈鹤琴指出儿童期教育有重要意义。陈鹤琴指出,人与动物相比的明显不同在于,人比一般动物不仅胎期长,儿童期(幼稚期)更要长得多。这有什么意义呢?他指出,现在人的环境比从前环境一天复杂一天了,适应环境的准备期当然也要长些。"儿童期愈长,学习的机会愈多;学习的机会愈多,天赋的智力发展愈快,然后才可以适应复杂的环境。所以人的儿童期实在是预备适应环境的重要时期。"①他将初生的婴儿与小鱼、小鸟比较,说明鱼、鸟的各种活动可以说生来就能做的,而人的活动大部分是出生后学来的。"儿童的身体脑筋都要渐渐的发展;儿童的道德要逐渐涵养;儿童的谋生能力也要渐渐的储蓄;人生一切的活动都要在儿童期内发展。"②因此,他得出结论:"儿童期就含这两方面意思:一方面儿童期是发展能力的时期,一方面儿童期具有可以发展的性质,此即所谓可塑性或谓可教性。"③所以他认定"幼稚期(自出生至七岁)是人生最重要的一个时期",④应当把幼稚期的教育当做整个教育的基础。

(二) 儿童心理与教育

陈鹤琴认为,儿童不是"小人","儿童的心理与成人的心理不同,儿童时期不仅作为成人之预备,亦具有他本身的价值,我们应当尊敬儿童的人格,爱护他的烂漫天真"。⑤ 他指出儿童有以下几个主要特点,成人对儿童的教育应与其特点相适应。

1. 好动

陈鹤琴指出:"儿童生来好动的,他喜欢听这样,看那样;推这样,攫那样;忽而玩这样,忽而弄那样;忽而立,忽而坐;忽而跳,忽而跑;忽而哭,忽而笑。没有一刻的工夫能像成人坐而默思的。"⑥针对儿童的这种好动心理,大人不仅要正确对待,而且应当给他们充分的机会、适当的刺激,使儿童多与万物接触,儿童就是通过"玩这样弄那样,就渐渐从无知无能的地步到有知有能的地步"。⑦

2. 好模仿

对于儿童来说,模仿他人的行为是他们这一年龄阶段一个重要的心理特征。幼儿学习言语、风俗、技能,大多要依赖这个模仿,如常有儿童学父母讲话、学父母做家务、学父母的行为。因此,环境对于儿童的成长有很大的影响。如果孩子处于一个气氛良好、他人言行有礼、做事井然有序的环境中,孩子的行为自然会趋于有礼和有序;相反,如果孩子处于一个气氛不良,他人言行无

---

① 北京市教育科学研究所.陈鹤琴全集(第一卷)[M].南京:江苏教育出版社,1987:59.
② 北京市教育科学研究所.陈鹤琴全集(第一卷)[M].南京:江苏教育出版社,1987:58—59.
③ 北京市教育科学研究所.陈鹤琴全集(第一卷)[M].南京:江苏教育出版社,1987:58.
④ 北京市教育科学研究所.陈鹤琴全集(第二卷)[M].南京:江苏教育出版社,1987:674.
⑤ 北京市教育科学研究所.陈鹤琴全集(第一卷)[M].南京:江苏教育出版社,1987:9.
⑥ 北京市教育科学研究所.陈鹤琴全集(第一卷)[M].南京:江苏教育出版社,1987:1—2.
⑦ 北京市教育科学研究所.陈鹤琴全集(第一卷)[M].南京:江苏教育出版社,1987:2.

礼、行事乱七八糟的环境中,孩子的行为就会不自觉地趋于无礼和无序。因此,作为父母,应该注意自己的言行,以给孩子起到良好榜样的作用;作为教师更应该以身作则,以做到为人师表;作为学校应该致力于纯美校风的营造,使学生在畅饮知识的甘泉的同时形成良好的行为习惯。

3. 易受暗示

暗示和模仿看起来是一样东西,不过,模仿是从儿童方面着想,而暗示是从环境方面着想。陈鹤琴通过试验得出存在积极和消极两种暗示的结论。一是积极的暗示,儿童常常随着人末了一句话或者一个字说,但到了 2 岁半时,这种暗示性就没有了;二是消极的暗示,儿童原本不觉得怎样,你暗示他一个意思后,他反倒按这个意思去做了。如儿童跌跤后,母亲把他抱起来并说:"不要哭!不要哭!"结果他倒反而哭起来了。因此儿童的教育,一是要利用积极的暗示来养成儿童良好的举动、习惯等,如成人的以身作则、讲故事及提出暗示性的问句等。但要注意培养儿童的独立思想,不可多用暗示性提问。二是不要用消极的暗示,以免增加儿童的痛苦,如孩子跌跤的例子。三是要注意戏剧的暗示给儿童的负面影响,影戏中各种欺诈抢掠的事情,对儿童会起恶劣的暗示作用,这必须禁止。

4. 好奇

陈鹤琴指出:"儿童凡对于一切新的东西就生出好奇心。"好奇心是"儿童学问之门径",是父母和教师"施教的钥匙"。① 儿童好奇心的表现有:(1)凝视观察;(2)自动观察;(3)试验;(4)问句;(5)破坏的好奇。陈鹤琴认为,好奇心对于儿童的发展有着巨大的作用。儿童对于新的东西都会生出好奇心,一好奇就会接近它,一接近它就想知晓它的一些性质。正是出于这种好奇心,儿童会在不知不觉中学习到很多的知识和技能。特别是 2—3 岁以上的儿童,对于他们好奇的事物,常常会习惯于问很多的"为什么",然后通过自己的观察或者向他人请教的方式努力寻求答案。因此,作为教师应当善于利用儿童的好奇心,用新的经历、新的事物来吸引他、激发他,并引导他走向学问的境界。

5. 喜好游戏

陈鹤琴认为,对于儿童来说,喜好游戏是其天然的活泼本能,是儿童生存的重要内容。对于教育者来说,游戏是一种极具价值的教育方式,对于儿童的发展有着巨大的价值。

其一,发展身体。游戏是儿童自然的、感兴趣的、活泼的活动。游戏的时候,儿童不自觉地把他的全部精神用于游戏之中,锻炼了筋骨,促进消化、呼吸、循环等内部机能健康发展。

---

① 北京市教育科学研究所.陈鹤琴全集(第一卷)[M].南京:江苏教育出版社,1987:4—5,263.

其二，培养各种高尚的道德。各种高尚的道德，几乎都可以从游戏中得来。因为游戏中包含着许多做人的道理，能使儿童养成高尚的品德。要玩游戏就必须遵守游戏规则，而对规则的遵循，实际上就是对理性的服从，这需要克己、诚实、公平、自制、尊重他人、团结合作等多种优良品质的维系。因此游戏是"一种发展公民道德之利器"，千万不可忽略它。

其三，发展智力。游戏能使脑筋锐敏，有利于智力的发展。在游戏的过程中，儿童有仔细的观察、丰富的想象、敏锐的思维、准确的判断、迅捷的动作，这对于儿童观察能力、想象能力、思维能力、判断能力和运动能力的发展，都具有重要的意义。

其四，休息的灵丹。游戏可以使儿童精神得到休息和放松，以消除大脑疲劳。游戏有简单与复杂之分。简单的游戏如4、5个月大的孩子摇铃作戏或敲棒作声。他指出，这种游戏必须有游戏的力量、有反射的动作、有联合动作及有好动的天性。复杂游戏如各种球戏、比赛，这种游戏与简单游戏最大的区别是必定有智慧，因为它靠的是记忆力和想象力而不是靠反射动作。游戏能使儿童获得快感，从游戏中所得的快感愈多，对游戏的兴趣也愈浓厚；快感少，兴趣也少。这种快感包括生理上的、心理上的和社交上的。

6. 喜欢成功和赞许

陈鹤琴认为，儿童喜欢做事情，而且喜欢成功。因为事情成功，可以得到父母和老师的赞许。成人应当利用这种心理去鼓励儿童做各种事情。但让儿童做的事情不要太难，若太难就不能有所成就；若没有成就，小孩子或者要灰心而下次不肯再做了。儿童"一有成就，就很高兴，就有自信力；所成就者愈多，自信力也愈大；自信力愈大，事情就愈容易成功"。① 无论教师还是家长，都应该倾向于赞扬而非惩罚孩子，常常用鼓励性和表扬的话语去激励孩子的行为；对于孩子不恰当的行为也不应该指责或打骂，而应是引导他加以改正。

7. 喜欢合群

陈鹤琴认为，"凡人都是喜欢群居的。幼小婴儿，离群独居，就要哭喊。2岁时就要与同伴游玩，到了5、6岁，这个乐群心更加强了。"②为此，陈鹤琴强调要利用这种合群的心理教育孩子，如让他们与小伙伴在一起游戏和学习；可让驯良的小动物如猫狗兔等作他们的伴侣；应给他小娃娃之类的玩具陪伴他们成长。孩子是愿意与孩子一起玩的，如果家里没有玩伴，就愿意到外面去找，外面找不到，有时还要出现想象的同伴。因此，尽量为孩子找到差不多同龄的玩伴是相当重要的。

---

① 北京市教育科学研究所.陈鹤琴全集(第二卷)[M].南京：江苏教育出版社,1989：690.
② 北京市教育科学研究所.陈鹤琴全集(第二卷)[M].南京：江苏教育出版社,1989：692.

8. 喜欢野外生活

陈鹤琴说:"小孩子都喜欢野外生活,到门外去就欢喜,终日在家里就不十分高兴。"①儿童天性是向往广阔的自然生活的。作为父母,应该让孩子常有机会亲近大自然,走进大自然;作为幼儿园老师,可以根据孩子的不同年龄分别组织他们到野外去玩。陈鹤琴认为,应有更多的机会让孩子们到旷野里跑来跑去,看见野花就采摘,看见池塘就抛石子入水以取乐。这种郊游对于小孩的身体、知识、行为都有很好的影响。对于年龄较小的儿童,可叫他采采花、种种树、举行短距离的远足会。年龄较大的儿童,则应带他们采集标本、旅行等以增长他们的知识,强健他们的身体,愉快他们的精神,使他们无形中得着许多好处。父母应放心让孩子到外面去,不要怕身体疲劳,不要怕弄脏衣服,不要怕感冒风寒;老师不应因嫌麻烦而使学生失去与自然界相接触的机会。

三、家庭教育思想

家庭教育向来为社会所重视,我国古代关于家庭教育方面的书籍,也不乏善本,如南北朝时期颜之推所著的《颜氏家训》。陈鹤琴对于家庭教育极为重视,并进行了深入研究,1925年出版《家庭教育》一书,此后陆续发表了《怎样做父母》等论文。对于陈鹤琴的《家庭教育》一书,多位学者做出过极高的评价,陶行知评价此书"系近今中国出版教育专书中最有价值之著作""愿与天下父母共读之"。② 至20世纪40年代末,该书再版了10多次。陈鹤琴的家庭教育思想有以下几个方面的内容。

(一) 父母素质的重要性

俗语说:"养不教,父之过"。家庭是儿童的第一所学校,父母是孩子一辈子老师,其对于孩子成长的重要性怎么说都不为过。父母的素质,其育儿能力会对儿童的成长和发展产生着重要和深远的影响。

那么,一对年轻的夫妻生儿育女后,是否就自然而然能够当好父母了呢?陈鹤琴认为"做父母"是一桩不容易的事情。他希望天下做父母的,在未做父母之前,应当自问他有没有研究过怎样教养他未来的儿童。陈鹤琴指出:"做父母实在要有一种专门的技能,专门的知识。"③他尤其强调母亲的素质对儿童健康成长的重要。他说:"父母与儿童的关系,分别的讲述起来,母亲和儿童更加亲密。因而母亲教育和儿童教育的相关度,也格外高。"④因为母亲的一举一动优先印入儿

---

① 北京市教育科学研究所.陈鹤琴全集(第二卷)[M].南京:江苏教育出版社,1989:690.
② 北京市教育科学研究所.陈鹤琴全集(第二卷)[M].南京:江苏教育出版社,1989:670.
③ 北京市教育科学研究所.陈鹤琴全集(第二卷)[M].南京:江苏教育出版社,1989:879.
④ 北京市教育科学研究所.陈鹤琴全集(第二卷)[M].南京:江苏教育出版社,1989:877.

童的脑海,成为极深刻印象,具有良好素质的母亲有助于孩子在日常生活中随时随处受到一种无形的良好教育。

(二) 家庭教育的问题

陈鹤琴在其《家庭教育》一书中,大量篇幅讨论了家庭教育中存在的问题。他指出:"有许多小孩子教养的不好,这不是小孩的过失,完全是父母的过失。"①他认为家庭教育问题主要有两大方面。

1. 错误的儿童观

陈鹤琴认为,家长错误的儿童观主要有4个方面:(1)小孩是一个小大人,即父母把小孩看成是一个雏形的成人,要缩短他们作为小孩的时间,使其早点成为大人,好做大人的事。于是,小孩的心理被忽视了,小孩的需要被视为不正当的要求,小孩的地位也就根本被抹煞了,小孩的利益也被人忽略了,于是儿童群中"少年老成"者比比皆是。儿童的权利、儿童的欢乐与天真烂漫也就无从谈起,儿童的求知欲与创造本能尚未萌发就被扼杀了。(2)小孩是父母的财产。一些父母把儿女当作自己的私有资产,不把小孩当作一个独立的人来看待。这样,小孩子便成为了父母的附属品,没有独立人格和自主行为,儿童宝贵的孩提时光被父母无知而残酷地夺去。(3)小孩子是错的,父母是对的。有些父母总以为"天下无不是的父母"。这种观念往往不以小孩的身心对待小孩,而是愚昧和专制地以大人的身心对待小孩。陈鹤琴指出,孩子们的言行举止是他们身心内发的结果,是自然而正当的。若按成人要求对待儿童,则是对儿童身心的扭曲和破坏。所以,一般来说,儿童的言行是有道理的,父母的横加指责大都是错误的。(4)对小孩存在的漠视。其原因在于父母总以为小孩子不知事,不需要考虑他们的面子和情感。因而,一些父母间一旦有事不和,就当着孩子的面争吵,甚至时而动武。或者把小孩子当出气筒,莫名其妙地或打或骂,根本没有顾忌小孩此时痛苦的心理。

2. 错误的教育观念和行为

家长错误的教育观念和行为主要表现在:(1)"树大自然直"的育儿观。有家长以为儿童年龄小、不懂事,偷盗打架是他们的自然行为,犯个错误也不足为怪,等到孩子年龄大了,他们自然会知道怎样做人做事了。基于这种错误观点,一些父母往往对儿女们行为品性中的不良苗头视而不见,听之任之,结果往往酿成大错,自食其果,追悔莫及。(2)养归自己,教归学校的思想。许多父母以为只要把小孩子送进学校,管教问题都可由学校解决,而家庭只管养护之责。然而,儿童很大一部分时间是在家庭中度过的,如果校外时间家长放任不管,就给儿童造成时间真空,社会

---

① 北京市教育科学研究所.陈鹤琴全集(第二卷)[M].南京:江苏教育出版社,1989:881.

一些不良影响就可能乘虚而入。所以，陈鹤琴说："事实上有许多孩子的坏习惯……多少还是在家庭里有意无意中养成的。"①(3)专制的教育方式。陈鹤琴说："我们有的旧家庭的父母，以为做父母的必定要使得子女畏敬自己；要子女畏我敬我，就必定要很严厉地对待子女；要很严厉的对待子女，就不应当以礼貌来待他们了。"②这种专制家教观衍生出"以打代教"的"棍棒下面出孝子"育子方法，一些家长于是只打不教，以为"打"是矫正小孩种种过失的特效药。然而，这种以体罚代替教育的做法，不仅会损坏孩子们身体，并且严重地摧残了他们的健康心理。对此，陈鹤琴告诫说："不宜痛打小孩子，以致打后懊悔不及。"③

(三) 家庭教育的要求

1. 父母应有教育好子女的责任感

陈鹤琴1948年在《怎样做父母》序文中大声呼吁："我希望做老师的与做父母的……共同来负起这培养新的民族的幼苗的责任。"④他指出家长不仅负有对儿女的养护之责，教育好子女同样是家长不可推卸的责任，是为人父母者的使命。父母之间对孩子教育应该密切配合，才可能使儿童获得健康的发展。

2. 父母应了解孩子的身心状况，有正确的儿童观

陈鹤琴指出，做父母的首先必须晓得孩子的身体是怎样的状态，他们的心理又是怎样发展的。孩子们的身体状态是和大人们不一样的，只有以科学的态度，掌握有关孩子们的身体知识，我们才可能养护好自己的孩子，促进孩子的身体健康发育。儿童的心理则更显得复杂，只有了解儿童的心理才可以施行相当的教育。陈鹤琴说："家庭教育必须根据儿童的心理，始能行之得当，若不明儿童心理而妄施以教育，那教育必定没有成效可言的。"⑤在了解儿童身心的基础上，父母要树立科学的儿童观，主要包括以下几个方面：(1)要把小孩看作小孩，不可妄想缩短他做小孩的时间，不可剥夺他在小孩时期应该享受的权利。(2)要尊重小孩的人格，不可把它当资产看待。(3)要打破自己成见，不要认为小孩不懂事，错总在孩子，应虚心研究，找出原委，不可冤枉孩子。

3. 家长要掌握儿童教育方法

陈鹤琴指出，要想能有效地对儿童进行知识、品德教育，还必须了解儿童的学习心理。他以

---

① 北京市教育科学研究所.陈鹤琴全集(第二卷)[M].南京：江苏教育出版社,1989：926.
② 北京市教育科学研究所.陈鹤琴全集(第二卷)[M].南京：江苏教育出版社,1989：805.
③ 北京市教育科学研究所.陈鹤琴全集(第二卷)[M].南京：江苏教育出版社,1989：845.
④ 北京市教育科学研究所.陈鹤琴全集(第二卷)[M].南京：江苏教育出版社,1989：926.
⑤ 北京市教育科学研究所.陈鹤琴全集(第二卷)[M].南京：江苏教育出版社,1989：686.

婴幼儿学习心理为例,指出婴幼儿有三种获取知识的能力:感觉、联念和动作。因而,父母对此时期孩子教育也应以与之相适应的三条原则,即刺激的原则、联念的原则和动作的原则。陈鹤琴特别强调幼儿期是接受外界影响的一个关键期,这个时期小孩子学东西快,所以,家长应防止自己孩子受到不好的影响,从而养成不好习惯,否则,恶习难纠。有位琴师的招生广告形象说明这一问题,这则广告是"未学过琴的,学费一元;已经学过的二元"。他认为,游戏法就是小孩教育的一种有效方法,用游戏法教孩子知识,培养孩子习惯,效果就很好。倘若用强迫手段要求儿童学习,如以体罚相威胁或者呵斥孩子,结果也只是不欢而散,达不到预期的效果。

4. 家长要有爱心耐心,注意严慈结合

陈鹤琴指出家长应对孩子的成长负起责任,必须对孩子们有深爱和耐心。要正确对待小孩子所犯错误,当孩子做出了不正当的事情时,做父母的应仔细考查一番,而不是不分青红皂白,自以为是,不讲道理,随意打骂。陈鹤琴对旧式家长制的教育作风进行了严厉批评,批评某些家长完全以命令的口吻指使子女,就如同"专制时代的主人们对待他们的奴隶一样",完全无视儿童的人格存在。这些家长动辄限制子女的言行举止,结果导致子女以父母的意志为意志,把"一个活泼的小孩子竟变成一个萎靡不振,具体而微的小成人"。①

陈鹤琴进一步指出,父母对孩子有了真爱,就不会出现对孩子的姑息迁就。他非常推崇颜之推的话:"父子之间不可以押,骨肉之爱,不可以简。简则慈孝不接,押则怠慢生焉。"对此,陈鹤琴提出了民主的家庭教育做法。如提出"不要骤然命令小孩子停止游戏或停止工作""做父亲的应当同小孩子做伴侣""诱导比恐吓、哄骗、打骂都来得好""不应在别人面前责罚小孩子""做父母的不要常常去骂他们的小孩子"等。

5. 家长要以身作则

小孩子好模仿,家庭中人的举动言语孩子大概都要模仿。若家中人之举动文雅,他的举动大概也会文雅,若家中人的言语粗陋,他的言语大概也是粗俗的。所以,陈鹤琴认为,做父母的务使己身堪有作则之价值。俗话说得好"有其父必有其子,有其母必有其女"。所以,做父母的一定要做好孩子的榜样。陈鹤琴还特别指出,不仅父母的言语行动要能以身作则,就是父母的态度,父母的思想也要注意给儿童一个健康的导向。他说:"你是一个悲观的人,对于事物都用悲观的眼光去看,那小孩子的态度也一定是悲观的;若是你的态度是乐观的,那小孩子的态度也会是乐观的。"②可见,陈鹤琴对"以身作则"的论述真是入木三分。

---

① 北京市教育科学研究所.陈鹤琴全集(第二卷)[M].南京:江苏教育出版社,1989:717.
② 北京市教育科学研究所.陈鹤琴全集(第二卷)[M].南京:江苏教育出版社,1989:917.

陈鹤琴认为,家庭教育应融化和渗透于日常生活之中,要注意随机性教育。在品德教育方面,陈鹤琴非常重视教会孩子待人接物,特别强调要从小教育孩子心中有他人,学会考虑别人的快乐和幸福,亲人有病时,能表示同情,乐意帮助父母做事,养成爱劳动和爱惜物品的习惯等。在智育方面,陈鹤琴强调通过多种途径让儿童获得并积累早期经验,如经常带孩子外出观察和参观,以丰富他们的知识,增进他们的经验。他主张让孩子自己去试探、去研究,如在弄雪、玩沙、敲打、剪纸等探索活动中获得知识经验。

四、论幼稚园教育

(一) 幼稚园的功能

1926年,陈鹤琴发表了《幼稚教育》的文章,在第一章"为什么要办幼稚园"中,对于学前教育机构功能作了全面的阐述。他说:"幼稚教育,是一切基础的基础,因为它的对象早于学龄儿童。它的功用,正如培植苗木,实在关系于儿童终身的事业与幸福,推而广之,关系于国家社会。"[1]陈鹤琴认为学前教育机构有其重要的教育功能和社会功能。

首先,从其教育功能来看,儿童是好动好群的,喜欢有自己的伴侣。幼稚园适应幼儿这一特点,配备许多玩具和相应场地,招收许多差不多同年岁的儿童,供给他们种种有教育价值的环境,使儿童得以在适宜的环境中充分与同伴接触,发展其好游戏好玩的本能。另外,儿童需要多种多样,概括起来是"发展个性"。幼稚园可以很好地促进幼儿个性的发展,在这里,儿童锻炼身体、学习知识、发展智慧、养成德性。对于小学教育来说,"幼稚生教得好,小学生就容易教了……幼稚教育,实是小学教育的基础。"[2]

其次,从其社会功能看,幼儿园对于家庭来说,可以帮助家长节省时间和精力,补充家庭教育之不足;对于国家来说,可以"养成种种合作的精神,爱护团体、爱护国家的精神。同时又可以培养公民应有的知识与技能,砌成一个稳固的公民基础"。[3]

(二) 幼稚园的办理

1. 全面发展的教育目标

陈鹤琴认为,幼稚园的办理要有明确的幼儿教育目标,主要为4个方面:(1)做人的目标;(2)身体的目标;(3)开发智力的目标;(4)情绪的目标。针对全面发展的教育目标,陈鹤琴认为幼

---

[1] 北京市教育科学研究所.陈鹤琴全集(第二卷)[M].南京:江苏教育出版社,1989:17.
[2] 北京市教育科学研究所.陈鹤琴全集(第二卷)[M].南京:江苏教育出版社,1989:22.
[3] 北京市教育科学研究所.陈鹤琴全集(第二卷)[M].南京:江苏教育出版社,1989:22.

稚园应当有种种标准,可以随时考查儿童的成绩。对幼稚生在幼稚园应当养成的德行、习惯、技能、知识,都应有考查标准。①

2. 做好研究工作

学前教育机构是在清末引入国内的舶来品,因而最初的办理往往参照国外的做法。因此,陈鹤琴认为,对于如何办理好幼稚园需要进行很好的思考和研究。一是研究国情。陈鹤琴对当时中国的学前教育现状提出了批评,他说:"今日抄袭日本,明日抄袭美国,抄来抄去,到底弄不出什么好的教育来。"他提出要办好中国的幼稚园,一定要研究国情,适应国情。他指出当时中国的幼稚园,差不多都是美国式的,但"我们的国情与美国的国情又不是一律;所以他们视为好的东西,在我们用起来未必都是优良的"。因此,"幼稚园的设施,总应当处处以适应本国国情为主体,至于那些具有世界性的教材和教法,也可以采用,总以不违反国情为唯一的条件。"②二是研究儿童。陈鹤琴指出,幼儿有他们这个年龄阶段的特点,开展教育工作一定要认真研究儿童,以儿童的身心特点为依据。据此,他认为,凡儿童能够学的而又应当学都应当教他,提出要让幼儿多到户外去活动。教学上,因幼儿智力、兴趣各不相同,幼稚园多采取小团体的教学法才能取得较好的效果等。

3. 家园共育

学前教育是幼稚园与家庭共同的责任。现实的情况是,一方面,有些父母对于小孩在幼稚园做些什么,学些什么并不清楚,认为孩子的教育是幼稚园单方的责任;另一方面,幼儿教师则只管幼稚园的教育工作,认为家庭的教育是家长的责任,自己不需了解太多。于是,幼儿在家庭和幼稚园的学习往往不能很好融合,甚至发生冲突。对此,陈鹤琴指出:"幼稚教育是一件很复杂的事情,不是家庭一方面可以单独胜任的;也不是幼稚园一方面可以单独胜任的;必定要两方面共同合作方能得到充分的功效。"③他还提出了多种家园合作方法。有恳亲会,即邀集幼儿家长来幼儿园,以相互沟通情况;讨论会,教师和家长探讨幼儿出现的问题和教育办法。另有家访等,教师通过家访详细了解幼儿在家的生活情况,家庭教育中遇到的困难,并协助解决相关问题等。

(三) 幼稚园的课程教学

陈鹤琴认为幼儿园的课程乃幼儿在园的一切之活动。然而,在 20 世纪初,中国的小学和幼儿

---

① 北京市教育科学研究所.陈鹤琴全集(第二卷)[M].南京:江苏教育出版社,1989:124.
② 北京市教育科学研究所.陈鹤琴全集(第二卷)[M].南京:江苏教育出版社,1989:110.
③ 北京市教育科学研究所.陈鹤琴全集(第二卷)[M].南京:江苏教育出版社,1989:112.

园都实行分科教学,"什么国语、算术,什么社会、自然,什么图画、手工,什么唱歌、游戏,什么故事、卫生,都是分得清清楚楚,不相混合的"。陈鹤琴非常反对这种做法,并对其弊端以及不合理性进行了深入批判。他说:"儿童的生活是整个的",分科教学"完全没有顾到儿童的生活,儿童的心理的"。① 据此他提出了"五指活动"和"整个教学法"思想。

1. 五指活动

为了打破传统的分科教学模式,陈鹤琴提出"五指活动"课程思想。陈鹤琴以人的五个手指作比喻,把幼儿园课程归结为五大活动内容:儿童健康活动、儿童社会活动、儿童科学活动、儿童艺术活动、儿童文学活动,他形象地称之为"五指活动"。陈鹤琴认为,这五个方面是相互联系的,就像人的五个手指,共同构成了具有整体功能的手掌。"依据儿童身心的发展,五指活动在儿童生活中结成一个教育的网。"②幼儿教育课程的全部内容均包括在这五指活动之中。

陈鹤琴在《五指活动实施大纲》中指出,"五指活动"课程的目的是"从儿童生活出发完成儿童的完整生活"。③ 在《幼儿园课程》中指出,五指"是生长在儿童手掌上的""就是一切活动要在儿童生活上、智力上、身体上互相联系、连续的发展""是活的,可以伸缩,互相联系。……课程是整个的、连贯的。依据儿童心身的发展,五指活动在儿童生活中结成一个教育的网,有组织、有系统,合理的编制在儿童的生活上"。④ 可见,针对分科教学的弊端,"五指活动"凸显了幼儿在自然的、全面的生活活动中学习,获得全面发展的理念。

2. 整个教学法

"整个教学法"是"五指活动"课程实施的具体做法。所谓整个教学法,陈鹤琴的解释是:"整个教学法就是把儿童所应该学的东西整个的、有系统的去教儿童学。这种教学法是把各科功课打成一片,所学的功课是无规定时间学的;所用的教材是以故事或社会或自然为中心的,或是做为出发点的。但是,所用的故事或关于社会、自然的材料,总以儿童的生活、儿童的心理为依据的。"⑤陈鹤琴认为,儿童的生活本来是连成一体的,过去按学科形式来设置课程,四分五裂,既不合教学原理,违反儿童生活,也违反儿童心理,不利于调动儿童学习的主动性和趣味性。因此,幼儿园应该采取一种新的教学方法实施课程教学,应从儿童的生活中选取适合儿童发展的内容和材料,并对其进行整合,以促进幼儿身心全面发展。陈鹤琴把整个教学法又称为"课程中心制"或

---

① 北京市教育科学研究所.陈鹤琴教育文集(下卷)[M].北京:北京出版社,1985:106.
② 北京市教育科学研究所.陈鹤琴教育文集(下卷)[M].北京:北京出版社,1985:613.
③ 北京市教育科学研究所.陈鹤琴全集(第四卷)[M].南京:江苏教育出版社,1991:374.
④ 北京市教育科学研究所.陈鹤琴全集(第二卷)[M].南京:江苏教育出版社,1989:613.
⑤ 北京市教育科学研究所.陈鹤琴全集(第二卷)[M].南京:江苏教育出版社,1989:224.

"单元教学法"。

根据"整个教学法"思想,他把幼儿园教育分为 9 项内容单元,包括节日、五爱教育、气候、动物、植物、工业、农业、儿童玩具、儿童卫生。以节日和五爱教育为例:一月新年,做慰问袋,慰劳抗美援朝志愿军;二月春节,爱护公共财物;三月植树节、百花节、爱护花草树木;五月劳动节,爱劳动;六月国际儿童节,国际友爱;七月党的生日,热爱中国共产党;八月建军节,热爱人民解放军;十月国庆节,可爱的祖国等等。

五、"活教育"理论

"活教育"理论是陈鹤琴独创的教育理论。"活教育"萌芽于 20 世纪 20 年代,1940 年,陈鹤琴在江西省立实验幼稚师范学校时正式提出,后得到进一步发展,形成"活教育"的理论体系。

"活教育"理论无疑是针对中国传统的"死教育"而提出来的。陈鹤琴有感于陶行知描述当时教育情形的警语:"教死书,死教书,教书死;读死书,死读书,读书死",决心使这种腐朽的死教育变为前进的、自动的、有生气的教育,即活教育。他将"活教育"表述为:"教活书,活教书,教书活;读活书,活读书,读书活。"[①] 从理论基础而言,"活教育"则根植于杜威的实用主义哲学,同时又是对德可乐利"活的教育"和陶行知"生活教育"理论的借鉴。陈鹤琴的活教育理论体系主要包括三大部分:教育目的论、教育内容论、教学论。

(一)"活教育"目的论

陈鹤琴指出,"活教育"的目的是教育儿童"做人、做中国人、做现代中国人、做世界人"。[②]

1. 做人

教育的本质就是培养"人"。活教育的目的是教人"做人"。中外古今的教育家,都是非常注重教人如何做人的。到了近代,教育本身变了质。以为读书就是"受教育",反倒把做人忘记了。所以,陈鹤琴说他特别提出教育目的是使受教育者学会"做人",以唤起人们对教育这一本质目标的注意。在陈鹤琴看来,这种"人"既不是奴婢,也不是君主;既不是文官,也不是武将;既不是专门"劳心者",也不是专门"劳力者"。他要求,做一个一般意义上的真正的人,必须热爱人类、热爱真理,具有独立的人格。他认为因为人是一种社会的存在,必定在人与人之间相互发生关系。怎么使这个关系正确而完好地建立起来?参与共同生活,通力合作改造自然,建设社会,使个人及

---

① 北京市教育科学研究所.陈鹤琴全集(第五卷)[M].南京:江苏教育出版社,1991:1.
② 北京市教育科学研究所.陈鹤琴全集(第四卷)[M].南京:江苏教育出版社,1991:365.

全人类得到幸福,便是一个做人的问题。所以,教人"做人"是"活教育"的基本目标。

2. 做有世界眼光的现代中国人

中国教育的对象是中国儿童。因此,对中国儿童实施教育应植基于中国国情。他强调,我们生活在中国,是一个中国人,就应当学习做一个与其他国家的人有所不同的中国人。"做中国人"标明了中国社会发展有自己的特质,中国人生活的内容和及其意向必然为该特质所规定。尤其重要的是,要教儿童明了中国当前的生活内容与奋斗目标,做一个有骨气的中国人,即"每一个人都要负荷一个历史任务,那便是对外反对帝国主义的干涉,争取民族独立;对内肃清封建残余,建树科学民主"。① 在此基础上,陈鹤琴又提出要"做现代中国人"概念。"现代"是一个时间概念,即20世纪是科学民主的时代。我们每个人都生活在现代社会的中国,就应当做现代中国人。因此教育既不能脱离中国的实际,也不能脱离现实,它一方面应建筑在中国的历史传统和人文结晶之上,一方面应紧跟时代发展的步伐。所培养的人,应当是既承继民族传统文化又具有科学头脑、民主思想的现代中国人。

陈鹤琴认为,做一个具有世界眼光的现代中国人,必须具备健全的身体、建设的能力、创造的能力、合作的态度和为大众服务的精神五个条件。

第一,健全的身体,须将单纯重心的教育转变为身心并重的教育。唯其有健康的身体,才能担负起现代中国与世界给予我们的任务。

第二,建设的能力,须将单重知识的教育转变为知识、技能并重的教育。学校应该让学生去从事种种建设工作,培养学生的建设能力,以适应国家建设与发展的需要。

第三,创造的能力,须将单重传承的教育转变为兼重创新的教育。应培养学生有劳动的身手、科学的头脑,手脑并用,才有创造。

第四,合作的态度,须将单重慎独的教育转变为更重合群的教育。团结才有力量,对于学生,应培养他们的牺牲小我、成全大我的合作精神和态度,训练他们团结的意识和善于合作的能力。

第五,服务的精神,须将"人人为我"的教育转变为"我为人人"的教育。应该培养儿童一种服务精神,指导儿童去帮助别人,去了解大我的意义,肯为大众服务。

(二)"活教育"内容论

关于教育内容或教育资源,"活教育"的基本主张是"大自然、大社会都是活教材"。② 陈鹤琴认为,传统教育是书本主义的教育,是有违儿童心理特征的,有损其身体健康的。他主张,必须使

---

① 北京市教育科学研究所.陈鹤琴全集(第五卷)[M].南京:江苏教育出版社,1991:62.
② 北京市教育科学研究所.陈鹤琴全集(第四卷)[M].南京:江苏教育出版社,1991:371.

教育者和被教育者都认识到书本知识是间接的,大自然、大社会才是活的书、直接的书,符合儿童的学习心理特征。因此,"活教育"主张抛弃"书本万能"的传统观念,让儿童直接向自然、社会这种生动具体的"知识宝库"学习,使儿童在与自然、社会的直接接触和观察中,获取第一手经验和知识。

值得注意的是,陈鹤琴虽然强调以大自然、大社会作为教材知识的活水源头,但他并未完全否定教科书的作用。他强调的是大自然、大社会作为知识的本原地位,强调的是书本必须符合幼儿生活的实际经验。他强调,"活教育"的课程尽可能地依循这样两项原则:一为依据部颁的课程标准,二为根据当地实际环境的情形。①

关于教育内容,陈鹤琴概括如下:(1)以大自然、大社会作主要的教材,以课本作参考资料,这是直接的活知识,是直接的经验;(2)各科混合或互相关联;(3)不受时间的限制,没有分节的时间表,时间倒为功课所支配;(4)内容丰富;(5)生气勃勃;(6)儿童自己做的;(7)整个的、有目标的;(8)有意义的;(9)儿童了解的。②

(三)"活教育"教学论
1. "活教育"的教学过程

陈鹤琴把"活教育"的教学过程总结归纳为四大环节,即实验观察、阅读思考、创作发表、批评检讨。

实验观察。这是教学的第一步骤,也是陈鹤琴最为重视的一个步骤,这是由活教育注重直接经验决定的。陈鹤琴认为:"观察是获得知识的基本方法",③是接近科学真理、开启真理宝藏的钥匙。该阶段主要是让幼儿自由、自主地活动,"从做中学",以获得感性认识和积累直接经验。

阅读思考。这是教学的第二步骤。该阶段要求在实验观察的基础上,由教师安排幼儿阅读各种图片及粗浅文字,或观看影像资料等,使幼儿获取间接知识。同时,教师还应启发幼儿思考,使展现在幼儿眼前的间接知识与幼儿头脑中已有的直接经验挂钩,从而增进对大自然、大社会的了解。

发表创作。这是教学的第三步骤。这一阶段由教师启发、鼓励儿童将学习中的困惑或心得用语言表达出来。同时还须通过表演、绘画、编故事等多种活动,使儿童在模仿中有所创造,从而完成知识的整合并获取创新求变的乐趣。

批评检讨。这是教学的第四步骤。这一阶段的中心工作即教学评估。它一方面要求儿童在

---

① 北京市教育科学研究所.陈鹤琴全集(第四卷)[M].南京:江苏教育出版社,1991:365.
② 北京市教育科学研究所.陈鹤琴全集(第五卷)[M].南京:江苏教育出版社,1991:32.
③ 北京市教育科学研究所.陈鹤琴全集(第五卷)[M].南京:江苏教育出版社,1991:127.

教师的指导下总结学习经验,开展批评或自我批评,以获得评价客观事物和深化自我认识的能力;另一方面则要求教师对整个教学过程进行冷静、客观的评估,总结成败的经验或教训,以便在下一轮教学中加以改进。

2. 活教育的教学方法

"活教育"的方法,既是生活法,也是学习法,还是教学法。陈鹤琴概括为:"做中教,做中学,做中求进步。"①这与杜威的"做中学"和陶行知的"教学做合一"有着密切的关联。具体说来,活教育的教学方法就是以"做"为中心的教学方法。

"活教育"重视儿童直接经验,强调以"做"为中心,"凡儿童自己能做的,应当让他自己做。……'做'不仅仅是一种身体上的、动手的活动,它也包括了理性的心智活动。一切的学习,不论是肌肉的,不论是感觉的,不论是神经的,都要靠'做'的"。②从这种意义上讲,"做"是一种让儿童动手动脑、主动探索的过程。陈鹤琴认为教师越俎代庖乃教学的大忌,儿童自己求来的知识才是真知识,他自己发现的世界才是他的真世界。因此,应鼓励儿童自己去做、去思考、去发现。陈鹤琴说:"学校里面各种的活动,各种的教学,你都不应该直接去告诉他种种的结果,应当让儿童自己去试验,去思想,去求结果。"③

具体在教学活动中,他认为教育者要创造各种生活化的条件让儿童运用自己的感官和双手,去获得丰富的直接经验。儿童活动"只分室内和室外,不分课内和课外"。例如,要了解蚕的发展变化,最好是亲自养蚕,以便观察其生长过程,从而获得怎样养蚕的知识,使儿童自身的动手能力在养蚕的生活过程中得到发展。

六、陈鹤琴教育理论评析

陈鹤琴是中国现代教育史上著名的儿童心理学家和教育家,被誉为"中国的福禄培尔"。④ 他在长期的观察和实证研究的基础上,对于儿童心理及教育、家庭教育进行了深入的论述,其学前教育思想和"活教育"理论尤其有着重要的影响和启示,在中国教育史上占有不可或缺的地位。

首先,陈鹤琴儿童教育心理思想为我国儿童教育的科学化奠定了坚实的基础。他发现儿童只是"身体比较成人的小些罢了",但绝非传统观念中的"小人"。儿童就是儿童,他们天生具有好

---

① 北京市教育科学研究所.陈鹤琴全集(第四卷)[M].南京:江苏教育出版社,1991:371.
② 北京市教育科学研究所.陈鹤琴全集(第五卷)[M].南京:江苏教育出版社,1991:76.
③ 北京市教育科学研究所.陈鹤琴全集(第五卷)[M].南京:江苏教育出版社,1991:78.
④ 陈鹤琴.我的半生·钟昭华序[M].江西教育用品厂,1941:21;王伦信.陈鹤琴教育思想研究[M].辽宁教育出版社,1995:100.

奇心、好动心、好游戏和好模仿、好合群、喜欢野外生活等心理特点的独立人格。教育要从小开始,但在教育内容和教育方法上绝不能主观臆断,教育者一定要掌握并运用好儿童的心理知识。

其次,陈鹤琴具体深入地开展家庭教育研究工作,取得了很大的成就。他的家庭教育思想融生理学、心理学、教育学的基础理论与知识为一体,批判了家庭教育的一些不当的观点和做法,指出了家长如何做父母,如何教小孩的办法。他所撰写的《家庭教育》专著被称为用"科学的头脑"和"母亲的心肠"所写成,事例生动鲜明,道理深入浅出,"神乎其技,已臻乎艺术的范域",[1]广受父母欢迎。陈鹤琴的家庭教育思想在当前仍然有其生命力和现实意义。

再次,陈鹤琴的学前教育教育思想引领了学前教育的中国化、科学化方向。近代中国的学前教育由于是一种舶来品,因而办理初期暴露出严重外国化和分科教学的小学化问题。[2] 对此,陈鹤琴提出办理幼稚园一定要研究国情,适应国情;同时,通过创办南京鼓楼幼稚园开展实验研究,提出了"整个教学法"和"五指活动"课程的幼儿园课程教学思想,强调了学前教育的"生活化""经验化""活动化"和"整体性""综合性"的原则,有力改变了幼稚教育小学化的现状,对于当前开展学前教育活动依然发挥重要指导价值。

最后,"活教育"理论是陈鹤琴教育思想精髓,是中国化新教育的独特创造,是革新传统教育的有力武器。毫无讳言,"活教育"显然受到杜威实用主义教育思想的影响,但"活教育"并非实用主义教育的翻版。鲁迅曾说:"没有拿来的,人不能自成为新人。没有拿来的,文艺不能自成为新文艺。"[3]现代中国教育家陈鹤琴正是这样的"拿来主义"的实践者。陈鹤琴和陶行知一样,从西方"拿来"充满新时代气息的教育思想武器,结合中国的教育实际,使之"翻了半个跟斗",从而提出了改造传统旧教育和指导中国新教育的"活教育"理论。在当前,如何改变积重难返的应试教育问题?以什么样的教育理论来支撑教育改革?陈鹤琴的"活教育"理论能给我们一些有益的启示。"活教育"理论的出发点和归宿就是"教活书"和"读活书",它要求把僵化死板、压抑学生主动性的教育变为前进的、自动的、有生气的教育。"活教育"倡导的"做人"目的论、"大自然、大社会是活教材"内容观、"做中教、做中学、做中求进步"的教学方法论为教育改革面向儿童个性,面向儿童生活力和创造力的培养,面向社会发展要求提供了持续的理论动力。总之,"只要学校教育中存在着僵死的、空洞的形式主义……陈鹤琴批判传统学校教育的观点必将具有生命力"。[4]

---

[1] 北京市教育科学研究所.陈鹤琴全集(第二卷)[M].南京:江苏教育出版社,1989:673,669.
[2] 中国学前教育史编写组.中国学前教育史资料选(全一册)[M].北京:人民教育出版社,1989:137—138;189—190.
[3] 鲁迅选集(第4卷)[M].北京:人民文学出版社,1983:30.
[4] 张瑞璠,王承绪.中外教育比较史纲(第二卷)[M].济南:山东教育出版社,1997:318.

【思考题】

1. 试述陈鹤琴儿童教育心理思想的基本观点。
2. 谈谈陈鹤琴家庭教育思想的基本内容及现实意义。
3. 论述陈鹤琴幼稚园课程教学思想及对于当前幼儿园课程改革的启示。
4. 试论陈鹤琴"活教育"理论的历史意义及现实意义。

【阅读书目】

1. 陈鹤琴.家庭教育：怎样教小孩[M].北京：教育科学出版社,1994.
2. 柯小卫.陈鹤琴传[M].南京：江苏教育出版社,2008.
3. 黄书光.陈鹤琴与现代中国教育[M].上海：上海教育出版社,1998.
4. 王伦信.陈鹤琴教育思想研究[M].沈阳：辽宁教育出版社,1995.
5. 张毅龙.陈鹤琴教学法[M].北京：教育科学出版社,2007.

第九章　化农民与农民化：晏阳初的教育思想

晏阳初(1890—1990)

　　我们有两个发现,那是真正的革命。其一是我们学会了评价农民。多少个世纪以来,我国的农民从未受过教育,这被认为是天经地义的事情。但是我们发现农民所缺少的不是头脑,而是机会。于是我们发现了所谓"苦力"的巨大力量。我们的另外一个发现同样令人吃惊,那就是认识到我们自己——知识分子的无知,并且受到了我们自己农民的教育。

——晏阳初

【内容摘要】20世纪二三十年代,著名平民教育家及乡村建设家晏阳初掀起了一场平民教育与乡村建设运动,并在河北定县推行了乡村平民教育实验。晏阳初认为愚、穷、弱、私是当时中国农村的基本问题,主张通过学校式、社会式和家庭式等三种教育的方式实施文艺、生计、卫生、公民"四大教育"来解决这些问题。在推行平民教育和乡村建设的过程中,晏阳初要求知识分子农民化,身体力行地开展平民教育和乡村建设。晏阳初所形成的一套完整的乡村平民教育理论,对国内外平民教育和乡村建设运动发挥了重要影响。

【核心概念】晏阳初;定县实验;平民教育;乡村建设;四大教育内容;三大教育方式;知识分子农民化

一、生平及教育活动

　　1890年10月,晏阳初出生在四川省巴中县的一个书香世家。晏阳初乳名云霖,本名兴复,别名遇春,字阳初。1903年,时年十三岁的晏阳初前往保宁府(今阆中县)的天道学堂攻读西学。在天道学堂负责人姚明哲牧师(RSV. Wilian Ⅱ Aldis)的推荐下,晏阳初于1907年初前往成都华美高等学堂接受中学教育。在华美高等学堂就读三年后,晏阳初因对该校校风不满而自行退学,转而担任成都某中学英文教师。翌年,姚明哲牧师介绍年青的英国传教士史梯瓦特(James R. Stewart)与晏阳初相识,两人结下了深厚的友谊并共同创办了辅仁学社。

1911年9月,晏阳初因保路运动爆发而返乡担任巴中中学英文教师。在史梯瓦特建议下,晏阳初于1912年冬天远赴香港入圣史梯芬孙书院补习数理化各科知识。1913年9月,晏阳初以第一名的成绩考入圣保罗书院学习。因拒绝加入英国国籍,晏阳初被取消了本该获得的英皇爱德华七世奖学金,幸有基督教热心人士资助方得以继续学业。在香港学习期间,晏阳初渐感殖民地风气不良,遂有前往美国求学的愿望。1916年夏天,晏阳初自上海启程乘渡轮赴美,到达美国后不久即考进耶鲁大学政治经济系学习。

1918年6月,晏阳初从耶鲁大学毕业,响应基督教青年会战时工作会的号召到欧洲战场服务。在工作过程中,晏阳初深感华工不识字之苦,遂办起了华工识字班,后将华工识字班推广到整个欧洲的华工营。为"开通华工的知识,辅助华工的道德,联络华工的感情",[1]晏阳初又在基督教青年会的支持下创办了《驻法华工周报》。这样,晏阳初就在异国他乡开始了他一生为之奋斗的平民教育事业。

1919年秋天,晏阳初重返美国进入普林斯顿大学研究院专修历史学,并完成硕士学业。1920年,因母亲病重提前返回中国。回国后,晏阳初任职于中华基督教青年会全国协会智育部,在长沙、烟台和嘉兴等地推广平民教育。1923年8月,中华平民教育促进会总会在北京成立,晏阳初以总干事身份主持工作。从1924年开始,晏阳初先后在直隶保定道所属20县和京兆区开展乡村平民教育实验。1925年7月,晏阳初以中国代表团成员身份前往檀香山出席首届太平洋国民会议,促成了当地华侨平民教育促进会组织的成立。

1925年底,晏阳初主持下的中华平民教育促进会总会决定选取直隶省(1928年改名河北省)定县作为乡村教育华北实验区。1928年6月,晏阳初返美出席耶鲁大学毕业典礼,领受了荣誉文学硕士学位。在美期间,晏阳初积极为中国平民教育募款,向美国各界大力宣传中国的平民教育运动,并促成了中国平民教育美国合作委员会的成立。1933年春,河北省根据国民政府第二次内政会议的决定成立了以定县为实验区的县政建设研究院,由晏阳初担任县政建设研究院院长,施行政教合一体制。

1935年秋,蒋介石和刘湘先后致电邀请晏阳初协助四川省平民教育与乡村建设工作。1936年4月,中华平民教育促进会牵头组建华北农村改造协进会,由晏阳初担任执行委员会主席。同年6月,晏阳初辞去县政建设研究院院长职务。1940年10月,由晏阳初担任院长的中国乡村建设育才院在重庆附近的北碚歇马场开学。中华平民教育促进会总会机关也迁往歇马场,以中国乡村建设育才院为总会中心开展工作。1945年8月,中国乡村建设育才院扩建为中国乡村建设

---

[1] 宋恩荣.晏阳初全集(第1卷)[M].天津:天津教育出版社,2013:1.

学院,晏阳初任院长。

1943年以后,晏阳初几度赴美宣传中国平民教育运动,被锡拉丘兹等三所大学授予名誉博士学位,更促成了美国援助中国农村复兴的拨款计划。1943年5月,哥白尼逝世400周年纪念会在纽约举行。晏阳初被美国百余所大学的学者推选为"现代世界最具革命性贡献的伟人"之一,与爱因斯坦、杜威等人齐名,成为当时获此殊荣的唯一东方人。1949年11月,晏阳初离开大陆辗转赴美定居,先后协助南美、非洲和东南亚地区的发展中国家推进平民教育运动。1967年5月,国际乡村改造学院在菲律宾开工建设,晏阳初担任首任院长,后因工作需要而改任董事长。1985年至1987年间,晏阳初两度返回祖国访问,受到党和国家领导人的热情接待。1990年1月17日,晏阳初在美国纽约逝世,享年100岁。其论著先后被编成《晏阳初文集》和《晏阳初全集》等。

二、定县实验

在早期从事城市平民教育的时候,晏阳初已认识到中国大多数文盲都在农村,于是转而致力于乡村平民教育的推行。晏阳初和中华平民教育促进会为了研究乡村平民教育,深入开展了定县实验工作。实验历经了实验准备、前期实验和后期实验三个阶段。

(一) 实验准备

1924年9月,中华平民教育促进会总会添设了乡村教育部负责乡村平民教育工作。1925年底,中华平民教育促进会在晏阳初的建议下计划选取一个村或一个县作为实验区。恰好此时定县东亭镇翟城村乡绅米迪刚和米平阶二人效仿日本新村运动模式在本村举办乡村自治事业,因无良法而到中华平民教育促进会寻求帮助。经过慎重考虑,中华平民教育促进会决定将定县东亭镇附近的62个村庄划为第一乡村社会区,以第一乡村社会区作为乡村平民教育的实验区,并于1926年10月在定县设立了办事处。

从1926年秋到1928年底,中华平民教育促进会在第一乡村社会区进行了局部调查。晏阳初指出:"乡村不像城市,不可能为识字的人提供许多机会去使用学过的字。""除非我们能将这种知识教学与农民的日常生活联系起来,否则我们不可能给他们以实际的帮助。"[1]因而,要设计具体的实验方案就必须对农民的生活和农村社会的一般与特殊事实有明确的认识,社会调查因此成为定县实验的重要组成部分。

当时中华平民教育促进会在定县所设的行政组织有农民教育组、农业科学研究组和农民生活调查组三个组,其中农民生活调查组主导社会调查。在当时参与调查的冯锐和美国社会学家

---

[1] 宋恩荣. 晏阳初全集(第1卷)[M]. 天津:天津教育出版社,2013:114—115.

甘博尔(Sidney D. Gamble)等人经反复讨论,编成了《乡村社会调查大纲》。根据这一大纲,冯锐和甘博尔等人对定县的历史地理、风俗习惯、政府组织和实验区首批 62 个村庄的交通、人口、教育、娱乐、信仰、兵灾、农业、地亩、生活等问题进行了调查。除此以外,农民教育组也组织了对实验区风俗、生活、出产、卫生、游戏和歌谣等问题的调查,当中以对平民学校的调查为重点。

(二) 前期实验

在调查的过程中,晏阳初发现第一乡村社会区的范围过于狭小,决定将定县全县扩建为乡村教育华北实验区。晏阳初觉得如要在中国开展乡村平民教育,一个县就是最好的实验单位区域,在一个县建立一种生活模式后就可以通过平民教育的方式将其推广至其他县。为了进一步集中力量进行实验,中华平民教育促进总会机关在 1930 年搬迁至定县。从 1930 年秋季开始,中华平民教育促进会开始集中力量在定县做一个彻底的、集中的、整个的县单位实验。

要全面开展乡村平民教育实验,首先要对定县社会状况进行整体调查。早在 1928 年 6 月,中华平民教育促进会就成立了统计调查处(后改为社会调查部)以加强社会调查工作。社会调查部成立后,参与调查工作的李景汉、张世文、诸葛龙和甘博尔等人用了三到四年时间走遍了定县的所有村庄,对定县社会状况进行了全面调查。在这次全面社会调查的基础上,中华平民教育促进会又进行了多种专项调查。通过这些社会调查,中华平民教育促进会逐渐取得了定县人民的信任和地方政府、士绅的支持与配合,使定县实验得以顺利施行。

从 1930 年开始,中华平民教育促进会决定在定县正式实施为期十年的实验计划。这项实验计划分三期进行,不同时期的实验内容有不同的侧重点。第一期三年,实验内容为文字教育与县单位的整个教育(制度);第二期三年,实验内容为农业改进与经济建设;第三期四年,实验内容为公民教育与地方自治。为保证十年实验计划的顺利施行,中华平民教育促进会将全县分为三个实施区,以高头村为研究村,以李亲顾、南支合和明月店为三个实施区中心村,后来又将研究村周边的 61 个村扩充为研究区。负责实验工作的人员全部移居到研究村及实施区中心村,根据研究区研究的各种实施方案,通过实施中心村推广到三个实施区。

(三) 后期实验

"九一八"事变后,中华平民教育促进会"感于内忧外患之交迫,及国内外属望之相殷",[①]决定将十年计划缩减为六年计划。此项计划仍分三期进行,每期各两年,其实验内容仍在每期有不同的侧重点。第一以"村工作"为基本,第二期以"区工作"为基本(其工作性质不能限于一村或一区者,亦得扩展到全区或全县),第三期为全县实施之实验工作。1933 年 5 月,河北省政府决定在

---

① 宋恩荣.晏阳初全集(第 1 卷)[M].天津:天津教育出版社,2013:159.

定县成立县政建设研究院。县政建设研究院实际上是中华平民教育促进会在定县实验的推行机关,县政建设研究院的设置使乡村平民教育实验的推行更加顺利。

定县实验最大的特点就是将平民教育与乡村建设融为一体,"意在深入民间,根据一般人的生活需要,继续不断地创造新民教育的内容;根据一般人的生活习惯,继续不断地创造新民教育的内容;根据一般人的生活习惯,继续不断地制定新民教育的方法,并根据社会的演变,民族的进展,继续不断地创造新民教育的方案"。① 定县实验的成就引起了中国乃至海外的关注,许多报刊上都有定县实验的消息报道,国内外众多社会名流、军政要人和专家学者纷纷前往定县访问,参观定县实验一时之间成为热潮。

1932年12月,国民政府第二次内政会议决定借鉴定县经验在全国各省设立实验县。不久以后,华北地区局势因日军侵略而日渐危急。中华平民教育促进会决定将大部分精力转移至定县实验的推广,先后在湖南衡山和四川新都建立了新的实验区。1937年9月,日寇的侵略魔爪伸入定县。定县实验的大部分工作人员就地参加各种抗日工作,乡村平民教育实验宣告结束。

三、教育内容论

通过对定县的社会调查,晏阳初初步了解到中国乡村社会的问题所在。晏阳初指出中国农村问题千头万绪,"从这些问题中,我们又认定了四种问题,是比较基本的。""这四大基本问题,可以用四个字来代表它,所谓愚、穷、弱、私。"②所谓"愚"指的是中国农民的识字率极低,有百分之八十以上属于文盲,简直目不识丁。所谓"穷"指的是中国农民难以维持基本生活,大多数人的生活在生与死的夹缝里挣扎,谈不到什么叫生活程度和生活水平线。所谓"弱"指的是中国农民身体状况和卫生条件非常差,大部分人的生命存亡简直付之天命,没有科学治疗和公共卫生。所谓"私"指的是中国农民不能团结合作,毫无团体生活和团结力量,缺乏道德陶冶以及公民的训练。晏阳初意识到任何建设事业在这几个缺点之下都是空想,要根本解决这些基本问题就必须在乡村建设中推行文艺教育、生计教育、卫生教育和公民教育,即所谓的"四大教育"内容。

(一) 文艺教育

文艺教育的推行,主要谋解决农民"愚"的问题,其目的是使人民认识基本文字和得到求知识的工具,作为接受一切建设事务的准备。凡关于文字研究、开办学校、教材的编制、教具教学方法

---

① 乡村工作讨论会.乡村建设实验(第二集)[M].上海:上海书店,1934:44.
② 乡村工作讨论会.乡村建设实验(第一集)[M].上海:上海书店,1934:56.

的研究以及于乡村教育制度的确立均属于文艺教育,包括了识字教育、平民文学、艺术教育和农村戏剧等部分。晏阳初指出,中国大多数农民只知道日出而作日落而息,除此以外一无所知。这种状况在闭关锁国时代尚可苟安一时,当国门被打开以后即无法想象如何在激烈的国际竞争中占有一席之地。

定县实验刚开始的时候,晏阳初就将识字教育作为乡村平民教育的基础。但晏阳初很快就发现单纯的识字教育并不可行,转而普及平民文学。为了普及平民文学,晏阳初等人编写了《平民千字课》作为基础教材,出版了《平民读物》和《农民报》等作为补充教材,又选编了民间秧歌、鼓词、歌谣和歇后语等多种民间文学作品和三种自修课本来满足部分有一定文化的农民阅读的需要。艺术教育采用了图画、音乐和无线电广播等形式,利用传统民间艺术对农民进行教育。戏剧是一种综合艺术,在农村文艺教育中也占有重要地位。定县实验期间,中华平民教育促进会在本会大礼堂举行了13届戏剧公演,到24个乡村巡回公演话剧,训练了11个农民剧团和演员180人。文艺教育的推行,特别是无线电广播和戏剧两种艺术形式的出现,大大丰富了农民的文化生活,起到了良好的社会文化教育作用。

晏阳初主张文艺教育工作先从事研究与实验,通过设立实验学校和表演学校将研究结果贡献给地方当局,让地方当局自行推广。晏阳初指出,"这种研究出来的文艺教育,是要普遍适用于全国其他各县的,必须合乎农村经济财力的,因为在穷中国办穷教育,必须要用穷的办法"。① 在文艺教育中,晏阳初非常注重平民学校毕业生同学会的作用。他要求接受过文艺教育的平民学校毕业生组织起来建立起各村的同学会,将这些同学会的成员培养成为农村建设的中心分子,用这些接受过文艺教育的毕业生去做农村建设工作。

(二) 生计教育

生计教育的推行,主要谋解决农民"穷"的问题,其目的是"要训练农民生计上的现代知识和技术,以增加其生产"。"创设农村合作经营组织","养成国民经济意识与控制经济环境的能力"。② 晏阳初指出,对于连基本生活都无法保证的中国贫苦农民,必须尽快解决其生计问题。如果生计教育没有成效,则平民教育与乡村建设几无成功的机会。发放财物和米粮的施舍加恩方式只能是权宜之计,不可能从根本上来治愈人民的穷困。换而言之,要从生计教育入手促进农村的经济建设,才能真正解决农民的生计问题。

在实施生计教育之前,中华平民教育促进会对定县农村进行了全面调查,从而确定了农业生产、农村经济和农村工艺三方面工作的具体内容。在农业生产方面,注意普及农业科学,使科学

---

① 乡村工作讨论会.乡村建设实验(第一集)[M].上海:上海书店,1934:58.
② 宋恩荣.晏阳初全集(第1卷)[M].天津:天津教育出版社,2013:280.

简单化和实用化,方便农民接受和运用,要求注重选种、园艺和畜牧各部分工作,应用农业科学提高生产,使农民在农事方面能接受最低限度的农业科学。在农村经济方面,利用合作方式教育农民,组织合作社和自助社等,以期解决农民的借贷、购买和运销等问题,使农民在破产的农村经济状况下能得到相当的补救办法。在农村工艺方面,除改良农民手工业外,还提倡运用本地资源和人力开发农村的其他副业,以充裕农民的经济生产能力。

为了完成生计教育,晏阳初和中华平民教育促进会采取多种形式齐头并进。首先,中华平民教育促进会建立了园艺实验场作为研究基地,又成立了生计巡回训练学校来训练农民,通过表证农家的示范来实施推广训练。其次,中华平民教育促进会研究了各种农业合作社的组织,纵的方面是研究低、中、高三级合作组织系统及各类合作社间的相互关系,横的方面是研究合作教育、经营、组织、考核等及与各种经济建设连锁进行的制度和有效方法。最后,中华平民教育促进会又研究植物生产和动物生产的改进,并编印了《农民生计训练》《农民生计教学书》和动物生产、植物生产、农业工程设计等方面的生计教育书刊资料数十册,把这些书刊资料作为生计教育的补充教材。

(三) 卫生教育

卫生教育的推行,主要谋解决农民"弱"的问题,其目的是"要根据农村医药卫生的实际状况,顾到农村的人才经济,与可能的组织"。"一方面实施卫生教育,使人人为健康的国民,以培养其身心强健的力量。""一方面要创建农村医药卫生的制度,以节省各个农民的医药费用,改进今日医药设备的分配状况,以促成公共卫生的环境。"[①]晏阳初指出,中国农民身体之孱弱,实在与"东亚病夫"的屈辱标志相吻合。农民的生活极其悲惨,生命往往得不到应有的保障。许多农民在本该为国家和家庭作出贡献的青壮年时期甚至去世,不但给家庭造成沉重的经济负担,对国家来说也是非常大的损失。

要解决中国农民的卫生问题,只有培养其强健力一途可行。而卫生教育的施行,正是培养中国农民强健力的有效途径。卫生教育的基本涵义有两层:一是要将消极的治疗与积极的预防结合起来以改善农民的健康水平;二是建立一种适合农村需要的卫生保健制度。前者要求注重大众卫生与健康及科学医药之设施,使农民在他们的经济状况之下有得到科学治疗的机会,能保持他们最低限度的健康。后者要求建立一个乡村保健制度,由村而区而县成一个有系统的、整个的县单位保健组织。一般人往往注重消极的治疗,很少有人留心于积极的预防,不知道要免除疾病和保持身体健康,预防的效果实胜于治疗。要使卫生教育收到实效,卫生宣传的作用也不容忽视,应该通过平民学校的制度大力宣传卫生教育。

---

① 晏阳初.平民教育与乡村建设运动[M].北京:商务印书馆,2014:123.

为了提高农民的健康水平,中华平民教育促进会在定县实验中大力推广水井消毒和接种牛痘。在预防重于治疗的思想指导下,中华平民教育促进会又建立了三级保健制度:县设保健院,区设保健所,村设保健员。村一级的保健员最为重要,由受过短期训练的平民学校毕业生同学会会员充当,主要工作是预防注射、幼童身体检查、协助居民改善环境、清洗便所、卫生宣传及监督。与此同时,中华平民教育促进会又组织了巡回医疗队以弥补三级保健制度的不足。出于增强民族健康和发展农村经济的目的,中华平民教育促进会还在定县实验中大力推广新法接生和开展节制生育运动。

(四) 公民教育

公民教育的推行,主要谋解决农民"私"的问题,其目的是激起人民的道德观念,施以良好的公民训练,使他们有公共心和团结力,具有最低限度的公民常识和政治道德,以建立地方自治的基础。对于国家来说,公民意识的缺失是极度危险的事情。晏阳初认为,"我们办教育,固然要注意文艺、生计、卫生,但是我们不要忘了根本的根本,就是人与人的问题,大家要都是自私自利,国家就根本不能有办法,绝没有复兴的希望"。① 在公民意识缺失的情况下,实施公民教育是振兴民族和国家的必由之道。

公民教育渗透在其他教育当中,在某种意义上是中华平民教育促进会的思想教育。公民教育的主要内容可以分为两个部分:"一为公民道德,重合群,爱祖国,继承发扬中华民族的优秀传统(平教会称为国族精神);一为公民知识,即作为民主国家的公民所应有的政治知识。"②农村自治即公民自治也属于公民教育的重要组成部分,以研究村自治的内容与组织以及训练村组织基本人才为目标。与公民自治一样,指导公民活动同样是公民教育的重要工作内容,目的在于培养农民的公共心与团结力。在晏阳初的主持下,中华平民教育促进会在定县实验中有计划地进行了国家和民族精神的研究,完成了40套《历史图说》的编撰,出版了《国族精神论例浅释》和多种公民教材,并进行了农村自治和公民活动的指导。

晏阳初要求办公民教育采用家庭方式的教育,对家庭每个分子都施以公民道德的训练,使每一个公民都了解一个人与社会的关系,以发扬他们公共心的观念。同时,晏阳初还要求在目前困难严重的局面下,还要注意唤醒人们的民族意识,把历史伟大人物和可歌可泣的故事用通俗的文字写出来,用图画画出来,激励农民的民族意识。由于公民教育涉及政治,因此在定县实验开始之时推行并不顺利,直到1933年后晏阳初同时出任县政建设研究院院长、中华平民教育促进会公

---

① 乡村工作讨论会.乡村建设实验(第一集)[C].上海:上海书店,1934:60—61.
② 中国人民政治协商会议河北省委员会文史资料研究委员会.河北文史资料选辑(第11辑)[C].石家庄:河北人民出版社,1983:30.

民教育实验部主任兼定县县长,公民教育的推行才较为顺利。

四、教育方式论

在晏阳初眼中,"从前的看法以为学校课堂的教授是教育的全部,从平民教育的立场看,学校的方式只是一种方式"。① 乡村平民教育不但肩负着培育个体的教育功能,更肩负着建设现代国家的社会功能,因此不能局限于学校教育内部,而应渗透于农民生活的各个方面,实现学校式教育、社会式教育和家庭式教育的有机结合。晏阳初认为,学校式教育、社会式教育和家庭式教育三种方式应因时因地分工合作并连锁进行,以使整个社会都造成一种教育环境。

(一) 学校式教育

学校式教育的实施以文字教育内容为主,注重于工具知识的传授与基本训练。中华平民教育促进会在定县实验中要求先扫除青年文盲再创立与此衔接的儿童教育及成人教育,因此"四大教育"的成功与否跟学校式教育有着密切的联系。以往平民教育所办的各种学校往往存在专门化、贵族化和书本化的弊端,结果基本都难以为继。定县地处偏僻,既无名教授又无图书馆,更加不可能承受这些与实际脱节的学校。晏阳初指出,办学校的目的"是因为工作的需要,并不是为办学校而办学校的","而且我们的教法,也和普通学校不同"。② 中华平民教育促进会所办的学校式教育,包括平民学校和统一的村学两种形式。其中平民学校主要针对青少年进行教育,分为初级平民学校、高级平民学校和巡回生计训练学校三种。

初级平民学校招收十二岁以上已超过入学年龄的文盲,以施行扫盲教育为目标。在初级平民学校推广之前,中华平民教育促进会曾制订过识字教育制度,要求学生在教室学习 4 个月或 96 小时,认识的字要达到 1 300 个。初级平民学校开办后,为增强学生读、写、说的流畅通顺,中华平民教育促进会改进了课本和教学方法。根据晏阳初的意见,初级平民学校施行简体字的书法教学并将常用字体系统化,又采用由两个以上的字组成的"合成词"进行教学。该教学方式实施以后,初级课程所需时间由 4 个月减到 3 个月,而学生所认识的字数却由 1 300 字增至 1 700 字。

高级平民学校为毕业于初级平民学校的一部分青年农民继续深造而设立,其目的是为了培养执行建设计划的村长,特别是同学会会长。这些青年农民因已有一定的识字量,具备进一步求知学习的工具,在进入高级平民学校后可进行比较系统的训练,其课程分为社会、政治、经济学、农学和卫生学几种。而对妇女则特别着重培养她们从事初级平民学校的教学和管理工作,另外

---

① 李景汉.定县社会概况调查[M].上海:上海人民出版社,2005:736.
② 宋恩荣.晏阳初全集(第 1 卷)[M].天津:天津教育出版社,2013:145.

还设有家庭缝纫课。因为时间和人力物力所限,高级平民学校的教学具体且有实际效用,与初级平民学校并非普通的升学关系。

生计巡回训练学校着眼于使农民在农村中取得可以应用于日常生活的知识,以生活的秩序为教育的秩序,按照一年中时序的先后在研究区内分区轮流巡回训练农民,传授各种切实的技术。在招生上,凡是平民学校毕业生及具有同等学力、直接从事农业生产的农民均可入生计巡回训练学校接受训练。生计巡回训练学校的训练时间为一年,第一期为春季三、四月两个月份,属于植物生产训练;第二期为秋夏八、九月两个月份,属于动物生产训练;第三期为冬季十一、十二、一、二月四个月份,属于农村经济和农村工艺训练。训练成绩较好的,可以选为其他农民的"表证农家",作为引领示范的典型。

与平民学校相对应,统一的村学主要针对全村儿童进行教学,乡村生活体现在学校课程和教材中。其主要形式是初级小学,往上衔接初级平民学校和高级平民学校,并设置托儿部以解脱学生照顾幼小弟妹之累。统一的村学按照年龄、性别、社会的和职业的兴趣把全村适龄儿童编组为若干个小队,以此来开展课堂教学和各年龄组的活动。教师把教学和管理的大部分责任委托给小队长,先由教师向小队长传授知识,再由小队长向队员传授知识。学校的课程尽可能按照文化、经济、卫生和政治四方面的建设计划来安排,一旦儿童离校即和毕业于平民学校的学生同样具有乡村建设的思想和技能。

(二) 社会式教育

社会式教育主要面向一般群众及有组织的农民团体实施教育,是一种青年农民从平民学校毕业后接受继续教育的形式。由于成年人年龄已长、事务较多,因此其实施以讲解表演及其他直观与直感教育的方法为主,注重青年农民的组织与活动。它以初高级平民学校毕业生的各项活动为中心,其意图是使社区所有成员按照"四大教育"的路线继续受教育。

晏阳初指出,虽然"三大方式"都是推行"四大教育"内容的手段,但"欲向一般群众及有组织的农民团体施以适当的教育,则必赖社会式"。[①] 社会式教育主要根据"四大教育"研究出来的方案,利用各种工具对一般农民做普通的讲演式指导,采用文艺活动、编辑《农民周刊》和《农民通讯》、图书担和巡回书库等方式开展教育。文艺活动包括有读书会、演说比赛会、新剧表演、投稿练习等,《农民周刊》的责任是唤起农民对于国家和民族的感情,《农民通讯》主要在于联络农民之间的感情,图书担和巡回书库则是农民阅读需要的保障。

晏阳初认为,"开明而有组织的青年必须是向整个社区推行乡村建设计划的核心"。[②] 如果对

---

① 晏阳初.平民教育与乡村建设运动[M].北京:商务印书馆,2014:132.
② 宋恩荣.晏阳初全集(第1卷)[M].天津:天津教育出版社,2013:225.

平民学校毕业的青年农民置之不理的话,学生在学校期间学习的内容很快就会被遗忘,一切将前功尽弃,因此要将平民学校毕业的青年农民组织起来继续学习。青年农民完成平民学校学程之后,就加入具有文化和社会目标的毕业生同学会。平民学校毕业生同学会的成员本为同一学校的同学,彼此之间已有相当的友谊与合作的训练,再由近及远和由亲及疏,由一村而联村进至乡联合会,就能使社会式教育逐渐扩大组织。

同学会鼓励会员利用流动图书、阅读《农民周刊》并向该报投稿,组织戏剧和辩论俱乐部,为全村办无线电广播,在新闻墙上用粉笔写出当天的新闻,调解本村或邻村的诉讼案件。除此以外,同学会的其他活动还有植树、修路、农业展览、拒毒(反对吸毒品)、拒赌运动等。同时,在毕业生同学会中选举会员参加农民学会并任农业表证员,协助成立合作社和推行种痘运动,为每村培养一位保健员。同学会的中坚分子大多为十四至二十五岁之间的青年农民,受过相当的基本教育且有勇气和进取心,因此对于上述活动的进行颇有帮助。为了使同学会会员可以实际做事而不流于偏激,又聘请村中有声望和经验的领袖为指导员,并邀请现在学校或支持同学会的青年为赞助员,一起从事村中的各项公益、建设、自治和自卫等事项。

(三) 家庭式教育

家庭式教育将各家庭成员用横向联系的方法组织起来,是中国特殊的而又必须的一种教育方式,与学校式教育和社会式教育具有同样重要的地位。在中国社会尤其农村社会中,家庭占有极其重要的位置。家庭是社会组织的细胞,社会组织离开家庭这个细胞便不复存在。晏阳初认为青少年在家庭中生活的时间非常长,要改善中国的生活方式就必须从家庭做起。家庭教育有双重目的,其一为帮助解决家庭与学校之间的矛盾以达到家庭的教育化,其二为扩大家庭责任感以达到家庭的社会化。

因为家庭成员的兴趣、年龄、责任和要求等方面各不相同,因此需要依据其家庭角色来进行不同的指导。家庭中的各分子应在家庭中接受个别需要的教育,同时整个家庭生活也应该有改进的必要。特别是在接触家庭年长妇女时,要帮助她们减少对青年妇女和儿童教育的阻挠或反对,使她们的教育更有效益。晏阳初主张,可以在家庭教育中试验"发现一种方式,如何把学校课程某一部分,例如培养卫生习惯的部分,交由家庭来承担并使家庭关心社区的利益,乐于承担社会责任"。[①]

家庭式教育的主要进行方式就是组织家庭会,分别组织家主会、主妇会、少年会、闺女会和幼童会,借此将全村大多数的家庭联合起来。各种集会的教育内容,仍是文艺教育、生计教育、卫生教育和公民教育。家庭式教育在选择教育材料的时候,一方面注意家庭生活的需要,另一方面则

---

① 宋恩荣.晏阳初全集(第1卷)[M].天津:天津教育出版社,2013:224.

留心于集会成员的年龄与角色。家庭会的组织,主要是研究家庭当中的实际问题,改良家庭日常生活习惯,开展卫生习惯、儿童保护、家庭预算、家庭管理和妇女保健等方面的教育。

作为家庭式教育的核心组织,家庭会的主要目标有四个:其一,"要将各个独立自私自利的家庭,变化为各家联合互动的社会生活";其二,"要将各家天真热烈狭小的血族的生命爱,扩大为乡族为国家的生命爱";其三,"要使农民从家庭的机会之中,得到共同生活共同集会的练习";其四,"要从家庭会的组织达到全村男女老幼都同受四大教育"。①

五、教育路径:知识分子农民化

晏阳初所从事的乡村建设事业,与他对平民教育的认识密切相连。他觉得中国社会最大的实际问题在农村,最重要的实际工作也在农村。要解决中国农村的社会问题,关键在于"化农民"。而要达到"化农民"的目标,首先必须使从事平民教育的知识分子"农民化"。晏阳初一再强调:"我们欲'化农民',我们须先'农民化'。"②只有这样,平民教育才能连接农民实际并影响农民,从而实现乡村建设的目标。

(一) 为农民办教育

乡村平民教育的特点是必须紧密结合农村的实际状况,以全体人民的全部生活为起点,其目标是使广大农民成为有知识力、公德心和创造力的"新民"。为达到这一目标,晏阳初把教育的对象扩大到大部分没有文化的农民底层,以在当时历史条件下最大限度地提升农民获得教育机会,提高农民的现代化素质。综观晏阳初一生的教育活动,乡村平民教育实质上就是为农民办教育,希望通过教育的力量来改变农民的生活面貌,在教育对象和目的上特征明显。

中国传统教育与科举考试有着莫大关联,一些人读书的主要目的是为了当官。这种教育模式需要花费大量的金钱和时间,获得的知识也与日常生活无关,这就把绝大部分的农民排除在受教育的对象之外。近代以来西学东渐后出现了新式学校,但这些新式学校一是分布在城市和较大的乡镇,广大农村地区的农民没有机会接受教育;二是这种教育与中国农村的现实状况格格不入,农民也不愿意接受这样的教育,反过来进一步加深了农民在教育中的缺位。晏阳初认为各个国家有自己的政治、经济和文化传统,其教育模式不可能完全相同,"中国人在中国办外国教育"的做法并不可取,只会影响中国教育的正常发展。中国教育的进行必须结合实际生活,与中国社会的现实情况紧密集合。

---

① 吴相湘.晏阳初传:为全球乡村改造奋斗六十年[M].长沙:岳麓书社,2000:177—178.
② 宋恩荣.晏阳初全集(第1卷)[M].天津:天津教育出版社,2013:193.

晏阳初领导了一场影响广泛的平民教育和乡村建设运动,试图把广大农村纳入到现代文明的范围之中,希望广大农民随之能够提升自身的现代化素质。晏阳初对农民被剥夺受教育的权利十分不满,认为"人的人格本来平等,原无上下高低之分;因为社会制度不良,一部分的人得有受教育的机会,一部分人没有受教育的机会,于是各人的学问、德行显出不同,而人格的上下高低亦即由是而判别"。① 他指出平民教育和乡村建设的进行"应先将此种观念根本推翻,使人人觉悟读书识字是人类共有的权利,无论什么人都应享受"。② 即要为农民办教育,办好适合广大农民的教育。

(二)化农民须先农民化

晏阳初指责一些知识分子从小学而中学而大学而留学东西洋,其结果虽然是学校进得多,但却离社会实际越来越远。在晏阳初看来,农民虽然未受过正规的书本式教育,但有着丰富的生活知识经验和独到的生产劳动技能,值得知识分子去学习。农民的愚和穷,与社会现实中不重视农村和轻视农民是相联系的。农民在本质上不但不愚,而且生活中某些方面还要非常聪明。因此,要想改造农村,改变农民,知识分子须要下决心拜农民为师,向农民学习。

"化农民"是晏阳初进行平民教育和乡村建设实验的目标。而知识分子要"化农民",就必须"农民化"。知识分子要农民化,就必须先熟悉农民生活。当时一些在国内外接受过高等教育的知识分子的毛病是,他们对外国社会可能有不少的了解,但反而对中国社会现实状况是知之甚少。对此,晏阳初指出:

> 我们在国内外受过高等教育的人们往往有相同的毛病:就是全凭自己的书本知识和空洞的理想去假定人民所需要的,那是人民所欢迎的;于是今天在这里大提倡这样,明天又在那里大推行那样。其结果是这样行不通,那样又失败。失败的根本原因是我们只有书本知识和空洞理想而未去民间与平民生活接触,从平民生活里找问题、找材料,而且求解决方法。③

如果站在知识分子的立场去观察农民遇到的问题,实际上根本不可能探寻出适合农村实际的解决方案。这就要知识分子缩短与农村的心理距离,"抛下东洋眼镜、西洋眼镜、都市眼镜""换上一副农夫的眼镜"去观察问题,解决问题。④ 就是说,晏阳初要求知识分子农民化,并非让从事

---

① 晏阳初.平民教育概论[J].教育杂志,1927,19(6).
② 晏阳初.平民教育概论[J].教育杂志,1927,19(6).
③ 汤茂如.定县农民教育[M].北平:中华平民教育促进会学校式教育部,1932:12.
④ 宋恩荣.晏阳初全集(第1卷)[M].天津:天津教育出版社,2013:193.

平民教育与乡村建设的工作者彻底变成一个农民,而是强调知识分子在考虑问题时必须站在农民的角度,从农民的境遇和农民实际需要和困难出发。知识分子只有农民化后,才能走近农民的生活,了解农村社会问题的实际,从而找准问题的症结并提出切实的改造农村方案。

(三) 博士下乡

实施乡村平民教育当然离不开知识分子。因此,晏阳初主张知识分子到农村去为广大农民办教育。只是中国大多数知识分子在拥有各种学问的同时却远离乡村生活,要深入农村与农民打成一片会遇到许多困难。他们有着一股到农村为乡村建设服务的热情,却缺乏对农村和农民的认识,不知道应该如何融入农村生活。晏阳初觉得,从城市到农村不仅是地理上的距离,更是时空和心理上的跨越,虽是创举但有相当的难度。然而知识分子必须做到与农村融为一体,这是改造农民、开展乡村建设的历史使命。

为实现这一历史使命,晏阳初要求知识分子到农民生活中去了解农民的实际问题并解决问题。要实现知识分子"农民化",应该和农民一起生活劳动,熟悉农民生产生活,要虚心地给农民做学徒。同时,对乡村建设事业还要知其所以然。只有彻底与广大农民打成一片,知识分子才能理解农民和亲近农民,感受他们的痛苦和了解他们的需要,从而用自身的科学知识去为农民提供切实的服务。避免想当然地作出空洞误民的计划,纸上谈兵。

生活在都市的知识分子走向乡间,自然不是一件容易的事情。对此,晏阳初要求知识分子不仅要有"不入虎穴焉得虎子"的决心,更要有宗教般的牺牲精神。为了做好表率,晏阳初率先垂范,于1929年秋举家迁往定县。在晏阳初的感召下,中华平民教育促进会的全体成员一起搬迁至定县居住。这些知识分子放弃了舒适的城市生活和大学教授的优厚待遇,自愿到条件艰苦的农村与农民一起生活劳动,开展平民教育与乡村建设。他们当中不少曾远渡重洋留学他国,有许多更是具有博士学位的知名专家学者,在当时被称为"博士下乡"。

晏阳初率先穿起农民的粗布衣裳,与农民一起进行生产劳动和生活的各种闲谈。在晏阳初的影响下,这些知识分子散居在农村的土屋中,深入农村与农民一起生活。他们重视自身的德行修养,主动向农民学习日常生活中的各种知识与技术,在教育农民的同时与农民共同讨论寻求解决问题的最佳方法。知识分子农民化打破了两千多年来知识分子与农民之间的隔阂,把书本上的高深知识与农村的日常生活有机联系起来,使中国出现了第一次知识分子与农民的大结合,具有重大历史意义。

六、晏阳初教育思想评析

在平民教育和乡村建设实践中,晏阳初逐渐形成了一套自成体系的平民教育和乡村建设理论。晏阳初意识到社会是一个各方面相互影响的动态系统,平民教育与乡村建设是相辅相成的一体两面,两者需要有计划地配合进行方能显示实效。乡村建设是一项从各个方面对农村社会进行改造的浩大工程,而平民教育的目标是通过提高广大人民的素质来振兴民族和国家。晏阳初坚持认为单纯依靠教育是不可能完成乡村建设任务的,只有将教育发展与乡村社会其他方面的发展结合在一起,才能取得乡村建设运动的成功。没有平民教育的推行,乡村建设就只能走向失败。为此,晏阳初要求平民教育能够理论联系实际,在对农民进行知识灌输和技能训练的同时,鼓励农民运用这些知识和技能进行乡村建设。虽然晏阳初这些理论基本属于实践的总结,在哲学层面的思考和理论思维的归纳还有待提升,但其中却不缺少极具创意的闪光点。

晏阳初坚持"人民委实是国家的根本",①其教育思想有着鲜明的平民特色。第一,晏阳初的教育思想有着明显的平民目的性。他认为农民占中国人口的大多数,其受教育程度与中国整体国民素质的提高息息相关。为了达到这一目标,晏阳初把教育对象扩大到大部分没有文化的农民,在除文盲、做新民的口号中,中国传统的民本思想被晏阳初扩展为重塑国民和改造社会的乡村平民教育理论,为促进中华民族整体素质的提高作出了积极而有效地探索。第二,晏阳初的教育思想有着极强的实践特性。他认为"一切教育工作与社会建设必须有事实的根据,才能根据事实规划实际方案",②力倡深入民间以农民的实际生活为研究对象。定县实验中推行的"四大教育"和"三大方式"无不是基于中国国情而设计,具有非常强的实践功能。特别是乡村平民教育在推行过程中采用"表证农家"进行农业技术示范,有效地推动了农业科学深入民间。总之,晏阳初的教育思想基于农村教育的目标、对象、场所、内容和方法所进行的系统探索,总结出一套行之有效的乡村平民教育和乡村建设方案。晏阳初针对"愚、穷、弱、私"旧中国农村的社会病根,把"四大教育"作为医治旧中国农村社会弊病的良方。在具体教育形式上,倡导"三大方式"以及知识分子"农民化"。

晏阳初出生于书香世家并在欧美接受过新式教育,本来可以凭借自己出众的才华而赢得声望和舒适的生活,却把自己的一生无私地奉献给平民教育和乡村建设运动。因其卓越的贡献,被誉为"世界平民教育之父"。③ 他所领导的平民教育与乡村建设运动,被认为"是远比任何中国军队操练前进和后退更具有强大生命力的革命"。④ 他的平民教育与乡村建设思想直到今天仍有广泛的影响和重要的现实价值。

【思考题】

1. 谈谈晏阳初"化农民"和"农民化"的思想及实践对于当代知识分子的启示。

---

① 宋恩荣.晏阳初全集(第1卷)[M].天津:天津教育出版社,2013:380.
② 李景汉.定县社会概况调查[M].上海:上海人民出版社,2005:1.
③ 宋恩荣,杨华军.晏阳初画传[M].成都:四川教育出版社,2012:242.
④ 宋恩荣.晏阳初全集(第1卷)[M].天津:天津教育出版社,2013:642.

2. 评析晏阳初的"四大教育"内容与"三大教育方式"。
3. 晏阳初乡村平民教育思想有什么历史意义及其现实启示?

【阅读书目】

1. 晏阳初.平民教育与乡村教育运动[M].北京:商务印书馆,2014.
2. 宋恩荣,熊贤君.晏阳初教育思想研究[M].沈阳:辽宁教育出版社,1994.
3. 宋恩荣,杨华军.晏阳初画传[M].成都:四川教育出版社,2012.
4. 吴相湘.晏阳初传:为全球乡村改造奋斗六十年[M].长沙:岳麓书社,2000.
5. 张颖夫.晏阳初"平民教育"理论与实践研究:基于中国当代社会转型期的视角[M].昆明:云南民族出版社,2011.

第十章 以群众为本位：徐特立的教育思想

徐特立（1877—1968）

虚心不是一般所谓谦虚，只是表面上接受人们的意见，也不是与人们无争论无批评，把是非和真理的界线模糊起来，而必须保持自己的政治立场，当自己还未了解他人意见时不盲从。

——徐特立

【内容摘要】徐特立一生追寻救国救民的真理，将教育与革命工作紧密结合在一起。徐特立早年一心教育救国，在湖南积极发展新式教育。加入中国共产党后，为革命办教育，用革命精神办教育，为中央苏区、陕北边区以及新中国教育事业的发展，作出了重大的贡献，被誉为"当今一圣人"。徐特立的教育思想全面而丰富，涉及基础教育、师范教育、教材、教学、教师和治学等，是我国教育思想宝库中一笔弥足珍贵的财富。

【核心概念】徐特立；基础教育；师范教育；教材；教学；治学；教师

一、生平及教育活动

1877年2月，徐特立出生于湖南省长沙县五美乡（今江背镇）。早年读过6年私塾，15岁时因家贫被迫辍学，18岁开蒙馆，20岁时毅然制定"十年破产读书"计划，将家里仅有的几亩田产逐年变卖以买书，刻苦自学，为以后从事教育工作打下了扎实的基础。

1905年，徐特立考入宁乡驻省中学师范速成班，学习四个月后结业，在长沙县椰梨创办梨江高等小学堂。1906年春，受朱剑凡之邀，到周氏女塾任教。其间，还在修业、明德、长郡等校兼课。1909年12月，在修业学校向师生进行时事演说，历数帝国主义的罪恶和政府的奴颜婢膝，愤然断指血书，激发青年学生的爱国情怀。

1910年，徐特立入江苏省教育会办的小学教师训练班学习，并考察了上海、日本的小学教育，回湖南后担任周南女校师范部主任兼小学部主事,创办《周南教育》周刊。1911年10月,武昌起义爆发,徐特立积极参与发动湖南新军起义,后被选为湖南省临时议会副议长,然而官场的腐败使他愤然辞职,决心回到教育界,"用教育来改革人心"。①

1912年3月,徐特立创办长沙师范学校(长沙师范学院前身)并担任校长,1913年在家乡创办五美初级小学校。1913年底开始任教于湖南省立第一师范,其崇高品德、渊博学识以及强烈的爱国热情,对毛泽东等许多有志于匡时救国的青年学子产生了深刻的影响。

1919年7月,徐特立赴法勤工俭学,成为一位"留法老学生"。其间,他还到比利时、德国等国考察教育及其他问题。1924年夏,徐特立回国创办长沙女子师范并担任校长,同时兼任长沙师范、湖南省立第一女子师范的校长。他兴学校办教育的实践产生了极大的影响,被誉为湖南教育界的"长沙王"。

1927年4月国民党公开叛变革命,5月长沙发生"马日事变"。面对白色恐怖,徐特立毅然加入中国共产党并参加了"八一"南昌起义,后赴苏联莫斯科中山大学学习。1930年底回到中央苏区,领导苏区扫盲教育工作等,提出"老公教老婆,儿子教父亲,秘书教主席,马夫教马夫,伙夫教伙夫,识字的教不识字的"②扫盲方案,取得显著成效。1931年担任中华苏维埃共和国临时中央政府教育人民委员部副部长、代部长等职,制定了一系列教育为革命战争和苏维埃建设服务的教育方针和政策,领导创办瑞金列宁师范、闽瑞师范、中央卫生学校、高尔基戏剧学校等学校以及各种夜校和训练班,编写了《自然常识》《农业常识》等教材,为苏区教育事业作出了突出的贡献。1934年10月,时年58岁的徐特立参加二万五千里长征,是红军队伍中年龄最长者,被毛泽东誉为"坚强的老战士"。

长征到达陕北后,徐特立先后担任中华苏维埃政府西北办事处教育部长、陕甘宁边区政府教育厅厅长,领导边区教育工作。1937年2月,徐特立60大寿,毛泽东特地写了一封祝寿信,满怀深情地说:"你是我二十年前的先生,你现在仍然是我的先生,你将来必定还是我的先生",高度评价他"革命第一,工作第一,他人第一"③的高贵品质。1940年12月,徐特立担任延安自然科学院院长,提出了教育、科研、生产"三位一体"的办学模式,培养了大批科技人才。1943年,任中共中央宣传部副部长,1945年4月出席中共"七大",当选为中央委员。1947年1月,徐特立70大寿,中共中央的贺信中写道:"你的道路,代表了中国革命知识分子的最优秀传统。……你对自己是学而不厌,对别人是诲人不倦,这个品质使你成为中国杰出的革命教育家。"④

新中国成立后,徐特立先后担任全国政协委员、中央人民政府委员、中共中央委员、中宣部副

---

① 中央教育科学研究所.徐特立教育文集[M].北京:人民教育出版社,1979:13.
② 长沙师范学校编,陈志明执笔.徐特立传[M].长沙:湖南人民出版社,1984:105.
③ 长沙师范学校.怀念徐特立同志[M].长沙:湖南人民出版社,1979:2.
④ 长沙师范学校.怀念徐特立同志[M].长沙:湖南人民出版社,1979:1.

部长以及全国人大常委等职,虽然年事已高,仍然朝气蓬勃地工作,通过撰写文章、审阅教材、到学校视察指导、给师生作报告等各种方式,关心、指导教育工作,在教育基本理论以及国民公德教育、青少年思想品德教育等方面,提出了许多精辟的见解。

徐特立一生从事教育工作,为中国现代教育事业发展作出了重要贡献,不愧为伟大的人民教育家。正如中共中央的悼词所说,徐特立的一生是"光荣的一生,革命的一生,伟大的一生。"①

二、徐特立教育思想的形成与发展

徐特立说:"我的生活随着社会从人类被压迫向着解放走,从失败向着胜利走,一切生活都配合着中国革命的发展。"②他的教育思想正是如此,在中国近现代史的不同阶段,配合着中国革命的潮流产生与发展,其形成与发展大致经历了萌芽、产生、发展、成熟和深化几个阶段。

(一) 萌芽期(1895—1911)

1895年,徐特立确定"教书兼习科举业",③开始在家乡的小塘湾教蒙馆,由此开始一生长达70多年的教育生涯。1905年从宁乡驻省中学师范速成班结业后,决心"创造有利于国家民族的事业",④与姜济寰等一起创办了梨江高等小学堂。次年应朱剑凡的邀请,任教于周氏女塾,支持女子教育事业的发展。其间曾到上海、日本学习和考察教育,以促进中小学教育改革,还在长沙北门外的李大中丞祠堂,创办了一所平民夜校。这一时期,徐特立从最初的教书谋生转向服务社会,积极从事新式教育,并一度致力于小学教育改革,通过办《周南教育》探讨教育问题,标志其教育思想的萌芽。

(二) 产生期(1912—1927)

中华民国成立后,徐特立一方面舍家办学,先后创办长沙师范、五美高小、长沙女子师范等多所学校;另一方面担任长沙师范、湖南省立第一女子师范等学校校长,从事学校管理,并任教于多所学校和参与平民教育实践。同时,考察法国、比利时、德国等国家的教育。在实践基础上,徐特立潜心教育研究,先后撰写出版《教育学》《初等小学国文教授法》《小学各科教授法》等著作,提出了相关的教育观点及系统的教学法理论,特别是认为"救国的方法首在教育",⑤在学校管理方面

---

① 长沙师范学校编,陈志明执笔.徐特立传[M].长沙:湖南人民出版社,1984:208.
② 武衡,谈天民,戴永增.徐特立文存(第一卷)[M].广州:广东教育出版社,1995:140.
③ 湖南省长沙师范学校.徐特立文集[M].长沙:湖南人民出版社,1980:597.
④ 长沙师范学校编,陈志明执笔.徐特立传[M].长沙:湖南人民出版社,1984:15.
⑤ 武衡,谈天民,戴永增.徐特立文存(第三卷)[M].广州:广东教育出版社,1995:334.

也形成了自己的观点,这标志着徐特立教育思想产生。

(三) 发展期(1927—1934)

这一时期,徐特立的教育思想实现一个重大转折,由教育救国转向"为革命办教育"。先是积极参加湖南农民运动,为革命培养急需的工农干部。大革命失败后毅然加入中国共产党,直接参加了南昌起义等革命斗争。后去莫斯科中山大学学习,马克思主义理论修养大大提升,掌握了分析教育现象的新的武器。1931年后,作为中央苏区教育的实际负责人,徐特立比较自觉和自如地运用马克思主义理论,分析、解决苏区的教育问题,其教育思想得到进一步的发展。

(四) 成熟期(1935—1949)

长征胜利后,徐特立领导陕北边区的教育工作,大力开展扫盲教育,成效卓著。抗日战争全面爆发后,他主持八路军驻湘通讯处工作,从事社会教育性质的抗日宣传统战工作。回到延安后,先后担任延安自然科学院院长、中宣部副部长兼教育研究室主任等职,领导创办中国共产党的高等自然科学教育,培养造就了大批科技人才,并在理论上有两大突出建树:(1)提出了教育、科研、经济(或生产)"三位一体"的办学模式,认为"科学教育与科学研究机关以方法和干部供给经济建设机关,而经济机关应该以物质供给研究和教育机关"[①]"科学替生产服务,同时生产又帮助了科学正常的发展";[②](2)提出了"群众本位"的教育观,主要包括两个方面,一是教育应"给广大的工农群众与妇女以受教育的机会",[③]即为群众办教育;二是教育的主体是当家做主的人民大众,即应依靠群众办教育。徐特立这一时期的教育实践活动和理论建树,展示了一个马克思主义教育家的远见卓识,标志着他教育思想的成熟。

(五) 深化期(1949—1968)

新中国成立后,徐特立年事已高,不再从事具体的教育工作,但他继续通过各种方式关心、指导教育:或报告讲解,或撰文著述,或视察调研,或接待来访,或应约题词,一心为新中国教育事业奉献心力。特别在新中国成立初期撰写了《科学化、民族化、大众化的文化教育》《教育讲座》《各科教学法讲座》等文章,系统阐述自己的教育见解。例如,关于"民族的、科学的、大众的文化教育"新民主主义教育方针的理解,徐特立把"科学化"放在首位,明确指出:"我们是培养高度自觉

---

① 湖南省长沙师范学校.徐特立文集[M].长沙:湖南人民出版社,1980:254.
② 中央教育科学研究所.徐特立教育文集[M].北京:人民教育出版社,1979:50.
③ 湖南省长沙师范学校.徐特立文集[M].长沙:湖南人民出版社,1980:407.

的人民，而不是培养盲目服从的顺民，所以教育科学化就有绝对的意义。"①此外，他还就社会主义教育方针、"五爱教育"、青少年教育等众多问题，进行过比较深入的阐述，其教育思想得到进一步深化和发展。

三、基础教育思想

徐特立在领导和从事教育实践的过程中，把相当部分时间和精力放在基础教育上，对小学教育、幼儿教育有过许多精辟的论述。

（一）小学教育

1. 关于小学教育的地位和任务

徐特立曾一度致力于小学教育。他指出："教育之基础在小学。根沃者枝茂，源深者流长，固其理。"②"小学教育是一切教育的基础，基础不稳固，上面就建筑不起来。""基础教育不办好，高级的人才也是难于培养好的。"③关于小学教育的任务，徐特立主张"小学的教育，是教人的，不宜含国家主义，地方特性，不含世界的，是使知普通做人的方法"，④即不宜过早教授包含国家主义、地方特性等知识和倾向的内容，主要内容在于使小学阶段的儿童学会如何做人。同时，徐特立认为对于小学生也不应实施职业教育，以免过早地束缚他们的思维，限制他们以后的发展。

2. 小学教育应实施"免费的强迫教育"

由于小学教育是教育的基础，也是人类和社会进步的基础，因此，"小学教育不分性别与社会的差别，一概施以免费的强迫教育。"⑤"儿童是将来共产主义社会的建设者，所以小学教育是苏维埃政权下一切儿童所必须的。"⑥徐特立特别提出了女童教育的问题。早在1920年，远在法国勤工俭学的徐特立就给其好友长沙县知事姜济寰写信，积极建言应对学龄儿童强迫入学，对于女童尤须注意。同时，主张对在校学生还应免收其书籍及其他费用。

---

① 湖南省长沙师范学校.徐特立文集[M].长沙：湖南人民出版社，1980：384.
② 武衡，谈天民，戴永增.徐特立文存（第五卷）[M].广州：广东教育出版社，1995：169.
③ 涂光辉，周树森.徐特立基础教育理论与实践[M].长沙：湖南师范大学出版社，1998：9.
④ 湖南省长沙师范学校.徐特立文集[M].长沙：湖南人民出版社，1980：40.
⑤ 中国人民政治协商会议江西省委员会.吉安地区工作委员会办公室.吉安文史资料（第一辑）教育专辑[Z].1999：80.
⑥ 武衡，谈天民，戴永增.徐特立文存（第一卷）[M].广州：广东教育出版社，1995：131.

(二) 幼儿教育

1. 关于幼儿教育的地位

早在50多年前,徐特立就明确指出幼儿教育的重要性与紧迫性,表现出敏锐的洞察力和超人的眼光。1963年,在给湖南省幼儿师范学校的信中,他一再强调幼儿教育的重要性,指出:"幼儿教育是社会主义建设中一项极其重要的工作。……幼儿教育是教育后一代的基础的基础,它关系到进入青年时期德育、智育、体育的健康发展。"并为学校题词:"认真搞好幼儿教育是共产主义事业中最光荣的任务。"① 目前,湖南省幼儿师范学校已发展为在全国幼教领域具有重要地位的长沙师范学院,对于学前教育事业的人才培养和科研发挥着重要的作用。

2. 加强幼教工作的管理和师资建设

首先,强调要加强对幼教工作的管理。徐特立指出:"保育工作和儿童教育工作,应该进行科学的研究,并分配有经验的、有学识的、有能力的干部去领导这一工作。"他要求政府部门和妇女代表要经常检查托儿所、幼儿园的工作,定期召开家长会议,讨论、研究幼教工作,并对家长进行一定的宣传教育;卫生机关应经常派人检查托儿所的卫生和孩子的身体健康。

其次,徐特立对如何当好一名幼儿教师提出了几点基本要求:一是要有高尚的共产主义道德修养,要以身作则、为人师表,以培养幼儿良好的行为习惯和道德修养;二是要热爱幼教工作,热爱儿童,专心致志、钻研业务,对工作具有高度的责任感,不强迫、威吓和体罚儿童;三是要不断提高业务水平,掌握幼教工作规律,做一个有全面知识又有专长的人。

徐特立还一再强调幼儿教育工作"要充分发展儿童自动的能力和创造性"。② 早在20世纪20年代考察法国教育时,徐特立就说:"我喜欢法国的教育,就是给小孩以充分的活动。""小孩玩泥,要是不妨害公物,教员是不干涉的。"③ 因为这样有利于儿童的个性发展。"对于儿童必须用种种游艺,适合着儿童智力体力的发展,去引导他们来观察和了解新的问题,新的事物,新的现象和运动"④。这些观点,直到今天仍然具有重要的指导意义。

四、师范教育思想

徐特立一生的教育实践中,曾长期从事师范教育工作,不仅创办长沙师范、长沙女子师范、中央列宁师范、扫盲师范等学校,开办各种短期师训班和简易师范,还任教于湖南省立第一师范、湖

---

① 王风野.湖南省长沙师范学校校志1912—1992[M].长沙:湖南教育出版社,1993:92.
② 江西省教育学会.苏区教育资料选编(1929~1934)[Z].南昌:江西人民出版社,1981:120.
③ 湖南省长沙师范学校.徐特立文集[M].长沙:湖南人民出版社,1980:39.
④ 江西省教育学会.苏区教育资料选编(1929~1934)[Z].南昌:江西人民出版社,1981:120.

南省立第一女子师范、湖南高等师范学校,并撰写出版了《教育学》《小学各科教授法》《初等小学国文教授法》等师范教育论著,有着非常丰富的师范教育思想。

(一) 师范教育的意义与任务

徐特立非常强调师范教育的重要地位,明确指出:"学校之责任无更大于师范学校者。"[①]认为师范学校的地位有以下几个方面:第一,师范学校是培养教师的,而教师"对国家人才的培养,文化科学事业的发展,以及后一代的成长,起着重大的作用",[②]认为师范教育的好坏关系到国家人才的培养和各项事业的发展。第二,师范教育甚至关系到国家民族的"开化"。1912年,徐特立为长沙师范的毕业生写了一首豪情满怀的《毕业歌》:"休夸长沙十万口,子弟不教非我有。十八乡镇半开化,少数通人难持久。莫谓乡村阻力多,盘根错节须能手。莫谓乡村馆谷薄,树人收获金如斗。大家努力树桃李,使我古潭追邹鲁。"[③]强调师范教育的重要性,鼓励学生献身教育事业,为国家民族的"开化"与文化繁荣而奋斗。

师范教育的任务在于养成优秀的教师。徐特立指出:"师范学校之功用,在于养成教师。"[④]他认为教育是立国之本,而师范教育作为教育的母机,影响到国家的发展与繁荣。

(二) 师范教育的内容

徐特立在办学中一直坚持德智体"三育并重",以培养出全面发展的学生,师范教育也不例外。徐特立认为师范教育内容有其独特性,主要有以下几个方面。

第一,务必把思想品质的教育放在首要地位。因为"师范学校之事业决非简易,为教师之教师者,必不可无特别之性质及预备。教师之所首要者品性,次于品性者为教授能力,此能力得以人力养成之。苟无此二者,则学校为无效。""学师范,做人民教师的人,他的思想品质的好坏,也就格外显得重要。"[⑤]因此,师范教育应培养学生有高尚的道德修养,热爱自己的专业,专心致志,钻研业务,对教育事业具有高度的责任感。

第二,要重视教育学、心理学、教学法等教育科学的教学和学习。徐特立在长期的教育实践中,深深感受到教育科学对做好教育工作的重要作用。新中国成立后,他多次勉励师范生要学好教育科学。1957年7月,他接见北京第一师范毕业班的同学们时,亲切地提出"我希望你们钻研

---

① 武衡,谈天民,戴永增.徐特立文存(第五卷)[M].广州:广东教育出版社,1995:173.
② 中央教育科学研究所.徐特立教育文集[M].北京:人民教育出版社,1979:295.
③ 中央教育科学研究所.徐特立教育文集[M].北京:人民教育出版社,1979:1.
④ 武衡,谈天民,戴永增.徐特立文存(第五卷)[M].广州:广东教育出版社,1995:173.
⑤ 武衡,谈天民,戴永增.徐特立文存(第五卷)[M].广州:广东教育出版社,1995:173.

教育科学""如果你们在教育科学中能解决实际问题,有创造,就是专家了"。① 1959年6月,徐特立在接见报考师范的高中毕业生时,又指出:"小学教师对于儿童生理、心理学方面,尤其要特别注意,一个懂得教育学、心理学、教学法的教师,教起书来总要比较好些。"②

第三,要重视教育实习。这是使教育理论与实践相结合的重要途径。早在长沙办师范时,他就创造了"实习批评会"的教学方式。在湖南一师,他曾担任过实习主任。在中央苏区的列宁师范等学校,将学生三分之一的学习时间安排实习,并继续推广实习批评会。1950年,他在《教育讲座》中总结把教育理论课教学与教育实习有机结合的经验,指出:"教教育课本在实习中和实习后,学生也变为对书本的批评者,这样就能够养成学生的创造性和独立学习的能力。"还说:"我们的师范院校所以要办附中、附小,就是为了实习批评。"③据徐特立的学生和战友熊瑾玎回忆,徐特立教教育课,每次所编的讲义,都不是完全根据陈规来的,而是由每班在实习中互相观摩、互相批判、互相研究所得出来的经验和结论。他把这些经验和结论,重新编入下一次或下一班讲义之内,所以他的讲义不是现成的,而是一次又一次地推陈出新,讲起来很有趣味。④

五、论教材

徐特立非常重视教材建设,先后编写和组织编写过基础教育、师范教育、成人教育、职业教育、干部教育和社会教育等各类教材。徐特立不仅具有丰富的编辑教材的实践经验,而且在教材编写原则、方法以及教材使用等方面有不少精辟的论述。

(一)教材编写的科学化

徐特立认为科学化是教材编写的最基本原则,编写人员一定要有科学的态度、高度负责的精神。他说:"编著教科书时,应该是每一个字和每一个定义都不苟且""应该周密考虑到每一个字每一个断语"。⑤强调要注意内容的科学性和编写的规范性。

他对科学化的教材编写要求主要有:一是思想性与知识性的统一。他指出,教材"内容要丰富,像百科全书,即不但有政治思想内容,还应有自然常识、社会常识和生产常识……把政治思想教育与文化基础知识紧密结合起来"。⑥同时,思想性只能融合于知识之中,不应牵强附会。他要

---

① 中央教育科学研究所.徐特立教育文集[M].北京:人民教育出版社,1979:288.
② 中央教育科学研究所.徐特立教育文集[M].北京:人民教育出版社,1979:295.
③ 武衡,谈天民,戴永增.徐特立文存(第四卷)[M].广州:广东教育出版社,1995:178.
④ 长沙师范学校.怀念徐特立同志[M].长沙:湖南人民出版社,1979:79.
⑤ 武衡,谈天民,戴永增.徐特立文存(第四卷)[M].广州:广东教育出版社,1995:23.
⑥ 长沙师范学校.怀念徐特立同志[M].长沙:湖南人民出版社,1979:37.

求"把马列主义融化到各科中去,而不是混合到各科之中,混合而不融化是有害的,犹如食物在胃中不消化,即要生病。消化不了的马列主义,去生硬地教育儿童,就会伤害儿童们的脑筋。"[1]二是基础知识与基本技能相统一。教材一方面要突出基本的文化科学知识,另一方面要规定基本技能的训练,安排足够数量的实验、演示、实习和练习。关于基础知识与基本技能的要求,他说:"文化学习应给以一般的基本知识,不在多而在'要',技术学习应给以专门的知识,不在多而在'专'。"[2]三是观点与材料相统一。教材既要提出基本概念、原则、法则、公式、定理等理论知识,又要针对理论与观点列举事实,引证材料,让材料说明观点,观点统帅材料,使理论与事实、观点与材料相统一。

(二) 教材编写的民族化

徐特立认为,编写教材不仅内容和形式要科学化,而且要体现民族特点,做到民族化,因为科学化只有结合民族化才有其实际的意义。他说:"科学是普遍真理,放之四海而皆准的东西。但如果不民族化,就不能具体化和行动化,就会变成'为科学而科学'。"[3]教材的民族化,首先是中国化。"中国化,就是要把一般的或外来的文化教育,转化为自己的'血'和'肉'",[4]使之成为适合中国需要的东西。其次是地方化,在落后的乡村更要乡土化,因为中国是一个多民族的国家,各民族不仅文化程度有差别,而且经济条件、语言文字、风俗习惯都有民族的差别性。编写教材应从中国这个实际出发,在内容的安排方面,不要限制得过死,应体现一定的灵活性,让各地根据本地的情况补充一些乡土教材。这是民族化的具体表现。

(三) 教材编写的大众化

徐特立认为,教材的大众化,就是要坚持大众基本的知识、基本的技术、基本的方法,离开了这些就不是大众化。比如,编写科学读物当然很需要,但如果不与实际联系,没有解决具体问题,不从老百姓丰富的生动活泼的语言中吸收科学的东西,结果大众还是大众、科学还是科学,科学不能与广大老百姓结合,这样的读物是根本谈不上大众化的。

他指出:"大众化,用中国教学的一句老话,叫做典、显、浅。"[5]"典",就是选择的材料要有典型意义,有事实根据;"显"就是明显的、普遍存在的、经常遇到的、大众周知的东西;"浅"不是肤浅,而是由浅入深,由常识到科学,由具体到抽象,由感性到理性,做到通俗易懂。为了做到大众化,必须"去空、去杂和去孤"。所谓空,是没有事实的理论,或没有与理论结合的,又没有原则处

---

[1] 武衡,谈天民,戴永增.徐特立文存(第四卷)[M].广州:广东教育出版社,1995:19.
[2] 武衡,谈天民,戴永增.徐特立文存(第三卷)[M].广州:广东教育出版社,1995:59.
[3] 武衡,谈天民,戴永增.徐特立文存(第四卷)[M].广州:广东教育出版社,1995:21.
[4] 武衡,谈天民,戴永增.徐特立文存(第二卷)[M].广州:广东教育出版社,1995:176.
[5] 武衡,谈天民,戴永增.徐特立文存(第四卷)[M].广州:广东教育出版社,1995:250.

理的、与原则无关的事实;所谓杂,是没有联系的知识,无生命的东西,非科学的东西;所谓孤,是单纯化,没有历史的发展和环境的影响,没有来源去路。他强调:"去孤去杂不独是编书的原则问题,并且是整个方法论上的重要问题。"①

六、论教与学

徐特立认为教学不能仅仅考虑到课堂,与课堂师生教与学有关的方方面面的问题都是教学关注的对象。他说,教学"中心内容还是课堂内的",但决"不是只在教课时候的方法,而是在教课前后,在教课的周围环境,教课实施的条件,一切和教学有关的东西,尤其是社会方面,都放在我们的考虑之内"②。

(一)教学应以辩证唯物主义认识论为指导

人类的认识是一个从感性认识到理性认识,再从理性认识到实践的螺旋式无限循环过程。徐特立认为,教学过程和人类的一般认识过程基本是一致的,教学过程对学生来说就是一个认识过程。但是,由于教学过程的起点开始于对人类已有认识成果的接受和继承,而其中的重要形式是学习书本知识,因此,学生在教学中的认识过程和科学家在研究中的认识过程又是有所不同的。科学家走的是一条发现科学真理的道路,而学生走的是一条学习科学真理的道路。学生在教学过程中主要是学习间接经验、书本知识。但是,既然书本知识都是从实践经验和感性知识中总结出来的,那么,学习书本知识就要同实践经验和感性知识密切结合起来。教学中,教师要利用一切形象化的东西,指导学生从事一切有益的实践活动,以加强对书本知识的理解。因此,教学论必须以辩证唯物主义认识论为指导。

(二)教者与学者各负一半责任

教学是教与学的有机统一。徐特立借用《学记》中"教学半"思想,概括了教与学之间的关系,认为教学必须"教者与学者各负一半责任"。③ 教学既不能是完全的教师本位,也不能是完全的学生本位,教师和学生都应该充分认识到自己在教学过程中的不同地位和作用,发挥各自的主观能动性。

首先,徐特立批评了"先生讲,学生听"的注入式教学,认为这种"不跟学生商量,强迫学生接受"的灌输,是封建的旧时的教学方式,而"先生问,学生答"的问答式也没有造成学生自动的奋发

---

① 武衡,谈天民,戴永增.徐特立文存(第三卷)[M].广州:广东教育出版社,1995:142.
② 湖南省长沙师范学校.徐特立文集[M].长沙:湖南人民出版社,1980:492.
③ 中央教育科学研究所.徐特立教育文集[M].北京:人民教育出版社,1979:205.

精神,也是需要加以改进的。其次,徐特立认为教学中师生"不是平等分工之一半""教师是同志中的领导者"。① 这就是说,教师是教与学这对矛盾中的主导方面,在教学中应发挥主导作用。学生的积极性是靠教师去调动的。教师对学生要高度热爱,全面负责,严格要求,想方设法"总要使他进步"。再次,"在教与学当中,教师和学生都得到利益,都获得进步",②这就是"教学相长"。徐特立指出,教学相长是一个无止境的运动过程,而且最好达到"学生一定要超过先生,甚至要打倒先生,青出于蓝,也是先生的光荣"。③

(三) 教书与育人统一

徐特立认为,教学工作的中心固然是教书,然而,"教书不仅是传授知识,更重要的是教人,教育后一代成长为具有共产主义思想品质的人"。④ 在这里,徐特立否定了那种把教学等同于智育的做法,认为教学除了传授学科知识外,还应适时、恰当地融入思想品德教育,主张"我们的教学是要采取人师和经师二者合一的""经师是教学问的,就是说,除了学问以外,学生的品质,学生的作风,学生的生活,学生的习惯,他是不管的,人师则是这些东西他都管"。⑤ 只有这样,教学才能真正达到教书育人的目的。

对此,徐特立认为,教学在智育方面的任务并"不是单纯地给以已有的知识",还应该"养成学生的创造性和独立学习的能力"。⑥ 一方面,增进知识是提高思考力、发展创造力的必要因素,"凡是伟大的人物,他之所以能够创造出新的事物,都是由于他吸收了过去人类历史的知识遗产而来的"。⑦ 另一方面,"我们要培养具有创造性的劳动者,只会接受书本子上的现成知识还不够,还需要能够发现新知识"。⑧ 教学中应讲究教授给学生的知识的性质,注意"我们读书的方法和立场",采取能"造成学生学习热情"⑨的启发法,以此培养学生的创造性和自学的能力。

(四) 教学方法与治学要领
1. 教学方法

徐特立十分重视教学方法的研究。他认为,为了使教学工作卓有成效,事半功倍,一定要讲

---

① 中央教育科学研究所.徐特立教育文集[M].北京:人民教育出版社,1979:205.
② 中央教育科学研究所.徐特立教育文集[M].北京:人民教育出版社,1979:205.
③ 湖南省长沙师范学校.徐特立文集[M].长沙:湖南人民出版社,1980:476—477.
④ 中央教育科学研究所.徐特立教育文集[M].北京:人民教育出版社,1979:295.
⑤ 湖南省长沙师范学校.徐特立文集[M].长沙:湖南人民出版社,1980:495.
⑥ 湖南省长沙师范学校.徐特立文集[M].长沙:湖南人民出版社,1980:494,410.
⑦ 湖南省长沙师范学校.徐特立文集[M].长沙:湖南人民出版社,1980:283.
⑧ 湖南省长沙师范学校.徐特立文集[M].长沙:湖南人民出版社,1980:590.
⑨ 湖南省长沙师范学校.徐特立文集[M].长沙:湖南人民出版社,1980:498.

究教学方法,但是,"纯粹的方法是不存在的""一切方法都是被本质决定的";①我们研究教学法,决不能是"纯学术的""抽象的""一般的",而应"根据我们新民主主义的新的社会关系和物质条件(包括人力物力在内),来解决我们教学中的具体问题"。②

徐特立主张,对教育方法"应广泛地进行马克思主义的自我批评和批评"。③ 在他看来,任何教学方法都是有一定针对性的,无论中国古代的还是国外的教学法,都不能不加分析和批评,照搬套用。例如,当时流行的设计教学法,鼓励把科学运用到实际方面去,这是它的优点,但这种方法打乱了科学系统,是一种手工业方式,带有狭隘的经验主义色彩。对于注入式和启发式,也不能全盘肯定或全盘否定。注入式教学弊病很多,可是也不能完全废除,如讲一个学生没有经验过的特殊历史问题,那就要先作报告,后作讨论,这种报告就是注入式的。④ 启发式教学当然有很多优点,但如果仍是以先生为主体去启发,而不是学生的奋发,就不是十全十美的,还需要在实践中进一步发展。总之,对任何的教育方法都要进行分析,结合实际情况加以选用,"没有批评与自我批评的教育方法,则无须乎谈教育"。⑤

2. 治学要领

徐特立的知识非常渊博,这一方面归因于他"活到老,学到老"永不满足的学习精神,另一方面则因为他有着科学的学习态度和良好的学习方法。他对此有过很多精辟的论述。

（1）治学态度

徐特立认为学习的基本态度应是"实事求是,不自以为是"。一是要"打破学术上的关门主义",⑥因为"一切人们都有他所长,也都有所短,择善而从,则人尽师也"。⑦ 真正聪明的学习者,从不故步自封、固执己见,善于向一切人学习。二是"反对骄傲高慢的作风。"⑧古今中外的伟大人物,对于比他们落后、粗浅的思想,"虽然严格地加以批评,加以革命,然而从来不存在鄙视和唾弃的态度,而是加以细心分析",⑨虚心学习和进行认真的研究,从中有所得。相反,"自以为知,自以为能,就会阻碍我们进一步学习"。⑩ 三是要批判地继承古今中外的文化遗产。徐特立主张实行"古今中外法",不管是古代的还是现代的,也不管是外国的还是中国的,只要是优秀的文化遗产,

---

① 湖南省长沙师范学校. 徐特立文集[M]. 长沙：湖南人民出版社,1980：229,407.
② 湖南省长沙师范学校. 徐特立文集[M]. 长沙：湖南人民出版社,1980：492.
③ 吉多智,李国光,戴永增. 徐特立教育学[M]. 广州：广东人民出版社,1990：231.
④ 湖南省长沙师范学校. 徐特立文集[M]. 长沙：湖南人民出版社,1980：409.
⑤ 湖南省长沙师范学校. 徐特立文集[M]. 长沙：湖南人民出版社,1980：410.
⑥ 武衡,谈天民,戴永增. 徐特立文存(第二卷)[M]. 广州：广东教育出版社,1995：271.
⑦ 湖南省长沙师范学校. 徐特立文集[M]. 长沙：湖南人民出版社,1980：257.
⑧ 湖南省长沙师范学校. 徐特立文集[M]. 长沙：湖南人民出版社,1980：264.
⑨ 湖南省长沙师范学校. 徐特立文集[M]. 长沙：湖南人民出版社,1980：264.
⑩ 湖南省长沙师范学校. 徐特立文集[M]. 长沙：湖南人民出版社,1980：265—266.

都应根据实际的需要,加以批判地学习、吸收。因为,"凡是伟大的人物,他之所以能创造出新的事物,都是由于他吸收了过去人类历史知识遗产而来的"。① 四是在实践中学习,边做边学。徐特立指出,虽然学习知识是需要读书的,但如果只有书本知识,那就只是一个书柜子,算不得有头脑的人。"书上的知识,必须经过自己劳动实践去体验,那才能够接受和消化,才能够成为我自己有血有肉的知识。"②他以自己的经历为例,指出:"要边做边学,做到老学到老。我小时候只读过几年私塾,我的一点知识都是从半工半读、边教边学中得来的。"③

（2）治学方法

徐特立认为要学有所成,必须把握好学习方法。

一是学习要有时代性。每一个人都应根据时代的要求,根据自己的工作、生产的需要来选择学习内容。由于时代是不断前进的,事业也是不断发展的,因此,学习不仅要勇于克服遇到的各种困难,还要能紧跟时代的发展和变化,勇敢地抛弃旧知识、旧观念,接受新知识、新观念。

二是学习要抓住基本的知识。学习不能好高骛远而忽视基本的东西,因为基本知识是后续学习不断提高的坚实的奠基石。他打了一个比方说:"喜马拉雅山是世界著名的高山,因为它是建立在西藏高原上,是基盘广大的高原上的一个高峰。"④

三是学习要有自己的立场。徐特立强调要运用马克思主义的方法和无产阶级的立场进行学习,即将学习的内容用马克思主义的方法批判地继承,运用辩证唯物主义和历史唯物主义的观点,进行由博返约的学习,吸收人类一切文化遗产作为学习的材料。

四是学习要有中心和长期的计划。学习不能漫无目的,四处撒网,而应有一定的中心,"像作战一样,其中心对象是守住中心据点,一切掠野为着攻坚,是为着守这一据点"。⑤ 他指出无计划的学习是不可取的,他说:"学习要有事业和职业的目的,……以学习来提高工作的能力,加强工作的效率。"⑥

五是学习要抓住要领。如何去抓住要领呢?徐特立的做法是"不动笔墨不读书":总结、归纳书的重点、疑点;在要紧的地方划线,将要紧的句子用本子抄上,放在口袋中熟读;反复揣摩书的要义,等等。他批评中国的学者自古以来总是贪多而不找中心的一环。

六是学习要有批评的、革命的、实践的精神。学习非常重要的一点是要有"变"。"变"就是批判地接收,不"变"便是搬,便是教条主义。因此,"对于古人的学术遗产及对于自己过去的著述,

---

① 湖南省长沙师范学校.徐特立文集[M].长沙:湖南人民出版社,1980:283.
② 武衡,谈天民,戴永增.徐特立文存(第四卷)[M].广州:广东教育出版社,1995:411.
③ 武衡,谈天民,戴永增.徐特立文存(第四卷)[M].广州:广东教育出版社,1995:407.
④ 湖南省长沙师范学校.徐特立文集[M].长沙:湖南人民出版社,1980:259.
⑤ 湖南省长沙师范学校.徐特立文集[M].长沙:湖南人民出版社,1980:259.
⑥ 湖南省长沙师范学校.徐特立文集[M].长沙:湖南人民出版社,1980:259.

都要把它当历史看,而加以批评地重新审查"。① 徐特立生动地比喻说:"我们要用辩证法、古今中外法,把古今结合、中外结合,变为我的。像吃牛肉也好,吃狗肉也好,吃下去了,把它变为我的肉。"②

七、论教师

徐特立一生从事教育工作,不仅用自身的模范行为为广大教师树立了榜样,而且还深入论述教师工作的意义、教师的素养、教师的培养等问题。

(一) 教师工作的意义

徐特立高度肯定教师工作的重要意义。他指出:"教师工作不仅是一个光荣重要的岗位,而且是一种崇高而愉快的事业。"③它对国家人才的培养,文化教育事业的发展,以及后一代的成长,起着重大的作用。教师工作的意义决定于其性质和特点。

首先,教师是培养人的工程师。他指出:"一切学校是改造人的工厂,教员是培植人的工程师。"④十年树木,百年树人。树的培植要遵循其生长规律,人的培植需要教师的爱心、细致、专注与关怀,更需要教师遵循孩子的身心成长规律,充分体现教师工作的崇高性、科学性和艰巨性。

其次,"教师是真理的传播者"。他说:"我们要知道,教师是真理的传播者,方法好,学生接受快;方法坏,学生接受慢。"⑤古人云:"师者,所以传道授业解惑也。"教师不一定是真理的发现者,但一定要做好真理的传播工作。

再次,教师及社会都应充分认识到教师职责光荣而重要。一是教师自己应充分认识到教师工作的重要性。在和小学教师谈话时,徐特立语重心长地指出:"在我们的国家从事各行各业的人们,都是有出息有前途的。用中国人民的一句俗话说:'七十二行,行行出状元',只要我们辛勤的劳动,每个人都会得到巨大的成绩,小学教师也是一样",因此,"我们的小学教师,应该认识自己有光荣的岗位和光辉灿烂的前途""应该认识自己的地位,安心工作,以小学教师为终身的事业"。⑥ 二是社会应尊重教师,努力提高教师的社会地位。徐特立明确提出:"国家和地方教育行

---

① 湖南省长沙师范学校.徐特立文集[M].长沙:湖南人民出版社,1980:260.
② 武衡,谈天民,戴永增.徐特立文存(第二卷)[M].广州:广东教育出版社,1995:271.
③ 中央教育科学研究所.徐特立教育文集[M].北京:人民教育出版社,1979:295.
④ 武衡,谈天民,戴永增.徐特立文存(第四卷)[M].广州:广东教育出版社,1995:101.
⑤ 北京理工大学.徐特立读书眉批选[M].广州:广东人民出版社,1989:245.
⑥ 吉多智,李国光,戴永增.徐特立教育学[M].广州:广东人民出版社,1990:151.

政方面,有一个问题需要解决,就是要提高教师的社会地位,教师要受到社会的尊重,教师的生活要有保证,使他把做教师看成是终身的事业,干到底。"① 可以说,尊重教师就是尊重教育,一个国家、一个社会尊重教师的程度,以及其教师待遇的好坏,不仅能反映这个国家或社会的文明程度,甚至还预示着国家的前途与未来。

(二) 教师的素养

教师具有光荣而重要的职责,而要完成教书育人职责,教师的素养至关重要。徐特立对教师素质提出了几个方面的要求。

首先,教师要有好的思想品质,争做先进分子。徐特立指出:"教书不仅是传授知识,更重要的是教人,教育后一代人成长为具有共产主义思想品质的人。因此,学师范,做人民教师的人,他的思想品质的好坏,也就格外显得重要。"②"做教育工作的人,一般总是先进分子,他们继承了民族的文化遗产和经验,他们是受尊敬的人。"③

其次,教师是经师,更应是人师。徐特立强调:"教师是有两种人格的:一种是'经师',一种是人师。人师就是教行为,就是怎样做人的问题。'经师'是教学问的,就是说,除了教学问以外,学生的品质,学生的作风,学生的生活,学生的习惯,他是不管的,人师则是这些东西他都管。""我们的教学是要采取人师和经师二者合一的,每个教科学知识的人,他就是一个模范人物,同时也是一个有学问的人。"④ 为此,徐特立要求广大教师热爱自己的专业,专心致志,钻研业务,同时要注意加强自身的修养,因为这是教师工作的基本要求。如果一个教师既不熟悉业务又不刻苦钻研,那就不能胜任教学工作,就可能误人子弟;或者,只管教授知识,完全不管学生的做人,这也是有亏职守的。

再次,教师要热爱学生。在徐特立看来,热爱学生是教师的天职。他说:"教师应该有知识,但只有知识是不够的,还要有热情。如爱国的热情,爱自己乡土的热情,爱人民的热情,直接就是爱学生的热情。"⑤他坦言自己"看见青少年就高兴"。⑥ 这种高兴,是发自内心的,是教师不自觉地就会流露出来的。教师对学生真挚的关爱,能使学生获得温暖、获得自信,获得安全感、成就感,从而形成良好的道德品质,并全身心地投入到学习中。

第四,教师应该身教重于言教。徐特立曾很谦逊地说:"我只是一个实际工作者,不是理论

---

① 中央教育科学研究所.徐特立教育文集[M].北京:人民教育出版社,1979:206.
② 中央教育科学研究所.徐特立教育文集[M].北京:人民教育出版社,1979:295.
③ 中央教育科学研究所.徐特立教育文集[M].北京:人民教育出版社,1979:288.
④ 中央教育科学研究所.徐特立教育文集[M].北京:人民教育出版社,1979:205.
⑤ 武衡,谈天民,戴永增.徐特立文存(第四卷)[M].广州:广东教育出版社,1995:266.
⑥ 周世钊.我们的师表[M].北京:北京出版社,1958:33.

家、作家、政治家或教育家,而只是一个老教书匠和教育行政负责者,身教主义者罢了。"①事实上,做一个"身教主义者"是非常不容易的一件事,或者说,"身教"远比"言教"艰难,同时,"身教"也比"言教"更重要。为此,徐特立强调:"以身示范,以为儿童之表率,最为重要,此在初学年尤然,故教师自慎其言行而以身作则"。②谢觉哉写诗称赞徐特立的"身教主义":"外婆不易做,事事要克己。"③

八、徐特立教育思想评析

(一)教育理论紧密联系教育实际

徐特立虽然留下了多达100多万字的教育论述,但他坚称"我是一个教育的实际工作者"。④这一方面是他的谦辞,另一方面也反映出他的教育思想的一个显著特点,这就是紧密贴近教育实际。从徐特立一生的教育实践来看,无论其从事教育工作的时间,或是从事过的教育工作的类型、层次等,都是极其丰富的。他一生从事教育工作,担任过蒙馆、小学、中学、师范直至大学教师,创办了多所学校,还办过平民夜校、识字班、扫盲学校;他担任过多所大中专学校的校长,还曾在中央苏区教育人民委员部、陕甘宁边区教育厅、中宣部教育研究室等机构担任教育行政工作。长期、多样而丰富的教育实践,为他的教育思想的产生奠定了扎实、深厚的基础。可以说,徐特立教育思想的每一个基本观点都是建立在教育实践与改革基础上的,或者直接来自于对实践经验的总结,或者是教育理论应用于实际后的反思。正如他自己所说,教育理论要"反映地方的教育现实问题和解决教育中的现实问题。在教育理论方面必然是与实际联系的,而不是不可实行的高论和无内容的空论"。⑤徐特立教育思想在实践中产生,也在实践中不断升华,并指导中国教育的改革和发展,具有深厚的实践性。

(二)教育思想视野开阔

徐特立是一位乐于、善于也勤于学习古今中外一切有用知识,并应用于自己所从事工作的人。他的教育思想,内容非常广泛,所表现出的教育理论视野相当广阔。作为一位出生、成长于封建社会末期的知识分子,他不可避免地受到中国传统教育的影响,并主动地继承、吸收其中合理的因素,比如经师与人师合一的理论、"诗教"的教育方法等,运用于教育实践;他不仅悉心研究

---

① 湖南省长沙师范学校.徐特立文集[M].长沙:湖南人民出版社,1980:135.
② 武衡,谈天民,戴永增.徐特立文存(第一卷)[M].广州:广东教育出版社,1995:157.
③ 长沙师范学校.怀念徐特立同志[M].长沙:湖南人民出版社,1979:207.
④ 湖南省长沙师范学校.徐特立文集[M].长沙:湖南人民出版社,1980:134.
⑤ 湖南省长沙师范学校.徐特立文集[M].长沙:湖南人民出版社,1980:382.

马克思主义经典作家关于教育的论述,努力将其与根据地的教育实践相结合,而且对西方国家的教育理论如道尔顿制、设计教学法、自学辅导制等,亦持实事求是的分析态度;他努力领会毛泽东有关文化教育的言论,严格按中央的教育方针政策办事,但同时也注意保留自己的独立见解,例如将"科学化"列为新民主主义教育的首要特征、提出"旧的'政治第一'应予废除"等;他还非常关注根据地以外的中国教育家特别是陶行知的教育思想,一再强调"生活教育"等理论的高明,等等。

(三) 以群众为本位

徐特立一生从事教育,前期试图教育救国,后期一心"为革命办教育",其宗旨实则是一致的,这就是为了国家的独立、民族的解放和人民的幸福,其教育思想始终坚持以"群众本位"为核心——为群众办教育,依靠群众办教育。早在20世纪20年代,他就呼吁中国应实施义务教育,以满足大众的求学愿望,开发民智;同样出于"群众本位",他在陕北边区却又反对急于推广义务教育,以免让受教育成为群众的负担。面对旧中国的现实,面对贫困的苏区和边区,面对建设社会主义的新中国所遇到的各种困难,他极力主张依靠群众办教育。这一观念不仅是马克思主义群众史观在发展教育事业中的体现,而且是徐特立一生教育实践最广泛、最雄厚、最扎实的群众基础,是其教育理论与实践能取得显著成效的前提。可以说,徐特立"群众本位"的教育观,对于解决当前教育中的许多现实问题,诸如推进教育公平、促进义务教育均衡发展、排除教育功利化等等,仍然具有重要的现实意义。

【思考题】

1. 试比较徐特立与陶行知教育思想的异同。
2. 试析徐特立的"群众本位"教育观对当前教育工作的启示。
3. 联系当代大学生实际,谈谈徐特立治学思想的启示。
4. 试述徐特立的教师素质观及其启示。
5. 论述徐特立幼儿教育观及其对当前学前教育工作的启示。

【阅读书目】

1. 长沙师范学校.徐特立传[M].长沙:湖南人民出版社,1984.
2. 曹国智,孟湘砥.徐特立教育思想讲座[M].长沙:湖南教育出版社,1983.
3. 吉多智,李国光,戴永增.徐特立教育学[M].广州:广东人民出版社,1990.
4. 陈桂生.徐特立研究:从人师到人民教育家[M].上海:华东师范大学出版社,2012.
5. 彭世华等.当今圣人徐特立[M].北京:人民教育出版社,2012.

下卷 外国教育名家思想

第十一章 "精神助产术":苏格拉底的教育思想

苏格拉底(Socrates,前469年—前399年)

> 智慧就是最大的善……正义和其他一切德行都是智慧,因为正义的事和一切道德行为都是美而好的;凡认识这些事的人决不会愿意选择别的事情;凡不认识这些事的人也绝不可能把它们付诸实践。……正义和其他一切道德的行为,就都是智慧。
>
> ——苏格拉底

【内容摘要】苏格拉底是古希腊著名教育家和思想家。苏格拉底的教育思想以其道德哲学为基础,"美德即知识"是苏格拉底道德哲学的基本主张。以此为出发点,苏格拉底提出了教育可以使人得到改进的主张,认为无论天资聪明还是愚钝,都必须受教育。越是天资聪明的人,越需要受教育,否则会变得令人难以驾驭。教育的目的是培养治国人才,治国者应该是有德有才、深明事理,具有广博知识的人。苏格拉底教学法为后世教学法的改革提供了典范,直至今日,其影响仍然存在。

【核心概念】苏格拉底;美德即知识;苏格拉底法

一、生平及教育活动

(一)生平

苏格拉底是古希腊著名的哲学家、教育家。他出生于雅典的一位平民家庭,父亲是雕刻匠,母亲是助产士。他继承了父亲的职业,从事雕刻活动,以后又从事教育活动。

雅典的民主制是从公元前6世纪初梭伦时代开始的,但贵族寡头一直占有一席之地,公元前5世纪上半叶,贵族寡头派与民主派的斗争依然激烈,伯里克利战胜贵族寡头派以后,雅典的民主制开始蓬勃发展。苏格拉底生活的时代,正是雅典文化发展的全盛时代,雅典的经济、文化出现了空前的繁荣。雅典的奴隶主民主政治,为雅典公民创造了生机勃勃的政治局面和活跃的文化生活。公民们可以在公民大会上发表自己对城邦大事的看法,可以在诉讼法庭上据理力争,可以在剧院演出自己编写的剧本。在这样的文化氛围中,苏格拉底接受了良好的教育。他跟随当时各种有学问的大师学习,如他曾师从阿尔刻劳学习自然哲学,曾求教于当时的智者大师,同他们讨论各种问题,阅读了所有能得到的诗人和哲学家的作品。从而促进了自己对诸如人与社会的思考,以及如何思考和辩论等认识。他"被公认为是一个有全面教养的人,受过当时所需要的一切教育"。①

公元前5世纪爆发了伯罗奔尼撒战争(公元前431—公元前404),苏格拉底作为雅典的公民直接参加过三次战役。作战过程中,苏格拉底勇猛善战,不怕辛劳,勇救战友,为了城邦利益不惜牺牲个人,表现出强烈的爱国情怀。

伯罗奔尼撒战争以雅典的战败,斯巴达取得霸权而结束。这场战争是雅典奴隶主民主政治由强盛走向衰落的关键。战后的雅典与希腊其他城邦国家之间的矛盾冲突公开化,霸主们奉行弱肉强食就是"正义",就是"公道"的主旨,高喊"解放希腊,帮助诸邦摆脱雅典统治","为帝国利益而战"等口号,整个希腊的社会秩序陷入混乱、无序的境地。雅典城邦内部由于战争受损严重,田园荒芜,瘟疫流行,人口减少,奴隶大规模逃亡,整个社会的经济倒退。战争也使得雅典内部的政治斗争尖锐化。公元前411年,寡头贵族发动政变,推翻了民主政治。虽然在公元前403年又恢复了民主派的统治,但民主政治已不能恢复到战前的高度。由于战争所造成的破坏,以及民主政治的衰落和城邦内部派系斗争的残酷,雅典人的道德观念发生了巨大的变化,修昔底德曾描述道:"人们看见幸运变更得这样迅速,这样突然,有些富有的人忽然死亡,有些过去一文不名的人现在继承了他们的财富,因此他们现在公开地冒险作放纵的行动,这种行动在过去他们常常是隐藏起来的。因此,他们决定迅速地花掉他们的金钱,以追求快乐,因为金钱和生命都同样是暂时的,至于所谓荣誉,没有人表示自己愿意遵守它的规则,因为一个人是不是能够活到享受荣誉的名号是很有问题的。一般人都承认,光荣的和有价值的东西都是那些暂时的快乐和一切使人能够得到这种快乐的东西。对神的畏惧和人为的法律都没有约束的力量了。至于神祇,他们认为敬神和不敬神是一样的,因为他们看见好人和坏人毫无区别地一样死亡。至于违犯人为的法律,没有一个人预料他能够活到受审判和处罚的时候;反而每个人都感觉到,对于他已经下了更为沉重的判决,正悬在他的头上,他想在这个判决执行之前,得到一些人生的乐趣,这是很自然的。"②苏格拉底认为,雅典所面临的重重危机之根源,是道德和人性的堕落,要想拯救社会,必须改善人的灵魂和本性,引导青年人去追求和认识道德的善。苏格拉底用其一生的大部分时间从事教育

---

① [德]黑格尔.哲学史讲演录(第二卷)[M].贺麟,王太庆,译.北京:商务印书馆,1996:45.
② 修昔底德.伯罗奔尼撒史[M].谢德风,译.北京:商务印书馆,1985:141.

工作,用极大的热情教育公众,尤其是青年,希望用他的哲学和道德来改造希腊人的思维和道德生活。而他的思想与当时的执政者所奉行的政治观和道德观发生了激烈的冲突。

公元前399年,雅典执政者以"不敬神"和"败坏青年"的罪名抓捕了苏格拉底。在法庭上,苏格拉底义正词严、逻辑缜密地为自己辩护。被判处死刑后,他的朋友们愿意帮助他逃跑,但他视死如归,饮鸩自尽,用自己的生命捍卫了自己的尊严。他的遗言是:"分手的时候到了,让我去死,你们活着吧,谁活得更好,惟有神知道。"

(二) 教育活动

苏格拉底从30岁开始从事教育活动,以培养有德行、有智慧的治国人才为己任。历时近40年教育公众,尤其是青年。他曾为此自谓道:"我一生从没有过宁静的生活,我从不关心大多数人所关心的事情:诸如赚钱,建立舒适的家庭,谋求高官厚禄等;也没有参与如政治、秘密结社、结党等在我们城邦从未间断过的政治活动。"①苏格拉底一生从没有创办过有固定校舍的学校,雅典的广场、体育馆、商店、街道等,都是他的课堂。他随时随地会跟人们探讨哲学、道德、艺术、社会等问题。苏格拉底的教学没有固定的教育对象。他的学生中既有政治家,又有军事家;既有贵族专制派,又有贵族民主派;既有雅典本邦人,又有外邦人;既有青年人,又有老年人;既有富人,又有穷人;既有手工业者,又有农民;只要愿意,都可以成为他的教育对象。他曾说:"我愿同样回答富人和穷人提出的问题,任何人只要愿意听我谈话和回答我的问题,我都乐于奉陪。"②

苏格拉底以节制、节俭、自律、追求真理、诲人不倦为生活准则。柏拉图在《会饮篇》中曾记载他喜欢喝酒,且酒量大,但他很少饮酒,当众人酩酊大醉时,他独清醒。当雅典人追求奢侈豪华的生活时,他以其俭朴、正直、英勇的品行为雅典人树立了道德典范。当智者收取学费出售知识时,他分文不取,把教育人视为自己应尽的义务。

总之苏格拉底虽然长期从事教育工作,但他既没有办过任何学校,也没有任何著作,他的思想都在与别人的对话中体现。后人对其思想及生平的了解,主要靠他的学生色诺芬和柏拉图著作的记载。

二、教育思想的伦理学基础

苏格拉底早年和当时的哲学家一样,潜心于自然哲学的研究,注重探索宇宙的本原问题。但

---

① 色诺芬.回忆苏格拉底[M].吴永泉,译.北京:商务印书馆,1984:193.
② 柏拉图.苏格拉底的最后日子——柏拉图对话集[M].余灵灵,罗林平,译.上海:上海三联书店,1988:66.

他最终得出结论:哲学仅仅研究自然是不够的,哲学家们把精力放在研究宇宙是怎样产生的这样的问题上是愚蠢的。作为人,首先要研究的是人本身。哲学的任务首先是关于人的研究。

(一) 认识你自己

柏拉图在其《斐多篇》里记载了苏格拉底的哲学思想及其发展过程。在苏格拉底之前,自然哲学家们关注的是万物的本原问题,探究宇宙是怎么产生的,世界是由什么构成的,如德谟克里特认为,原子是构成万物的不可再分的物质实体。赫拉克利特认为,火是万物形成的基础。毕达哥拉斯认为,数是万物的起源等。苏格拉底青年时期的研究兴趣也是自然哲学,他认为用一种或几种事物作为万物的本原是不足以令人信服的,人们应该把注意力放在探究事物之所以如此的原因上。

苏格拉底认为世界万物之所以如此,是因为有一种力量使万物成为如此的样子,这个支配的力量就是神。神是最值得人们敬佩的,他根据理智创造人。为了有用给人设计了五官;为了方便使人可以直立;为了做事给了人两只手;为了交际给了人会说话的舌头;为了思考,在人的身体里安排了灵魂。有了灵魂的人知道"靠锻炼来获得力量,靠劳动来得到知识","神能看到一切,听到一切,无处不在,并且同时照顾到一切事物。"[①]

在苏格拉底的哲学中,神在安排所有的事情时所遵循的原则是"善"。即善是一切事物的原因,同时,善也是一切事物所追求的目的。因为所有的事物都追求着一种完满性的原则。神已按照善的原则使世间万物井井有条,并且使万物都以追求善为目的,使世界成为一个完美的统一体。这种神力即是宇宙精神,自然之所以这样,全是因为宇宙精神之故。所以研究自然对人来说是无意义的,也不会有什么结果,而且,干涉自然是对神的不敬。于是,苏格拉底主张哲学研究的重点要转向人事,转向自己的心灵,要像神的教导那样去"认识你自己"。

"认识你自己",这是雅典太阳神德尔斐庙门上的一句题词,苏格拉底把它借来当作自己的哲学格言。由此,"认识你自己"构成了苏格拉底的基本哲学主张,这标志着古希腊哲学史从自然哲学到人学的转变。在苏格拉底看来,"认识你自己"就是要把哲学研究的重点转向人事和自己的心灵,就是要"自省",要"反躬自问",要"自知",就是要认识人事中的善和心灵的善。由此出发,形成了苏格拉底的道德哲学。

其实,在苏格拉底之前,智者们已经在讨论人与事的哲学问题了。普罗泰戈拉从"知识就是感觉"的命题出发,提出:"人是万物的尺度,是存在者存在的尺度,也是不存在者不存在的尺度。"[②]这里的"尺度",从客观的角度来看,可以是"规律",从主观的意义上来理解,可以是"真理"。

[①] 北京大学哲学系外国哲学史教研室编译.古希腊罗马哲学[M].北京:三联书店,1957:170.
[②] 北京大学哲学系外国哲学史教研室编译.西方哲学原著选读[M].北京:商务印书馆,1981:54.

"人是万物的尺度",就是说世界万物的存在与否是以人的感觉为标准的,是以对人是否有利来说的。因而衡量万物的尺度是相对的、变化的,是因人而异的。因此,智者的哲学是以感觉、功利为基础的相对主义、经验主义和个人主义。苏格拉底认为智者们对人的认识只是停留在感觉、情欲等,并没有认识到人本身。人之所以为人,是因为人有思想,有灵魂。人不仅用感觉器官感受自然,而且能用思维理解自然;人不仅能感觉自然的个别现象,而且能认识自然的发展规律,认识宇宙的普遍。应当把人当作有思想、有理性的动物看待。这样,苏格拉底就把"自我""自我意识"提到了哲学的首要地位,从而看到了人的主动性,看到了人的主体作用,发现了人的精神力量。更为重要的是他揭示了人的理性、心灵的重要地位,理性、心灵成为人之所以为人的重要依据,人应凭着理性、心灵选择行动,去认识人事中的善和心灵的善。

(二)美德即知识

"美德即知识"是苏格拉底道德哲学的基本主张。苏格拉底把美德归结为知识,认为没有知识的人,只能听任自己的主观判断,或被道听途说、似是而非的意见所左右,其行为也就不符合道德。相反,有了知识,明白了道德的本性,掌握了善的概念,就一定会做出符合善的事情。苏格拉底实际上是想通过求得一种普遍的道德观念,来反对智者派的相对主义和个人主义的道德观,并挽救当时雅典的道德危机。

苏格拉底提出,如果美德是一种善,而知识能够包括一切的善,那么,美德就是有益的,因为一切善的东西都是有益的。但是,所谓现实的、具体的道德行为是矛盾的,具有相对性,也就是既有善也有恶。如健康、有力、美、富等都是人们称作有益的东西,但这些东西有时又是有害的。有益或有害的标准在于他们能否被正当地利用,如能正当地被利用,就有益,反之则有害。但是,美德作为知识,则是绝对的,永恒的。因为善的概念本身,即善之为善,乃是完全的、绝对、不含任何恶的善。"而一般地说,灵魂所企图承受的一切,如果在智慧的指导之下,结局就是幸福;但如果在愚蠢的指导之下,则结局就相反。""那么,如果美德是灵魂的一种性质,并且被认为是有益的,则它必须是智慧或谨慎,因为灵魂所有的东西,没有一种是本身有益或有害的,它们都是要加上智慧或愚蠢才成为有益或有害的。""一切别的知识都系于灵魂,而灵魂自身的东西,如果它们要成为善,就都系于智慧。""这样我们就达到了结论,美德整个地或部分地是智慧。"[①]

灵魂的善包括正义、自制、勇敢、友爱、智慧等。如果这些东西不是知识,那就可能会成为无益的东西。苏格拉底认为,守法就是正义。"正义和其他一切美德都是智慧。因为正义的事和一切道德的行为都是美好的;凡认识这些的人决不会愿意选择别的事情;凡不认识这些的人也决不可能将它们付诸实践。所有智慧的人总是做美好的事情,愚昧的人就不可能做美好的事,即使他

---

① 北京大学哲学系外国哲学史教研室编译.古希腊罗马哲学[M].北京:三联书店,1957:163—168.

们试着去做也是要失败的。既然正义和其他美好的事情都是美德,很显然正义和其他一切美德都是智慧。"①自制之所以重要,是因为"自制是一切美德的基础""自制是人的一个光荣而有价值的美德"。②缺乏自制会使人感觉迟钝,远离智慧,分不清好坏,不做有益的事而做有害的事。缺乏自制会使人沉溺于某种快乐,而这种快乐不是真快乐,只有自制才能给人以真快乐。因为在苏格拉底看来,一个不能自制的人如同动物,"只有能自制的人才会重视实际生活中最美好的事情,对事物进行甄别,并且通过言语和行为,选择好的,避免坏的"。③勇敢是一种高尚的品德,但它不是天生的,它是需要经过教育获得知识才能培养起来的美德。勇敢而不谨慎就是莽撞,勇敢而无理性就会有害。遇到危险时要能有智慧,淡定应付,临危不惧,才是真正的勇敢。友爱是人与人之间交往必须具备的美德,苏格拉底对此很重视,他一方面教导人们要懂得交友,要看重友爱的价值;一方面又要人们交"有价值的朋友"。在他看来,"有价值的朋友"是心存"善"的人,善是友爱的本性,而善与恶不能并存;所以坏人和坏人、坏人和善人之间没有真正的友爱。同时,苏格拉底还把知识、智慧与友爱这种美德联系起来,他认为,没有人会爱无知无用之人,没有知识不仅会处处受制于人,而且会失去别人的爱,甚至包括父母的爱。获得知识的人,显得有用友善,人人都会对你表示友爱。

针对智者的道德相对主义观点,苏格拉底提出美德是统一的观点。普罗泰戈拉认为,美德是相对的,没有普遍的、绝对的标准,没有确定完整的道德人格;如同人脸上的鼻子、嘴等器官,每个器官都有其不同于其他器官的独特功能,所以每个人身上存在的美德也是不同的,有的人勇敢但缺乏正义,有的人正义但缺乏智慧,对立的美德可以共存于一体。苏格拉底针对智者派的相对主义,提出了美德的有机整体性和道德价值的普遍确定性。苏格拉底认为,虽然每个人的行为美德之间是有差异的,但人的道德人格必定是完整的,人的美德不可能被分割成各个部分,它是一个统一的整体。智慧、知识和美的本性使美德之间有机联系。他们都和知识相联系,都受智慧的支配。他们在本质上具有同一性,这种同一性构成了美德的整体性,它使所有的美德密切联系,不能孤立存在。美德的整体先于部分,也优于部分。

三、苏格拉底的教育思想

(一) 教育的作用及意义

人的品德是天生的? 还是由教育得来的? 天赋和教育在人的发展中起什么作用? 苏格拉底

---

① 色诺芬.回忆苏格拉底[M].吴永泉,译.北京:商务印书馆,1984:117.
② 色诺芬.回忆苏格拉底[M].吴永泉,译.北京:商务印书馆,1984:32.
③ 色诺芬.回忆苏格拉底[M].吴永泉,译.北京:商务印书馆,1984:173.

用他特有的方式作了回答。"我以为正如一个人的身体生来就比另一个人的身体强壮,能够经得住劳苦一样,一个人的灵魂也可能天生比另一个人的灵魂在对付危险方面更为强壮;因为我注意到:在同一种法律和习俗之下成长起来的人们,在胆量方面是大不相同的。不过我以为,人的一切天生的气质,在胆量方面,都是可以通过学习和锻炼而得到提高的。""我看在所有其他方面,人和人之间也都同样天生就有所不同,而且也都可以通过勤奋努力而得到很多改进。因此,很显然,无论是天资比较聪明的人或是天资比较鲁钝的人,如果他们决心要得到值得称道的成就,都必须勤学苦练才行。"① 由此可见,苏格拉底一方面肯定了人的天赋存在差异,有的人生来聪明,有的人生来鲁钝;有的人秉性大胆,有的人秉性怯懦,但无论是谁,都必须接受良好的教育,才能真正成为一个有德行的、有善性的人。

既然人的天赋存在差异,那么他们接受的教育应该是什么样的?苏格拉底认为,天赋差的人固然要受教育,天赋好的人更应该受教育。越是天赋好的人越需要受教育。这好比烈性而桀骜不驯的良种马,在小的时候加以驯服,长大后就会成为千里马,如果不加以驯服,则可能成为难以驾驭的烈马。人亦如此,"禀赋最优良的、精力最旺盛的、最可能有成就的人,如果经过教育而学会了他们应当怎样做人的话,就能成为最优良、最有用的人,因为他们能够做出极多、极大的业绩来;但如果没有受过教育而不学无术的话,那他们就会成为最不好、最有害的人,因为由于不知应该选择做什么,就往往会插手于一些罪恶的事情,而且由于狂傲激烈、秉性倔强、难受约束,就会做出很大很大的坏事来"。②

苏格拉底认为,只有愚蠢的人才会以为有了财富就能得到人们的尊重,就能取得自己希望取得的成就,就能做出对自己有益的事;只有愚蠢的人才会以为不学习就能分辨善恶美丑;只有愚蠢的人才会以为有财富就能成为一个有德性的人。

苏格拉底对教育充满了信心,认为人间的美德是可以通过教育来增进的。并且他用他自己的行动践行了他的信念,甚至不惜牺牲自己的生命。

(二)教育目的

苏格拉底认为,教育的目的是培养治国人才。这个治国人才是有才有德、深明事理、具有各种实际知识的人。一个好的治国人才的首要条件是具备广博的知识,这些知识包括善、美德的知识,也包括对国家情况的了如指掌。只有这样,才能达到治理好城邦的目的。在判断是非、荣辱、善恶时,大多数人的意见不一定正确,要听取专家的意见。"应敬畏有专门知识的人更甚于敬畏其他所有的人"。至于担任将军的人,更需要努力学习自己的业务,因为在战争时期,国家的安危

---

① 色诺芬.回忆苏格拉底[M].吴永泉,译.北京:商务印书馆,1984:116.
② 色诺芬.回忆苏格拉底[M].吴永泉,译.北京:商务印书馆,1984:139.

全仰赖于将军,成功意味着整个国家会得到益处,失败意味着整个国家要遭受巨大损失。作为一个将军,"他必须能够为军队取得粮草,必须是一个足智多谋、精力旺盛、谨慎、懂事、坚韧不拔而又精明强干的人;和蔼而又严峻;坦率而又狡诈;善于警惕而又巧于偷袭;挥金如土而又贪得无厌;慷慨大方而又锱铢必较;审慎而又大胆进取,有许多别的品质,有的是天生的,也有的是学习得来的"。① 作为将军,还要具有为部下的幸福着想的品质,这样才能让部下服从他的指挥。将军还要有一定的演说才能,可以在作战时鼓舞士气。

(三) 美德可教

如前所述,苏格拉底提出了"美德即知识"的观点,同时他也肯定了美德是可教的。这一观点主要表现在苏格拉底与普罗泰戈拉的对话之中。

苏格拉底认为,从雅典公民大会的情况来看,公民们讨论建筑、造船等事务时会请教相关的专家,但讨论政治事务时不需要请教专家,所以政治技艺是不可教的。同样,美德也是不可教的。

普罗泰戈拉用人类社会进化的故事来解释这个问题。人类初创阶段,处于自然状态,没有道德和法律,人因为没有政治技艺而相互伤害,宙斯便命厄庇墨透斯给人造了尊重和正义的美德,并且使每个人平等具有,人类进入文明社会,城邦有了法律而变得有秩序、互相尊重和团结和谐。道德和法律一开始是由人约定俗成的,是可教的。但每个人的天赋能力是不一样的,所以每个人能否教好,是由其天赋和努力程度决定的。普罗泰戈拉又根据其"人是万物的尺度"的观点,认为美德没有绝对的标准,每个城邦可以有自己的道德和法律,善恶好坏由个人的感受和体验决定,知识不能左右人的行为,这样,道德又成为不可教的。苏格拉底则认为知识是可以支配人的行为的。知识可以使人辨别善恶美丑,知识可以支配人的快乐或痛苦等情感,知识可以帮助人选择善的行为。接着,苏格拉底论证了各种美德都是来源于知识,都是由知识支配的。而知识是可教的,所以美德是可教的。这样苏格拉底和普罗泰戈拉的辩论最后得出了一个戏剧性的结果,双方的论点都走向了自己的反面。

实际上,在苏格拉底的体系中,所谓知识是那些具有永恒性、普遍性的概念体系,知识之所以是可教的,是因为这种概念体系具有确定的、不变的真理性、永恒性。而智者们所谓的知识只不过是不具备确定性的似是而非的意见而已。智者以个人的感觉作为认识万物的标准,因而他们所得到的只能是片面的、不具有普遍意义的个人意见而已,因此是不可教的。

(四) 教育内容

如前所述,苏格拉底认为,治国者要具备广博的知识,为此,他孜孜不倦地教人以各种知识。

---

① 色诺芬.回忆苏格拉底[M].吴永泉,译.北京:商务印书馆,1984:85.

正如色诺芬所言:"凡是一个善良和高尚的人所应该知道的事,只要苏格拉底知道,他总是非常乐意地教导他们,如果自己不熟悉,他就把他们带到那些知道的人那里去。他还教导他们,一个受了良好教育的人对于各种实际学问应该熟悉到什么程度。"①

在苏格拉底看来,只有人的理性才能掌握知识,只有确定的知识才能促进人对真理的认识,辨别真理和谬误。苏格拉底以人为知识的主要对象,人由身体和灵魂构成,人学习的学科知识可以从身体和灵魂两方面进行分类。关于人的身体有两种学科:体育和医学;关于人的灵魂的学科称为政治,也有两种学科:立法和正义(道德)。这四门学科紧密联系、相互渗透,立法和体育相对应,道德和医学相对应。在苏格拉底的教学实践中,他除教授政治、伦理、辩证法等和人生需要的各种实际知识外,第一次将几何、天文、算术列为必须学习的学科。因为这些学科有其实用价值。学习几何和算术,"只需学到在必要时能够对于买进、让出或分配的土地进行正确的丈量,或者对于劳动量进行正确的计算"。学习天文学,"只是为了能够知道夜间的时辰、月份节令,为了做水陆旅行、值夜班等工作的方便,以便利用征象来分辨上述时间"。②

(五) 苏格拉底教学法

苏格拉底教学法也称为苏格拉底精神助产术或产婆术,这是苏格拉底在与人讨论真理的过程中形成的独特教学方法。苏格拉底为了追寻真正的善,到处找人谈话,并在谈话的过程中运用这一方法。他认为,真理以潜在的形式存在于人的内心,教师的任务不是传授现成的知识,而是通过师生对话,消除一切错误或模糊的认识,唤醒学生的内心,从而发现真理。具体而言,苏格拉底教学法由讥讽、助产术、归纳、定义四个环节组成。其中,讥讽是指教师以无知者的身份出现,依据对方的回答不断追问,迫使对方前后的回答自相矛盾,无言以对,承认自己的无知。助产术即帮助对方自己找出问题的答案。归纳即从具体事物中找出事物的共性、本质,寻求事物的一般。定义是把个别事物归入一般概念,得出事物的普遍属性。

最典型的事例是苏格拉底与青年尤苏戴莫斯有关正义的对话。尤苏戴莫斯想成为一名政治家,于是苏格拉底与尤苏戴莫斯之间就有关正义的问题展开了一段精彩的对话,苏格拉底问尤苏戴莫斯能否举出正义和非正义的行为,尤苏戴莫斯回答可以,苏格拉底建议他把正义和非正义各归一边。这段对话集中体现了苏格拉底教学法的过程和特点:

苏格拉底问:"虚伪是人们中间常有的事,是不是?"

"当然是。"尤苏戴莫斯回答。

---

① 色诺芬.回忆苏格拉底[M].吴永泉,译.北京:商务印书馆,1984:183.
② 色诺芬.回忆苏格拉底[M].吴永泉,译.北京:商务印书馆,1984:183.

"那么，我们把它放在两边的哪一边呢？"苏格拉底问。

"显然应该放在非正义的一边。"

"人们彼此之间也有欺骗，是不是？"苏格拉底问。

"肯定有。"尤苏戴莫斯回答。

"这应该放在两边的哪一边呢？"

"当然是非正义的一边。"

"是不是也有做坏事的？"

"也有。"尤苏戴莫斯回答。

"那么，奴役人怎么样呢？"

"也有。"

"尤苏戴莫斯，这些事都不能放在正义的一边了？"

"如果把它们放在正义的一边，那可就是怪事了。"

"如果一个被推选当将领的人奴役一个非正义的敌国人民，我们是不是也能说他是非正义呢？"

"当然不能。"

"那么，我们得说他的行为是正义的了？"

"当然。"

"如果他在作战期间欺骗敌人，怎么样呢？"

"这也是正义的。"尤苏戴莫斯回答。

"如果他偷窃、抢劫他们的财物，他所做的也是正义的吗？"

"当然是。不过，一开头，我还以为你所问的都是关于我们的朋友哩。"尤苏戴莫斯回答。

"那么，所有我们放在非正义一边的事，也都可以放在正义的一边了？"苏格拉底问。

"好像是这样。"

"既然我们已经这样放了，我们就应该再给它划个界限：这一类的事，做在敌人身上是正义的，但做在朋友身上，却是非正义的，对待朋友必须绝对忠诚坦白，你同意吗？"苏格拉底问。

"完全同意。"尤苏戴莫斯回答。

苏格拉底接下去又问道："如果一个将领看到他的军队士气消沉，就欺骗他们说，援军就要来了，因此，就防止了士气的消沉，我们应该把这种欺骗放在两边的哪一边呢？"

"我看应该放在正义的一边。"尤苏戴莫斯回答。

"又如儿子需要服药，却不肯服，父亲就骗他，把药当饭给他吃，而由于用了欺骗的方法竟使儿子恢复了健康，这种欺骗的行为又该放在哪一边呢？"

"我看这也应该放在同一边。"尤苏戴莫斯回答。

"又如,一个人因为朋友意气沮丧,怕他自杀,把他的剑或其他这一类的东西偷去或拿去,这种行为应该放在哪一边呢?"

"当然,这也应该放在同一边。"尤苏戴莫斯回答。

苏格拉底又问道,"你是说,就连对于朋友也不是在无论什么情况下都应该坦率行事的?"

"的确不是,"尤苏戴莫斯回答,"如果你准许的话,我宁愿收回我已经说过的。"

"准许你这样做是完全必要的,"苏格拉底说,"因为这比把行为放得不正确要好得多。"

"至于那些为了损害朋友而欺骗他们的人(这一点我们也不应弃置而不予以考虑),你想哪一个是比较地更非正义,是那些有意的呢,还是无意的呢?"

"苏格拉底,我对于我自己的回答再也没有信心了,因为我先前所说的一切现在看起来都和我当时所想的不一样了。尽管如此,我还要说,那有意说谎的比起无意说谎的人要非正义些。"

"那么,你是不是认为有一种学习和认识正义的方法,正像有一种学习和认识文字的方法呢?"

"我想有。"

"你想哪一个更有学问些,是那有意写得不正确并念得不正确的人呢,还是那无意之中写得不正确、念得不正确的人呢?"

"我以为是那有意的人,因为,无论什么时候,只要他愿意,他就能够做得正确。"

"那么,那有意写得不正确的人可能是有学问的人,但那无意写错的人则是没有学问的人?"

"怎能说那样呢?"

"是那有意说谎的人知道正义呢,还是那无意说谎、骗人的人呢?"

"显然是那有意这样做的人。"

"那么你是说,那知道怎样写和念的人比那不知道的更有学问?"

"是的。"

"那么,那知道正义的人也是比那不知道的更正义些了?"

"似乎是这样;可是我好像不知道怎么说才好了。"

"但是,一个想说实话而总是说不准的人,当他指路的时候,时而说这条路向东,时而又说它向西;当他算账的时候,时而算得多,时而又算得少,你以为这样的人怎样呢?"

"很显然,他以为自己知道的事,其实他并不知道。"

"你知道有些人是叫做有奴性的人吗?"

"知道。"

"这是因为他们有知识呢,还是因为无知?"

"显然是因为无知。"

"他们得到这样的称号,是不是因为他们不知道怎样打铁呢?"

"当然不是。"

"那么,也许是因为不知道怎样做木匠活?"

"也不是因为那个缘故。"

"那么,是因为不会做鞋吧?"

"都不是,因为恰好相反,大多数会做这类手艺的人都是些奴颜婢膝的人。"

"那么,他们得到这种名称是不是因为他们对于美、善和正义的无知呢?"

"我想是这样。"

"这样,我们就当用一切方法努力避免做奴颜婢膝的人了。"

"说实在的,苏格拉底,我曾非常自信自己是一个喜爱研究学问的人,并且还希望,通过这种钻研,能够达到一个德才兼备的人所应该具有的造诣;但现在你想想看,当我看到自己费了这么多的辛苦,连一个最应该知道的问题都回答不出的时候,我对自己该多么失望啊!而且我连有什么别的方法改善这种情况,都还不知道哩。"

苏格拉底说道:"尤苏戴莫斯,请告诉我,你曾经到过德尔斐神庙没有?"

"去过两次。"

"你曾经看到在庙墙上刻的'认识你自己'那几个字吗?"

"看到过。"

"对于那几个字,你有没有思考过呢,还是你曾注意过,并且察看过自己是怎样的人呢?"

"我的确没有想过,我以为对这一切我已经都知道了,因为如果我还不认识自己,就很难说知道任何别的事了。"

"但你以为一个人只知道自己的名字,就是认识了他自己呢,还是像那些买马的人,在没有察看过马是驯服还是桀骜,是强壮还是软弱,是跑得快还是跑得慢,以及骏马和驽马之间的其他各方面的好坏情况以前,总不认为自己已经认识了所要认识的马那样,必须先察看了自己作为人的用处如何,才能算是认识自己呢?"

"这样看来,一个不知道自己能力的人,就是不认识自己了。"①

上述对话,涵盖了苏格拉底教学法的基本步骤:苏格拉底首先让尤苏戴莫斯认为虚伪、欺骗、

---

① 色诺芬.回忆苏格拉底[M].吴永泉,译.北京:商务印书馆,1984:145—149.

做坏事、奴役人等是非正义的,归为一边。然后苏格拉底举例揭示第一个矛盾:一位将领奴役敌国的士兵,是非正义的吗?战争期间欺骗敌人,抢劫敌人的财物是非正义的吗?尤苏戴莫斯认为这些是正义的行为从而修正自己的观点,只有对敌人虚伪、欺骗、做坏事、奴役人是正义的,对朋友就不是正义的。苏格拉底接着揭示第二个矛盾:一位将领为了鼓舞士气欺骗士兵,一位父亲为了生病的儿子早日康复欺骗儿子将药当饭吃,一个人为了朋友的生命安全偷走了他的剑,这些为了朋友和自己人的利益而进行的欺骗和偷窃,也应该归于正义而不是非正义。尤苏戴莫斯再一次修正自己的观点。这样一层一层,苏格拉底不断地揭露尤苏戴莫斯的矛盾,使他不断认识错误,并不断修正自己的观点,从而引导其逐步认识真理。

苏格拉底认为他是用问答的方法和他的学生探讨真理的。他和别人谈话,总是以一种自己无知的态度向别人请教,在对方说出有关问题的定义后,苏格拉底会举例说明对方定义的漏洞,迫使对方发现自己思维中的矛盾,于是不得不提出新的定义。苏格拉底不断地揭露对方定义中的矛盾,使得对方不得不一次又一次地看到自己认识中的错误,修正自己的定义。这样,经过层层诘问,使得问题不断深入,对方在这个过程中,放弃了自己原以为正确的观点,承认自己的无知。在苏格拉底看来,认识到自己的无知是迈向真理的第一步。

四、苏格拉底教育思想评析

苏格拉底在西方世界具有崇高的地位,人们不仅把他视作为一位伟大的哲学家,而且把他看成是最可尊敬的教师。其教育思想的主要涉及培养政治家、美德即知识、苏格拉底法,这三个方面是相互联系,密不可分的。

苏格拉底关于如何培养政治家的论述,揭示了教育与政治、教育与城邦的关系。这一观点影响了柏拉图等人的思想。苏格拉底主张政治知识化、专业化,柏拉图主张由哲学家治理国家。苏格拉底提出美德即知识,而知识是可以传授的,所以美德是可教的,是可以通过后天获得的。这一思想在当时的历史条件下是有进步意义的。教师用什么方法使学生获取知识呢?苏格拉底提出了其苏格拉底法,希望通过启发、诱导、归纳等使学生的思维得到训练。这种方法与苏格拉底对道德问题的关注有密切关系,因此此方法经常用于道德教育中。美国教育史家孟禄在其《教育史教科书》中论述了苏格拉底教学法的意义。他认为,从哲学的角度看,苏格拉底教学法是一个概念形成的过程。从教育的角度看,苏格拉底教学法是获得知识、真理的过程。从心理学的角度看,苏格拉底教学法是从感觉形成观念的过程。从科学的角度看,苏格拉底教学法是从现实多样性中抽象出普遍原理的过程。[①]

---

① [美]孟禄.教育史教科书[M].纽约:麦克米伦公司,1919:126—127.

苏格拉底教学法的目的是激发人们探索真理的兴趣,引导人们自觉探索真理。这种方法遵循的是从具体到抽象、从个别到一般、从特殊到普遍、从已知到未知的规则。它的意义在于教导人们如何一步步排除事物的非本质的东西,逐步认识事物的本质。这种方法不断地被后世的教学法所吸取,后世的一些名著借鉴了其问答的方式,直至今日,苏格拉底教学法仍然是我们的教学中关注的一种有积极意义的方法。这种方法要求师生共同探讨问题,通过相互讨论,寻求问题的正确答案。学生的思维在此过程中一直处于积极思考的活跃状态,能主动地投入到教学过程中。通过这样的教学,学生的逻辑思维能力会大大提高。

但是,苏格拉底教学法并不适用于所有阶段的教学。中小学生和大学低年级学生,由于知识储备不够,不能流畅地和教师进行对话。所以中小学教学、大学低年级的教学,不能把苏格拉底教学法作为主要的教学方法。大学高年级和研究生阶段,学生已经较好地掌握了本学科的基本概念、基本理论,他们具备了和教师进行对话的条件,能够与教师就某一问题展开深入的讨论,可以使用此法。

苏格拉底教学法看似提出了人们获取知识的方法——从"内心"提取。但人的知识到底是从哪里来的,是先天就存在于人的"内心",还是后天通过实践获得的?教育史上一直存在着争论。

【思考题】

1. 如何理解苏格拉底的教育目的观。
2. 评析苏格拉底教学法。
3. 苏格拉底是如何认识美德的?美德与知识是什么关系?为什么说美德可教?
4. 评苏格拉底的助产术。

【阅读书目】

1. 色诺芬.回忆苏格拉底[M].吴永泉,译.北京:商务印书馆,1984.
2. 华东师范大学教育系,浙江大学教育系选编.西方古代教育论著选[M].北京:人民教育出版社,2001.
3. 张法琨选编.古希腊教育论著选[M].北京:人民教育出版社,2007.
4. 张斌贤主编.西方教育思想史[M].北京:人民教育出版社,2011.

第十二章 "秩序"与"自然":夸美纽斯的教育思想

扬·阿姆斯·夸美纽斯
(Johann Amos Comenius,
1592~1670)

"秩序是把一切事物教给一切人们的教学艺术的主导原则,这是应当、并且只能以自然的作用为借鉴的。一旦这个原则彻底地被掌握以后,艺术的进行立刻便会同自然的运行一样容易,一样自然。"

——夸美纽斯

【内容摘要】夸美纽斯是17世纪捷克著名的教育思想家、改革家。他认为,教育的目的就是使人具有三种品质:博学、德行、虔信,教育能使人成为人,普及教育是非常必要的事情。他提出了"泛智论"的思想,构建了统一的学校体系,倡导班级授课制,高度重视教育适应自然,并提出了循序渐进、量力性、直观性、系统性、愉悦性、巩固性等教学原则。在学前教育方面,他提出许多富有创造性的观点。夸美纽斯的教育思想对后世的教育理论与实践产生了重大影响。

【核心概念】夸美纽斯;普及教育;泛智论;教育适应自然;学前教育

一、生平及教育活动

扬·阿姆斯·夸美纽斯出生于摩拉维亚(Moravia,今捷克的一部分)。摩拉维亚在宗教上信奉加尔文派,以崇尚民主互助著称,人们通常称这一新教教派为"摩拉维亚兄弟会"。1604年,夸美纽斯的双亲和两个姐姐先后病故,只剩下他与一个妹妹相依为命,在亲友和兄弟会的资助下,勉强度日。1608年,16岁时成为兄弟会神职候补人员,进入普利拉夫(Prerov)的拉丁文法学校学习。1611年,兄弟会选送夸美纽斯到德国的赫尔伯恩学院(College of Herborn)学习哲学和神学,该学院盛行加尔文派思潮。1613年,在短暂的西欧游历之后,转入德国海德堡大学(University of

Heidelberg)学习。1614年,因病辍学回国。病愈后他担任一所中学的校长,开始从事教育工作。

1614年,22岁的夸美纽斯任普利拉夫中学校长,这是兄弟会办的学校。1616年,兄弟会又推选他为牧师,从此他开始了教师、牧师集于一身的人生。1618年,夸美纽斯调任富尔涅克(Fulneck)学校校长兼兄弟会牧师。同年,由于宗教矛盾、神圣罗马帝国内部矛盾等原因,欧洲"新教联盟"和"天主教联盟"之间的"三十年战争"(1618—1648)爆发。1621年,"天主教联盟军"攻占富尔涅克,城市变为一片废墟。夸美纽斯的家产、藏书和手稿全部毁于这次战火,他开始过着流亡生活。1628年,在波兰的列什诺(Leszno)定居,并在当地一所兄弟会中学任教师、校长。1631年,撰写并出版《语言学入门》,这是一本拉丁文教科书。该书出版后,非常受欢迎,迅速成为西欧拉丁文标准教材。1632年,写成捷克语版《大教学论》和《母育学校》。1638年,出版拉丁文版《大教学论》。1639年,出版《泛智学导论》。1641年,应英国政府之邀,赴伦敦准备创办实施"泛智"思想的教育机构。然而,就在夸美纽斯到达英国之后,英国内战爆发,无暇顾及"泛智"计划。1642年,接受瑞典政府邀请,为瑞典学校编辑教科书和教学法参考书。1648年,结束在瑞典的工作,回到波兰列什诺,主持兄弟会宗教和学校事务。1650年,被推选为兄弟会大主教。同年,接受匈牙利特兰萨瓦尼亚公国的邀请,担任长年教育顾问,并创办沙罗斯—帕特克(Saros-Patak)中学。在这所学校的开学仪式上,发表题为"论天赋才能的培养"的演讲。1653年,编写《创建纪律严明的学校的准则》。1654年,完成《世界图解》的编写。同年,夸美纽斯离开匈牙利,回到列什诺。1656年,波兰与瑞典之间爆发战争,列什诺遭到洗劫,夸美纽斯的家产、藏书和手稿再次毁于战火,他应荷兰政府邀请,到阿姆斯特丹定居。1657年,阿议会决议出版《夸美纽斯教育论著全集》。①

二、论教育的目的和作用

夸美纽斯是虔诚的摩拉维亚兄弟会成员,并长期身兼牧师与教师(校长)二职,宗教信仰根深蒂固。从宗教观念出发,夸美纽斯论述了教育的目的与作用。

(一) 论教育的目的

夸美纽斯认为,教育的目的就是使人具有三种品质:博学、德行、宗教或虔信。具体来讲,"博学包括一切事物、艺术和语言的知识;而德行不仅包括外表的礼仪,它还包括我们内外动作的整个倾向;至于宗教,我们把它理解为一种内心的崇拜,使人心借此可以皈依最高的上帝"。② 在夸美纽斯

---

① 本部分内容主要参考了杨汉麟编写的《夸美纽斯生平和著作年表》,见:[捷]夸美纽斯.夸美纽斯教育论著选[M].任钟印,选编.任宝祥等,译.北京:人民教育出版社,2005:437—449.
② [捷]夸美纽斯.大教学论[M].傅任敢,译.北京:教育科学出版社,1999:11.

看来,这三种品质体现了人类的优点,是今生与来生的基础。人是上帝创造出来的一切事物中最崇高、最完善、最美好的,人生的终极目标不在今生,今生不过是永生的预备。要为永生做准备,就必须具备这三种品质。"我们在这个世界上面追求学问、德行与虔信,我们就是相应地在向我们的终极目标前进。"①要具备博学、德行、虔信这三种品质,就必须接受教育;教育的目的就是培养这三种品质。

(二) 论教育的作用

教育能够使人具备博学、德行、虔信这三种品质,为今生和来生打下基础。因此,它对人的作用极其重要,"假如要形成一个人,就必须由教育去形成""只有受过恰当教育之后,人才能成为一个人"。②夸美纽斯认为,每个人都有受教育的必要。"教育确乎人人需要,我们想想各种不同程度的能力,就可以明白这一点。愚蠢的人需要受教导,好使他们摆脱本性中的愚蠢,这是无人怀疑的。其实聪明人更需要受教育,因为一个活泼的心理如果不去从事有用的事情,它便会从事无用的、稀奇的、有害的事情;正如田地愈肥沃,蒺藜便愈茂盛一样。对一个绝顶聪明的人,如果不去撒下智慧与德行的种子,它便会充满幻异的观念;一个活泼的心理如果没有正经的事情可做,它便会被无益的、稀奇的和有害的思想所困扰,会自己毁掉自己。"③不仅如此,夸美纽斯还认为,富人如果不受教育就像猪一样,贫穷的人如果不受教育就像驴一样,有权力的人受教育才能发挥领导作用,地位低下的人受教育才能更好地服从领导。总而言之,只有通过教育,人才能成为人。"凡是生而为人的人都有受教育的必要,因为他们既然是人,他们就不应当成为无理性的兽类,不应当变成死板的木头。"④

三、论普及教育

从教育的目的与作用出发,夸美纽斯进一步指出了普及教育的必要性,并详细论述了普及教育的措施。

(一) 论普及教育的必要性和可能性

既然只有通过教育人才能成为人,那么人人接受教育就是理所当然的事情。《大教学论》第9章的标题就是"一切男女青年都应该进学校"。夸美纽斯要求"不仅有钱有势的人的子女应该进

---

① [捷]夸美纽斯.大教学论[M].傅任敢,译.北京:教育科学出版社,1999:12.
② [捷]夸美纽斯.大教学论[M].傅任敢,译.北京:教育科学出版社,1999:24.
③ [捷]夸美纽斯.大教学论[M].傅任敢,译.北京:教育科学出版社,1999:27.
④ [捷]夸美纽斯.大教学论[M].傅任敢,译.北京:教育科学出版社,1999:28.

学校,而且一切城镇乡村的男女儿童,不分富贵贫贱,同样都应该进学校"。① 在夸美纽斯看来,如果能普及教育,每个人都知道如何行事,能够在工作与劳苦中宽慰自己,就可以愉快地度过人生,这种状况就是"这个世界所能实现的惟一天堂"。②

夸美纽斯多次强调,即使是天资愚笨的人,也可以接受教育。他认为,往筛子上面泼水,虽然它留不住水却能变得干净。与之相似,愚笨的人虽然在学问上没有进步,但是性子可以变得柔和。有人怀疑愚笨的人无法学习知识时,他这样回复,"我们差不多找不出一块模糊的镜子模糊到了完全反映不出任何形象的地步,我们也差不多找不到一块粗糙的板子粗糙到了完全不能刻上什么东西的地步"。③ 针对当时反对女性学习知识的观点,夸美纽斯发表了不同的看法。他认为,女性"也是按照上帝的形象造成的",同样具有获得知识的能力与必要性。当然,需要指出的是,夸美纽斯并没有达到完全赞同男女平等的地步。他强调女性需要学习的"主要是一个妇人应该知道和应该做的事情;这是指一切可以使她们能照料家庭,能增进丈夫与家庭的福利的事情"。④

夸美纽斯严厉地批判了当时学校的弊端,《大教学论》第 11 章就以"在此以前没有一所完善的学校"为题,指出一方面当时的学校只接受富人入学;另一方面,当时学校的教学方法非常严酷,以致学校变成了儿童恐怖的场所,变成了他们才智的屠宰场,学生讨厌学习和书本。此外,学校的教育内容也存在很大的问题,忽视了虔信与德行这两个"最重要的因素"。这样的结果是,学生"悲惨地丧失了一生一世的最甜美的青春,把生气勃勃的青春浪费在学校的无益的事情上面。"⑤ 为了改变这种状况,实现普及教育的理想,夸美纽斯建议从教育内容、教育制度、教育教学原则等方面进行改革。

(二) 泛智论

夸美纽斯在《大教学论》的扉页这样写道:"它阐明把一切事物教给一切人类的全部艺术"。在这里,"教给一切人类"是指普及教育,而"一切事物"则涉及著名的"泛智论"。我们也可以这样理解,"泛智论"是夸美纽斯从教育内容的角度对普及教育的具体论述。

何谓"泛智"? 在《泛智学导论》中,夸美纽斯指出,"我们应该借助科学研究接近对各种事物的普遍认识,接近'泛智',接近包罗万象的而且各部分协调的完全的智慧。"⑥何谓"泛智论"? "我

---

① [捷]夸美纽斯.大教学论[M].傅任敢,译.北京:教育科学出版社,1999:37.
② [捷]夸美纽斯.大教学论[M].傅任敢,译.北京:教育科学出版社,1999:39.
③ [捷]夸美纽斯.大教学论[M].傅任敢,译.北京:教育科学出版社,1999:53.
④ [捷]夸美纽斯.大教学论[M].傅任敢,译.北京:教育科学出版社,1999:38—39.
⑤ [捷]夸美纽斯.大教学论[M].傅任敢,译.北京:教育科学出版社,1999:46—48.
⑥ [捷]夸美纽斯.夸美纽斯教育论著选[M].任钟印,选编.任宝祥等,译.北京:人民教育出版社,2005:173—174.

们想编写这样一种类型的泛智论。它将是这样的：(1)是完整的、简短的普通教育课程；(2)是启迪人类智慧的明灯；(3)是真理的正确无误的标准；(4)是日常生活与工作的可靠写照；(5)是接近上帝的安乐的阶梯。"①夸美纽斯把"泛智"具体分为三个方面的内容，分别是"对上帝的认识""对大自然的认识""对艺术的认识"。其中，"艺术"是指"一切可纳入人类的活动、思维、言语和劳动中的东西"；"自然"是指"一切借助于事物内部的力量自发产生和形成的东西"；"上帝"是指"上帝的威力和智慧"。② 这三个方面是相互依存、相互联系的和谐的整体。在《泛智学校》中，夸美纽斯进一步指出，"泛智"包括"现在和将来生活所必需的学科，而且达到完美的程度"。泛智学校的目的是使"知识领域里的全部精华都能在头脑里生根"、"必须训练我们的学生进行操作"、"使所有的人语言完美"。③

概括来讲，"泛智论"就是强调使学生掌握当时的一切知识，通过知识的学习发展智慧，从而为生活做全面的准备。"我们的学生在泛智学校中不是为学校学习，而是为生活学习。要让从这里毕业出去的学生都能积极工作，适宜于干一切，技术熟练、勤勉，将来能放心地把一切日常事务信托于他们。"④

(三) 论教育制度

1. 论学校制度

为了普及教育、实施"泛智论"思想，夸美纽斯构想了全国统一的学校制度。他把一个人从出生到24岁划分为四个阶段：婴儿期、儿童期、少年期和青年期；每个阶段6年，分别对应母育学校、国语学校、拉丁语学校和大学。夸美纽斯把这四类学校比作春夏秋冬四季，每个阶段都有不同的任务。其中，母育学校、国语学校两个阶段应该实施普及教育，接受一切男女孩子入学。母育学校是婴儿期的家庭教育，属于学前教育，下文专门论述。这里主要介绍国语学校。

在《大教学论》第29章"国语学校素描"中，夸美纽斯首先论证了普及国语学校的必要性。当时社会普遍流行的看法是，"只有打算从事手工劳动的男女孩子才应当送进国语学校，至于父母希望他们得到一种比较高深的教育的男孩子则应直接送到拉丁语学校"。⑤ 夸美纽斯明确反对这种观点，他认为6岁就决定职业选择太早，只有学会了国语才能学好拉丁语，因此必须普及国语学校。国语学校主要是训练内感官、想象力和记忆力及其相关的器官，它的目的与目标是"应当把

---

① [捷]夸美纽斯.夸美纽斯教育论著选[M].任钟印,选编.任宝祥等,译.北京：人民教育出版社,2005：195.
② [捷]夸美纽斯.夸美纽斯教育论著选[M].任钟印,选编.任宝祥等,译.北京：人民教育出版社,2005：208.
③ [捷]夸美纽斯.夸美纽斯教育论著选[M].任钟印,选编.任宝祥等,译.北京：人民教育出版社,2005：239—241.
④ [捷]夸美纽斯.夸美纽斯教育论著选[M].任钟印,选编.任宝祥等,译.北京：人民教育出版社,2005：241.
⑤ [捷]夸美纽斯.大教学论[M].傅任敢,译.北京：教育科学出版社,1999：213.

对青年人终生有用的事物教给一切六岁到十二岁的青年"。①

国语学校的学习内容包括12个方面,分别是读懂国语材料、运用国语写作、用阿拉伯数字和计算器计数、测量空间、音乐基础、熟记赞美诗、熟悉《教义问答》和《圣经》中的重要故事与诗句、学习道德原则、经济学和政治学、世界通史、宇宙学(即天文学和地理学)、技艺的原则等。

国语学校的方法反映了夸美纽斯教育思想的特色。他要求,应该根据国语学校的6年,把它分成6个班,并为每个班准备好教材。这种教材应该使用国语编写,包括该班要学习的全部内容。教材的内容应该符合儿童喜欢新奇与幽默的特点,教材的标题应该在吸引学生的同时还能表明学习的内容。

2. 论学年制及学日制

夸美纽斯关于国语学校方法的论述已经包含了学年制和学日制的思想。在《泛智学校》中,他进一步论述了学年制和学日制的内容。他要求,各个年级应该在同一时间开始或结束一学年的课程。除了这个时间之外,不再接收任何学生入学。这样,就能保证一致的学习进度。当学生完成了本学年的任务之后,才可以升入高年级。为了确保这一点,他还要求,各个年级的教学内容应该适合中等智力的学生。

夸美纽斯强调,为了确保每位学生都能完成学习任务,学生每天的学习时间不能超过6小时、上课不能超过4次。这6个小时中间应该有休息,可以上午上2次、下午上2次,每次课间休息半小时。早饭和午饭后应该有1小时的散步和娱乐时间,每天晚上应该有8小时的睡眠。他还规定,上午应主要训练智力与记忆等,下午应主要训练动作和声音等。夸美纽斯特别强调,不能给学生留家庭作业,应该给学生留出时间,做他们自己想做的事情。

3. 论班级授课制

班级授课制与学年制是实施普及教育的孪生兄弟。采取学年制,就必然要求实施班级授课制。夸美纽斯之前已经有人采用过这种教学组织形式,但是,由于缺乏系统的理论分析与研究,并没有在欧洲流行开来。当时主要的教学组织形式仍然是个别教学,根本无法实现普及教育的目标。在《泛智学校》和《大教学论》第19章"教学的简明性与迅速性原则"中,夸美纽斯对班级授课制进行了系统的论证与分析。

班级授课制是必须的。从教师的角度来看,学生的数量越多,他的工作成就可能更大,因而对工作的兴趣越大;从学生的角度来看,许多同学在一起,可以相互激励、相互帮助、相互促进,因而可以愉快地学习。"在学生方面,大群的伴侣不仅可以产生效用,而且也可以产生愉快(因为人

---

① [捷]夸美纽斯.大教学论[M].傅任敢,译.北京:教育科学出版社,1999:214.

人乐于劳动的时候有伴侣);因为他们可以互相激励,互相帮助。""一个人的心灵可以激励另一个人的心灵,一个人的记忆也可以激励另一个人的记忆。"①

班级授课制是可能的。怎样才能做到一个教师同时教大量的学生呢?首先,应该把学生分组,每10人一组、由组长进行管理,每10名组长又成为一组。这样就解决了管理上的问题。其次,教师应该注意吸引学生。他们只在全体学生静听时才说话;利用有趣的或有用的事情激发学生的兴趣;站在高高的讲台上,同时看着全体学生;充分利用学生的感官;对不用心的学生进行责备或惩罚;讲完课后应该给学生提问的机会等等。采用了这些方法后,"一个教师可以教一百个学生,所费的精力和教几个学生一样小"。②夸美纽斯还对教材提出了要求,他认为,学生只能使用专门为本年级编辑的书,一个年级的所有学生必须使用同一版本的书,教师必须为学生准备好黑板、练习簿等材料,最好把教材的内容做成一个提要。

4. 论考试及考查制度

班级授课制与学年制要求相应的考核机制,以便确定哪些学生可以升入更高年级。在《创建纪律严明的学校的准则》中,夸美纽斯制订了关于考试考查的系列制度。首先,是学时考查。学时考查由任课教师主持,每节课都应进行。其次,是学习考查。学习考查由组长主持,在每天课程结束后进行,确保每位小组成员都熟练掌握所学材料。第三,是学周考查。学周考查由学生自己负责,在每周星期六午休时进行。第四,是学月考查。学月考查由校长主持,每月视察各班一次,检查学生是否完成本月任务。第五,是学季考试。学季考试由学校的某个主任和校长一起主持,了解学生完成任务的情况。最后,是学年考试。学年考试由校长主持,学校全体主任出席,是学校的升(班)学考试。夸美纽斯建议,采取随机抽签的方式选择小组中的学生,由他代表小组回答问题。学年考试主要检查学生是否完成本年度的学习任务,从而决定他们能否升级。对那些没有完成学习任务的学生,由学校校长、主任和教师一起决定,或是让他们留级继续学习,或是由家长领回另谋生路。

5. 论督学制度

夸美纽斯提出了国家管理教育的必要性,"为了整个基督教共和国的利益……在每一个秩序良好的居民区(不管它是一个城市,一个乡镇,或是一个村落),都应该设立一所学校,或者一个教育青年的地点"。③ 他还指出,当权者应该通过以下方法根除学校里的惰性:"通过开创新学校,

---

① [捷]夸美纽斯.大教学论[M].傅任敢,译.北京:教育科学出版社,1999:124.
② [捷]夸美纽斯.大教学论[M].傅任敢,译.北京:教育科学出版社,1999:129.
③ [捷]夸美纽斯.大教学论[M].傅任敢,译.北京:教育科学出版社,1999:34.

恢复颓废了的学校,改革教学与教育发展不完善的学校,把受人尊敬的、贤明的、信教的和积极的教师推举到领导岗位上去,成为学校的督学。"①夸美纽斯认为,督学就是学校的法律卫士,他们使学校颁布的规则能够付诸有效行动,从而使学校能够按照要求完成各项任务,实现其目标。

督学的责任重大:"一个好的督学,他会为学校的繁荣而忧虑,如果学校的形势不妙,他会感到难过。他把学校看做自己的斯巴达,他的使命促使他维护学校,把学校变得美丽。"②夸美纽斯把督学比作军队的总司令。具体来讲,督学的责任有以下几点。第一,明白学生是国家和教会的苗圃,自己负有关心他们的使命;第二,解聘或录用教师,关心能够长期从事教师职业并且具有教育教学能力的人,保证他们能够得到公正的对待;第三,维护学校领导和教师的威信,对学校领导或教师的批评应该单独进行,不让学生知道;第四,关注家长或监护人如何教育孩子;第五,使管辖范围内的所有学校行动一致,使所有教师齐心协力;第六,庆祝重大节日,牢记规章制度,赏罚分明。

四、论教育教学原则

为了改革旧的学校,增加学校的吸引力,实现普及教育的目标,夸美纽斯提出了一系列教育教学原则。其中,"教育适应自然"是主导性原则,其他原则都是根据它而论证。

(一) 主导性教育原则——教育适应自然

夸美纽斯认为,借鉴自然、遵守严谨的秩序,是一种"周全的、有把握的、容易的、彻底的求学之道"。"秩序是把一切事物教给一切人们的教学艺术的主导原则,这是应当、并且只能以自然的作用为借鉴的。一旦这个原则彻底地被掌握以后,艺术的进行立刻便会同自然的运行一样容易,一样自然。"③夸美纽斯还强调,这是"教与学的方法所能根据的磐石一般的原则"。④ 在夸美纽斯看来,秩序极其重要,它是一切事物发生作用的潜在力量。"真正维系我们这个世界的结构以至它的细微末节的原则不是别的,只是秩序而已;就是按照地点、时间、数目、大小和重量把先来的和后来的,高级的和低级的,大的和小的,相同的和相异的种种事物加以合适的区分,使每件事物都能好好地实践它的功用。所以,秩序就叫做事物的灵魂。因为一切秩序良好的东西,只要它能保持它的秩序,它就可以保持它的地位和力量。"⑤他把时间准确地流逝、蜜蜂蚂蚁和蜘蛛的精

---

① [捷]夸美纽斯.夸美纽斯教育论著选[M].任钟印,选编.任宝祥等,译.北京:人民教育出版社,2005:417.
② [捷]夸美纽斯.夸美纽斯教育论著选[M].任钟印,选编.任宝祥等,译.北京:人民教育出版社,2005:406.
③ [捷]夸美纽斯.大教学论[M].傅任敢,译.北京:教育科学出版社,1999:65—66.
④ [捷]夸美纽斯.大教学论[M].傅任敢,译.北京:教育科学出版社,1999:64—66.
⑤ [捷]夸美纽斯.大教学论[M].傅任敢,译.北京:教育科学出版社,1999:60.

细工作、人的心灵能够指挥动作、国王或皇帝能够统治国家、大炮的力量、钟的运行等等的原因，都归结于良好的秩序。与此相类似，为了改良学校，必须借鉴"万物的严谨秩序"，所以"教学艺术所需要的也不是别的，只不过是要把时间、科目和方法巧妙地加以安排而已"。①

"借鉴自然、遵守严谨的秩序"成为夸美纽斯论证教育问题的核心原则和根本方法。无论是对教育目的和作用的分析，还是对普及教育的论述；无论是阐述他的"泛智论"，还是对教学原则和方法的强调，夸美纽斯始终坚持先从观察自然入手，通过分析各种自然现象，找出自然的规律，然后运用这些规律论证自己的观点或改革学校的教学方法。总之，"教育应遵循自然的秩序"构成了教育适应自然的原则的第一层内涵，也是夸美纽斯教育理论的最大特色。正因为如此，夸美纽斯的教育思想被称为"客观化自然教育思想"。②

在"借鉴自然、遵守严谨的秩序"的前提下，他还强调教育应遵循儿童的自然本性，这是夸美纽斯教育适应自然原则的第二层内涵。在他看来，人是自然的一部分，"借鉴自然、遵守严谨的秩序"还意味着教育教学工作要尊重儿童的年龄和学习能力。"自始至终，要按学生的年龄及其已有的知识循序渐进地进行教导。""我们的格言应当是：凡事都要追随自然的领导，要去观察能力发展的次第，要使我们的方法依据这种顺序的原则。"③虽然，当时心理学还没有成为一门独立的学科，人们对儿童的心理特点认识还远远不足，但是夸美纽斯凭借对教育工作的热爱，还是注意到了根据儿童特点进行教育的必要性。

（二）教学原则

1. 循序渐进原则

自然遵循着一定的顺序，春华秋实、秋收冬藏。"借鉴自然、遵守严谨的秩序"意味着教育必须循序渐进。《大教学论》第16至19章集中探讨了教学原则，在不同的地方都强调了这一原则。

从时间上来看，夸美纽斯从鸟类在春天繁殖、园丁在春天种植这样的自然现象出发，强调教育应该从儿童期开始，因为人生的这个阶段大致相当于春天。他还强调早晨最适合读书，因为一天之中早晨相当于春天。他还要求，教学不能急于求成，不能让学生在学习上花过多时间。夸美纽斯说，每天强迫青年人听六节课，还要他们自习，这是一种酷刑。因此，他要求"课堂教学尽量减少，即减到四小时"，并且"给自习以同样多的时间。"④

从教学准备来看，夸美纽斯强调，教师应该先激发学生的求知欲再进行教学，如果没有激发起学生的求知欲就不应该进行教学。"在开始任何专门学习以前，学生的心灵要有准备，使能接

---

① [捷]夸美纽斯.大教学论[M].傅任敢,译.北京：教育科学出版社,1999：60—63.
② 刘黎明.论西方自然主义教育思想的历史嬗变及其特征[J].武陵学刊,2011(3).
③ [捷]夸美纽斯.大教学论[M].傅任敢,译.北京：教育科学出版社,1999：204.205.
④ [捷]夸美纽斯.大教学论[M].傅任敢,译.北京：教育科学出版社,1999：99.

受那种学习。"①"求学的欲望应当彻底在学生身上激发起来,学科的一般观念应当彻底印入学生的脑际。在这一步没有小心地做到以前,关于艺术或语文的更详细的解释就不应当尝试。"②

从学科来看,应该先学语文,再学科学、数学和物理学等等。学习语文,应该从某个作家或一种熟练地编辑出来的片语集开始,再去学习文法。就语言而言,应该先学习国语,然后用国语去学拉丁文,再用拉丁文去学希腊文。夸美纽斯还多次强调,学校应当使学生在一定的时候只学一件事情,只有把一门功课学好了,才可以学另外一门。如果学校在同一时间内学习不同学科就会产生混乱,因为"心灵同时从事几件事情的时候,它是不能把精力集中在一件事情上面的"。③

从学习进程来看,应该从易到难、由简单到复杂。为做到这一点,应该把功课分成不同的阶段,努力使先学的内容能为后学的内容奠定基础。与之相对应,应该仔细划分时间,使每年、每月、每日、每时,都有相应的学习任务。教学应该从最简单、基础的内容开始,"每一种艺术都应当包含在最简短和最实用的规则里面","每一条规则都应当用最简短和最清晰的字句表达出来"。④

从学习方式来看,学生应当先运用他们的感官,学会理解和记忆事物,最后才运用判断。夸美纽斯批评了当时一些教师的错误做法:"有些教员在这一点上犯了错误,他们不对他们所教的孩子把学科彻底讲解清楚,却无止无休地要他们默写,要他们死记硬背。即使其中有人愿意讲清楚教材,也不知道怎样去讲清楚,……他们这样把学生弄得精疲力竭。"⑤他要求,"凡是没有被悟性彻底领会的事情,都不可用熟记的方法去学习"。⑥

2. 量力性原则

循序渐进意味着必须关注学生的学习状态,必须根据学生的承受能力进行相应的教学活动,这就是量力性原则。这里的"力"包括两个方面的内容,一个是年龄或心理特点;一个是学习基础。夸美纽斯强调,一定要根据学生的年龄或心理特点进行相应的教育。"无论什么事情,除非不仅是青年人的年龄与心理的力量所许可,而且真是它们所要求的,都不应该教给他们。""一切学科都应加以排列,使其适合学生的年龄,凡是超出了他们的理解的东西就不要给他们去学习。"⑦他还强调,一定要根据学生的基础进行教学。他说,如果往一个小口的瓶子猛烈地倒进大量的水,那么大部分水就都会流到瓶子外面去。一些老师在教学时不考虑学生的基础,"不是尽

---

① [捷]夸美纽斯.大教学论[M].傅任敢,译.北京:教育科学出版社,1999:81.
② [捷]夸美纽斯.大教学论[M].傅任敢,译.北京:教育科学出版社,1999:108.
③ [捷]夸美纽斯.大教学论[M].傅任敢,译.北京:教育科学出版社,1999:82.
④ [捷]夸美纽斯.大教学论[M].傅任敢,译.北京:教育科学出版社,1999:95.
⑤ [捷]夸美纽斯.大教学论[M].傅任敢,译.北京:教育科学出版社,1999:83.
⑥ [捷]夸美纽斯.大教学论[M].傅任敢,译.北京:教育科学出版社,1999:100.
⑦ [捷]夸美纽斯.大教学论[M].傅任敢,译.北京:教育科学出版社,1999:100.

学生所能领会的去教,而是尽他们自己所愿教的去教",就像那种倒水的方法一样蠢。① 他认为,应该少强迫学生记忆,只要记住最重要事情就可以,其余的内容只要领会大意。他相信,只要依据学生的基础进行教育,学生就能够很好地发展。"假如一切事情都按学生的能量去安排,这种能量自然就会同学习与年龄一同增长。"②

3. 直观性原则

夸美纽斯高度重视直观性原则,把它称为教学的"金科玉律"。他指出:"可以为教师们找出一条金科玉律。在可能的范围以内,一切事物都应该尽量地放到感官跟前。一切看得见的东西都应该放到视官的跟前,一切听得见的东西都应该放到听官的跟前。气味应该放到嗅官的跟前,尝得出和触得着的东西应当分别放到味官和触官的跟前。假如有一件东西能够同时在几个感官上面留下印象,它便应当和几种感官去接触。""凡是放到青年人的智力跟前的事物必须是些真实的事物,不是事物的影子。"③

夸美纽斯从三个方面论证了直观性原则的必要性。首先,知识的开端就来自感官,"一切知识都是从感官的感知开始的"。④ 学习并不是学习一些抽象的概念,而是要感知事物本身。正是出于这种考虑,他把事物本身的重要性放在书本或文字之上。"事物是主要的,文字只是偶然的;事物是本体,文字只是衣着而已;事物是核,文字是壳,是皮。"⑤他提出,人们应该根据对事物的直接研究学会知识,应该考察事物本身、从本源上获得知识,而不是从书本上学习,不是根据别人对事物的考察来学习。他要求,"任何知识都不应该根据书本去教,而应该实际指证给感官与心智,得到实际指证"。⑥ 其次,感官更能证明科学的真实性与准确性。通过感官得来的知识是直接的,而通过悟性得来的知识是间接的,通过感官得来的知识的可靠性更大。因此,人们容易相信通过感官得来的知识,而不太容易相信推理得出的结论。他要求,"假如我们想使我们的学生对事物获得一种真正和可靠的知识,我们就必须格外当心,务使一切事物都通过实际观察与感官知觉去学得"。⑦ 最后,感官有利于记忆。通过感官获得的知识,一经获得就容易永远记住。因此,儿童很容易从图画中学习知识。正是这个原因,夸美纽斯亲自编写了世界上第一本看图识字教材《世界图解》。他还建议,如果事物本身无法得到,就应该使用图像、范本或模型。

对如何在教学中运用直观性原则,夸美纽斯提出了一些建议。他强调应该从日常生活着手

---

① [捷]夸美纽斯.大教学论[M].傅任敢,译.北京:教育科学出版社,1999:98—99.
② [捷]夸美纽斯.大教学论[M].傅任敢,译.北京:教育科学出版社,1999:99.
③ [捷]夸美纽斯.大教学论[M].傅任敢,译.北京:教育科学出版社,1999:141.
④ [捷]夸美纽斯.大教学论[M].傅任敢,译.北京:教育科学出版社,1999:97.
⑤ [捷]夸美纽斯.大教学论[M].傅任敢,译.北京:教育科学出版社,1999:79.
⑥ [捷]夸美纽斯.大教学论[M].傅任敢,译.北京:教育科学出版社,1999:111.
⑦ [捷]夸美纽斯.大教学论[M].傅任敢,译.北京:教育科学出版社,1999:142.

开展教学活动,让学生认识到所学的东西是身边的事实,学习这些内容对生活有很大的用处。在教学时,应该明白坦率地把知识教给学生,让学生看到事物的真实性质;应该通过揭示事物产生的原因或过程去教等等。

4. 系统性原则

在论述直观性原则的过程中,夸美纽斯强调应把各种感官结合起来运用。他要求,听觉应该和视觉结合起来使用。在教学的时候,不仅要用语言来教,还要用图画来引导孩子,让他们用眼睛去看,从而去想象。学生在说话的时候,应该同时用手配合表达自己的意思。在强调事物比文字与书本更为重要的同时,他也要求应该把这两者同时呈现在学生面前。在这里,夸美纽斯从学习方式的角度强调了教学的系统性。

夸美纽斯还从教学内容的角度强调了系统性原则。他要求学习内容应该构成一个整体,所有学习内容都来自这个整体。他指出:"终生的学业应该组成一个百科全书式的整体,其中一切部分都来自同一来源,并且有它自己的地位。"①他认为,在这个百科全书式的整体中,每个部分都有它的秩序、地位,必须考虑它们之间的相互关系。就像一座钟一样,只要有一个部件坏了,整个机器就会停止。所以,必须认真学习每个部分,才能得出整体的印象。他说:"关于一件事物的完整知识,只有先去得到关于它的每一个部分的性质与功用的知识以后才能得到"。②

5. 愉悦性原则

愉悦性原则是夸美纽斯教学原则体系的重要组成部分,几乎贯穿在他所有的教育著作中。《大教学论》的扉页上这样写道:"它阐明把一切事物教给一切人们的全部艺术或使每一个基督教王国的一切教区、城镇和村落,全都建立这种学校的一种可靠的引导,使青年男女,毫无例外地,全都迅速地、愉快地、彻底地懂得科学,纯于德行,习于虔敬,这样去学会现世与来生所需的一切事物。""我们这本《大教学论》的目的在于:寻求并找出一种教学的方法,使教员可以少教,但是学生可以多学;使学校因此可以少些喧嚣、厌恶和无益的劳苦,多具闲暇、快乐和坚实的进步。"③在《大教学论》的"致意读者"部分,夸美纽斯进一步强调,大教学论是"一种教起来准有把握,因而准有结果的艺术;并且它又是一种教起来使人感到愉快的艺术,就是说,它不会使教员感到烦恼,或使学生感到厌恶,它能使教员和学生全都得到最大的快乐"。④ 由此可见,夸美纽斯一开始就把"愉快地"、"快乐"放在突出位置,高度重视师生的快乐,把建设快乐的学校作为改革目标。

---

① [捷]夸美纽斯.大教学论[M].傅任敢,译.北京:教育科学出版社,1999:114.
② [捷]夸美纽斯.大教学论[M].傅任敢,译.北京:教育科学出版社,1999:147.
③ [捷]夸美纽斯.大教学论[M].傅任敢,译.北京:教育科学出版社,1999:扉页.1—2.
④ [捷]夸美纽斯.大教学论[M].傅任敢,译.北京:教育科学出版社,1999:致意读者.1.

夸美纽斯认为,幸福不仅仅是身体上的快乐,更是心灵上的快乐。每个人生来都应该为上帝、为他人、为自己服务,并从这种服务中享受到快乐。为了服务好上帝、他人和自己,人们就必须有虔信、德行、学问。因此,"学问、德行、虔信,这三个元素就是涌出一切最完美的快乐之流的三个泉源"。① 他还强调:"研究智慧的进程应该是没有困难与荆棘的,对于所有的人都应该是平坦的、方便的,对所有的人来说是可以接受的,是真正给人快乐的途径。"②"为了掌握智慧,激发它,愉悦它,需要利用艺术。艺术部分来自教师的人道精神,部分来自教学方法的机智。为了使学科学习对智力来说是有诱惑力的,这种学习开始就应是一种平常的娱乐。"③

在夸美纽斯看来,快乐教学的第一件事就是要激发学生的求知、求学欲望。他批评了不注意激发学生求知欲的状况,"谁曾想到过一个做教员的人在向学生传授知识以前,必须同样先使他的学生渴于求得知识,能够接受教导,因而准备接受一种多方面的教育呢"。④ 他还认为,强迫孩子学习就是害了他们,就像一个人没有食欲却又被迫去吃食物,结果只能是消化不良、呕吐,甚至患上疾病。父母赞扬学问与学者,称赞教师,鼓励孩子用功学习,并经常让孩子带着小礼物送给教师,这样就容易使孩子喜爱功课、喜欢并信任他们的教师。教师应该和善地对待学生,温和而循循善诱,称赞他们在学习上的努力,这样就可以激发孩子的求知欲、喜欢上学。学习的内容应该符合学生的年龄,教师的讲解应该幽默而清楚;教学方法必须自然,符合学生的口味。政府与学校管理者应该在公共仪式上称赞用功的学生,并给他们一些小礼物。通过以上各种方式,孩子们的求学欲望便"由父母、由教师、由学校、由所教的学科、由教学的方法、由国家的权威激发起来"。⑤

夸美纽斯要求,父母或监护人在孩子快到入学年龄时,为他们上学做好各种准备。"应当以快乐的心情尽力鼓舞儿童,好像节日和收获葡萄季节快到时那样",还可以许诺给上学的孩子一件礼物;"告诉儿童知道入学获得学问是何等美好的事情。""告诉他们学习不是做苦工而是一种同书与笔打交道、比蜜还甜的娱乐,这种娱乐的滋味儿童们是可以先尝的。"⑥ 父母或监护人做的这一切,就是要让孩子一开始就把学校当作娱乐的场所,在快乐中取得进步。

为了吸引学生,让学生在学校感受到快乐,夸美纽斯要求,"学校本身应当是一个快意的场所,校内校外看去都应当富有吸引力"。⑦ 从学校内部来看,房屋应当明亮清洁,墙上应当有图像来装饰;从学校外部来看,应该有一个散步和游戏的空旷地点,并附有一个花园。这样,学生就总

---

① [捷]夸美纽斯.大教学论[M].傅任敢,译.北京:教育科学出版社,1999:43.
② [捷]夸美纽斯.夸美纽斯教育论著选[M].任钟印,选编.任宝祥等,译.北京:人民教育出版社,2005:174.
③ [捷]夸美纽斯.夸美纽斯教育论著选[M].任钟印,选编.任宝祥等,译.北京:人民教育出版社,2005:183.
④ [捷]夸美纽斯.大教学论[M].傅任敢,译.北京:教育科学出版社,1999:55.
⑤ [捷]夸美纽斯.大教学论[M].傅任敢,译.北京:教育科学出版社,1999:93—94.
⑥ [捷]夸美纽斯.夸美纽斯教育论著选[M].任钟印,选编.任宝祥等,译.北京:人民教育出版社,2005:72—73.
⑦ [捷]夸美纽斯.大教学论[M].傅任敢,译.北京:教育科学出版社,1999:93.

盼望在学校看到、听到一些新鲜事,上学就像赶集一样快乐和有趣。夸美纽斯甚至还要求:"学校应该是一座花园,是一个供人们散步和娱乐的公共场所。"①

有了良好的环境,还需要有完善的课程和适宜的方法。泛智的课程需要泛智的方法,需要既是全知、又处处自相适应的轻松愉快的方法,使教者和学者不至于因费力而产生反感,而是尝到了劳动的果实和乐趣。于是学校不再是迷宫和旧磨坊,不再是监狱和对脑力的折磨,而是娱乐和宫殿,是极大的享受,是天堂。在夸美纽斯看来,这种轻松愉快的泛智方法最重要的是就是建立一套完善的制度。为此,他制订了关于教学内容、教学人员、教学工具、教材、教学地点、上课的时间、课程、休息和假期等8个方面的制度。

6. 巩固性原则

在论述循序渐进原则的过程,夸美纽斯一直在强调,只有把一门课程学好了,才可以学习另一门课程;只有把前一阶段的学习任务完成了,才可以开始下一阶段的学习任务,"在学过的东西没有彻底印在眼睛、耳朵、悟性和记忆里面以前,任何新课都不能进行"。② 对于任何学科或任何阶段的学习任务,决不可半途而废。"凡是进了学校的人都要坚持学习。""凡是进了学校的人,就应该继续留在学校,直到变成一个具有充分的学识、德行与虔信的人为止。"③

为使学生能够牢固掌握所学的知识,他建议应该安排好功课,在后来学习时能用得上先前学习的内容,这样就容易更加牢固地掌握先前学习的内容。教给学生的内容,一定要有价值,这个价值,就是实用,"对于每门学科,都要考虑它的实用问题,务使不学无用的东西"。在学生充分理解的基础上,应该要求学生牢记所学的内容,"所教的每一种学科一旦被悟性彻底领悟之后,也就必须被记住"。牢记的一个重要办法就是复习,"所教学科若不常有适当的温习与练习,教育就不能彻底"。另外一个重要方法,就是以教促学、教学相长。"当所得的知识传给同学或其他伴侣的时候,那就是教。'教'的本身对于所教的学科可以产生更深刻的理解。"④

五、学前教育思想

夸美纽斯高度重视学前期的重要意义,在他的学制体系中专门设置了"母育学校"来实施学前教育。他对学前教育内容的论述深受"泛智论"的影响;"教育适应自然"原则同样是其论证学前教育的重要方法。

---

① [捷]夸美纽斯.夸美纽斯教育论著选[M].任钟印,选编.任宝祥等,译.北京:人民教育出版社,2005:176.
② [捷]夸美纽斯.大教学论[M].傅任敢,译.北京:教育科学出版社,1999:101.
③ [捷]夸美纽斯.大教学论[M].傅任敢,译.北京:教育科学出版社,1999:81.88.
④ [捷]夸美纽斯.大教学论[M].傅任敢,译.北京:教育科学出版社,1999:112—117.

(一) 儿童观

在教育史上,夸美纽斯对学前教育的一个重大贡献就是对儿童的重视。受奥古斯丁的影响,中世纪欧洲一直把儿童看作带有"原罪"的小大人,"禁欲"、"赎罪"同样适用于儿童。这种情况长达千年之久,儿童研究因此不受重视。夸美纽斯在一定程度上改变了这种现象,他高度称赞儿童的重要性。"对于父母,儿童应当比金、银、珍珠和宝石还珍贵……金、银和其他同类东西都是无生命的,只不过是比我们脚下所践踏的泥土要硬一些和纯洁一些,然而儿童却是上帝的生气勃勃的形象。"①作为一个虔诚的基督教徒,夸美纽斯把儿童称为"上帝的形象",这不仅是大胆的,更是富有创造性的。夸美纽斯把儿童的地位抬到此前不可想象的高度,彻底颠覆了中世纪以来儿童的形象,为重视学前教育奠定了重要的理论基础。

(二) 学前教育的意义

夸美纽斯非常重视学前教育的意义。他认为,教育应该从学前期开始。"学习应从婴儿期开始,一直继续到成年。"②"在一个人身上,头一次的印象是粘附得非常坚实的,只有奇迹才能消灭它们。所以,最谨慎的办法是,在很小的时候,就去把人形成到合乎智慧的标准。"③基于这种认识,普及教育应该从学前期开始,每个家庭都应该实施学前教育,每个家庭都是一所母育学校;母育学校的任务,主要是训练儿童利用外感官去辨别周围的事物。

学前教育最重要的责任在父母。不让做父母的"将其子女们的全部教育交托给学校教师和教会的牧师。使一棵已经定型的弯树变直或从满绕荆棘的丛林中产生一个果园,那是不可能的。他们应按照他们所评价的方法加以采用来管教儿女。最终,在其亲自教导下,他们的儿女在上帝和人的面前是可以增加智慧和福气的"。④ 夸美纽斯强调,只有父母付出勤勉的劳动,才能把孩子教养成人。他还借用《圣经·申命记》中的话语——"殷勤教训你的儿女,无论你坐在家里,行在路上,躺下、起来"来强调父母的教育责任。

(三) 学前教育的内容

与教育目的和"泛智论"的论述相对应,夸美纽斯详细而全面地分析了母育学校的教育内容。他认为,父母对孩子的教育同样包括博学、德行、宗教或虔信这三个方面。"简言之,幼年儿童必须受教育,其目的有三:(1)信仰与虔敬;(2)德行的端正;(3)语言和艺术的知识。"⑤这里虽然用了

---

① [捷]夸美纽斯.夸美纽斯教育论著选[M].任钟印,选编.任宝祥等,译.北京:人民教育出版社,2005:15.
② [捷]夸美纽斯.大教学论[M].傅任敢,译.北京:教育科学出版社,1999:203.
③ [捷]夸美纽斯.大教学论[M].傅任敢,译.北京:教育科学出版社,1999:31.
④ [捷]夸美纽斯.夸美纽斯教育论著选[M].任钟印,选编.任宝祥等,译.北京:人民教育出版社,2005:24.
⑤ [捷]夸美纽斯.夸美纽斯教育论著选[M].任钟印,选编.任宝祥等,译.北京:人民教育出版社,2005:20.

"目的"二字,实际上显然是指学前教育三个方面的内容。

在《大教学论》第 28 章"母育学校素描"中,夸美纽斯指出,儿童应该学会物理学、光学、天文学、地理学、年代学、历史学、算术、几何学、静力学、机械学、辩证术、文法、修辞学、诗词、音乐、经济学、政治学、伦理学、宗教等方面的内容。在《母育学校》中,夸美纽斯把学前教育的内容分为体育、自然与思维的研究、活动与表现、语言的用法、道德训练、宗教教育等方面,并进行了更详细的论述。体育包括母亲应保持自身健康、出生后婴儿应该注意清洁、坚持母乳喂养等日常生活方面的内容;自然与思维的研究、活动与表现、语言的用法属于智育的内容。① 即使是学前教育,也要把全部知识的种子都播种下去,"树木刚一生成便长出日后成为主干的嫩枝,在这最初的学校里面,我们也必须把一个人在人生的旅途中所当具备的全部知识的种子播种到他身上"。当然,夸美纽斯对每门学科的要求与儿童的年龄是相符的。例如,他认为,儿童只要能数到 10、会基本的加减法,这一阶段的算术的种子便算是播种下去了。值得注意的是,夸美纽斯还提出,为了帮助儿童学习,应该准备好图画书。"对于母育学校学习的另一种帮助是一本应当直接放到儿童手里的图画书。在这种年岁进行教导的主要媒介应当是感官知觉,而视官又是感官中最主要的一个。"②

六、夸美纽斯教育思想评析

欧洲 16 世纪的宗教改革运动倡导"因信称义",强调基督教徒通过阅读《圣经》,就能直接与上帝对话,获得拯救,这在客观上要求普及教育。16 至 17 世纪是欧洲科学大发展的时期,哲学、天文学、物理学、数学等方面取得了巨大成就,对教育提出了新要求。正是在这样的背景下,伟大的教育家夸美纽斯提出了一系列具有划时代意义的理论。

夸美纽斯围绕普及教育这一时代主题,提出了"把一切知识教给一切人"的宏伟目标,论证了普及教育的必要性和可能性;提出了"泛智论",倡导把现代自然科学知识纳入知识体系,设置了百科全书式的课程内容;设计了较为完备的教育制度,提出建立全国统一的学校体系,在学校中采取班级授课制、学年制等,国家应该实行督学制度;为改进教育教学,提出了教育适应自然的原则,并在此基础上提出了循序渐进、直观性、愉悦性等一系列教学原则。

夸美纽斯的教育理论具有承前启后的重要意义。一方面,他继承了文艺复兴和宗教改革以来教育改革创新的做法,改革了中世纪教育的许多弊端。例如,他对教育内容实用性的强调、对学生心理的重视、对激发学习兴趣的要求,都是中世纪教育不具备的。他运用类比自然的方法,

---

① [捷]夸美纽斯.大教学论[M].傅任敢,译.北京:教育科学出版社,1999:207.
② [捷]夸美纽斯.大教学论[M].傅任敢,译.北京:教育科学出版社,1999:211.

更是改变了仅仅依靠经验总结或引用《圣经》论证教育问题的传统。另一方面,夸美纽斯的许多教育思想启发了后来的教育家,引领了教育风向。卢梭、福禄培尔等人关于自然教育的思想,深受夸美纽斯教育适应自然原则的影响。夸美纽斯对班级授课制的构想,在19世纪欧美国家普及初等教育时成为了现实。英国的贝尔(Andrew Bell)和兰卡斯特(Joseph Lancaster)为了普及教育,开创了导生制(Monitor System)这种教学组织形式,其理论依据与实践模式几乎完全遵循并实现了夸美纽斯的构想:"一个教师同时教几百个学生不仅是可能的,而且也是要紧的。"①

夸美纽斯对学前教育的系统论述,开创了学前教育理论的新局面。在他之前,几乎没有人如此重视、如此系统地论述过学前教育。《母育学校》可以算得上第一本学前教育专著,《世界图解》可以看作第一本学前教育教材。在夸美纽斯之后,对学前教育的专门研究与论著才开始出现。

当然,夸美纽斯的思想中也存在一些不足。例如,他的教育思想还带有深厚的宗教色彩,类比自然的论证方法也称不上严谨与科学。但是,我们一定要从历史的角度来看待这些不足,不能苛求古人。夸美纽斯的这些不足与他的杰出贡献根本不能相提并论,他不愧是近代教育理论的奠基人。

【思考题】

1. 论夸美纽斯教育适应自然原则及意义。
2. 评价夸美纽斯的教育教学原则。
3. 评夸美纽斯的学前教育思想。
4. 论夸美纽斯教育思想的历史意义及当代启示。

【阅读书目】

1. [苏联]阿·阿·克腊斯诺夫斯基. 夸美纽斯的生平和教育学说[M]. 杨岂深,等. 译. 北京:人民教育出版社,1957.

2. [捷]夸美纽斯. 大教学论[M]. 傅任敢,译. 北京:教育科学出版社,1999.

3. [捷]夸美纽斯. 夸美纽斯教育论著选[M]. 任钟印,选编. 任宝祥等,译. 北京:人民教育出版社,2005.

---

① [捷]夸美纽斯. 大教学论[M]. 傅任敢,译. 北京:教育科学出版社,1999:124.

第十三章　守望儿童的自然本性：卢梭的教育思想

卢梭（Jean Jacques Rousseau，1712—1778）

> 在万物的秩序中，人类有它的地位；在人生的秩序中，童年有它的地位；应当把成人看作成人，把孩子看作孩子。
>
> ——卢梭

【内容摘要】 卢梭是18世纪法国激进的启蒙思想家，著名的哲学家、文学家和教育家。他以天性哲学、自然状态、自由哲学为基础，论述了他的自然教育思想，主要包括"把儿童看作儿童"的儿童观；顺应儿童本性，听任儿童自然和自由发展的自然教育的内涵；培养自然人的教育目的；由自由教育、消极教育、感觉教育、生命教育、智慧教育构成的自然教育路径。他的自然教育思想对西方近现代教育思想的发展产生了巨大影响，构成了后者的源头。

【核心概念】 卢梭；儿童观；教育目的；自由教育；消极教育

一、生平活动及著作

（一）生平活动

卢梭是18世纪法国激进的启蒙思想家，著名的哲学家、文学家和教育家，通过自己的勤奋和努力而成为具有多方面渊博知识的有巨大思想影响的时代人物，在哲学、政治、文学、教育等多个领域都有惊世骇俗的著作。然而，他一生走过的道路漫长而坎坷，他在《忏悔录》中生动地概括了自己不幸的一生："我没有高贵的门第和出身，但我却得到了另一种我特有的东西：我以不幸著称于世。"

卢梭于1712年出生在瑞士日内瓦的钟表匠的家庭里，父亲是钟表匠，母亲是牧师的侄女，都是日内瓦公民,其祖先是法国人。卢梭的一生充满坎坷和悲伤。在他出生后的几天里,就迎来了"无数不幸中的第一个不幸",也就是缺乏母爱,因为他的母亲因难产而去世。他的启蒙教师就是他的父亲,一个感情丰富、志趣高尚又酷爱读书的普通工匠。父子俩常常沉浸于小说和历史书的阅读中,有时通宵达旦。受父亲的影响,卢梭从小就养成了罕见的读书兴趣。7岁时,卢梭除了读完母亲留给他的小说外,还读了勒苏厄尔的《教会与帝国历史》、包许埃的《世界通史讲话》、普鲁塔克的《名人传》、那尼的《威尼斯历史》、奥维德的《变形记》、封德奈尔的《宇宙万象解说》和《死人对话录》,还有莫里哀的几部著作。这些书开拓了卢梭的知识视野,开发了他的智力,培养了他爱自由和爱共和的思想。

卢梭10岁的时候,父亲由于与人发生诉讼纠纷而出走异乡,他被舅舅送到波塞的一位牧师家住了两年,学习拉丁文和其他科目。这两年多的岁月,是卢梭唯一的接受正规教育的时期。应当说,13岁以前的卢梭,在父亲身边接受的教育是自发而温馨的,日内瓦使他感受到自由和共和的可贵,波塞迷人的自然风光使他发现了大自然的魅力,爱上了乡村,并把这种爱好保持终身。

然而,从13岁开始,不幸就降临到他身上,改变了他的命运。他被送到雕刻匠店里当学徒,开始了学徒生涯,并对社会的不平等有了最初的体验。雕刻匠杜康曼是一个脾气粗暴、蛮横无理、束缚很多的青年人,动不动就暴打卢梭。在师傅家里,卢梭不仅吃不饱,要经常挨打,而且没有任何娱乐,卢梭变得十分孤僻,常常寄情于玄思遐想,每当看到别人自由而哀叹自己的奴隶处境时,就会潸然泪下。在这种环境下,卢梭以恶抗恶,逐渐染上了撒谎、怠惰、偷窃等许多恶习。卢梭对不平等的最初体验,可以说是他日后平等学说形成的潜在感情基础。在此期间,卢梭经常到租书店借书看。也许是为了找寻精神的依托,排解体力劳苦对他的折磨,他一看到书就入迷,只要有书,他什么都不管,是个嗜书狂,以致书店里的书被他翻遍了,到了无书可读的地步。

16岁时,他离家出走,开始了流浪生涯,过着颠沛流离的生活,当过乞丐、管家和仆役。他有幸遇到了华伦夫人,受到了她的照顾和爱抚。如果说学徒期是卢梭读书第一个比较集中的时刻,那么另一次是1736—1740年在沙麦特的华伦夫人农场休养的时候。他阅读了很多知名的思想家、政论家和作家的名著,包括蒙田、洛克、莱布尼茨、笛卡尔、伏尔泰、塔西佗、柏拉图等人的著作。对他影响最大也是他最喜欢的一本书是伏尔泰的《哲学书简》,原因是卢梭钦佩伏尔泰流畅的文笔和崭新的思想。当他旅居巴黎时,结识了启蒙学者狄德罗、伏尔泰、孔狄亚克等人,参加了百科全书的撰写工作。后来,他与百科全书派分道扬镳,这里既有学术问题上的争辩和分歧,也有性格取向以及不同的人生价值观引起的严重对立。

1749年对卢梭来说是极为重要的人生驿站。他抓住了一个十分偶然的机遇,从而在巴黎文坛一举成名。他看到第戎学院的征文:《科学与艺术的进步是有助于伤风败俗还是敦风化俗》。顿时,卢梭觉得头晕目眩,心跳剧烈,呼吸也急促起来,他只好躺在一棵树下,大量的思想向他袭来,思维神经兴奋到了极点,在半小时失魂落魄的状态之后,崇高的灵感赋予他许多精辟的见解,写出了应征文《论科学与艺术》。这篇论文荣获一等奖,使他声名鹊起。他的结论是:科学和艺术的进步无助于社会的前进,反而使人堕落。1753年,卢梭应第戎学院第二次征文,写成了《论人类不平等的起源和基础》,这篇论文虽然没有获奖,但它的思想的深刻性远远超过第一篇。卢梭通过对人类文明史发展过程的分析,揭示了私有制是人类不平等的起源和基础。

卢梭在三十多岁时遇到了他的终身伴侣戴莱丝,俩人情投意合。卢梭感到很幸福,因为戴莱丝是能使家庭生活充满温馨的人,她的沉着、忠诚、吃苦耐劳、临危不乱,使卢梭心无旁骛,从而也就促成了他后期的伟大。不过卢梭的声明是:永远不抛弃她,也永远不会和她结婚。

然而,天有不测风云,人有旦夕祸福。1762年《爱弥儿》一书的出版,使他赢得了极大的荣誉,也使他遭受到最大的迫害。卢梭一夜之间成为居无定所的流亡者。巴黎天主教会发出声讨书,法院下了通缉令,书被当众焚毁,并扬言要烧死卢梭。朋友反目,伏尔泰写小册子对卢梭进行人身攻击。卢梭先后流亡到日内瓦、英国等地,所到之处都遭到迫害,几乎无藏身之地。卢梭回忆他当时险恶的处境时说:"我被人看作基督教的叛徒,一个无神论者,一个疯子,一只凶暴的野兽,一只狼。"颠沛流离的生活加剧了他早年患的迫害妄想症。直到1770年法国当局宣布对他赦免后,才回到巴黎定居,过着孤独凄凉的生活,度过了辛酸的晚年,1778年去世。

(二)著作

卢梭的主要著作除了《论科学与艺术》、《论人类不平等的起源和基础》外,还有在1762年发表的三部著作:《新爱洛绮丝》、《社会契约论》和《爱弥儿》。《新爱洛绮丝》是一部抒情小说,通过一对平民出身的少年与贵族女儿的恋爱,描绘了不同等级所表露的精神世界,展现了恋人之间在伦理道德上的冲突,提出了理想家庭应有的一种更健康的情感生活。《社会契约论》是一部政治著作,它提出了一个民主、平等的社会政治制度的原则,主张建立以社会契约为基础的民主共和的国家制度。《爱弥儿》是以小说的形式出现的教育名著,是卢梭经过二十年的思考,用三年时间写成的他认为最满意、最系统的著作。卢梭通过主人公爱弥儿受教育的过程,来反对封建教育制度,倡导自然和自由的教育思想,培养美好社会中的"自然人"。它是西方教育史上里程碑式的著作,对人类儿童教育事业的发展产生了极大影响,后世的儿童教育家都从这本书中获取了思想资源。这三部著作相互关联,是卢梭为人类建立美好社会而勾划的蓝图,它们都是人类智慧宝库中值得发扬光大的精神遗产。

二、教育思想的理论基础

(一)天性哲学

卢梭认为,了解和认识人的本性是说明一切社会问题和教育问题的前提条件。然而,在人类的一切知识中,最有用但最不完善的知识,就是关于人的知识。更不幸的是,人取得的所有进步都使人更加远离原始状态。我们的新知识积累得越多,就越是没法抓住其中最重要的东西。因此从某种意义上说,正是由于对人的不断研究,使我们无法认识人。因此,教育研究的前提是要改变以往关于人的认识学说,重新认识人。

中世纪盛行的"原罪说"认为,所有的人都是带着原罪来到人世的,没有人是纯洁无瑕的。人生而有罪,以后还会犯罪,因此人性是恶的。与"性恶论"不同,卢梭同大多数启蒙思想家一样持"性善论"。他认为,人生来是纯洁无瑕的,"出自造物主之手的东西都是好的",天性的"最初冲动"永远是正确的,因而人性本善。只是不合理的社会制度、宗教、权威、偏见等扼杀了人的天性,使之像一株偶然生长在大路上的树苗,让行人碰来撞去,不久就弄死了。卢梭在揭露不合理社会制度的弊端的同时,要求人们在教育上要尊重由理性、良心和自由所构成的善性,"以天性为师,而不以人为师",要人成为"天性所造成的人,而不是人造成的人"。① 教育应摆脱社会文化的樊篱而使人率性发展。"他的性善哲学给'归于自然'作了理论根据,他的'归于自然'是性善哲学的应有结论。在卢梭的哲学体系中,特别是在他的教育思想体系中,天性哲学是关键。"②

(二) 自然状态

在卢梭看来,所谓"自然状态"是指人心中未加雕饰、未受社会文明污染的原初状态或原始状态。这是一种恬静、自由的状态。生活在这种状态中的人是自然人。他们比其他许多动物更为弱小,但从整体上说,他们是一切动物中构造最完善的。他们过着一种孤独的、离群索居的快乐生活。他们"在丛林中漂泊游荡,没有技艺,没有语言,没有栖所,与人无争也不与人交际,既不需要别人帮助,也无害人之念,甚至可能从未能够对人进行辨认。他们没有什么情感,并且自给自足,只具有与其状态相应的意识和智力。他们只感到实际的需要,只留心他认为必须注意的东西"。③ 他们不知道什么是虚荣、尊重、敬意和蔑视,绝少有你的、我的之分,没有关于公正的确切观念。与其他动物不同的是,他们具有一种特有的"自我完善化的能力",这种能力在自然面前以"自由主动者资格"参与自身的动作。正是这种自由主动的意识显示了自然人的"精神灵性",体现了人的自然本性。但随着社会的产生和发展,人逐渐地把这种天性丢失了,远离了原始状态。卢梭把自然状态和社会状态对立起来,"认为导致人类痛苦和不幸的所有原因,如野心、贪婪、嫉妒、虚伪、竞争和奴役等,都不是出于人的天性,而是社会的产物,是不良的教育和私有制的结果"。④ 显然,卢梭赞美自然状态,排斥社会状态,以美好的自然状态鞭笞文明社会的弊病。他对

---

① 滕大春.卢梭教育思想述评[M].北京:人民教育出版社,1984:33.
② 滕大春.卢梭教育思想述评[M].北京:人民教育出版社,1984:26.
③ [法]卢梭.论人类不平等的起源和基础[M].高煜,译.桂林:广西师范大学出版社,2009:120.
④ 韩震.西方哲学概论[M].北京:北京师范大学出版社,2006:196.

教育目标和教育回归自然状态的认识就是基于这种视野。

(三) 自由哲学

自由哲学是卢梭自然教育思想的重要理论基础。在卢梭看来,自由就是"做自己的主人"。他是这样定义"自由"的:"一个人一旦达到有理智的年龄,可以自行判断维护自己生存的适当方法时,他就从这时候起成为自己的主人。"①他把自由划分为自然自由、社会自由和道德自由三个不同层次。

自然自由是指在自然状态下原始人的自由。在自然状态下人们彼此独立,受自己的意志支配,不受任何外在力量的支配。自然人的欲望是极其有限的,他们不为自私自利的欲望所支配,而仅仅具有自爱心和怜悯心,由于这种有限的需要不超过其能力的界限,相反都与能力之间保持恰当的平衡,因而他们在不需要别人帮助的条件下,仅仅依靠自身的力量即可实现其有限的欲望,对他人的依赖是不存在的,这也恰恰是自由的最明显的标志。这种自由是自然状态中人区别于动物的主要标志。卢梭研究自然状态下原始人的自由状况,其意图是确证"人是生而自由"的,自由是人的天赋权利,而不是要人重新回到原始的自然状态。

社会自由是指人类进入社会状态后,人的原始的自然自由随之消失,这时候人们获得的是一种基于个人与他人、个人与社会、个人与国家之间的关系而产生的自由,它受到公意的规定和限制。所谓"公意",就是政治共同体中所有成员的共同意志,是他们的根本利益的体现。卢梭认为,进入社会状态后,人的自由与否,在本质上不是人与自然之间的关系问题,而是人与人之间关系的问题。追求自由,就是确认自己做人的资格,否则,放弃自己的自由,就是放弃自己做人的资格,就是放弃人类的权利,甚至放弃自己的义务。人们获得了社会自由后,就永远脱离自然状态,从一个愚昧的局限的动物变为一个有智慧的生物,他们的能力得到了锻炼和发展,思想开阔了,感情高尚了,灵魂也得到了提升。

道德的自由是人自由的最高境界,它所指的是一个人处理意志和利益的时候,能够自觉地按照理性的标准,使自己的意志和利益与公意达成一致,就其意义而言,"唯有道德的自由才使人类真正成为自己的主人;因为只有嗜欲的冲动便是奴隶状态,而唯有服从人们自己为自己所规定的法律,才是自由。"②

由此可见,这三种自由是不同的,自然的自由要受到个人力量的种种限制;社会的自由要受到公意的限制;道德的自由却没有类似的限制,它意味着人的行动是自主的,是理性和道德意识相结合的产物。卢梭的自由观是他阐释自由教育观的基石。

---

① [法]卢梭.社会契约论[M].何兆武,译.北京:商务印书馆,2003:5.
② [法]卢梭.社会契约论[M].何兆武,译.北京:商务印书馆,2003:26.

三、儿童观：把儿童看作儿童

儿童期是人类个体生命周期中的起始阶段，是客观存在的。古代教育家亚里士多德、普鲁塔克、昆体良等都对儿童给予了关注，在一定程度上阐释了儿童期的重要性，朦胧地意识到儿童期的存在。然而，"长期以来，就整个社会意识水平而言，人们并没有发现儿童与成人有什么根本不同，并没有把'儿童'概念从宽泛的'人'的概念中分离，可以说，那时的儿童基本上是一种'小大人'的儿童观。……'尽管还是很小的孩子，就要学着成人的情态，说成人式的话，穿成人式的衣，效成人式的行动，作成人式的思维'"。① 这种"小大人"儿童观的弊端在于："对儿童是一点也不理解的：看待他们的观念错了，所以就愈走就愈入歧途。最明智的人致力于研究成年人应该知道些什么，可是却不考虑孩子们按其能力可以学到些什么，他们总是把小孩当大人看待，而不想一想他们还没有成人哩。"②

改变这种"小大人"儿童观，实现由"小大人"儿童观到以儿童为本位的儿童观这一重大变化的是卢梭。他在《爱弥儿》中阐释了儿童的独特地位：在万物的秩序中，人类有它的地位；在人生的秩序中，童年有它的地位；应当把成人看作成人，把孩子看作孩子。"把孩子看作孩子"表明，儿童与成人有根本不同，具有独特的身心发展特点。

（一）儿童是柔弱的存在

儿童生下来时，器官是不完善、不成熟的，心灵被它们所束缚。为此，他要求教师在大自然的安排下进行研究，防止别人阻碍它对孩子的关心。教师要照料着、观察着、跟随着儿童，"像穆斯林在上弦月到来的时候守候月亮上升的时刻那样，他极其留心地守候着他薄弱的智力所显露的第一道光芒。"③

（二）儿童是感性的存在

儿童最初的感觉纯粹是感性的，他们能感觉出来的只是快乐和痛苦。当他感到舒服的时候，他们就不声不响地享受，当他们觉得难过的时候，他们就用他们的语言说出来，要别人来解除他们的痛苦。只要他们是醒着的，他们差不多就处在感觉的状态。这个时期，儿童的理性没有发展起来，处在"睡眠"的状态，有的仅仅是感性，因此，他们的活动和对外在世界的认识，无不打上

---

① 黄希尧.儿童的发现——卢梭的儿童观述评[J].河北师范大学学报(教育科学版),2000(2)：45—46.
② [法]卢梭.爱弥儿——论教育(上)[M].李平沤,译.北京：人民教育出版社,2001：原序2.
③ [法]卢梭.爱弥儿——论教育(上)[M].李平沤,译.北京：人民教育出版社,2001：43.

感性的色彩。

(三) 儿童是自然的存在

从自然教育的内涵看,儿童是率性的自然存在。他们是根据自己的性情和现实的利益,认识自我、发展自我和保存自我的。儿童无论是活动还是学习都是依靠天性实现的。因此,人为的教育和事物的教育必须遵循儿童的天性,不要试图去改变儿童身心成长的自然规律。因为"大自然是有增强孩子的身体和使之成长的办法的,我们绝不能违反它的办法。当一个孩子想走的时候,我们就不应该硬要他呆着不动,但是,如果他想呆在那里,我们就不应逼着他去走。只要不用我们的错误去损害孩子的意志,他是绝不会做没有用处的事情的。只要他愿意,就让他跑跑跳跳、吵吵闹闹好了。"①

(四) 儿童就是儿童

"把儿童看作儿童"意味着儿童与成人根本不同,儿童就是儿童。这里包含着丰富的意蕴。其一,儿童天性本善,纯洁善良。在儿童的心灵中没有什么生来的邪恶。之所以如此,是因为儿童有天赋良心,即趋善避恶的道德本能。其二,儿童活泼好动。儿童在天性的推动下具有活动的基本冲动,他什么东西都想去摸一摸,什么东西都想去弄一弄。他这样动个不停,你绝不要去妨碍他,因为可以使他获得十分需要的学习。其三,儿童有他特有的看法、想法和感情。卢梭断言:"儿童有他自己特有的看法、想法和感情,如果想用我们的看法、想法和感情去代替他们的看法、想法和感情,那简直是最愚蠢的事情。"②在自然状态下,有时在成人眼里是痛苦的事,而儿童感到幸福和快乐。例如,"雪地上有几个淘气的小鬼在那里玩,他们的皮肤都冻紫了,手指头也冻得不那么灵活了。只要他愿意,就可以去暖和暖和,可是他们不去;如果你硬要他们去的话,也许他们觉得你这种强迫的做法比寒冷还要难受一百倍"。之所以如此,是因为"我让他自由,就可以使他在目前过得挺高兴;我给他以锻炼,使他能抵抗他必然要遭受的灾难,从而就可以使他在将来过得愉快。"③这是由大自然决定的。"大自然希望儿童在成人以前就要像儿童的样子。如果我们打乱了这个次序,我们就会造成一些早熟的果实,它们长得既不丰满也不甜美,而且很快就会腐烂;我们将造成一些年纪轻轻的博士和老态龙钟的儿童。"④因此,我们不要把成人的观念强加给儿童,应确立"儿童就是儿童"的观念。

---

① [法]卢梭.爱弥儿——论教育(上)[M].李平沤,译.北京:人民教育出版社,2001:81.
② [法]卢梭.爱弥儿——论教育(上)[M].李平沤,译.北京:人民教育出版社,2001:88.
③ [法]卢梭.爱弥儿——论教育(上)[M].李平沤,译.北京:人民教育出版社,2001:82—83.
④ [法]卢梭.爱弥儿——论教育(上)[M].李平沤,译.北京:人民教育出版社,2001:88.

（五）儿童是教育活动中的主体

卢梭以人的天性"自由"的思想论述了儿童是教育活动中的主体的观点。他把宇宙万物的"动"划分为两种，一种是由外因造成的动，另一种是由自动造成的动。儿童的动属于后者，体现了儿童的自由和主体性。卢梭在《爱弥儿》中总结幼儿教育的准则时强调："这些准则的精神是，多给孩子们以真正的自由，……让他们自己多动手，少要别人替他们做事。"①他反对压抑儿童个性、束缚儿童自由的旧教育，要求教师在教育活动中，应确立儿童的主体地位，尊重儿童的自由和主动性，事事让儿童作主，为儿童的自主发展创设良好的氛围和环境。

四、自然教育的内涵

卢梭主要从四个维度对何谓自然教育作了独特的阐释。

（一）自然教育即儿童天性的自然发展

卢梭对"自然教育"给予诠释的一个重要方面，就是将"自然教育"与"儿童天性的发展"等同起来，这与他对"自然"概念的阐释密切相关。他通过隐喻的方式诠释了自然："自由生长的植物，虽然保持着人们强制它倾斜生长的方向，而且，如果这种植物继续发育的话，它又会直立地生长的。人的习性也是如此，只要人还处在同样的境地，他就能保持由习惯产生的习性。"②换言之，就是自然本性不能以外在力量来强迫改变，这是"习性"使然。他反对由外在力量强迫导致的不自然的习惯，倡导符合儿童天性的习惯——自然。它们是与生俱来的生理器官、本能、潜能，用卢梭的话说，就是"原始的倾向"或"内在的自然"。

根据"内在的自然"的涵义，卢梭诠释了"自然教育"的第一层内涵，也是最核心的内涵：自然教育即儿童天性的自然发展。卢梭认为，"我们的才能和器官的内在的发展，是自然的教育；别人教我们如何利用这种发展，是人的教育；我们对影响我们的事物获得良好的经验，是事物的教育。"③在这里，卢梭把"自然教育"定位为"我们才能和器官的内在的发展"，也就是儿童天性的自然发展。

这一内涵奠定了卢梭整个自然教育思想的基调，是卢梭自然教育思想的核心和灵魂，是我们把握和深刻理解卢梭自然教育思想的前提和逻辑起点。这一内涵通俗地讲，就是让儿童根据自己的性情率性发展。教育的过程就是儿童追寻自身天性发展的过程。

---

① ［法］卢梭.爱弥儿——论教育（上）[M].李平沤，译.北京：人民教育出版社，2001：56.
② ［法］卢梭.爱弥儿——论教育（上）[M].李平沤，译.北京：人民教育出版社，2001：4.
③ ［法］卢梭.爱弥儿——论教育（上）[M].李平沤，译.北京：人民教育出版社，2001：3.

(二) 自然教育就是儿童自然状态的回归

卢梭自然教育的第二层涵义是回归儿童的自然状态。如前所述,在自然状态下,自然人过着一种孤独、和平和无拘无束的生活。然而,不合理的社会制度、宗教、偏见等改变了人的灵魂,使人渐渐地脱离了人的原始状态。因此,他要求慈爱而有先见的母亲要避开这种社会制度,"保护这株正在成长的幼苗,使它不受人类各种舆论的冲击!……趁早给你的孩子的灵魂周围筑起一道围墙,别人可以画出这道围墙的范围,但是你应当给它安上栅栏。"①卢梭指出的道路就是取缔社会中对儿童发展过多的人为干预和控制,回归儿童的自然状态。具体说,就是(1)避开不合理的社会环境的习染,远离城市,在乡村大自然中接受教育,力求使教育环境自然化。(2)解除对儿童的束缚,还儿童本来面目。(3)反对为未来的教育而牺牲儿童的现在,要求教育者关注儿童当下的生命状态和幸福。

(三) 自然教育应按自然法则和年龄特征进行

首先,教育应适应自然法则,按自然法则生活。卢梭认为,人应该把自己的生活限制于自己的能力范围之内,你就不会再痛苦了。紧紧地占据着大自然在万物的秩序中给你安排的位置;不要反抗那严格的必然的法则,不要为了反抗这个法则而耗尽了你的体力,因为上天所赋予你的体力,不是用来扩充或延长你的存在,而只是用来按照它喜欢的样子和它所许可的范围而生活。你天生的体力有多大,你才能享有多大的自由和权利,不要超过这个限度;其他的一切全都是奴役、幻想和虚名。

其次,严格按儿童的年龄特征进行教育。卢梭要求教育者应按照学生的年龄对待学生,也就是说,要按照孩子的成长和人心的自然进程进行教育,要把他放在他应有的地位,而且要好好地把他保持在那个地位,使他不再有越出那个地位的企图。也就是按儿童的年龄分期教育。

在婴儿期,教育的主要任务是促进儿童身体健康发展。为此,要让儿童的四肢在无拘无束状态中自由活动,通过看、摸、听去感觉事物,学会观察和认识周围事物,应当尽力采取符合儿童自然需要的生活方式对待儿童。同时要防止儿童沾染任何不良习惯,以确保儿童身心健康。在儿童期,儿童的智力和记忆力都带有感性的色彩,缺乏理性思维,因此在教育上不能强迫儿童去思考,去读书,而应着重发展儿童的感官,对儿童进行感觉教育,这是教育的首要任务。教师的职责在于发展儿童的视觉、触觉、听觉、嗅觉、味觉,积累丰富的感觉经验,以便为下一个时期的学习奠定基础。在少年期,儿童通过感官教育和体育积累丰富的感觉经验,身体也得到了发展,能够进行理性思维,教育的任务是进行智力教育和劳动教育。在青春期,教育的主要任务就是把儿童从乡村带回城市进行道德教育。因为儿童的欲望已达到"暴风雨"般的狂热程度,情绪处于急剧

---

① [法]卢梭. 爱弥儿——论教育(上)[M]. 李平沤,译. 北京:人民教育出版社,2001:2.

变化之中,因此,需要用道德规范的约束力量加以调节,指导儿童培养善良的情感、善良的意志和善良的判断,使儿童知道如何处理好人与社会、人与人之间的关系。

(四) 自然的教育即自由的教育

自由教育是卢梭自然教育的内在蕴含。这与卢梭对自由的认识密切相关。在卢梭看来,"在所有一切财富中最可贵的不是权威而是自由"。① 每个人都是生来就是自由的,自由是人之为人的本性,也是人的首要的自然权利。"自由与自然合为一体,因为自由是'自然的基本禀赋'。"②放弃了自己的自由,就是放弃了自己做人的资格,就是放弃了人类的权利。既然自由是儿童的天性,那么,"适应自然"的教育必然是"自由教育"。无论是儿童"才能和器官的内在的发展",还是保持儿童的自然状态,其基本精神就是顺应儿童本性的发展,让儿童自由自在地生活和活动,尽最大的可能让儿童成为一个身心自由发展的自然人。

五、教育目的:培养自然人

在卢梭的语境中,教育目的就是培养自然人。他这样描述"自然人"的形象:"他心中的观念为数不多,然而是很明确的;虽说他读书没有别的孩子好,但他对自然这本书的理解却比其他的孩子透彻,他的智慧不表现在他的舌头上,而是储藏在他的脑子里;他的记忆力不如他的判断力强;他只会说一种语言,但是他懂得他所说的语言;虽然他说话不像别人说得那样好,但他做事却比他们做得高明。"③他不是生活在森林中的野蛮人,而是生活在社会中的自然人,是理想社会中的公民。这种自然人的人格特征如下。

(一) 自我实现

卢梭认为,只有自己实现自己意志的人,才不需要借助他人之手来实现自己的意志,因而在所有的一切财富中最可贵的不是权威,而是自由。真正自由的人,只想他能够得到的东西,只做他喜欢做的事情。对于爱弥儿而言,卢梭说:"我的目的是,只要他处在社会生活的漩流中,不至于被种种欲念或人的偏见拖进漩涡里去就行了;只要他能够用自己的眼睛去看,用自己的心去想,而且除了他的理智以外,不为任何其他权威所控制就行了。"④

---

① [法]卢梭.爱弥儿——论教育(上)[M].李平沤,译.北京:人民教育出版社,2001:78.
② [美]普拉特等.卢梭的自然状态——《论不平等的起源》释义[M].北京:华夏出版社,2008:13.
③ [法]卢梭.爱弥儿——论教育(上)[M].李平沤,译.北京:人民教育出版社,2001:206.
④ [法]卢梭.爱弥儿——论教育(上)[M].李平沤,译.北京:人民教育出版社,2001:362.

(二)独立自主,不盲从权威

在卢梭看来,经过自然教育熏陶的学生对任何事情都有自己的见解,不盲从权威。他绝不会按老一套公式办事,绝不怕什么权威和先例,他觉得怎样合适,就怎样做,就怎样说。他的举止不是从书本上学来的,他的话句句忠实于他的思想,他的行为完全出于他的心意,他的方法始终适合于他的意图。他要亲自观察,弄清楚他想知道什么东西之后,他才会发问。总之,他能独立思考,有主见。

(三)快乐而自由

卢梭认定,童年期的教育结束后,儿童会享受到快乐和自由。他长大为成熟的儿童,他过完了童年的生活,然而他不是牺牲了快乐的时光达到他这种完满成熟的境地的,恰恰相反,它们是齐头并进的。在获得他那样年龄的理智的同时,也获得了他的体质许可他享有的快乐和自由。卢梭所追求的教育目标就是培养"自由自在的孩子"和"自由自在生活的人"。在《爱弥儿》一书中,卢梭反复地阐明了这一点。

(四)身心和谐发展

卢梭憧憬的自然人就是身心和谐发展的人。因为教育的最大秘诀是使身体锻炼和思想锻炼互相调剂。当儿童长到20岁时,其身心发展就会达到完善的境界:长得体态匀称,身心两健,肌肉结实,手脚灵巧;他富于感情,富于理智,心地十分仁慈和善良;他有很好的品德,有很好的审美能力,既爱美又乐于为善;他摆脱了种种欲念的支配和偏见的束缚,他一切都服从理智的法则,他一切都倾听友谊的声音;他有许多有用的本领,而且还通晓几种艺术。在卢梭的笔下,爱弥儿是十全十美的人,他的身体、理智、心灵、道德、审美等各方面都得到了全面发展。

由此可见,卢梭的教育目的是培养能独立思考、能自我实现的人,也是享受快乐和自由的身心和谐发展的资产阶级"新人"。

六、自然教育的路径

(一)自由教育

在卢梭看来,自然教育内在地蕴含着自由教育。只有实施自由教育,才能实现自然教育。"真正自由的人,只想能够得到的东西,只做他喜欢做的事情。这是我的第一个基本原理。只要把这个原理应用于儿童,就可源源不断地得出各种教育的法则。"[①]首先,要解除儿童的束缚,让儿

---

① [法]卢梭.爱弥儿——论教育(上)[M].李平沤,译.北京:人民教育出版社,2001:78.

童自由活动。在上流社会中,孩子一生下来就失去了自由,被人用襁褓包裹着,束缚了他的手脚,阻碍了血液的流动和自由的活动,妨碍了孩子们的成长。卢梭主张解除儿童的束缚,让儿童处在自由状态下,不戴帽子,不系带子,不包襁褓,穿上肥大的衣服,这样,儿童就可以自由自在地伸展他的四肢,获得自由的发展。其次,自由源于儿童当下的自然状态,而不是遥远的未来。在卢梭的语境中,当下的自然状态就是自由。他对传统教育着眼于未来而轻视现在提出了批评,认为这种教育使儿童受到各种各样的束缚,使本来欢乐的、喜笑颜开、心情恬静的童年充满悲伤和痛苦。为了改变这种状况,卢梭要求教师关注儿童当下的生活状态,使儿童尽情地享受童年的快乐和幸福。要听从大自然的教导,大自然最初只赋予儿童生存所必须的欲望和满足这种欲望的足够能力,它把其余的能力储藏在人的心灵深处,在需要的时候才加以发挥。只有在这种原始的状态中,能力和欲望才获得平衡,人才不感到痛苦。因此,要关注儿童现在,不要把眼光盯住遥远的未来,要给儿童活动的自由、探索的自由、思想的自由和表达的自由,唯有如此,儿童才能逐渐"成熟",在获得他那样年纪的理智的同时,也获得了他的体质许可他享有的快乐和自由。

(二) 消极教育

"消极教育"是卢梭独创的一个概念。在《爱弥儿》一书中,卢梭对"消极教育"作了充分的阐释。在1—12岁的"理智睡眠"期,儿童的心灵还处在蒙昧状态,在辽阔的思想原野中,它找不到理性所指引的道路,因为那条道路的痕迹是模糊的,最好的眼睛也难以辨认出来。因此不应当让儿童运用他们的心灵。"最初几年的教育应当纯粹是消极的。它不在于教学生以道德和真理,而在于防止他们的心灵沾染罪恶,防止他的思想产生谬见。"①消极教育包含着丰富的内容。

1. 锻炼儿童的身体,为理智的发展奠定基础

为了要学会思想,就需要锻炼我们的四肢、我们的感觉和各种器官,因为它们就是我们的智慧的工具;为了尽量地使用这些工具,就必须使提供这些工具的身体十分强健。所以,人类的真正的理解力不仅不是脱离身体而独立形成的,而是有了良好的体格才能使人的思想敏锐和正确。因此,要发展理智,身体的锻炼是前提,也是关键。

2. 倡导1至12岁的儿童对理性保持无知的状态

据卢梭观察,再也没有谁比那些受到理性教育的孩子更傻的了。在人的一切官能中,理智这个官能可以说是由其他各种官能综合而成的,因此它难于发展,而且发展得最迟。他批评当时的

---

① [法]卢梭.爱弥儿——论教育(上)[M].李平沤,译.北京:人民教育出版社,2001:94.

教育做法：大家不愿意把孩子教育成孩子，而要把他教育成一个博士。一种良好教育的优异成绩就是造就一个有理性的人，正因为这个缘故，人们就企图用理性去教育孩子！这简直是本末倒置，把目的当成了手段。正确的做法是：对孩子讲体力，对成人讲道理，这才是自然的次序。

3. 让儿童的"心闲着不用"

卢梭认为，对儿童的教育不能操之过急，不论是骂他、夸他、吓他，改正他的缺点，还是答应给他东西和对他讲道理，都做得不是时候。要让大自然先教导很长的时期之后，你才去接替它的工作，以免在教法上同它相冲突。在儿童期，不仅不应当争取时间，而且还必须把时间白白地放过去。这是最重要最有用的教育法则，也是消极教育的精髓之所在，因为"在童年时期牺牲一些时间，到长大的时候会加倍地收回来的。"①

4. 重要的是防范，而不是灌输

卢梭认为，教育者的重要任务是防范社会的偏见和不良习俗的影响，消除一切人为的和不当的限制和束缚。他提醒教育者："大自然把这个世界造成了人类的第一天堂，你在这个世界上要当心，不要在教天真无邪的孩子分辨善恶的时候，自己就充当了引诱的魔鬼。"②在他看来，与周围环境的不良相比，教育的不善带给儿童的危害更大：孩子们固然要受到他们耳濡目染的坏事的败坏，但同他们受你的不善教育的败坏相比，在程度上还是要轻一些的。你为了向他们灌输你所谓的良好的观念，就成天讲道说教，卖弄学问，结果，在灌输你那个思想的同时，又把 20 个一点价值也没有的观念灌输给他们了。因此应该摒弃讲道理，一味灌输的教育方式。

5. 珍视童年的价值

在卢梭看来，童年是人生极其珍贵的财富，是儿童最美好的时光，应该让天真烂漫的儿童充分享受那喜笑颜开、心情恬静的童年，而不应使转眼即逝的岁月充满悲伤和痛苦。而应该爱护儿童，帮他们做游戏，培养他们可爱的本能，使他们有一个愉快而幸福的童年。

（三）感觉教育

与"消极教育"相适应，要对 1 至 12 岁的儿童实施感觉教育。因为这个时期是儿童"理智的睡眠"期，儿童只能接受形象，不能接受观念。因而，我们最初的哲学老师是我们的脚、我们的手和我们的眼睛。感官是智慧的工具和思想的前提。为了培养儿童的判断力，使儿童变得聪明，卢梭

---

① ［法］卢梭.爱弥儿——论教育（上）[M].李平沤，译.北京：人民教育出版社，2001：95.
② ［法］卢梭.爱弥儿——论教育（上）[M].李平沤，译.北京：人民教育出版社，2001：99.

对各种感觉教育进行了深入的思考。

1. 触觉

在儿童的活动中,触觉运用得最多。儿童"什么东西都想摸一摸,什么东西都想去弄一弄;他这样动个不停,你绝不要去妨碍他,因为这可以使他获得十分需要的学习。正是这样,他才能学会用看、摸和听的办法,特别是把看见的样子和摸着的样子作一个比较,以及用眼力来估计他用手指摸一下会有怎样的感觉——学会用这些办法来了解物体的冷热、软硬和轻重,来判断它们的大小、它们的样子和能够感觉出来的种种性质。"①因此,教师应尽可能让儿童多接触具体事物,通过触摸,来确定物体的重量及其用途。

2. 视觉

触觉只能触及我们身边的事物,而视觉却能使我们看到离我们很远的东西。由于视觉是所有感觉中与心灵的判断联系最为紧密的一种感觉,因此需要花很多的时间去学习观看,需要常常把视觉同触觉加以比较,才能使它熟练于观察形状和距离之间的正确关系。可以通过写生、图画、制图、游戏等方式去发展儿童的视觉。

3. 听觉

卢梭把听觉器官和发声器官联系在一起探讨,建议教师教儿童说话和唱歌时应遵循一系列要求:说话的声调要匀称而清楚,要咬清音节,要吐字准确而不故意做作,要懂得和按照语法规定的重音和韵律发音,要有足够的音量,让别人听得清楚。唱歌的时候,声音也要唱得准,唱得稳,唱得柔和而响亮;耳朵要听得出拍子韵调。

4. 味觉

卢梭认为,味觉对人类的生存和如何选择食物具有重要意义。应尽可能地使儿童保持原始的口味,有益于健康,要让儿童吃最普通和最简单的东西,使他的嘴经常接触一些清淡的味道,不要养成一种爱好过于厚重味道的习惯。他坚决反对贪食,因为贪食是意志不坚决的人的恶习。

5. 嗅觉

卢梭认为,嗅觉是一种想象的感觉:气味所触动的,与其说是人的感官,不如说是人的想象力。嗅觉在童年时期不应当过分活动:"因为在这个时期,想象力还没有受到欲念的刺激,因而还

---

① [法]卢梭.爱弥儿——论教育(上)[M].李平沤,译.北京:人民教育出版社,2001:48—49.

不易于为情绪所感染,同时,在这个时期我们还没有足够的经验凭一种感官的印象预料另一种感官的印象。"①

(四) 生命教育

卢梭认为,生命教育应随儿童生命的诞生而开始,要善待儿童,呵护儿童的生命,因为此时的儿童非常柔弱,生命最容易遭受最大的危险。大自然之所以造儿童,是为了使他们受到爱护和帮助。生命教育的要义如下。

其一,生命教育的本质在于彰显儿童的率性和自由发展。这与他对自然教育的认识息息相关。他认为,我们每个人都是在自然的教育、人的教育和事物的教育的熏陶下成长起来的。我们的才能和器官的内在的发展,是自然的教育;别人教我们如何利用这种发展,是人的教育;我们对影响我们的事物获得良好的经验,是事物的教育。在这三种教育中,自然的教育是无法由我们决定,因此人的教育和事物的教育必须服从自然的教育,唯有如此,三者才能达到和谐一致,使儿童受到良好的教育,实现自然的目标。否则,三者互相冲突,就不能受到良好的教育,生活得没有意义。因此,真正的教育乃是儿童内在本性推动下的自我实现,率性和自由是生命教育的内在蕴涵。

其二,培养儿童的生存感觉。因为健全的感觉是培养儿童健全的理智和情感的基础,卢梭主张通过大自然开启儿童的感官。大自然的事物是儿童真正的老师,是儿童描述物体的模特。只有在与大自然的接触中反复地训练各种感官,才能学会对生命的感受和保存的方法,形成对事物的正确把握。因此,触觉对儿童的生存具有重要意义,"在一切感觉中,由于触觉使我们在外界物体接触我们的身体时能获得正确的印象,因此,它使用的时候最多,最能给我们以保存生命所需要的直接知识。"②通过触觉,我们可以感知事物是对我们的生存是否有益,有益则趋之,有害则避之。

其三,呵护儿童的活动。在卢梭看来,活动是儿童的本真状态。儿童是在活动中感受发现世界,体验自我,获得身心自由生长的。问题不在于防止他死去,而在于教他如何生活。生活,并不就是呼吸,而是活动,那就是要使用我们的器官,使用我们的感觉、我们的才能,以及使我们感到我们的存在的各部分。"我们只有在使用过我们的器官以后,才懂得怎样去运用他们。只有从长期的经验中我们才能学会充分发挥我们本身的能力,而我们要真正学习的,正是这种经验。"③因此,应让儿童多活动,即使是冬天,也要让儿童到户外去,到田野去,到冰雪中去锻炼,让他跑,让他玩,让他做游戏。无论做任何游戏,只要我们能使他们相信那只不过是一场游戏,他们就会毫无怨言,甚至还会笑嬉嬉地忍受其中的痛苦。"由于人的最初的自然的运动是观测他周围的一切

---

① [法]卢梭. 爱弥儿——论教育(上)[M]. 李平沤,译. 北京:人民教育出版社,2001:201.
② [法]卢梭. 爱弥儿——论教育(上)[M]. 李平沤,译. 北京:人民教育出版社,2001:170.
③ [法]卢梭. 爱弥儿——论教育(上)[M]. 李平沤,译. 北京:人民教育出版社,2001:185.

东西,是探查他所见到的每一样东西中有哪些可以感知的性质同他有关系,因此,他最初进行的研究,可以说是用来保持其生存的实验物理学。"①由此可见,儿童所有的一切本能的活动首先是为了保存儿童的生存和幸福。

其四,培养儿童的意志力。由于"对生活的体验愈少,则保持生命的希望愈小"。②因此卢梭建议应用各种各样的考验来磨砺儿童的性情,教儿童从小就知道什么是烦恼和痛苦。要训练他们经得起他们将来有一天必然要遇到的打击,要锻炼他们的体格,使他们能够忍受酷烈的季节、气候和风雨,能够忍受饥饿和疲劳。通过各种考验儿童就会获得力量,一到他们能够运用自己的生命时,生命的本原就会更为坚实。

其五,正确看待儿童合理的欲念。从本源上讲,在我们身上所感觉到的和看见别人所表现的一切欲念,都是大自然赋予的,是保持我们生存的工具。而带有本源性的欲念是自爱,它是原始的、内在的、先于其他一切欲念的欲念。自爱始终是很好的,始终是符合自然的秩序的。自爱彰显着对自己的保存负有特殊的责任,这就是对自己的生命有最大的兴趣,关爱自己的生命,爱自己要胜过爱其他一切东西。由此引申出一个重要结论:我们同时也爱保持我们生存的人。

(五) 智慧教育

在生命最珍贵的少年期,儿童进入了工作、教育和学习的时期,智慧教育开始提到意识日程。因为前一阶段的感官教育锻炼了儿童的感官和四肢,也锻炼了智慧的工具,为智慧教育的展开奠定了基础。智慧教育的目标在于训练儿童的思考力、判断力,使儿童掌握学问的工具。卢梭从多个维度阐释了智慧教育。

首先,要选择有用的、有益于儿童幸福的知识。尽管这种知识很少,但值得儿童去寻求。问题不在于他学到的是什么知识,而在于他所学的知识要有用处。在最初的思想中,儿童完全以感觉为指导,因此,应以世界为唯一的书本,以事实为唯一的教训。自然即是他的课程,他与自然和谐相处,并在自然的怀抱中健全发展。

其次,激发学生的好奇心。好奇心是儿童寻求知识的动力。不过,卢梭反对产生于"偏见"的好奇心,倡导产生于"自然"的好奇心。这种好奇心是在目前或将来同儿童息息相关的事物中萌发的。"一方面他生来就有谋求幸福的欲望,而另一方面又不能充分地满足这种欲望,因而他不得不继续不断地寻求满足他欲望的新的方法。这就是好奇心的第一本原,这个本原是自然而然地在人的心中产生的,但他的发展必然同我们的欲望和知识成比例。"③为了培养儿童的好奇心,

---

① [法]卢梭.爱弥儿——论教育(上)[M].李平沤,译.北京:人民教育出版社,2001:148.
② [法]卢梭.爱弥儿——论教育(上)[M].李平沤,译.北京:人民教育出版社,2001:69.
③ [法]卢梭.爱弥儿——论教育(上)[M].李平沤,译.北京:人民教育出版社,2001:216.

教师不要急急忙忙地满足他的好奇心,而要提出一些他能理解的问题,引导他去解答他心中觉得稀奇的地方。

再次,启发学生思考。卢梭认为启发式教学应贯彻在宇宙学、地理学、物理学、化学、博物学、绘画等一切学科的教学中。教师应了解儿童所希望学习和研究的东西,巧妙地使儿童产生学习的愿望,向他提供满足他愿望的办法。例如在绘画中,教师可以为学生提供很少的一点指导,如果他搞错了,就让他搞错,用不着去改正;你静静地等着他自己去发现和更改好了,或者,至多也只能在适当的时候画几下,引导他自己觉察出他的错误来。教师提问不宜太多,应经过慎重选择。

第四,倡导发现学习。卢梭十分推崇儿童通过发现自我学习,建议教师不要告诉儿童想要知道的东西,让他自己去发现,自己去获得知识。"不要教他这样那样的学问,而要由他自己去发现那些学问。你一旦在他的心中用权威代替了理智,他就不再运用他的理智了,他将为别人的见解所左右。"①卢梭断言:"自然的学生,他从小就锻炼自己尽可能地依靠自己。……他对所有一切同他有直接关系的事物都要进行判断,考虑其后果和分析它的道理。"②

第五,让学生掌握学问的工具。卢梭认为,智慧的平静的年岁是短促的,不能指望少年期就把孩子培养成一个有学问的人。教育的精神不是要教孩子很多的东西,而是让他的头脑获得正确的和清楚的观念,让学生产生对学问的兴趣,掌握学问的工具。因此,"问题不在于教他各种学问而在于培养他有爱好学问的兴趣,而且在这种兴趣充分增长起来的时候,教他以研究学问的方法。毫无疑问,这是所有一切良好的教育的一个基本原则"。③

第六,研究性学习。卢梭强调对宇宙学、地理学、物理学、化学、博物学等学科知识的掌握,不是来源于外在的书本,而是基于儿童的观察、探索、研究和个人经验而发现的。例如通过对日月星辰变化的持续观察、判断、思考而获得宇宙学的知识;通过对居住地之地形地貌和植被的考察、研究而获得地理学的知识;通过在日常生活运用磁铁来探究物理学的知识。总之,卢梭倡导通过研究探索万事万物的奥秘。

七、卢梭自然教育思想评析

首先,在自然教育的内涵上,卢梭对"自然教育"内涵的理论诠释,丰富了西方自然教育的内涵,为西方自然教育思想的发展注入了新的活力,使西方自然教育思想进入了一个新阶段——以儿童为主体,以儿童为本位的自然教育阶段,开启了主观化自然教育思想的先河。卢梭的"自然

---

① [法]卢梭.爱弥儿——论教育(上)[M].李平沤,译.北京:人民教育出版社,2001:217.
② [法]卢梭.爱弥儿——论教育(上)[M].李平沤,译.北京:人民教育出版社,2001:138—139.
③ [法]卢梭.爱弥儿——论教育(上)[M].李平沤,译.北京:人民教育出版社,2001:223.

教育"观使西方自然教育思想第一次有了"儿童世界"的视野。他站在儿童的立场上,对儿童作了"移情性的理解",体会到了儿童的所"思"所"想"所"做",认识到儿童有他"特有的看法、想法、感情",第一次真正发现了儿童及其内在本性,第一次发现了通往儿童内心世界的钥匙,使自然教育第一次有了"儿童"的视野。

其次,在教育目的上,卢梭强调培养儿童的独立自主、不盲从权威、快乐而自由的品质,并使之成为能够自我实现、身心和谐发展的自然人有着重要的意义。它改变了以往教育目的"社会本位"的价值取向,奠定了教育目的"个人本位"论思想的理论基础,影响了康德、裴斯泰洛齐、福禄培尔、第斯多惠、杜威、蒙台梭利、罗杰斯等对教育目的的价值取向的思考,成为后世诸多"个人本位"思想的源头。尽管这种"自然人"停留在理想的层面,难以在教育活动中践行,但他是摆脱封建羁绊的资产阶级新人,能有力促进新兴资产阶级革命的发展。

再次,在儿童观上,卢梭的儿童观是对以往传统教育思想的儿童观的反判和颠覆。传统教育思想的儿童观是一种"小大人"观,它意味着儿童与成人没有根本区别,儿童就是"小大人"。与此相适应,教育的方法注重理性的灌输。卢梭在批判传统"小大人"儿童观的同时,建构了自己的以儿童为本的儿童观,即"把儿童当作儿童"的儿童观,它意味着儿童与成人存在着根本的区别,有自己特有的"看"、"想"和"感",有自己的独特的价值。这就从根本上使儿童从以往"小大人"的儿童观的束缚中解放出来,提升了儿童的主体地位和价值,从而使教育领域发生了翻天覆地的变化,引起了"哥白尼式的革命"。卢梭的儿童观贡献在于,它"发现"了儿童及其天性,开启了儿童认识的新视野,这个贡献犹如牛顿发现了宇宙的本性。不仅如此,卢梭的儿童观给现代儿童观以重要启示,奠定了现代儿童观的基本视域。尽管现代儿童观从许多方面丰富和发展了卢梭的儿童观的内涵,但整体的思路没有越出卢梭儿童观的基本范式。就此而言,卢梭儿童观的影响是现代性的,正是在这个意义上,我们可以说,卢梭人是近代的,但教育思想是现代的,卢梭无愧为一位现代教育家。

最后,在自然教育的路径方面,卢梭提出了很多有价值的思想。

(1) 关于自由教育。在卢梭看来,自然教育必然是自由教育。无论是儿童的率性发展,还是儿童自然状态的回归,都离不开自由。虽然卢梭的自然自由观与他的"天性至善至上论"一样,具有虚幻性,但"其理论价值是不言而喻的,除了强烈反封建教育,反教会权威的批判性、战斗性之外,还具有符合教育规律的相对真理性。天真活泼、好玩好问是儿童的天性,在这个天性里包含的形成兴趣、爱好、情感、意志等自由创造的早期心理基础,它对儿童在日后的发展中能够卓有成效地取得自由至关重要。压抑和扼杀儿童的这种天性,这是干着剥夺儿童能力发展的蠢事;就当下而言,则是对儿童的蔑视,是对儿童自由权利的粗暴干涉"。[①] 因此,教师应尊重儿童的自由天

---

① 陈云恺.儿童身心发展中的自然与自由[J].南京师范大学学报,2003,(4)78.

性,促进儿童自由自在地发展。

(2)关于"消极教育"。卢梭对消极教育论述的基本精神是保护儿童先天的善性和理智的发展,避免外在不良影响的干扰,使儿童能度过一个恬静、快乐的童年,以便日后有更好发展、更好的作为。消极教育并不意味着教育者完全消极无为,而是对儿童充满着更多的责任心和耐心,要懂得消极教育的法则和艺术,学会等待,这恰恰彰显了教育者对儿童的最大的热爱和最深的关怀。卢梭的消极教育的实质是寓"积极"于"消极",以"无为"成就"有为"。

(3)关于生命教育。在西方,生命教育起源于古希腊。苏格拉底、柏拉图、亚里士多德的教育思想中就有生命教育的意蕴。然而,由古希腊开创的生命教育到了古罗马和中世纪失落了,被演说教育和宗教教育所取代。文艺复兴时期人文主义教育家从自然教育的角度关注了人的生命的尊严和幸福,主张按大自然的规律和儿童的天性实施教育,促进儿童的身心和谐发展。而首次给予生命教育以系统探讨的是卢梭。他的生命教育观的独特性在于:其一,强调生命教育要顺应儿童天性,遵循生命发展的规律。这是一个极有价值的见解。教育是以人的自然生命为前提的。"在人的天性与教育的互动中,应当改变的不是人的天性,而是教育自身。教育应当以人的天性为前提,应当培育儿童的天性,应当采择符合儿童天性的内容,并用适当的方式传递给儿童。教育应当不断改变和调适自己,使自己适合人的天性之表达和成长的需要。"[①]因此,教育应当遵循人的生命发展规律,尊重和舒展儿童的天性,而不能人为地干扰和阻碍儿童天性的自然发展。从这个意义上讲,"教育即生命"的命题是成立的,有其合理性。其二,强调活动是儿童生命的本真状态,让儿童在活动中获得知识,体验自我,感受生活,培养儿童可爱的本能,这有助于儿童生命的发展。其三,强调用各种考验锻炼儿童的身体,磨练儿童的意志,这有助于增强儿童生命的本原。其四,强调尊重儿童合理的欲念,关爱学生的生命,有助于提升学生的生命质量。

总之,卢梭从自然教育的理论基础、儿童观、自然教育的内涵、自然教育目的、自然教育的路径等给予自然教育的论述是深刻而系统的,突破了客观化自然教育思想的局限,开启了主观化自然教育思想的新视野,其影响是世界性的,后世的教育改革家无不受到卢梭教育思想的洗礼。进步教育思想、"新教育"思想、自由教育思想、人本主义教育思想等都渊源于卢梭的自然教育思想。正因为如此,许多教育家高度地评价了卢梭,布鲁姆说"卢梭的推理和措辞是那样的强有力,任何思考过这一问题的人,甚至许多从未思考过它的人,都难以逃避其影响"。[②] 杜威的评价是:"卢梭所说和所做的一样,有许多是傻的。但是,他关于教育根据受教育者的能力和根据儿童的需要以便发现什么是天赋的能力的主张,听起来是现代一切为教育进步所做的努力的基调。他的意思是,教育不是从外部强加给儿童和年轻人某些东西,而是人类天赋能力的生长。从卢梭那时

---

① 刘晓东.论教育与天性[J].南京师范大学学报,2003(4):71.
② 吴式颖,任钟印.外国教育思想通史(第六卷)[C].长沙:湖南教育出版社,2002:282.

以来教育改革家们所最强调的种种主张,都源于这个概念。"①应当说,这些评价是中肯的,卢梭受之无愧。

【思考题】

1. 如何理解卢梭的"自然教育"的概念?
2. 评卢梭的教育目的观。
3. 试述卢梭的儿童观的主要内容并加以评价。
4. 论卢梭的消极教育观及其对当代教育的启示。
5. 论卢梭的自由教育思想及其当代价值。

【阅读书目】

1. 滕大春.卢梭教育思想述评[M].北京:人民教育出版社,1984.
2. 王艳玲,苟顺明.和优秀教师一起读卢梭[M].中国青年出版社,2011.
3. 李平沤.如歌的教育历程——《爱弥儿》如是说[M].济南:山东人民出版社,2008.
4. 陶红亮.爱弥儿——教育实施者的反思之道[M].南昌:江西教育出版社,2012.
5. 于书娟.世界著名教育思想家——卢梭[M].北京:北京师范大学出版社,2012.

---

① 杜威.学校与社会[M].北京:人民教育出版社,2005:215.

第十四章 教育要心理学化：裴斯泰洛齐的教育思想

约翰·亨利赫·裴斯泰洛齐（Johann Heinrich Pestalozzi, 1746-1827）

> 最复杂的感觉印象是建立在简单要素的基础上的。你对简单的要素完全弄清楚了，那么，最复杂的感觉印象也就变得简单了。
>
> ——裴斯泰洛齐

【内容摘要】裴斯泰洛齐是瑞士著名的民主主义教育实践家和思想家，也是世界上享有盛誉的教育改革家。他热爱儿童，倡导"爱的教育"，毕生从事教育科学化的探索工作，在初等教育方面积累了丰富的经验，作出了杰出的贡献。他的主要著作有《林哈德和葛笃德》、《葛笃德怎样教育她的孩子》等。在教育理论方面，他提出的"要素教育"、"和谐教育"和"教育要心理学化"的思想非常引人注目，奠定了心理学化教育思想范式的基础，有力地促进了教育科学的发展。

【核心概念】裴斯泰洛齐；教育要心理学化；和谐教育；要素教育

一、生平及教育活动

裴斯泰洛齐的一生可分为七个时期，即苏黎世时代（1746—1767）、新庄时代（1767—1780）、作家时代（1780—1798）、斯坦茨时代（1799）、布格多夫时代（1799—1804）、伊弗东时代（1805—1825）和晚年生活（1825—1827）①。

裴斯泰洛齐1746年生于瑞士苏黎世。5岁时父亲去世。1755年开始上小学。小学结束后在

---

① 余中根.裴斯泰洛齐教育思想研究[M].昆明：云南大学出版社，2009：20～40.

一所拉丁语学校受完中等教育。1763年中学毕业后进入苏黎世大学学习,成为卢梭(1712—1778)政治和教育思想的忠实崇拜者。1766年放弃了大学学业,决定到农村去帮助农民,减轻农民的贫困状况。从此开始了长达60年的教育实践活动和教育理论探索的艰难历程。

裴斯泰洛齐于1769年结婚。1768年在距苏黎世25公里的比尔村(Birr)附近购置了60亩荒地,取名为新庄(Neuhof)。他在这里开办示范农场,进行农业实验。由于多方面原因,示范农场于1774年宣告破产。这个结果证明他不适合务农,但也正是这次失败,反而使他找到了适合他的终身工作。① 他并没有被农场的失败所击垮,反而制定出帮助穷人的新计划,1774年底将新庄改为"贫儿教养院"。1780年,贫儿教养院被迫停办。裴斯泰洛齐的第一次教育实验失败了,但他并没有就此放弃,坚信教育贫苦儿童的事业是可行的和正确的,并在以后的岁月中一直渴望能够再次领导贫民教养院。

新庄教育实验失败后的18年,裴斯泰洛齐专心致志于写作,写一些关于社会问题,特别是教育问题的著作。1780—1798年间他的写作成果非常丰硕。1780年出版了《隐士的黄昏》,这是一本180条的格言集,包含了裴斯泰洛齐教育思想的雏形。1781—1787年出版了教育小说《林哈德和葛笃德》,表达了他的民主主义教育思想,这本书使他获得了巨大的声誉。1792年,法兰西共和国立法会议因这部小说授予裴斯泰洛齐"法兰西共和国公民"的称号。1797年裴斯泰洛齐发表了自己的哲学代表作《我对人类发展中自然进程的追踪考察》。

正当裴斯泰洛齐为不能实现自己救助穷人的理想而苦恼时,1798年9月的斯坦茨(Stans)灾难,使裴斯泰洛齐有了回到教育实践中的机会。瑞士政府在斯坦茨设立了孤儿院,并请裴斯泰洛齐主持。1798年12月,他到了斯坦茨。斯坦茨孤儿院于1799年1月14日开学,开学时收留了45名5—15岁的孩子,不久就增加到80人。孤儿院的条件是艰苦的:物质条件不足、工作人手严重不足、儿童们的健康和道德状况都很差、斯坦茨市民们强烈反对。面对着如此困境,他没有丝毫的厌恶与退缩,认为这恰好是实践自己教育思想的好机会。他根据自己的教育信念,为斯坦茨孤儿院制定了如下教育原则:第一,实施爱的教育,使孤儿院的教育和生活家庭化;第二,坚持教育教学直观化原则;第三,实施劳动教育;第四,发展儿童的自主精神。② 他以赤诚的爱滋润孤儿们的心,把孤儿院办成一个大家庭,并探索合理的教育方法。由于战争的影响,孤儿院于1799年6月9日被迫关闭,他的第二次教育实验也失败了。尽管在斯坦茨孤儿院只工作了5个月,他在短时间内还是取得了很大成功,主要表现在:他按照家庭的模式创办学校成功了,并进行了大量的试验。离开斯坦茨后,他到达伯尔尼州(Berne)的布格多夫城,开始了新的教育实验。

---

① [英]博伊德,埃德蒙·金.西方教育史[M].任宝祥、吴元训,主译.北京:人民教育出版社,1985:315.
② 戴本博.外国教育史(中)[M].北京:人民教育出版社,1990:234.

1799年7月,裴斯泰洛齐到了布格多夫(Burgdorf),开始了他的第三次教育实验。他的教育理论在布格多夫学校得到一个充分实验的良机,初等教育方法也由此而形成体系。1801年,他发表了重要著作《葛笃德怎样教育她的孩子》,这部著作成为19世纪初等教育的经典著作,在理论和实践两方面都产生了深远的影响。布格多夫学校获得了巨大成功,各国的学者和政治家来到这里参观。德国著名教育家赫尔巴特(1776—1841)就曾于1800年前来学习。1804年7月1日,由于伯尔尼州政府收回校舍,布格多夫学校关闭。

1804年底,裴斯泰洛齐来到伯尔尼州的伊弗东(Yverdon),准备在那儿重新开始教育实验。伊弗东学校包括小学、中学及师范班。在这里,他的各科教学法得到更加广泛的实验和应用。伊弗东学校很快就出了名,成为了欧洲最著名的光照四方的教育中心。德国教育家福禄贝尔(1782—1852)自德国步行到伊弗东参观裴斯泰洛齐教学法,称伊弗东学校为"教育的圣地"。在这所学校里,裴斯泰洛齐起着父亲及精神启迪者的作用。① 但是,伊弗东学校的表面繁荣并没能避免被关闭的命运。1825年3月,伊弗东学校停办,裴斯泰洛齐回到家乡新庄。伊弗东学校的关闭,主要受到以下几方面因素的影响:(1)学生和教师的增多给工作带来了极大困难。(2)学生人数的增多和成人化使教师难以胜任工作。(3)不少学生是贵族和富裕资产者的子女,他们是准备升入大学或去做官。这是违背裴斯泰洛齐教育活动的宗旨的。(4)最糟糕的是教师彼此间的攻击、互不团结的现象严重影响到学校工作。

1825年3月,79岁的裴斯泰洛齐回到了家乡新庄。1826年裴斯泰洛齐写下了他的最后著作《天鹅之歌》。1827年2月17日,他在家乡与世长辞。他一生献身于教育事业。人们对他一生活动的崇高评价和深深怀念,体现在以下的碑文中:"约翰·亨利赫·裴斯泰洛齐,1746年1月12日生于苏黎世,1827年2月17日逝世于布鲁格。新庄穷人的救星,《林哈德和葛笃德》里的国民导师,斯坦茨孤儿的慈父,布格多夫及明兴布赫国民学校的创始人,伊弗东的人类教育家。一个真正的人,基督徒与公民。毫不利己,专门利人!愿他长眠地下!"

二、教育思想的理论基础

裴斯泰洛齐的教育思想是建立在他的人性论和心理观的基础之上的。他的教育目的观、教育要心理学化、要素教育等思想都离不开这些基础。

(一)人性论

裴斯泰洛齐关于人的学说,是建立在他对人性中矛盾的深刻认识基础上的。经过深入的研

---

① [瑞士]阿图尔·布律迈尔.裴斯泰洛齐选集(第一卷)[M].尹德新,组译.北京:教育科学出版社,1994:67.

究,他认为教育必须建立在人的本性的基础之上。

裴斯泰洛齐认为,人有三种生存状态,即自然状态(或原始状态)、社会状态和道德状态。这三种状态在人的进化过程中依时间顺序展开。自然人是纯粹为自我而生存的人,社会人是因共同的协议而与其同胞联系在一起的人,道德人是完全撇开他的原始需要和社会义务,从自身的内在价值观看待事物的人。[①] 他认为,基于三种生存状态,存在着三种法则体系：原始人的法则、社会人的法则、道德人的法则。更重要的是,他认识到人是同时生存在这三种状态中,而朝着道德状态的目标不断向前发展的。

裴斯泰洛齐认为,与人的三种生存状态相对应,人具有三重本性,即动物本性、社会本性和道德本性。他认为在这三重本性中,最重要的是培养人的道德力量,塑造道德人。他同时指出,在自然状态和社会状态下,人是不道德或没有道德的,只有在道德状态下,才存在道德。

(二) 心理观

裴斯泰洛齐的终身奋斗目标之一,就是要实现教育教学的心理学化,这一方面源于自然主义教育思想,另一方面源于他在教育实验中的探索和思考。个人的心理发展与人类的心理发展具有相同的进程,这是他提出问题的基本出发点。

裴斯泰洛齐长期寻找一个所有教学手段共同的心理根源。通过自己的教育实验和探索,他对此予以了肯定。他认为,这个心理根源集中体现于各种教育的简单要素之中。

裴斯泰洛齐的智力观也是建立在心理学基础之上的。他认为知识有三个来源：第一个来源是大自然本身,凭借它的力量,人的心智由模糊的感觉印象上升到清晰的概念。第二个源泉是与人本性中情绪方面紧密交织的感觉印象的能力。第三个源泉在于人的学习能力与外界条件的关系。[②] 他在此涉及的是人的感觉、直觉、概念、情绪情感、学习能力等心理活动。

裴斯泰洛齐对能力的分析和论证,也是其心理学的重要组成部分。他把能力分为三大部分,即智力的、道德的和身体的能力,这象征人体结构中的头、心和手。他所指的"头"常常是指"精神",指"精神上"的或"个人的"能力,也就是人认识世界、理智判断一切事物的所有内在精神的官能,包括感觉、记忆、想象、思想和语言。[③] 他所指的"心"包括情绪情感和道德品质。他所指的"手"指的是人的实践活动能力。

[①] [瑞士]裴斯泰洛齐. 裴斯泰洛齐教育论著选[M]. 夏之莲,等,译. 北京：人民教育出版社,2001：270.
[②] [瑞士]裴斯泰洛齐. 裴斯泰洛齐教育论著选[M]. 夏之莲,等,译. 北京：人民教育出版社,2001：82~84.
[③] [瑞士]阿图尔·布律迈尔. 裴斯泰洛齐选集(第一卷)[M]. 尹德新,组译. 北京：教育科学出版社,1994：127.

三、教育目的论

(一) 对裴斯泰洛齐教育目的观的重新审视

裴斯泰洛齐在他的著作中多次提到了教育的目的,并且有着不同的阐述,这导致后人常常误解他的教育目的观。这种误解认为,裴斯泰洛齐所主张的教育目的在于人的一切天赋能力(即德、智、体)的全面、和谐发展。这是国内占主流地位的一种观点,绝大多数外国教育史研究者都持这一看法。① 导致这种误解产生的原因,在于裴斯泰洛齐确实非常重视人的天赋能力的和谐发展。

然而,只要我们仔细研读裴斯泰洛齐的著作,认真分析他一生的教育实践,就不难发现,他所提倡的心、脑、手(即德、智、体)的全面和谐发展,只是实现教育目的的极其重要的手段,而并非教育目的本身。

裴斯泰洛齐认为,教育目的应该从人的三重关系出发加以界定,即人与上帝的关系、人与社会的关系、人与自己的关系。他认为信仰上帝是人的天性、是人类智慧和幸福的源泉。他认为教育要致力于社会革新,他的一生都致力于教育理论创新和实践改革,力图通过教育变革社会。他非常重视人的天性的发展,主张个体幸福的前提是内心安宁和天性的完善。裴斯泰洛齐在《母子篇》中明确表达了他的教育目的观:"我在上封信中探讨了人的三重关系:人与造物主的关系,人与社会的关系,人与自己的关系。因此,我从这三重关系去考虑教育的目的:教育使人积极起来为他的造物主服务;教育使人成为对社会有用的人,其方式是使人成为独立的人;教育使人作为个体感到自身的幸福。培养智力、掌握有用的知识、发展全部天赋,是为实现这三个目的服务的手段。"②

(二) 教育的三重目的

1. 教育使人积极为上帝服务

裴斯泰洛齐认为,教育的终极目的是为上帝服务,造福于人类和自己。个体在道德、智慧和身体力量方面的和谐发展只是实现教育目的的手段。

裴斯泰洛齐认为信仰上帝是教育教学的基础和目标。首先,对上帝的信仰是教育的基础,是人的本性的组成部分。其次,上帝与人之间是父子关系,对上帝的信仰是人们一切幸福的源泉,

---

① 罗炳之.外国教育史(上)[M].南京:江苏人民出版社,1981:200.赵祥麟.外国教育家评传(第二卷)[M].上海:上海教育出版社,1992:51.滕大春.外国教育通史(第三卷)[M].济南:山东教育出版社,1990:186.
② [瑞士]阿图尔·布律迈尔.裴斯泰洛齐选集(第二卷)[M].尹德新,组译.北京:教育科学出版社,1996:290.

使个体能够实现和谐发展。再次,应该教育儿童爱慕上帝。

裴斯泰洛齐认为,为上帝服务的最重要的体现是改造世界。他反对空谈宗教教义,主张人对宗教的信仰应该服务于人类。他认为,为上帝服务主要体现在三个方面:第一,要使人们意识到自己是上帝的孩子,是为了服务于上帝而出现的。第二,全心全意为人类解除困苦。第三,帮助所有人走向幸福。

2. 教育使人成为对社会有用的人

裴斯泰洛齐大半生都致力于教育实验,探索教育改革和改善人民贫困命运的路径。因此,教育的社会性目的是裴斯泰洛齐教育学的应有之义。他认为,人是社会性的动物,人的发展是有社会目的的,人的各种能力的发展,乃是"人类的普遍需要"。教育要使人无论贫富,都提高社会责任感,把他们的成就用于更高的目标,成为有益于社会的人。[①] 他认为,通过教育完美地发展人的能力,提高人民的素质,授予人民谋生的本领,培养每个人树立自立、自养、自尊、自强的意识,就可以使人成为人格真正独立的人。在他看来,这种人必然是一个有用的、受人尊敬的社会成员,他既将获得个人幸福,也有益于社会。因此,教育具有对人的发展和社会的改良之密切联系的双重作用[②]。

裴斯泰洛齐认为,要真正成为社会的有用成员,必须具备两方面条件:一是独立和自由,二是全面和谐发展。在他看来,只有全面和谐地发展人的潜能,才能使人得到自由和自立,并成为完善的人。如果每个人都能够自由和自立,成为完善的人,那么社会就能得到改造。[③] 因此,教育对人的发展和社会的改善都具有重大的作用。

3. 教育使个体感到幸福

裴斯泰洛齐认为,要实现为上帝服务和对社会有用的目的,教育还必须使人作为个体感到自身的幸福,这也是裴斯泰洛齐教育目的体系中的重要组成部分。

那么,什么是幸福呢?或者说幸福的判断标准是什么?对此,他认为,幸福感更多的是一种精神状态。当一个人领悟到了高尚的人生,抛弃了自私自利,关心人类的最高利益,保持安宁和平静地享受生活中的乐趣,信仰上帝时,这个人就是幸福的。可见,他所主张的个体幸福的标准其实就是道德人。他的这一教育思想有其独特的丰富内涵。第一,幸福感更多地是一种精神状态。第二,教育的目的是提高个体的道德天性,领悟到高尚的人生。第三,保持内心安宁是实现

---

① 赵祥麟.外国教育家评传(第二卷)[M].上海:上海教育出版社,1992:52.
② 吴式颖.外国教育史教程[M].北京:人民教育出版社,1999:293.
③ 滕大春.外国近代教育史[M].北京:人民教育出版社,1989:142.

个体幸福的条件。

裴斯泰洛齐的教育目的观涉及人类发展、社会发展和个体发展三方面,应该说是对教育目的的较全面论述。但我们也要看到,裴斯泰洛齐的教育目的观是建立在其宗教观的基础之上的,而宗教本身就是颠倒了的世界。因此,我们要批判地分析他的教育目的观。

四、以家庭教育为中心的教育理论体系

裴斯泰洛齐的教育理论体系有其独特之处,他建构了以家庭教育为中心、学校教育和社会教育为补充的教育理论体系。

(一)家庭教育是裴斯泰洛齐教育理论体系的中心

在长期的教育理论探索和教育实验中,裴斯泰洛齐对家庭教育怀有独特的情感。他认为学校教育要以家庭教育为蓝本,要摹仿家庭教育的方式方法和手段。他认为家庭生活是真正的教育中心,父母是最好的教育者,道德教育和宗教教育是家庭教育的中心。

裴斯泰洛齐认为,人的个人生活和社会生活包括家庭、职业生活、国家与社会三方面的生活环境,其中,家庭是最重要的环境。每个人在家庭里和起居室内同这个环境里的事和人打交道,从而认识自己。在这个生活环境里,他不仅发展他的力量,也形成他识别是非的能力。在家庭里他过着人间生活,在同家人和睦相处中,在平和安谧的家庭氛围与内心的宁静中他充分享受到人世的幸福。① 职业生活是家庭以外的生活环境,国家与社会是最宏观的生活环境。从这个观点出发,裴斯泰洛齐认为家庭生活是真正的教育中心。

裴斯泰洛齐非常看重家庭生活和起居室的地位,认为家庭生活环境是儿童成长的最重要环境,起居室是儿童生活的中心。他认为,起居室是人类教育的圣地。起居室是实施教育活动的基础,是儿童智育的中心,是儿童德育的中心。

裴斯泰洛齐主张,父母是最好的教育者。他坚信父母的教育能力,认为所有的父母都具有教育子女的能力,而且教育子女也是父母义不容辞的责任。同时他还认为,要提高父母教育子女的效果,需要采用科学方法的教师对父母进行教育和培训。

裴斯泰洛齐指出,道德教育和宗教教育是家庭教育的中心。他所阐述的主要是农村的家庭教育,包括德育、智育、体育和劳动教育等。儿童一面学习纺织,一面读书、计算、诵读诗词、了解

---

① [瑞士]阿图尔·布律迈尔.裴斯泰洛齐选集(第一卷)[M].尹德新,组译.北京:教育科学出版社,1994:188—189.

瑞士历史及学习音乐。他的要素教育理论也始终离不开家庭教育。① 在这些教育内容当中,他明确指出道德教育和宗教教育是家庭教育的中心。

可以说,裴斯泰洛齐教育理论体系的中心是家庭教育。他甚至认为要从家庭中寻找教育科学的出发点。应该说,裴斯泰洛齐的伟大功绩在于把家庭教育列入教育体系,并指出了家庭教育的重要性及其在儿童教育中的作用。

(二) 学校教育和社会教育是家庭教育的补充

裴斯泰洛齐虽然极其重视家庭教育的作用,将家庭教育视为教育体系的中心。但他并没有因此否定其他教育形式的必要性。他认为家庭教育并非尽善尽美,因此需要学校教育和社会教育加以补充。他看到了学校教育和社会教育存在的必要性,同时又指出学校教育和社会教育只能作为家庭教育的补充。

1. 学校教育和社会教育的必要性

裴斯泰洛齐认为家庭教育具有不可避免的局限性,如教育成果的片面性、父母未掌握科学的教育方法等。因此他认为学校教育和社会教育是必不可少的。他又认为,学校教育在一定意义上能决定人的未来生活。那么,什么样的学校能够对家庭教育起到辅助作用呢?他认为要建立实验(或试验)学校和民众学校。原因在于:第一,实验学校是沟通学校教育和家庭教育的桥梁。第二,实验学校可以作为编写和出版理想教材的实验基地。第三,建立民众学校有助于克服自私自利等堕落现状。

2. 学校教育和社会教育只能作为家庭教育的补充

裴斯泰洛齐虽然认为学校教育和社会教育必不可少,但他始终坚持学校教育和社会教育只能作为家庭教育的补充,而不能替代家庭教育的中心地位。他主张:"学校永远无法替代家庭教育,学校可以作为家庭教育的辅助教育手段而为世界服务。学校的最高目的只能是确保、提高家庭生活的能力并进行普及。"②

裴斯泰洛齐认为学校教育必须摹仿家庭教育原因在于,教师和学生之间缺乏父母与孩子之间的那种天然的神圣情感,教室不具备起居室的教育意义。

---

① 刘新科. 国外教育发展史纲[M]. 北京:中国社会科学出版社,2002:175.
② [瑞士]阿图尔·布律迈尔. 裴斯泰洛齐选集(第二卷)[M]. 尹德新,组译. 北京:教育科学出版社,1996:177.

五、和谐教育论

和谐发展教育是自然教育思想的具体展现。[①] 裴斯泰洛齐非常重视人的全面和谐发展,并将其视为实现教育目的的极其重要的手段。他的和谐教育体系包括心、头、手的教育。其中,心的教育包括道德教育和宗教教育,头的教育指智力教育,手的教育包括体育、劳动教育、职业技术教育等。此处我们主要对他的体育和劳动教育、智育、道德教育思想进行介绍。

(一)体育和劳动教育

1. 体育

关于体育的目的和任务。裴斯泰洛齐十分重视体育对实现教育目的的重要作用。他认为儿童体育的目的是发展和增进儿童的一切身体力量和可能性。通过体育可以发展儿童体力,增进儿童的健康。同时在体育进行中可以促进儿童智慧、情感和意志的发展,培养儿童勇敢、求实的精神。体育的最重要目的是促进儿童的全面和谐发展。

关于体育的作用。裴斯泰洛齐认为体育同智力教育、道德教育、劳动教育和职业技术教育是紧密联系的。通过对身体的操练,发展了儿童的体力,也促进儿童能力和道德的发展。他认为体育在形成人格的过程中具有巨大的作用,而且是成人合理地影响儿童发展的首要形式。他认为,体育不仅对身体的益处很大,还能带来道德方面的益处,而且是很可贵的益处。[②]

关于体育的基础。裴斯泰洛齐指出,人的每一种天赋能力本身都有要求活动的倾向,这是体育的基础。儿童喜欢活动的自然愿望能使儿童去进行体育活动。

关于体育的基本要素。裴斯泰洛齐指出,我们必须找到体育的简单要素,这样才能实现体育的目的。他认为,体育的基本要素是关节活动。

关于体育的方法。裴斯泰洛齐对体育运动的设计提出了要求,认为应采用从易到难、自然进展的方式来设计体育,循序渐进。体育的方法是练习。

2. 劳动教育

教育与生产劳动相结合,是裴斯泰洛齐教育理论和实践的基本原理之一。他非常重视劳动教育,认为通过劳动教育,可以发展儿童的身体能力、力量和智慧,使儿童获得劳动实践技巧,形成德性,同时懂得劳动的社会意义,培养正常的人际关系。

[①] 刘黎明.西方自然主义教育思想史[M].武汉:华中科技大学出版社,2014:154.
[②] [瑞士]阿图尔·布律迈尔.裴斯泰洛齐选集(第二卷)[M].尹德新,组译.北京:教育科学出版社,1996:269.

裴斯泰洛齐强调进行劳动教育。劳动教育在很大程度上应包括个人的全面教育。不仅仅是人的手,还有人的脑和心都应同时得到训练。因此,他教穷孩子学会运用五官,教他们学会思想、读书、写字和算术,引导他们学会认识世界、理解世界。他还强调劳动教育的实践性。

(二) 智育

1. 智育的基本要素

裴斯泰洛齐力图使智育简单化,以便所有的父母都能教自己的孩子。那么,什么是智育的基本要素呢?他认为,智育的基本要素就是数目、形状和语言(即数、形、词)。之所以说数目、形状和语言是教学的基本要素和基本手段,因为"任何对象的外部特征的总和,就是由它的轮廓和它的数目组成的,并通过语言为我们的意识所掌握"。①

2. 智育的目标

依照裴斯泰洛齐的意见,智育的目标是发展人的思维能力。研究能力和判断能力是思维能力的重要组成部分。他指出,三种基本能力,即观察能力、语言能力和思维能力,组成培养智力的各种手段的总体。其中,观察力是智力培养的起点,语言能力是中心环节,而思维能力则是其最终点。②

(三) 道德教育

1. 道德教育的要素

裴斯泰洛齐指出,道德教育的基本要素是儿童对母亲的爱。裴斯泰洛齐从家庭中的母子关系中找到了这种最简单的感情。儿童出生后很长一段时间内是孤弱的,于是他很早就产生了依赖感,这就是最基本、最纯朴和最简单的感情。在以各种方式与母亲大量接触之后,这种感情就会发展到更复杂的阶段,成为挚爱、信任、感恩、忍耐和服从,美好生活中所需的善德即出其中。儿童对母亲的情感包括爱、信任、感激、服从等。

2. 道德教育的目的和任务

从道德教育的基本要素出发,裴斯泰洛齐认为,道德教育的任务在于促进儿童的爱的种子的发展,唤起儿童的道德情感,使儿童形成道德观念和道德习惯。道德教育的最终目的是培养儿童爱所有的人,即博爱,并扩展到爱上帝。

---

① [瑞士]裴斯泰洛齐.裴斯泰洛齐教育论著选[M].夏之莲,等,译.北京:人民教育出版社,2001:90.
② [瑞士]阿图尔·布律迈尔.裴斯泰洛齐选集(第二卷)[M].尹德新,组译.北京:教育科学出版社,1996:364.

3. 道德教育的阶段

裴斯泰洛齐认为,道德素质的培养可分为三个阶段。第一阶段为唤起道德情感阶段,主要由母亲满足孩子身体的各种需要,用母爱把母亲和孩子的心连接在一起来完成这一阶段。① 第二阶段是道德行为的训练和养成。其基本条件是服从。他认为道德教育的重要手段是使儿童练习道德行为,这可以使儿童学会自我控制,形成意志品质。② 道德行为必须通过多次的练习才能巩固。练习的最好方法,莫过于使儿童多做帮助他人的事。第三阶段是对道德问题的议论和思考。这一阶段是有意识地表达道德概念的阶段,③让孩子们对他们所处的法律和道德环境进行比较和思考,从而培养对道德问题的理解力。

4. 道德教育的途径

在道德教育的实施途径上,裴斯泰洛齐认为家庭是中心,学校和社会是补充。第一,在家庭德育中,母爱和母亲的作用至关重要。第二,在学校德育中,要充分发挥教育者的示范作用。他要求教师热爱儿童,关怀儿童,教师和儿童之间必须建立亲切友爱的关系。这种关系是顺利地进行道德教育的必要条件。第三,利用日常生活进行道德教育。

六、教育要心理学化思想

(一)教育要心理学化产生的背景

1. 对违背自然规律和人的本性的旧式教育的批判

裴斯泰洛齐主张教育适应自然,但当时的专制主义和经院主义的教育却违背了自然规律,违背了儿童的本性,无法满足资本主义上升时期对人才的需求,也无法发展人的内在本性力量。裴斯泰洛齐指出,旧教育的弊端和危害,首先就在于它违背了自然规律。

裴斯泰洛齐认为,旧教育的危害还在于它违背了儿童的本性,采用不适合儿童发展的方法,将一堆无用的知识充塞儿童的头脑。教育要心理学化,就是要找到根除这种教育弊病的"教学机制",而且这种"教学机制"是基于人类本性的永恒规律的。在他看来,将教育和教学工作置于儿童心理活动规律的基础上,实现教育心理学化,建立符合儿童心理规律的"教学机制",是建立新式学校教育的关键所在。④

---

① [瑞士]阿图尔·布律迈尔.裴斯泰洛齐选集(第一卷)[M].尹德新,组译.北京:教育科学出版社,1994:129.
② 滕大春.外国教育通史(第三卷)[M].济南:山东教育出版社,1990:193.
③ [瑞士]阿图尔·布律迈尔.裴斯泰洛齐选集(第一卷)[M].尹德新,组译.北京:教育科学出版社,1994:132.
④ 吴式颖.外国教育史教程[M].北京:人民教育出版社,1999:294—295.

2. 自然主义教育思潮的影响

在西方教育思想史上,对人的自然本性的探讨由来已久。夸美纽斯(1592—1670)的实在论、卢梭的自然主义都是教育心理学化思潮的早期表现形式,是教育心理学化思潮的直接先驱。事实上,教育要心理学化思想正是在自然主义教育思想的启迪以及自然主义所达到的思想高度发展起来的,裴斯泰洛齐的思想及其变化集中反映了教育心理学化思想与自然主义之间的这种内在联系。①

但无论是夸美纽斯的自然适应性原则,还是卢梭的自然主义,都存在着一个基本的缺陷,这就是,"自然"这个概念是模糊的、不确定的,它并不足以清晰、准确地表示儿童的心理状态、心理特征和心理发展。这种局限性必然影响到他们把儿童的心理条件与对儿童的教育和教学真正有机地结合。克服这种局限性就成为裴斯泰洛齐的主要工作之一。②

3. 科学的发展为教育要心理学化提供了可能性

在教育教学活动和理论研究中,开始引进生理学与心理学等学科研究成果,从而提高了教育学科的水平,也反映了时代的要求。裴斯泰洛齐正是在这一广阔背景下,首倡教育要心理学化,可说是把教学论的发展,又从人性论的阶段向心理学阶段推进了。③

裴斯泰洛齐的教育要心理化学思想的产生,与当时科学的新发展密切相联系。特别是当时的哲学认识论研究发展到了一个新的转折时期,由分别对主客体进行研究,发展到研究主体如何才能正确认识客体即主客体的统一问题,研究人本身的认识能力问题。这些对他的教育要心理学化思想是一个有力的启示。④

因此,裴斯泰洛齐力图实现教育的科学化。他在《方法中的灵魂与核心》一文中提出:"我正在试图将人类教学过程心理学化,试图把教学与我的心智的本性、我的周围环境以及我与别人的交往都协调一致起来。"⑤

(二)教育要心理学化的基本内涵

裴斯泰洛齐所主张的教育要心理学化包含两层意思:一是教育与自然的相辅相成,即教育必须适应自然规律,同时由于自然本身存在着缺陷,教育对自然规律又能起到补充作用。二是教育必须遵循人的内在本性和心理发展规律。

---

① 张斌贤,褚洪启.西方教育思想史[M].成都:四川教育出版社,1994:483.
② 张斌贤,褚洪启.西方教育思想史[M].成都:四川教育出版社,1994:483—484.
③ 卓晴君,方晓东.教育与人的发展[M].北京:教育科学出版社,1995:55—56.
④ [瑞士]裴斯泰洛齐.裴斯泰洛齐教育论著选[M].夏之莲,等,译.北京:人民教育出版社,2001:前言20.
⑤ [瑞士]裴斯泰洛齐.裴斯泰洛齐教育论著选[M].夏之莲,等,译.北京:人民教育出版社,2001:198.

1. 教育与自然的相辅相成

（1）自然规律是教育的基础

裴斯泰洛齐对自然规律的重视,源于他对人类心理发展过程的认识。他认为,人类的心理发展和自然规律的发展具有相同的发展进程。大自然规律是永恒的、可靠的,自然规律代表了真理。如果人们违背了自然,就等于违背了真理。自然规律是而且必须是教育的永恒而不可动摇的基础。

（2）教育对自然规律的补充作用

裴斯泰洛齐认为,大自然虽然可以作为教育的基础,但却并非完美无缺。因而需要教育的参与。首先,大自然的发展具有永恒的规律,但它的规律在应用于每一个体和每一种情况时,则带有偶然性。大自然是盲目的。如果要让它满意地适用于人类的话,必须通过人类的意志和人类的本性使自己与物质世界相和谐。其次,消极地遵循自然也是不适合于人的教育的。人类的教育必须摆脱盲目的感觉上的自然的掌握,摆脱它的黑暗和死亡的影响,将其掌握在道德和精神的人类手中。他很重视教育的作用,认为教育可以改变人性中恶的方面,而使人的自然本性得以完善和发展。

2. 教育必须遵循人的内在本性和心理发展规律

教育要心理学化的另一含义是教育应遵循人的自然天性的发展规律,即教育应符合人的内在本性和心理发展的客观规律。裴斯泰洛齐认为人的自然本性有低级动物的本性,也有人特有的高级天性。在他看来,人的高级天性即人的本性,人的本性是指人的精神意识、心智和有待发展的各种潜能。

在论述教育与人的本性的关系时,裴斯泰洛齐认为,在儿童身上具有一种渴望发展的倾向,人需要教育才能发展和完善,能力经教育才能呈现,而自然天性的发展有它固有的规律、程序和步骤,人的教育必须与之相协调。① 他认为教育必须建立在人的本性的基础之上。他把通过培养和教育对每个人施加的影响称作人为的影响。他认为,人是通过人为的影响得到发展的。人为的影响非常重要。但施加人为的影响一定要与人的本性发展过程相适应。

七、论爱的教育

在世界教育史上,提出较为完整的爱的教育理论,并全身心投入教育工作,真正实施教育爱的最具代表的人物就是裴斯泰洛齐。② 他的爱心教育包括他的教育圣心、爱心教育理论以及对人

---

① 吴式颖,任钟印.外国教育思想通史(第六卷)[M].长沙:湖南教育出版社,2000:377—378.
② 陈伙平.裴斯泰洛齐的教育爱及其启示[J].西北第二民族学院学报,2005(1).

民和学生的无私的爱。

裴斯泰洛齐教育方法的优越性在于,思想和爱互相联系在一起。他认为,爱既是统摄其他一切感情的核心,也是人性统一的核心。[①] 爱是人与动物的根本区别。人能用心去爱,去理解别人。他非常重视爱在人的发展和教育发展中的作用。他指出,缺乏爱的教育是无法实现教育目的的。

裴斯泰洛齐指出,道德教育的最基本要素就是儿童对母亲的爱。母亲对初生婴儿的需要给予满足,使婴儿产生了对母亲的感激、信任、依赖,激发了他的爱的本性。这种母子之间的爱,是道德原则之所在,是教育的开端。婴儿对母亲的爱报之以爱,这就为教育提供了动力。儿童从对母亲的爱出发,通过生活中的行动、练习,逐渐扩大到爱兄弟姐妹、爱邻居、爱受苦受难的人,最后达到崇高的目标——爱人类。

裴斯泰洛齐认为,爱的思想必须和行动结合起来,才能发挥应有的作用。这种爱的行动可以体现在日常生活中。

裴斯泰洛齐极力主张慈爱和威严的结合。他深知溺爱之弊,认为过分的纵容对儿童来说乃是不小的干扰。溺爱成了不断增长的不满、沮丧和暴力的源泉。与此相反,他要求孩子们必须适应他们将面临的生活。

裴斯泰洛齐的爱心教育理论对当今教育实践有着重要的启示作用。在教育工作中,爱的力量是巨大的。在转化后进班级和后进学生中取得成功的每一个教师,通过自己的经验对此都有更真切的感受。但在教育中,爱不是万能的。超过合理的限度,爱就变成了溺爱、纵容、放任,这是教育中的极大祸害。

八、要素教育论

(一) 要素教育的含义、宗旨及内容

1. 要素教育的含义

在裴斯泰洛齐看来,要素是构成事物的最简单的基本单位。他认为儿童天赋能力和力量的发展都有其自然的顺序,这个顺序的基本特点之一就是从简单到复杂。因为任何事物都是由简单要素构成的,人们总是先掌握简单的要素,然后才能逐步形成和扩大知识或技能。在他看来,只有从要素开始的教育过程才是适合自然法则和心理发展规律的。

要素教育就是依据自然规律和儿童天赋能力的最初表现,寻求教学内容的最简单要素进行教学的方法体系。要素教育的基本涵义是指教育教学要掌握一些最简单的、为儿童理解和接受的"要素",以此为出发点,逐步过渡到更复杂的"要素"。其目的在于使教育简明化,简化教学方

[①] 卓晴君,方晓东.教育与人的发展[M].北京:教育科学出版社,1995:43.

法,以便能遵循大自然的秩序,使人的心、脑和手这些特有的能力得以展开和发展。在斯坦茨及布格多夫的教育实验中,他对要素教育各方面的内容进行了实践。

裴斯泰洛齐认为,要素教育的优势正体现在它能够对人的道德、智力、体力的发展起到积极作用,能够适应自然和人的天性。他非常看重要素教育方法的作用。

2. 要素教育的宗旨

裴斯泰洛齐推崇要素教育的宗旨有两点:一是促进教育教学理论与实践的科学化,二是促进教育教学的民主化。他认为,如果儿童掌握了教育中的最简单要素,就能够认识自己所处的周围世界。学生掌握了它,其能力就可以在此基础上获得迅速发展;教师掌握了它,就可以提高教学效果;每一个家庭的母亲掌握了它,可以不需要其他帮助就能够教育好自己的孩子。[①] 最终能达到增加受教育人数,实现普及教育和改善贫穷生活的目的。

裴斯泰洛齐一再表明,如果能找到一种简便可行并能为初办学的人和每一位普通的母亲都能掌握和运用的教育和教学方法,则将促进初等教育的普及,有助于更好地发挥教育的作用。他认为,"要素方法"就是这样的新方法。

3. 要素教育的内容

裴斯泰洛齐的教育体系包括心、头、手的教育。其中,心的教育包括道德教育和宗教教育,头的教育指智力教育,手的教育包括体育、劳动教育、职业教育和技术教育等。由于在前述"和谐教育论"中已详细阐述,在此不再赘述。

裴斯泰洛齐提出了心、脑、手的教育的基本要素。他认为心的教育的基本要素是儿童对母亲的爱,这种爱是在母亲对婴儿的热爱、哺育以及满足他的身体需要的基础上产生的。有了对母亲的爱,就可以培养儿童爱双亲,爱家庭的其他人员,爱周围的人,然后意识到自己是整个社会乃至整个人类的一员。头的教育的基本要素是数目、形状和语言。手的教育的基本要素是关节活动。举凡儿童日后使用的技能,以及有关职业的操作,都是以最基本的关节活动为基础的,在这基础上再扩大到打击、运载、投掷、旋转等动作。

(二)要素教育的可行性

教育活动是一项非常复杂的活动,因此,什么是教育的基本要素,如何简化,这些都是摆在裴斯泰洛齐面前的问题。最重要的问题是:"要素方法"是否具有可行性?裴斯泰洛齐坚定地回答,要素教育方法是可行的。他同时指出,要素教育方法的实现需要一个过程,要循序渐进地进行,

---

[①] 吴式颖,任钟印.外国教育思想通史(第六卷)[M].长沙:湖南教育出版社,2000:379.

不能期望所有的初等学校或教育机构完完全全按照要素方法实施教育活动。

裴斯泰洛齐相信,只要大家努力,就能够在教育活动中实现要素方法的理想。他进一步指出,在现实的教育活动中,依据要素教育方法,已经取得了一些成效。他的助手克吕希在教育实践中运用了要素方法,证明是行之有效的。克吕希越学越多,对这种方法的精髓也领会得越深刻。这种方法就是把所有的分科知识都简化为基本的起点,逐步把一些新增加的内容与每门知识的初始阶段联系起来。克吕希发现这样做的结果可以逐步地增加新的和更多的内容,于是他日益乐意与裴斯泰洛齐合作,共同来实现这些原则的精神。

裴斯泰洛齐还对初等教育的教材进行了简化。在教育实践中,他总是试图简化普通的教材,以适合在大众的起居室内使用。为帮助学生学习知识和技能,裴斯泰洛齐为各学科制定了一整套教学法。学生从最简单的基础学起,从易到难地学习,循序渐进。

九、裴斯泰洛齐教育思想评析

从裴斯泰洛齐的教育思想和教育实践中,我们发现了至今仍闪烁光芒的天才思想和预见,他的理论触及了现代教育的一些重大问题,开拓了现代教育研究的广阔领域,为现代教育的改革提供了理论借鉴。他的宝贵遗产对今天的教育改革与发展仍具有现实意义。他的思想、精神和方法在他那个时代曾产生过世界性的影响,现在和将来也将会继续产生广泛和深远的影响。裴斯泰洛齐秉持执着的教育信念,对家庭教育极为重视,主张兼顾个体发展与社会发展的教育目的,实践民主主义教育,大力提倡教育要心理学化,对学生、对人民的无私爱。

1. 执着的教育信念

裴斯泰洛齐对教育极为重视。他认为国家富强的最佳途径是大力发展教育,人民摆脱贫困的最佳途径也是接受合适的教育。因为只有通过教育,才能使人的内在能力得到全面和谐的发展,才能为社会谋福利和为个人创造幸福。他对儿童心理的研究,对教育要心理学化的提倡,对民主主义教育的实践,都源于他的教育信念。他曾说:"一切都可以被遗忘,唯独教育不能。"他的一生曾遭受过无数次失败,但他仍艰难前行,为人民的幸福和教育而终身奋斗。裴斯泰洛齐给我们的启示是:教育家的理想代表了人类社会的未来,而教育家的工作必须从现实做起。只有具备执着的教育信念,才能成长为专家型教师。

2. 个体发展与社会发展统一的教育目的观

历史上的教育家们对教育目的有着不同的阐述,归纳起来不外乎三类:个体本位论、社会本位论、协调论。卢梭是个人本位论的代表人物,认为教育的个体价值远高于社会价值,教育的目的就是促进个体的自由发展。凯兴斯坦纳(1854—1932)和涂尔干(1858—1917)是社会本位论的代表人物,主张教育的目的是促进社会发展和维护社会稳定,个体发展只是社会发展的手段。裴斯泰洛齐主张的是协调论,认为教育目的在于使人成为对社会有用的人,同时使自身幸福。

3. 民主主义教育

裴斯泰洛齐极力主张民主主义教育,并投身于教育实践中。他认为人人都应当受教育,教育并不是某一个阶级的特权。如今尽管教育民主和教育公平的观念已深入人心,然而这是裴斯泰洛齐第一次告诉我们的。卢梭给我们争取了人权,裴斯泰洛齐给我们争取了受教育权。[①] 在当代中国,不民主、不平等的教育随处可见,因而民主主义教育具有特别的意义。裴斯泰洛齐所要求的教育民主包括起点平等、过程平等及部分的结果平等,这些对于当代教育都具有重要启示。

4. 教育要心理学化

裴斯泰洛齐的教育要心理学化思想是建立在他丰富教学经验的基础上的,这使他的认识超越了时代。他的思想对教育科学化的发展产生了深刻的影响,他的理论直接为赫尔巴特的"教育建立在心理学的基础上"的理论的提出作了准备。此后,人们自觉地以心理学为依据,并把心理学普遍应用于教育、教学领域,开启了19世纪遍及欧美的教育心理学化运动,使教学不断地向科学化推进。时至今日,虽然按照儿童心理发展的特点和规律来进行教育教学已成为教育学公认的基本原理,但人们仍从他的光辉思想中获得启迪,这是他对现代教育发展的一大贡献。[②] 由此可见,他的教育思想对教育科学和现代教育的发展具有不可估量的历史意义和现实意义。

5. 教育爱

裴斯泰洛齐对儿童、对人民的爱,被称为"裴斯泰洛齐精神"。他一生都无私奉献于人民的教育事业,是后世教育工作者的楷模。可以说,裴斯泰洛齐有着巨大影响力的原因,不在于深切的计划与明了的理想,而在于他那热诚的人格感化力。一切近现代教育都可以说是继承了裴斯泰洛齐的这一精神。裴斯泰洛齐的教育爱精神,要求当今的教育工作者要热爱教育事业,热爱学生,同时对学生要严格要求。教师要以爱作为教育工作的起点,并贯穿于教育活动的始终。同时,教师要把教育爱作为一种力量,推动着教育事业的前进。

---

① 佚名.教育之父亨理·裴斯泰洛齐[J].河南大学学报,1934(3).
② 吴式颖,任钟印.外国教育思想通史(第六卷)[M].长沙:湖南教育出版社,2000:411.

6. 家校合作

裴斯泰洛齐认为,学校教育要以家庭教育为蓝本,要摹仿家庭教育的方式方法和手段。这对于当今教育领域的家校合作具有重要的启示作用。学校要为学生构建家庭式的成长环境,教师要充当父母替代者的角色,视学生为子女。学校在与家庭合作的过程中,要充分认识到家庭教育的优点,并经常保持与家长的联系,共同促进学生的发展。

当然,裴斯泰洛齐教育思想也存在着一定的局限性,这表现在:首先,裴斯泰洛齐的教育学说带有明显的机械主义特征。裴斯泰洛齐所主张的教育要适应自然机制,各种学科的要素,各科教学法等,虽然具有巨大的历史进步性,却反映出明显的机械性。这主要是由于当时机械主义哲学居于主导地位的缘故。其次,裴斯泰洛齐的教育思想具有唯心主义色彩。尽管倾向于自然宗教,裴斯泰洛齐仍认为存在着一个上帝,主宰着人类的一切活动。教育目的之一就是使人积极起来为上帝服务。

【思考题】

1. 试述裴斯泰洛齐以家庭教育为中心的教育理论体系。
2. 请阐述裴斯泰洛齐的和谐教育体系。
3. 论裴斯泰洛齐教育要心理学化思想及其对当代教育的启示。
4. 如何理解裴斯泰洛齐的要素教育思想?
5. 评析裴斯泰洛齐的教育思想。

【阅读书目】

1. [瑞士]阿图尔·布律迈尔.裴斯泰洛齐选集(第一卷)[M].尹德新,组译.北京:教育科学出版社,1994.
2. [瑞士]阿图尔·布律迈尔.裴斯泰洛齐选集(第二卷)[M].尹德新,组译.北京:教育科学出版社,1996.
3. [瑞士]裴斯泰洛齐.裴斯泰洛齐教育论著选[M].夏之莲,等,译.北京:人民教育出版社,2001.
4. [瑞士]裴斯泰洛齐.林哈德和葛笃德[M].北京编译社,译.北京:人民教育出版社,2005.
5. 卓晴君,方晓东.教育与人的发展[M].北京:教育科学出版社,1995.
6. 余中根.裴斯泰洛齐教育思想研究[M].昆明:云南大学出版社,2009.
7. 刘黎明.西方自然主义教育思想史[M].武汉:华中科技大学出版社,2014.

第十五章　彰显教育学的心理学基础：赫尔巴特的教育思想

赫尔巴特(J. F. Herbart，1776 - 1841 年)

> 教育学作为一种科学，是以实践哲学和心理学为基础的。前者说明教育目的；后者说明教育的途径、手段与障碍。
>
> ——赫尔巴特

【内容摘要】赫尔巴特明确地把教育理论建立在伦理学和心理学的基础之上，完成了教育学的心理学化和科学化。他把儿童的个性作为教育的出发点，主张"成人"和"成才"的双重教育目的，并构建了一个包括管理论、教学论和训育论在内的完整的教育学理论体系。他率先提出了"教育性教学"的思想，并从其兴趣理论和统觉理论出发，设计了一个多样而丰富的课程体系，探讨了教学的形式阶段理论，分析了教学的类型和方法，为教育学的科学化提供了基本的框架体系，对后世教育学的发展产生了深远的影响。

【核心概念】赫尔巴特；观念心理学；教育学理论体系；教育性教学；教学形式阶段

一、生平及教育活动

（一）生平

1776 年 5 月 4 日，赫尔巴特出生在德国北部小城奥尔登堡（Oldenburg）一个有学养的家庭。作为家中的独子，赫尔巴特从小接受了良好的家庭教育。他的父母为他聘请了多位教学经验丰富、哲学素养深厚的家庭教师，对他进行哲学、历史、逻辑、语言、音乐和自然科学等多方面的教育。全面而丰富的教学内容，不仅养成了赫尔巴特广泛的兴趣，也让他形成了思考和追问的习惯，逐渐产生了对哲学的兴趣。

1788年,12岁的赫尔巴特进入当地的一所拉丁文学校学习时,他已经将康德哲学的基本原理熟记于心。中学的赫尔巴特,勤奋好学,兴趣广泛,在哲学、艺术和科学等方面都有出色的表现,而其作为哲学家的潜质也很快发挥出来。他通过对康德哲学的钻研,先是在1790年,独立发表了一篇题为"论人类自由的学说"的哲学论文;毕业前一年,他又面对全校师生作了题为"略论一个国家中道德兴衰的普遍原因"的讲演,其演讲稿因为论理精辟、分析透彻,迅速被当地一家杂志刊出;毕业时,他又用拉丁文以"西塞罗至善观念与康德的实践哲学原理"为题作了演讲,反响热烈。

1794年,在父母的建议下,中学毕业的赫尔巴特进入耶拿大学学习法律,但他对哲学的兴趣却日益增强。当时的耶拿大学,是德国的文化中心,大哲学家费希特正在那里执教,赫尔巴特的哲学天赋很快得到了费希特的赏识。通过费希特的讲解,他对康德哲学的局限和费希特的哲学有了更深的认识,也促使他逐渐形成自己的哲学理念和主张。

1797年大学毕业后,赫尔巴特做了瑞士一个贵族3个孩子的家庭教师,由此开启了他对教育问题的终身思考和探索。他曾拜访当时著名的瑞士教育家裴斯泰洛齐,出任哥廷根大学的哲学、教育学、心理学讲师,接任康德的哲学与教育学教授教席,主持创办教育研究所等,并不断地发表关于教育教学的论著,直至1841年8月14日因病辞世。可以说,赫尔巴特终身都在为教育科学化而努力。

(二)教育活动

从1797年做家庭教师开始,赫尔巴特的教育活动和思想轨迹大致分为五个时期。

1. 伯尔尼时期(1797—1800年): 家庭教师中的新成员

中世纪以来,欧洲上层社会子弟的早期教育,主要是在家庭中完成的,而家庭教师往往由当时知名的学者担任。德国的很多大哲学家,如康德、费希特、黑格尔等,都曾经做过家庭教师,赫尔巴特也不例外。1797年,大学毕业后,他就到瑞士的一个贵族家庭,担任了3个孩子的教育教学工作。

赫尔巴特做事非常认真、积极。他对教学非常投入,不仅详细制定各种教育教学计划,还定期撰写教育报告,认真总结教育教学中遇到的问题和积累的经验。这段经历逐渐引发了他对教育教学问题的兴趣和思考。

2. 不莱梅时期(1799—1802年)①: 裴斯泰洛齐的追随者

1799年,年轻的赫尔巴特去不莱梅参观瑞士著名教育家裴斯泰洛齐的教育实验,对裴斯泰洛齐正在从事的要素教育、直观教学、以及把心理学的知识和方法运用到教育教学之中的主张,非常感兴趣,两人很快成为忘年之交,赫尔巴特更是把主要精力用于宣传和研究裴斯泰洛齐的教育

---

① 这里之所以在时间划分上和前一段时间有重叠,主要是为了突出他思想来源的实践与理论两个方面各自的轨迹。

理论上,并于 1802 年撰写了《裴斯泰洛齐直观教学 ABC》,全面介绍裴斯泰洛齐的教育教学思想。

3. 哥廷根时期(1802—1809 年): 独立学说的提出者

1800 年,赫尔巴特辞去了家庭教师的职务,潜心阅读哲学著作。1802 年,赫尔巴特取得了哥廷根大学哲学博士学位,并被该校聘为讲师,1804 年,又升为教授,主讲教育学、伦理学和心理学等课程。从这时起,他从自己的哲学思想出发,通过总结自己的实践教学经验,反思裴斯泰洛齐的学说,逐渐开始构建自己的教育理论体系。1804 年,赫尔巴特发表了《评裴斯泰洛齐的教学方法》一文,批评裴斯泰洛齐的教育思想缺乏科学性和逻辑性。1806 年,赫尔巴特出版了《普通教育学》一书,标志着其独立教育理论体系的初步形成。此书甚至被后来的学者们誉为"科学教育学形成的标志""改变了千百年来东西洋教育界的趋势。"①从此,赫尔巴特开始走上了自己的教育学之路。随后,他还在 1808 年先后发表了《形而上学要论》、《实践哲学概论》等著作。

4. 柯尼斯堡时期(1809—1833 年): 教育心理学化的探索者

由于在哥廷根执教时的声名卓著,1808 年,柯尼斯堡大学邀请赫尔巴特接任四年前因康德离世而空缺的教育学教授席位。赫尔巴特欣然接受。从此,他在柯尼斯堡从事教学与研究长达 24 年,度过了他一生中最富创造力的一段时光。1810 年,赫尔巴特主持创办了教育研究所及其附属实验学校,把他早期提出的"关于儿童经验在教学中的作用"等见解加以实际运用,在坚持用哲学来指导教育理论的同时,他对教育心理学化进行了不懈的探索,着重探讨教育教学背后的心理活动原理和机制,以期为教育学的科学化奠定坚实的心理学基础。他曾明确地宣称,"我们教育学知识中不健康的漏洞,大部分是由心理学的缺乏造成的"②,而他这 20 多年的研究和实验,就是为了提供教育学所需要的心理学。

5. 重回哥廷根(1833—1841 年): 教育科学化的先导者

1833 年,赫尔巴特又回到了哥廷根大学任教,并于 1835 年出版了《教育学讲授纲要》,该书被视为《普通教育学》的姊妹篇。如果说前者重在从哲学特别是伦理学角度探讨教育问题,那么后者则把重心放在了教育学的心理学基础上,是赫尔巴特对其在柯尼斯堡大学长期研究和实验的提炼和总结,标志着赫尔巴特教育理论的最终完成。

7 年以后的 8 月 14 日,65 岁的赫尔巴特因病离世,但他的教育理论却被他的学生传播到世界各地,在推动世界各地义务教育和师范教育发展的同时,也为教育科学化的探讨提供了基本的

---

① 蒋径三编著.西方教育思想史[M].北京:商务印书馆,1933:251.
② [德]赫尔巴特.赫尔巴特文集·教育学卷二[M].李其龙,译.杭州:浙江教育出版社,2002:273.

范式。

二、教育思想的理论基础

赫尔巴特认为,"教育学作为一门科学,是以实践哲学和心理学为基础的。前者说明教育的目的;后者说明教育的途径、手段与障碍。"①这句话充分揭示了赫尔巴特教育理论的核心与价值。因为,实践哲学,即伦理学,决定了教育的最高目的,从根本上回答教育要塑造何种人和何种品质的问题,它反映的是教育学追求善与美的一面;而心理学,是教育教学方法论的来源,提供了实现教育目的的起点、过程和方法。通过对儿童兴趣、感知觉、联想、记忆等心理特征的科学认识,不仅可以直接为教育学提供有效的途径、方法和手段,同时也能够预料教育教学中可能遇到的困难,从而为解决问题做好思想上和方法上的准备,它反映的是教育学求真的一面。教育学只有建立在科学的伦理学和心理学基础之上,才会有效地发挥其"塑造"人的价值。

因此,要了解赫尔巴特教育思想的理论基础,就必须了解他的实践哲学和心理学理论。

(一) 伦理学:五种道德观念

赫尔巴特生活的18世纪末19世纪初,正是康德开创的德国古典哲学蓬勃发展的时期。作为学养深厚的哲学爱好者,赫尔巴特接受了康德把实践哲学与理论哲学相区别的主张,却反对康德的先验自由论和绝对命令学说。在他看来,伦理学的主要内容,应该是研究如何通过个体道德修养的提升,在社会中实现人与人之间的和谐相处。而道德品质的基础,是个体的意志,它"决定品格的种类并决定品格的类属。"②因此,伦理学要解决的,实际上就是人的自由意志以及人与人之间意志的冲突问题。在《一般实践哲学》、《论对世界之审美描述是教育的首要工作》、《教育学讲授纲要》中,围绕个体的意志,他提出了五种道德观念作为其伦理学的核心内容。

1. 内心自由(Inner Freedom)

所谓"内心自由",既包括对道德规范或原则的认识,更强调在实践中坚决贯彻这些规范或原则的意志。它实际上可以包括所有的道德标准。在赫尔巴特看来,一个"内心自由"的人,首先应该是一个意志(Will)与理智(Sensibility)和谐统一的人,即要求个人的意志和行为,"摆脱一切外在影响的羁累,而只受制于内心的判断。"③

---

① [德]赫尔巴特.赫尔巴特文集·教育学卷一[M].李其龙,译.杭州:浙江教育出版社,2002:187.
② [德]赫尔巴特.普通教育学[M].尚仲衣,译.上海:商务印书馆,1936:198.
③ [德]赫尔巴特.普通教育学[M].尚仲衣,译.上海:商务印书馆,1936:45.

2. 完善（Perfection）

所谓"完善"，是指一个人能够完美地调节自己的意志，做出正确的判断。赫尔巴特认为，一个人仅仅做到内心自由是不够的。除了让意志与理智协调一致之外，个体还必须让自己的意志，在深度、广度和强度上都能得到最大限度的发展，并力求完美，即所谓的尽善尽美。

3. 仁慈（Goodwill）

如果说内心自由和完善都指向个体自身的道德修养的话，那么，仁慈主要谈的是人与人相处时应有的品质和态度。所谓"仁慈"，是指"绝对的善"。当两个个体的意志发生矛盾冲突时，个体能够表现出足够的善意，让自己的意志服从于他人的意志，使"异己的意志与自己的意志和谐相处。"①

4. 正义（Justice）

所谓"正义"，主要强调遵纪守法，避免与他人的冲突。虽然每个个体在与他人的意志发生矛盾冲突时，都应该表现出仁慈的观念，但如果冲突是不可避免、无法调和的，就必须寻求第三方的意志介入，这种第三方的意志，主要表现为由众多意志相互调和与妥协后所形成的"法律"，"它是预防斗争的规则"②。

5. 公平（Equity）

所谓"公平"，强调赏罚分明，只要触犯了法纪，就要受到相应的惩罚。如果不同意志之间的冲突，违背了正义的规则，即打破了法律的约定，则必须"以等量的善与恶偿还于某事的行为人"，使善行得到褒奖，恶行得到惩处，即善有善报，恶有恶报。

不仅如此，赫尔巴特还认为，以上这五种道德观念，以"内心自由"为核心，具有严格的内在等级顺序。这五种观念对于教育的重要性，由内向外依次递减。教育最终就是要塑造"内心自由的人"。

（二）心理学：主知主义观念论

受18世纪以来自然科学尤其是物理学快速发展的影响，赫尔巴特在继承前人研究的基础上，更多地采用了数学与自我观察、经验和实验相结合而不是形而上学的方法（尽管赫尔巴特并没有完全放弃形而上学）来开展其心理学研究。甚至有人说，"赫尔巴特的目的在于，……使心理学成为像牛顿力学那样准确、规范的'表象（即观念）力学'"，此外，"赫尔巴特设想一种分析心理学，以

---

① [德]本纳主编.赫尔巴特教育论著精选[M].彭正梅，译.杭州：浙江教育出版社，2011：105.
② [德]赫尔巴特.普通教育学[M].尚仲衣，译.上海：商务印书馆，1936：49.

发现意识的元素、探究这些元素合成的规律。"①在这些思想的指导下,他建构了一个有别于传统的官能心理学、更加注重理性意志与知识掌握的主知主义观念心理学。

1. 观念（Idea）

如果说"意志"是赫尔巴特伦理学的核心概念的话,那么"观念"则是赫尔巴特心理学的核心概念。观念,有时翻译为表象、概念,通常指事物呈现于感官后在人的意识中留下的印象。受裴斯泰洛齐要素理论的影响,赫尔巴特认为,观念是意识的最小单位,是心理活动最基本的要素。而心理学,就是研究观念的科学,是关于观念的出现、结合、集聚、分散、斗争和削弱的科学,各种观念的形成及其运动变化,决定着人的意识(包括认识、情感、意愿)的全部内容。

为了充分说明观念运动的机制和过程,赫尔巴特首创或重新解释了许多心理学的概念和名词,如意识阈、无意识、统觉等。在他看来,人不仅有意识,也有无意识,双方都储存了大量的观念,将它们区分开来的界限是意识阈。但意识和无意识中的观念是流动的,可以互相转化的。无意识中的观念只是由于力度和强度较小而受到了暂时的抑制,在一定的条件下,它们会被意识中的部分观念所吸引而冲破意识阈的限制进入到意识中;反之,随着时间的推移和条件的改变,有一部分意识中的观念会被逐出意识进入到无意识中。但所有的观念本身都不会消失,而是在完全受抑制的状态与完全自由的状态之间活动。比如,遗忘就是一些观念被另一些力量更强的观念排斥到意识阈之下,而回忆正与此相反,是原来已经被排斥到意识阈下的观念,重新回到意识中。

既然观念是构成人的心理活动的主体。那么,观念又是从哪里来的呢?赫尔巴特反对先验论的心理学,认为"心灵原来是一张白纸","所有的观念,都是时间和经验的产物。"②而学校教材中所包含的各种知识,也无非是观念而已,心理学作为教育的基础,就是要通过感觉所形成的观念,让学生尽可能多地吸取以知识方式呈现出的各种观念,这就是教学的任务。因此,学者们就把赫尔巴特的心理学,称为主知主义观念心理学。

2. 统觉（Apperception）

虽然人的意识中存在着众多的观念,但这些观念之间并不是毫无联系的,而是会构成一个个的观念体系,赫尔巴特称之为统觉团。换句话说,意识中的各种观念,一般都是以统觉团的形式而存在的。任何新观念要想进入人的意识中,就必须与已有的观念发生碰撞,被吸收、融合或同化到已有的统觉团中,这个过程,赫尔巴特称之为统觉。教学的目的,就是让学生尽可能通过有

---

① 吴式颖等主编.外国教育史教程[M].北京:人民教育出版社,2002:317.
② [英]博伊德,埃德蒙·金.西方教育史[M].任宝祥,等,译.北京:人民教育出版社,1985:355.

效的统觉过程,改组和完善自己的统觉团,形成立体而完整的知识体系。

既然统觉是新旧观念实现沟通和融合的过程,那么,是否一切来自外界的刺激,都会被人意识选择吸纳呢?统觉的发生难道不需要前提条件吗?答案是否定的。赫尔巴特指出,统觉发生的条件是儿童对新的刺激产生兴趣。

3. 兴趣(Stimulation)

所谓兴趣,是指观念的积极活跃的状态。正是这种状态,赋予了统觉活动以主动性和选择性。"当观念活动对事物的特性产生了兴趣这样一种活动时,意识阈上的观念就处于高度的活跃状态,因而更易唤起原有的观念,并争取到新的观念。"①为了进一步探讨观念活动的内在机制,赫尔巴特又阐述了兴趣的阶段和类型。

（1）兴趣的四个阶段

在赫尔巴特看来,兴趣处于单纯的观望和付诸行动进行之间,它大致可以分为四个阶段,即注意、期望、要求和行动。

所谓注意,是指"一种观念突出于其他观念,并对它们发生作用,从而不由自主地压制与遮盖了其他观念",②此时,新刺激会触发人的意识,让人感觉到它的存在。所谓期望,又称为期待,是指新刺激引发的新观念进入到意识之中,但尚未与原有的观念发生联合,仍然处于等待之中时的心理状态。所谓要求,乃是指新观念要求与旧观念进行联合,并在新的联合之中体现自身,即形成新的统觉团。所谓行动,即新形成的统觉团居于支配地位,要求主体按照自己的意志采取一些行为和活动。

在这四个阶段中,兴趣所带来的观念活动的强度是非常大的。为了利用并实现这种兴趣,个体的意识活动对应也处于两种心理状态:专心和审思。

所谓专心(Concentration),指意识集中于任何主题或对象而排斥其他的思想,它要求意识专注于新刺激带来的新观念。所谓审思(Reflection),是关于与调和意识的内容,即协调、同化新旧观念的一种统觉活动,因此,它要求意识处于积极的思考状态,尽可能高效地形成新的统觉团,建构新的知识体系。二者交替进行,构成了赫尔巴特所谓的"精神呼吸"。它实际上代表了专注学习与认真思考这两种学习状态,通过学思结合,学生就能够不断地完善自己的知识结构。

赫尔巴特还认为,只有通过审思活动,那些被专心活动所接受的新观念与儿童原有的观念调和起来了,才能保证儿童意识的统一性。因此,审思活动应该在专心活动之后进行,即思考应该在学习之后。

---

① [德]赫尔巴特.赫尔巴特文集·教育学卷一[M].李其龙,译.杭州:浙江教育出版社,2002:58.
② 张焕庭主编.西方资产阶级教育论证选[M].北京:人民教育出版社,1979:276.

（2）兴趣的六大种类

赫尔巴特认为,兴趣是由各种有趣味的实物和作业产生的,但兴趣不能是杂乱无章的,而应该追求多方面兴趣的统一。

通过观察,赫尔巴特发现,儿童的兴趣大致可以分为两大类(见后文的表2),一类指向自然或知识,属于认知部分;一类指向他人或社会,属于情感部分。前者又可以具体分为三种:第一种是经验的兴趣,它是指对自然界有观察了解的愿望,是回答世界是什么的问题;第二种是思辨的兴趣,它是思考世界为什么如此的问题;第三种是审美的兴趣,指对各种现象进行艺术的欣赏和品鉴。第二类也可以分为三种:第一种是同情的兴趣,指对周围人的关爱和尊重;第二种是社会的兴趣,乃是对更大范围的人群,如社会、民族、国家和全人类的关爱与责任感;第三种是宗教的兴趣,指的是对上帝的虔诚。在赫尔巴特看来,尽管世界非常广袤,事物异常纷繁,但都涵盖在这两类六个方面的兴趣中。

赫尔巴特不仅明确地把心理学作为教育学的理论基础,而且通过长达20多年的不懈努力和实践,建立了有别于传统官能心理学的主知主义观念心理学,并力图探究以观念为基础的心理活动的各种阶段、状态、机制等,创造性地提出并使用了很多心理学的名词和概念,不仅推动了心理学自身的发展,更是大大丰富并提高了教学理论的科学性。

三、教育的目的与起点

在其伦理学和心理学所建构的基础上,赫尔巴特提出了完整的教育理论。他把儿童教育的整个过程分为儿童的管理、教学和训育(道德教育)三个部分或阶段,并认为儿童管理的主要任务是身体发展和形成"一种守秩序的精神",从而为教学和道德教育创造必要的条件,而教学事实上又是为道德教育做准备的。因此,在赫尔巴特教育理论中,道德教育才是最重要的目的和内容。

表1　赫尔巴特教育理论的逻辑结构

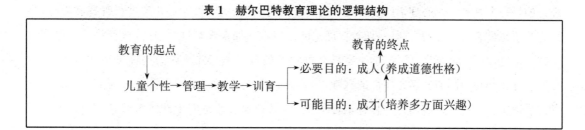

(一) 道德教育目的:"成人"

早在其1802年发表的《直观教学ABC》中,赫尔巴特就提出,教育的最高目的乃是道德,真正的教育实际上是一种道德教育。这种德育,"绝不是要发展某种外表的行为模式,而是要在学生心灵中培养起明智及其适宜的意志来。"①其核心在于养成学生良好的道德观念和品格,让学生成为一个有德行的人。因为,教育首先在于让学生从一个自然人变为社会人。

那么,教育要培养什么样的道德观念呢?赫尔巴特所理解的有德行的人,就是具备他所提出的"内心自由、完善、仁慈、正义和公平"这五种道德观念的人。在赫尔巴特看来,只要受教育者具备了这五种道德观念,那么,社会秩序就能够得到维护,教育的作用也就在于此。

(二)教育的可能目的:"成才"

普遍性的道德性格是教育追求的最终目的,不过这种教育目的指向的是未来,而教育者却无法准确地预计每个儿童的未来生活,特别是其职业生活。另一方面,人类社会的分工越来越专业化,又要求每个人在未来都必须精通某一门职业或某一种工作。为此,教育就必须注重儿童的多方面兴趣的培养,即促进儿童"一切能力的和谐发展"。只有这样,教育才能帮助儿童顺利地适应未来的职业生活需要。这样一来,多方面兴趣的培养,为学生成才奠定坚实的基础,就成为教育的可能目的。

那么,多方面兴趣的培养与普遍道德性格的养成之间是什么关系呢?赫尔巴特认为,这二者之间并不矛盾,而是统一的。因为,不论每个人的个性、兴趣、职业、社会地位如何,社会中总有一些普遍的、共同的信念是每个人都应该具备的,而这些基本的观念,如内心自由、正义与善等,就是教育的最高目的所要实现的普遍的道德性格。只有这样,教育才能真正培养出既有德行又有能力的合格人才。不仅如此,兴趣的多方面性和持续性,本身就是道德的一种表现,"兴趣的多方面性是道德性格的力量,为了避免与许多事情都浅尝辄止区分开来。"②

(三)教育的起点:儿童的个性

为了顺利实现教育的目的,就必须研究教育的对象——儿童及其学习,这就是赫然巴特教育理论的另一个基础——心理学所要研究的内容。因为,我们之所以能对儿童进行管理和教育,是因为儿童是具有可塑性的,这是一切教育理论的出发点。如果没有这个前提,教育将是不可能发生的。不过,尽管赫尔巴特坚信"学生是具有可塑性的",但他却并不认为这种可塑性对所有人、在所有方面都是等同的。多方面性的兴趣,恰恰是由不同儿童的不同个性所决定的。如果教育者把平衡学生多方面兴趣作为一种普遍性的追求,就必须将儿童的个性作为教育的出发点。因为学生是个别的人。

不仅如此,赫尔巴特还特别警告说:"我们特别要求教育者识别他本人的癖性,当学生的行为

---

① [德]赫尔巴特.赫尔巴特文集·教育学卷一[M].李其龙,译.杭州:浙江教育出版社,2002:38.
② [德]本纳主编.赫尔巴特教育论著精选[M].彭正梅,译.杭州:浙江教育出版社,2011:72.

与他的愿望不一致,而在两者之间又不存在带有实质性的优劣时,他应当慎重考虑。他必须立即放弃他自己的愿望,如果可能,甚至连表达这种愿望也必须抑制住。"① 惟有如此,教育的双重目的才会得到真正实现。

四、教育学的理论体系

(一) 儿童管理理论

1. 儿童管理的必要与限度

既然教育的最高目的,在于养成儿童的道德性格。那么性格又是什么呢?赫尔巴特认为,性格寓于意志之中,它是指意志的前后一致性和坚定性。但"意志"不是与生俱来的东西,在儿童的意志力尚未真正形成之前,对儿童进行科学的管理是必要和必须的。因为,"起初儿童并没有形成一种能下决断的真正意志,有的只是一种处处都会表现出来的不服从的烈性。这种烈性就是不守秩序的根源,它扰乱成人的安排,并把儿童未来的人格本身也置于种种危险之中。这种烈性是必须克服的,……在儿童表现出具有真正意志的迹象之前,其烈性的克服是可以通过强制来实现的",②这种强制实际上就是对儿童的管理。管理虽不是教育,但"管理是教育的首要条件"。③

实际上,在赫尔巴特这里,对儿童的管理,更接近于通过严格要求,让儿童养成良好的行为习惯。因为,"管理并非要在儿童心灵中达到任何目的,而仅仅是要创造一种秩序",④为日后顺利进行教育教学创造必要的前提条件。教育一方面是为了培养儿童的意志,另一方面则又要对儿童的原始意志(即烈性)进行抑制,所以,管理只是在一开始具有重要地位,它应该在对儿童进行教育进入到深入阶段——训育之前停止。

2. 儿童管理的措施

(1) 活动

赫尔巴特认为,管理的基础,在于让儿童主动多样的活动。通过游戏、手工劳动、讲故事、作业等活动,满足儿童身体活动的各种需要,可以避免儿童"因为懒惰导致捣乱和不可约束"。⑤ 而且,如果活动是有益的,还能通过活动让儿童消耗掉过多的精力,为儿童打下一些将来学习的基础。但如果学校不能很好地组织儿童进行活动,就会导致管理的失败。必要的时候,学校甚至可

---

① [德]赫尔巴特.赫尔巴特文集·教育学卷一[M].李其龙,译.杭州:浙江教育出版社,2002:41.
② [德]赫尔巴特.赫尔巴特文集·教育学卷一[M].李其龙,译.杭州:浙江教育出版社,2002:24.
③ [德]赫尔巴特.普通教育学.教育学讲授纲要[M].李其龙,译.北京:人民教育出版社,1989:207.
④ [德]赫尔巴特.赫尔巴特文集·教育学卷一[M].李其龙,译.杭州:浙江教育出版社,2002:25.
⑤ [德]赫尔巴特.赫尔巴特文集·教育学卷一[M].李其龙,译.杭州:浙江教育出版社,2002:237.

以通过加强作业而不让儿童空闲下来。

（2）监督

即对儿童加以严密地监视和督促,它也是儿童管理不可缺少的一种手段。赫尔巴特认为,如果放任儿童,不加监督,不予教养,就无法培养出伟大的品格。但监督不能过度,过于严格也可能会带来不良的后果。第一,持续不断的严格监督,对于监督者和被监督者都是一种负担,监督的需要将随其被使用的程度而逐渐增加,最后,会导致监督者因不堪重负而放弃,但任意停止监督又会带来极大的危险。第二,过严的监督,会妨碍儿童自觉自律意志的发展。第三,过严的监督,会养成儿童被动服从的特性,"不可能要求那些在监督压制下成长的人们机智敏捷,具有创造能力,具有果敢精神和自信行为。"①

（3）命令

这是教育者对儿童的行为规范直接提出要求。当教师感到有必要让儿童服从时,就可以使用命令,而儿童应该毫不迟疑地、立即并且愉快地服从。不过,事后教育者可以向儿童加以解释,以引导儿童自觉地认同教师的命令,从而让儿童"理智地把这种服从同儿童本人的意志结合起来。"②这种做法,更着眼于让儿童养成"内心自由"观念的基础。

（4）威胁

当儿童对教师的命令未能服从时,可以用惩罚威胁儿童,以约束他们的随心所欲和烈性。不过,威胁同样不可滥用。"对于那些本性顽劣的儿童来说,威胁往往并不能够起到作用,而对于大多数儿童来说,由于他们过于软弱,以至于不能承受这种威胁。"③

（5）惩罚

当以上措施都失效的时候,教师必须采取更严厉的措施来管束儿童,那就是惩罚。包括批评、警告、使用惩罚簿、罚站、禁食、禁闭、体罚等。在赫尔巴特看来,"试图完全排除体罚是徒劳的",但他同时也认为,体罚必须极少采用,应该让学生"对体罚比真正执行体罚更望而生畏","必须严格把握惩罚的尺度,并必须使受惩罚者对所受的惩罚视为正确而愿意接受。"④相比较来说,它也是最不重要的教育方法。

（6）权威和爱

相比于以上的各种严格、消极的手段,赫尔巴特更强调权威和爱在儿童管理中的作用。赫尔巴特认为,人心往往是屈服于权威的,因此,在压制一种倾向于邪恶的、正在成长的意志时,权威可以发挥很大的作用。而爱,作为一种情感的交流,容易激发儿童的感情,便于管理工作的进行。

---

① ［德］赫尔巴特.普通教育学.教育学讲授纲要[M].李其龙,译.北京:人民教育出版社,1989:25.
② ［德］赫尔巴特.普通教育学.教育学讲授纲要[M].李其龙,译.北京:人民教育出版社,1989:29.
③ ［德］赫尔巴特.赫尔巴特文集·教育学卷一[M].李其龙译.杭州:浙江教育出版社,2002:212.
④ ［德］赫尔巴特.普通教育学.教育学讲授纲要[M].李其龙,译.北京:人民教育出版社,1989:111.

因此,"权威与爱比任何严厉手段更能保证管理"。① 同时,赫尔巴特也强调爱要适度,如果对儿童过分亲热,变成了溺爱,在儿童面前毫无尊严和威势的人,也很难得到儿童的爱,必须把权威和爱结合起来。

(二) 课程与教学理论

1. 论教育性教学

赫尔巴特认为,真正教育的开始是教学,而管理是保障教学顺利开展的前提和条件。不仅如此,管理和教学,最终都指向教育的目的和任务,即发展学生多方面的兴趣,并最终促成学生道德品格的养成,教学的目的实际上就是教育的目的,教学本身应该是教育性的。为此,在西方教育史上,赫尔巴特首次明确提出了"教育性教学"这一概念。

赫尔巴特认为,知识和道德具有直接和内在的联系。虽然知识并不等于道德,但知识可以增进儿童对道德规范、对秩序的理解,从而使他们在理智上而不仅仅是在情感上,去自觉服从道德的约束,真正实现理智与意志相统一的"内心自由"。因此,所谓教育性教学,就是指只有通过教学进行的教育和只有通过教育而进行的教学,才可能是有效的教育和有效的教学。他说:"不存在'无教学的教育'这个概念,正如反过来,我不承认有任何'无教育的教学'一样。"②为此,他要求对学生情感和意志进行陶冶及训练的过程,必须与对学生进行知识传授和智慧启发的过程统一起来。他坚持认为:"德育应把其他部分作为先决条件,只有在进行其他方面教养的过程中才能有把握地开展德育……德育问题是不能同整个教育分离开来的,而是同其他教育问题必然地、广泛深远地联系在一起的。"③他还说,"愚蠢的人是不可能有德行的。"④

不过,这并不是说所有的教学都一定要具有教育性。为了让儿童成为社会所需要的各种人才,在教学中还必须对儿童进行多方面的教育。例如,"为了收益,为了生计或出于业余爱好而学习,这时将不关心通过这种学习一个人会变好还是会变坏,因而便与教育性问题无关"。⑤ 由此可见,教育性教学并非意图将德育与教学混为一谈,而是要求教师需要在一定的教育目的指导下组织教学,使教学不满足于传授知识,同时也应具有能对学生的品德进行塑造的双重功能。

2. 课程理论

虽然教学的最高目的在于儿童道德品格的养成,但这种道德教育不能脱离具体的知识教学,

---

① [德]赫尔巴特.赫尔巴特文集·教育学卷一[M].李其龙,译.杭州:浙江教育出版社,2002:212.
② [德]赫尔巴特.赫尔巴特文集·教育学卷一[M].李其龙,译.杭州:浙江教育出版社,2002:12.
③ [德]赫尔巴特.赫尔巴特文集·教育学卷一[M].李其龙,译.杭州:浙江教育出版社,2002:36.
④ [德]赫尔巴特.赫尔巴特文集·教育学卷一[M].李其龙,译.杭州:浙江教育出版社,2002:218.
⑤ [德]赫尔巴特.赫尔巴特文集·教育学卷一[M].李其龙,译.杭州:浙江教育出版社,2002:217.

需要通过学校中的各门课程去实现。

（1）课程体系

在赫尔巴特看来，多方面兴趣，既是教学的直接目的，同时也是教学的基础。为了培养儿童的多方面兴趣，学校教育所提供的课程就应该涵盖人类所有的兴趣类型：要发展儿童经验的兴趣，学校就应该开设自然、物理、化学和地理等课程；要发展思辨的兴趣，就应该开设数学、逻辑和文法等课程；培养审美的兴趣，可以开设文学、绘画等课程；培养同情的兴趣，可以开设外国语和本国语等课程；培养社会的兴趣，就应该开设历史、政治和法律等课程；最后，为了宗教的兴趣，还应该开设神学等课程。

至此，赫尔巴特就依据他的兴趣理论，为儿童构建了一个全面而丰富的课程体系。其中，既包括传统的古典人文学科、甚至神学课程，也涵盖了新兴的自然科学，显示了他课程思想的开放性和包容性，也把文艺复兴以来培养"全面和谐发展的人"的课程计划推向了一个新高度。

表2　赫尔巴特的兴趣理论与其课程体系

兴趣类别	认知的兴趣			同情的兴趣		
	经验的	思辨的	审美的	同情的	社会的	宗教的
相应的学科	自然科学	数学	文学	外国语	历史	神学
	物理 化学 地理	逻辑学 文法	唱歌 国画	本国语	政治 法律	

（2）课程设计的原则

在提出如此丰富的课程体系的同时，赫尔巴特还强调知识的系统性和课程的关联性，注意课程及其内容的设计与编排。根据他的统觉理论，赫尔巴特为课程设计规定了两个必须遵循的原则：即相关（Correlation）和集中（Concentration）原则。

所谓相关原则，是指各类课程内容之间应该相互关联，从而对学生观念的形成起着迁移推动的作用。因为儿童知识体系的建构，即统觉团的形成，需要注意观念之间的联系与融合。具体来说，学校所开设的物理、文学、数学、外国语和历史以及神学等科目的内容，要做到统一协调，使儿童在其中一门课程中所获得的能力和知识可以在其他几门课程的学习中迁移使用，并得到强化，同时也能够为很好地吸收其他课程内容做准备。

所谓集中原则，指的是在学校所有课程之中，必须有一门或几门学科处于核心地位，而其他学科则作为理解它的方法和手段。因为在儿童的观念体系中，总会有一些占有核心地位、对其他统觉团和观念起着巨大作用的统觉团。因此，学生所学的各门课程本身的重要性是有区别的，在课程设计和编排中应该予以体现,在全面学习中坚持有重点地学习。在赫尔巴特看来,在发展人的认知兴趣时,数学是所有学科的基础,而对于同情的兴趣而言,历史是最重要的,这两门课程应该作为整个课程体系的核心,其他科目都应该予以有效地配合,以强化它们的地位。

随着人类知识体系的不断扩展,如何让儿童在学校教育的有效时间内,更快更好地掌握已有知识,使得课程的设计与编排的重要性日益增加,赫尔巴特敏感地意识到了这个问题,并力图通过相关和集中原则的辩证统一,确保课程教学的逻辑结构和知识的系统性,不能不说是非常有远见的。尽管他把数学和历史作为课程核心的思想本身不无商榷之处,他对这一问题的重视却是非常值得我们肯定的。

3. 教学理论

根据他对兴趣所包含观念活动的不同阶段及个体意识状态的认识,赫尔巴特对教学过程中的不同阶段及其对应的教学方法做了非常详细深入的探讨,提出了著名的教学形式阶段理论,第一次真正把教学理论推向了科学化的道路,"不仅促使后人对学习过程作实验和定量研究,而且使教学论在教育学中成为核心部分和最富科学、理论色彩的部分成为定局"①。

表3 赫尔巴特的教学阶段理论

兴趣阶段	注意	期望	要求	行动
意识状态(学习活动)	专心		审思	
教学阶段	明了	联合	系统	方法
教学方法	提示	分析	综合	应用

(1)教学的形式阶段理论

在赫尔巴特看来,学习过程,就是学习者不断获得新观念,形成新的统觉团的过程。教学就应该从激发学生的兴趣入手。对应于兴趣发展的四个阶段,教学也可以分为四个阶段。

① 明了(Clearness)

这是教学过程的第一步,它对应的心理状态是注意。因此,这个阶段教学的主要任务是提供新材料,引起学生的注意,引导儿童获得关于新材料的清晰表象,以便为随后的统觉过程,即学习新知识做好充分的准备。

② 联合(Association)

当新材料引起学生的注意时,学生已有的观念就产生了联合的期待,希望了解新旧观念之间的关系及联合的结果。因此,这一阶段,教学的主要任务是,要使学生将前一阶段所获得的表象

---

① 叶澜.教育研究方法论初探[M].上海:上海教育出版社,1999:59.

与其原有观念发生联系;教师可以通过与学生之间轻松的对话,调动学生的创造性心理活动。由于这一阶段学生尚未理解新旧观念联合的结果,因而其心理状态在兴趣上还处于期望阶段。在前两个阶段,学习者需要做的是专心地配合教师的讲解活动。

③ 系统(System)

联合完成后,学生的新观念与旧观念、新知识与旧知识已经发生了联系,但还比较简单、肤浅,需要学生经过自己的审思,在教师的指导下,深入去思考和理解新旧观念之间的内在联系。这一阶段,教学的主要任务是,通过概括和讲述定义、规则与原理的办法,使学生审思新旧观念的联系,在此基础上,形成新的概念体系。与此相应的兴趣活动处于要求阶段。

④ 方法(Method)

当学生完成了对新旧观念的系统整合,形成了新的统觉团和概念体系时,居于主导地位的统觉团就会要求采取一些行动,显示自己的存在和力量。因此,在这一阶段教学的主要任务是,引导学生把已经体系化的新知识在实际中加以应用,以检验其是否有效,并通过反复练习以巩固新习得的知识。

在教育史上,赫尔巴特首次依据心理学的理论,对人的学习过程进行了深入的探讨,并把它作为进行教学的依据。这是对教学理论的重大贡献。赫尔巴特去世不久,他的学生齐勒尔(T. Ziler)把明了细分为分析和综合两个阶段,而齐勒尔的学生莱茵(W. Rein)进一步把教学确立为预备、提示、比较、总括、应用五个阶段,成为后来风靡世界的"五段教学法"(Five Formal Steps)。

当然,赫尔巴特及其追随者过分强调教学的不可逆性和秩序性,进而压抑了教师的创造性,也忽视了儿童认知的复杂性——实际上,并非所有的科目和知识材料都需要如此机械地、按部就班地进行传授。因此,尽管在19世纪中后期及20世纪初期,教学形式阶段理论盛极一时,但很快便不断受到人们的批评。

(2)论教学类型与方法

赫尔巴特也具体提出了每个阶段教师可以采取的教学策略和方法,为教学的科学化和规范化提供了重要的典范。

根据赫尔巴特的观念心理学,既然人的认识主要表现为观念的活动,那么人的学习过程实际上就可以分为三个环节:感官对外部刺激的接受、新旧观念的联合和统觉团的形成。以此来分析教学过程,则应该从儿童的感觉经验入手,通过感觉经验与儿童已有观念间的分析和综合,最后帮助学生形成新的概念。同时,为了巩固新形成的概念,教师还应该指导儿童主动运用知识,进行实践。因此,为了实现预定的教学任务,教师应该在不同的教学阶段,采取不同的教学方法,这就形成了不同的教学类型,即单纯提示(展示)的教学、分析教学、综合教学、应用教学。

① 提示教学

所谓"单纯提示的教学",即是直观教学。在统觉活动的第一个环节中,儿童原有的生活经验和观察是教学得以展开的基础,"单纯的提示"要求教师用直观的教具,譬如图画或者模型,加之形象生动的语言,把儿童所熟悉的事物或风俗表现出来,让儿童能够充分感知到教师所提供的场景。赫尔巴特主张,"凡是一件事物与儿童已经观察过的事物相类似,并与之有关联,一般都能通过单纯提示使感觉可以感知得到"。① 赫尔巴特认为,此方法在地理、历史等学科教学中尤其有效。

② 分析教学

单纯提示的教学,为分析教学奠定了坚实的基础。但仅有提示是不够的,它只能唤起并扩大儿童的观念,却不能深化儿童的经验。教师必须通过对比分析新旧观念的联系和区别,使儿童对当前刺激的反应更为清晰,从而为观念的联合做准备,这就是分析教学。其具体的方法是:把环境分解为个别事物,把事物分解为组成部分,把组成部分分解为特征,进而把特征、组成部分、事物以及整个环境都抽象化为各种形式概念。总之,分析教学通过分解特殊的现象,上升到一般的领域,使学生明晰特殊来自于一般,明确种属与类别的观念。赫尔巴特认为,分析教学可以揭示事物的内部联系,有利于儿童做出更合乎逻辑、更加清晰的判断。而适合分析教学的方法,主要是谈话或问答,必要时,也可以采用争论辩驳的方式。

③ 综合教学

不过,分析教学没有解决的问题在于,它只是让儿童接受了所呈现的材料,却没有使儿童获得普遍性的认识,它还没有发展到抽象的层次。后面的这个目标是通过综合教学得以实现的。综合教学,对应的是统觉活动的第三个环节,即统觉团的形成。"通过综合教学,由单纯提示所提供的清晰表象和分析教学产生的对表象的区分,就形成了观念的联合,即获得了新的知识和概念。"②

赫尔巴特对综合教学尤为重视,因为"只有它才能树立教育所需要的那种思想的完整结构"。③ 并且,他还认为,一旦儿童会用这种逐渐形成的思维去整理知识,使知识顺利地进入已经建立的知识结构中,儿童学习的程度是非常惊人的。

④ 应用教学

在统觉团形成之后,学生新获得的知识还需要通过练习和应用加以巩固。它对应于行动,要求学生把所学知识与问题解决和日常生活结合起来。相对于其他阶段来说,赫尔巴特对此论述不够,以至于有些读者往往会忽视这一阶段。但对于一个真正"内心自由"的人而言,应用教学却是非常重要的。

赫尔巴特对教学类型与方法的分析,进一步为广大教师开展教学提供了一个足以参照的工作指南,并努力为它提供心理学的理论基础,为后世的教育研究提供了一个有效的路径。

---

① [德]赫尔巴特.赫尔巴特文集·教育学卷一[M].李其龙,译.杭州:浙江教育出版社,2002:81.
② [德]赫尔巴特著.普通教育学[M].尚仲衣,译.北京:商务印书馆,1936:123.
③ 张焕庭主编.西方资产阶级教育论著选[M].北京:人民教育出版社,1979:284—285.

(三) 训育理论

1. 训育的地位

在赫尔巴特的教育理论中,教育的最终目的和最高阶段,是道德教育,他称之为"训育"。

所谓训育,就是要"对青少年的心灵产生直接影响",[①]在这一点上训育和管理是一致的。如果说管理着眼的是对儿童劣性的消极限制,那么训育则更强调对儿童品性的培养。换句话说,管理仅着眼于行动造成的后果,而训育则还要看尚未付诸行动的意图;管理的对象是儿童的行为,而训育的对象是儿童的精神或心灵。管理是从反面对儿童不良行为的限制,养成儿童良好的行为习惯,而训育则是从正面给儿童树立基本的行为准则和道德观念,潜移默化地对儿童加以巧妙地引导。因此,训育就是依照特定的道德标准,对学生的精神或性格进行教诲。训育的目的是帮助学生形成正当的道德性格,而管理则是作为训育功能的必要前提和补充。两者统属于道德教育的范畴。

但训育应该是对青少年心灵的有目的的培养,在这个意义上,它又和教学相通。赫尔巴特还认为,训育本身可以分为四个阶段:道德判断、道德热情、道德决定和道德自制。其中,道德判断是道德教育的基础和起点,而这个起点,实际上就是通过知识的习得,获得对道德规范的理性掌握和认可,主要应该通过教育性教学来解决。

管理、教学和训育,既前后联系,又各有特点,共同构成了儿童教育的完整过程。通过管理、教育性教学和训育,儿童完成了从遵守道德行为到获得道德认知进而坚定道德意志的全过程,实现了从他律到自律的德性转变,真正具备了经过理性检验的道德品格。"教育以成人"的最高目的自此可告实现。

2. 训育的措施

在具体的实施上,训育主要依靠教育性教学,但它自身也有一些独特的方式方法。

(1) 陶冶

由于训育强调的是对儿童心灵的启迪与滋养,因此,它不应该用诡诈的方法去实施,不应违背其目地让儿童去接受,要使儿童感觉到是一种陶冶,使儿童相信教育者的善意与力量,让儿童心悦诚服。

(2) 尊重和信任

没有对学生的信任和尊重的德育必然失败,它会强化学生对德育的反感,会产生极端的情感和行为,走向德育目的的反面。正确的德育"必须始终准备着使自己能为儿童感觉到,但如果它

[①] [德]赫尔巴特.赫尔巴特文集·教育学卷一[M].李其龙,译.杭州:浙江教育出版社,2002:146.

要能真正产生一些影响,也要不断地注意它自己,以免操之过急而致使学生遭受不必要的痛楚。"①

(3) 权威与爱并重

赫尔巴特认为,教育者要想获得理想的教育效果,就一定需要树立自己的权威。首先可以采用暗示的办法,提醒学生:"我们的关系只能在某种条件下存在并得到保持。"②如果并不奏效,那么接下来教师要做的事情是对学生施以爱和赞许。爱和赞许可以融化人的心灵,博得学生对老师的信任和尊重,那么教师的权威就自不待言了。对于顽劣的学生而言,如果上面两个办法还是不能凑效。那么教师就要反省自身的问题了。教师要注意自己表达的语言和方式,尽可能地使学生服从自己的命令和要求。

把道德教育作为教育的首要问题,并不是赫尔巴特的首创,但把道德教育理论建立在心理学的基础之上,赫尔巴特却有开创之功。

五、赫尔巴特教育思想评析

赫尔巴特是西方教育史上最具影响力的教育家之一,是教育心理学化的实践者和教育科学化的奠基者。"赫尔巴特第一次为教育学找到了它的科学基础。""赫尔巴特以前的所有教育学,虽然涉及儿童心理、教学规律等,但没有一个人尝试将心理学与教育学结合起来。"③

赫尔巴特接受并发展了裴斯泰洛齐提出的"教育心理学化"的思想,旗帜鲜明地把心理学作为教育学的理论基础,并通过采用观察、实验和数学的而不是形而上学的方法,从观念及其运动变化入手,对人的心理活动过程进行了全面深入地考察,开创了主知主义观念心理学流派。他创造性地提出并发展了无意识、意识阈、意识等心理学概念,对儿童的个性及其兴趣给予了极高的评价,并坚持在此基础上去理解和分析教育教学问题,从而迈出了教育心理学化的关键一步。他"力图在伦理学和心理学的基础上建立教育目的论和教育方法论,建构了完整的教育学体系,开启了教育科学化探索的绪端。"④特别是他运用其心理学的兴趣及其统觉理论,对教学过程进行了深入而细致地分析,对学生的学习心理和思维特点进行了清晰而系统地阐释,不仅突出了教学在全部教育活动中的核心地位,还把人们对教学理论的研究推向了科学化的道路。

"教育性教学"概念的提出,是赫尔巴特对近现代教育理论与实践的突出贡献。在他以前,虽然苏格拉底也曾经提出过"美德即知识"的命题,但人们普遍认为道德教育和教学应该分开进行,

---

① [德]赫尔巴特.赫尔巴特文集·教育学卷一[M].李其龙译,杭州:浙江教育出版社,2002:226.
② [德]赫尔巴特.赫尔巴特文集·教育学卷一[M].李其龙译,杭州:浙江教育出版社,2002:214.
③ 王坤庆.教育学史论纲[M].武汉:湖北教育出版社,2000:119.
④ 刘黎明.西方自然主义教育思想史[M].武汉:华中科技大学出版社,2014:164.

它们的目的和任务是不同的。赫尔巴特运用其心理学研究的成果，非常有说服力地向世人表明了教育和教学之间存在的本质联系，使道德教育获得了坚实的心理学基础。

赫尔巴特在教育史上之所以如此重要，不仅仅是因为他对教育心理学所作出的卓越贡献，更是因为他建立了一套包括管理论、教学论和训育论在内的系统而丰富的教育学的理论体系，为后来的教育学研究奠定了基本的理论框架和研究范式。他明确地把哲学和心理学作为教育学的两大理论基础，并用哲学来决定教育的目的，用心理学来寻找教育的方法和途径，这成为后世许多教育思想流派思考教育问题的基本出发点。而他所提出的管理、教学和训育问题，基本涵盖了教育教学中最重要的问题，具有极大的普遍性，是教育学需要研究的永恒命题。他所提出的教育以成人和成才的双重目的，是超越时空的，虽然具体的道德和人才标准会因时代、国别、文化传统等因素而有所变化，但培养德才兼备的人，一直是教育不变的追求。而他提出的从儿童的个性和兴趣出发展开教育教学，已经成为后来所有教育学者的共识。

当然，赫尔巴特的教育理论也并非尽善尽美：教育性教学在为道德教育提供了一条重要的实施途径的同时，也有把道德教育窄化为习得道德知识和规则的危险；他在教育者的立场上走得太远，以至于忽视了儿童作为一个完整的人的主体能动性和创造性；他所提出的教育理论，是为了让儿童更好地接受和掌握现成的知识体系，而没有赋予儿童发展知识和智力的动力和意愿；他关于观念和兴趣的心理学理论，本身也存在着各种各样的问题，在运用这套理论去思考教育问题时，也存在着一定的机械化和教条化。但不管怎样，赫尔巴特依然是一位伟大的教育家，不断地给后来者提供各种各样的启发和参照。

【思考题】
1. 如何理解赫尔巴特教育理论的心理学基础？
2. 如何评价赫尔巴特的"教育性教学"思想？
3. 论赫尔巴特教学理论的时代意义和当代价值。
4. 评析赫尔巴特的教学形式阶段理论。
5. 评析赫尔巴特的教育学体系。

【阅读书目】
1. 赵祥麟主编.外国教育家评传(第2卷)[M].上海：上海教育出版社,1992.
2. 黄华.世界著名教育思想家丛书.赫尔巴特[M].北京：北京师范大学出版社,2012.
3. [德]本纳主编.赫尔巴特教育论著精选[M].彭正梅,译.杭州：浙江教育出版社,2011.
4. [德]赫尔巴特.赫尔巴特文集·教育学卷一至卷三[M].李其龙,译.杭州：浙江教育出版社,2002.

第十六章 现代教育的创始人：杜威的教育思想

约翰·杜威(John Dewey, 1859-1952)

> 生活就是发展，而不断发展，不断生长，就是生活。用教育术语来说，就是：(1)教育过程在它的自身以外无目的；它就是它自己的目的。(2)教育过程是一个不断改组、不断改造和不断转化的过程。
>
> ——杜威

【内容摘要】杜威是美国著名的哲学家、教育家，也是美国实用主义哲学和进步主义教育理论最有影响的代表人物和现代教育的创始人。他的教育思想是建立在其经验论哲学和本能论心理学的基础之上的。在教育价值观方面，杜威既突出了他的儿童中心论的思想，同时又提出了社会中心论的观点。在教育本质的认识上，杜威提出了"教育即生活""教育即生长""教育即经验的改造"的著名观点。在对教育目的的论述中，杜威提出"生长论"教育目的观。在教学理论方面，杜威提出，儿童的经验是课程的主要内容，获取经验需要从做中学，从经验中学。他根据"思维五步"提出了"教学五步"的教学方法思想。杜威的教育思想对美国乃至世界的影响是广泛而深刻的。

【核心概念】杜威；儿童中心论；社会中心论；教育本质；从做中学；教学五步

一、生平及教育活动

(一) 生平

杜威于1859年10月20日出生于美国佛蒙特州柏灵顿市郊区的一个农业小镇里，一家人是当时美国地道的平民。他的父亲阿奇博尔德·斯普雷格·杜威是个杂货零售商，母亲鲁西娜·阿特梅西·里琦是基督教公理会教徒，为人仁慈，对孩子要求较严，支持孩子们多读书。杜威在家排行老三,受父母的影响喜欢阅读。杜威两岁时南北战争爆发,他的父亲应征入伍,参加了林肯总统的志愿兵。杜威8岁时进入公立学校学习,他在学校做事认真、品行优秀,懂礼貌,有点腼腆。他不喜欢当时的学校教育,对死记硬背的教学方法心生厌倦。课余时间,他大量阅读自己喜欢的书籍,和其他孩子在农场、磨坊、锯木场嬉戏、玩耍。有时也做一些力所能及的劳动,如送报纸、清点木材、当杂工、垦荒地、修水渠等。这对他经验主义、实用主义哲学思想和教育思想的形成产生了很大影响。"在形成约翰·杜威的教育理论的各种因素中,他童年时代的环境显然起了很大的作用。""一直到他上大学时,在他本人所受到的教育中,最重要的部分是在课堂外面获得的。"①

1875年,还不满16岁的杜威中学毕业进入佛蒙特州立大学学习,这所大学是一所规模很小的农工学院。大学学习本身并未使杜威得到很大收获,然而他从课外活动和广泛阅读中得到一些可贵启示,英国著名生物学家赫胥黎编写的生理学课本激起了杜威广泛的学术兴趣,赫胥黎的生物进化观及生物有机体及其各部分相互依存、相互联系的观点影响了杜威的思维方式。图书馆里介绍达尔文进化论的英国期刊给了他很大启发,哲学教授托里的研究使他对哲学产生了浓厚兴趣。1879年,杜威以同届18个毕业生中名列第二的好成绩毕业,并成为了美国大学优秀生全国荣誉组织的会员。

1879年,杜威大学毕业,随后进入宾夕法尼亚州石油城的一所中学教拉丁语、数学和自然科学。1881年,杜威回到了他的故乡柏灵顿,在一所乡村学校当教师,同时跟随托里教授研究哲学史,在托里教授的指导下阅读哲学史名著,并选择哲学研究作为自己的终身职业。1882年4月,杜威在美国教育家和哲学家哈里斯主编的杂志《思辨哲学杂志》上发表了他的第一篇哲学论文《唯物主义形而上学的假说》。

1882年秋天,杜威进入约翰·霍普金斯大学攻读研究生课程。在霍普金斯大学学习期间,他有幸与霍尔和莫里斯等教授相识、交往,尤其是与黑格尔主义者莫里斯教授的交往,使得他对黑格尔的哲学产生了浓厚的兴趣。受黑格尔哲学的影响,他认为哲学用一种相互联系、对立统一的观点看问题,对人的精神解放能起一定的作用。尽管因为认识到黑格尔哲学的缺陷而离开了它,但他始终没有否定黑格尔哲学对他思想的影响,以至于认为"与黑格尔的结识在自己的思想中留下了不可磨灭的痕迹"。②

1884年,杜威以《康德心理学》的论文获得博士学位。经莫里斯教授的引荐,杜威于当年到密歇根大学担任哲学讲师和助理教授。除了1888—1889年在明尼苏达大学工作外,他在密歇根大学一直工作到1894年。1886年7月,杜威与艾丽丝·奇普曼结婚,艾丽丝随之成为其工作与活

---

① [美]简·杜威.杜威传[M].单中惠,编译.合肥:安徽教育出版社,1987:9.
② [美]简·杜威.杜威传[M].单中惠,编译.合肥:安徽教育出版社,1987:64.

动的得力助手,他们婚后育有3男3女共6个孩子。密歇根大学期间,杜威的哲学思想逐渐成熟,詹姆斯以进化论为根基的机能心理学触动了杜威的哲学思维,詹姆斯关于有机体与环境的相互作用,心灵与外部环境的密切联系等理论观点直接影响了杜威的经验主义哲学的形成,他开始离开黑格尔哲学而转向经验主义。

1894—1903年,杜威应芝加哥大学校长哈珀聘请到该校担任哲学、心理学和教育学系系主任。芝加哥大学的10年,对杜威教育思想的形成和发展,是一个关键时期,芝加哥实验学校的经验成为杜威教育思想的重要来源之一。1904—1930年,杜威应聘到哥伦比亚大学任哲学教授,退休后又任该校荣誉教授。教学之余,杜威在国内作了一系列讲演,同时还到日本、中国、土耳其、墨西哥、苏联等国进行访问和演讲。正是这些活动,为杜威赢得了世界声誉。除此之外,杜威在哥伦比亚大学期间写下了大量的学术著作,并以他的著作和活动推动了美国的进步教育运动。

杜威除了在学校工作之外,还曾经于1899—1900年担任美国心理学主席,1905—1906年担任美国哲学学会主席,1915年创立美国大学教授联合会并任第一届主席,曾任美国进步教育协会名誉会长、人民座谈会主席、独立政治行动联盟全国主席等职务。由于其杰出的学术成就和社会声望,杜威还被佛蒙特大学、密歇根大学、伊利诺斯大学、哥伦比亚大学、哈佛大学、宾夕法尼亚大学、中国国立北京大学、法国巴黎大学、挪威奥斯陆大学等授予名誉博士学位。

1952年6月1日,杜威因患肺炎在纽约去世,享年93岁。美国塞顿·霍尔大学教授培里曾经这样评价杜威的一生:"从19世纪80年代初期起,可以分为三个时期:10年的门徒身份;10年的摆脱影响和崭露头角;其后50年,杜威成了杜威。"[1]杜威一生著述颇多,涉及领域广泛,包括哲学、教育学、心理学等。著作大约有近40部,文章800多篇。1885年,他发表了第一篇教育论文:《教育与妇女健康》。1886年,他出版了美国第一本心理学教科书《心理学》。1889年,他与麦克米伦合作出版了第一本教育著作《应用心理学:教育原理和实际引论》。杜威的主要教育著作有:《我的教育信条》(1897)、《学校与社会》(1899)、《儿童与课程》(1902)、《民主主义与教育》(1916)、《经验与教育》(1938)、《〈教育资源的使用〉一书的引言》(1952)等等。其中《我的教育信条》是杜威教育思想的纲领性的论述。《学校与社会》是杜威在芝加哥大学实验学校给学生家长的演讲集。他在这本书中第一次提出了"传统教育"的概念,并对传统教育进行了批评。《儿童与课程》是杜威在芝加哥大学实验学校进行实验的总结,提出要把儿童的生活经验作为课程的中心。《民主主义与教育》一书一般被认为是杜威实用主义教育思想的代表作,是实用主义教育思想最系统、最集中、最综合的表达。《经验与教育》是杜威后期的著作,他围绕学校与社会、教育与生活、教育与经验进行了缜密论述。《〈教育资源的使用〉一书的引言》是杜威关于教育的最后一篇文章,在文章里,杜威回忆了他与进步主义教育运动的联系,以及他对进步主义教育的希望。杜威的哲学思

---

[1] 中国科学院哲学研究所西方哲学史组.现代美国哲学[M].北京:商务印书馆.1963,362.

想主要反映在其《哲学的改造》(1920)、《经验与自然》(1929)、《确定的寻求》(1929)、《我们怎样思维》(1910)等著作中。

杜威融欧美思想成一体,形成了自己博大精深的思想理论,他的教育思想是建立在其雄厚的哲学、心理学、社会学基础之上的,这就使其教育思想既具有深厚的理论深度,又具有宽广的理论视野。他通过对欧美教育思想发展历史的梳理,借鉴吸收人类教育的智慧,并使自己的教育理论具备了厚重的历史底蕴,也给人们一种深厚的历史感。同时,他立足于现代社会讨论教育问题,使其教育思想充满了浓郁的现代精神。所以说,杜威的教育思想是欧美优秀文化遗产与美国现代社会相融合的产物。

(二) 教育活动

杜威的教育活动大致可分为三个时期。第一个时期,1884—1894年,在密歇根大学和明尼苏达大学教心理学和哲学。第二时期,1894—1903年,是他改革教育的尝试阶段,当时他在芝加哥大学任哲学、心理学和教育学系主任。第三时期,1904年后直到他1952年去世,是他事业的辉煌时期。

1884年秋天,杜威到密歇根大学任教。密歇根大学校长安吉尔给全校师生提供了一个宽松的、具有创造性教育的环境,这样的环境给杜威留下了深刻印象。1888—1889年,杜威到明尼苏达大学担任哲学教授。1889—1894年,杜威被聘担任密歇根大学哲学系主任,莫里斯对他的影响使其接近德国哲学思想,沉迷于新黑格尔主义的研究,并产生了"工具"实用主义的萌芽。心理学家詹姆士1890年出版的《心理学原理》使其关注实验生活心理学的研究,并悄然改变着杜威哲学思想的方向。"通过它的方法而越来越进入我的全部思想之中,并成为改变旧的信念的一种酵素。"[①]除此之外,杜威还开始了与社会学家米德的长期合作,思想中也留下了米德社会学的烙印。

杜威对教育的兴趣是从密歇根大学开始的,当时的密歇根大学设立了美国的第一个教育学讲座,同时举办了中学师资培训,杜威所在的教师俱乐部也打算密切中学教育与大学教育的关系,杜威在参与的过程中"逐渐认识到,现在的教育方法,特别是小学的教育方法,是与儿童正常发展的心理学原理不相协调的"。[②] 他决心通过自己的教育实验,把哲学、心理学和教育学结合起来进行研究。

1894—1903年,杜威进入教育活动的第二个时期。这一时期是杜威形成自己特色哲学思想和教育思想的时期,也是其开展影响广泛的教育实验的时期。杜威上任后,立即着手充实教师队伍,加强教育学在大学的地位,提出教育学系的任务一是训练学生成为教育方面的专家,一是进

---

① [美]简·杜威.杜威传[M].单中惠,译.合肥:安徽教育出版社,1987:88.
② [美]简·杜威.杜威传[M].单中惠,译.合肥:安徽教育出版社,1987:30.

行"教育学的发现和实验计划",把哲学、心理学、教育学综合起来进行研究,。他同时认为,教育系应该有自己的实验室——一所检验新教育理论的学校。1896年1月,杜威在芝加哥正式创办了他的实验学校,这所学校最初叫"大学初等学校",后更名为"芝加哥大学实验学校"。"这所学校之所以称做'实验学校',是要强调它的实验性质,尤其是要用它来检验杜威的一些理论以及它们的社会含义"[①]。因是杜威创办,一般称为"杜威学校"。它作为芝加哥大学的一部分,在哲学、心理学和教育学系的领导和指导下,进行课程、教材、教法的改革实验。实验学校的校舍是一所私人住宅,随着人数的增多,学校几移校舍。

"杜威学校"存在了8年,其实验经历了三个阶段。1896—1898年为"尝试错误"阶段,学校的课程还没有固定下来,教师根据自己的兴趣、经验,以及学校的设备等,不断地尝试、修改教材、教法。1899—1903年为"发展与成熟"阶段,在前期经验的基础上,课程、教法得到了不断发展。1904年即最后一年,由于杜威与哈珀在理念上的分歧,实验终止。"杜威学校"的实验主要围绕以下主题进行:一是学校组织与管理实验。具体的做法是:按儿童能力与兴趣分组,实施小班教学(一般情况下,一个组8—12人不等,平均一个教师教4个学生)。教师民主参与行政工作和教研室制度。教师与家长密切合作。二是课程与教法实验。以儿童本能为基础建立个人与社会经验相结合的课程结构,使儿童在做中学;根据儿童的发展阶段计划课程及教学组织形式、历史、科学及思想表达活动的具体实验。三是新的教师观及师生关系实验。营造民主的生活氛围;选择适当的教材,为儿童提供适当表现的机会;通过评价儿童的发展,不断提升教育质量。"杜威学校"的实验,不仅对美国,对世界其他国家都有着比较积极的影响。

1904—1952年,进入杜威教育活动的第三个时期。从1904年开始,到1930年退休,杜威一直在哥伦比亚大学哲学系和师范学院任教授。1916年杜威发表了《民主主义与教育》。这部经典巨著标志着教育理论发展的一个新时期的开端,它创立了实用主义教育哲学体系。1930年后退休,改任哥伦比亚大学名誉教授,仍继续从事教育改革研究。

二、教育思想的理论基础

杜威教育思想体系的理论基础包括实用主义的经验论和机能主义心理学。

(一) 经验论哲学

在哲学观上,杜威继承和发展了由皮尔斯、詹姆士等人创立的实用主义哲学,并构成其教育思想的哲学基础。他分析了哲学与教育之间的关系,指出"哲学就是教育的最一般方面的理论",

---

[①] [美]克雷明.学校的变革[M].单中惠等,译.济南:山东教育出版社,2009:152.

"教育乃是使哲学的分歧具体化并受到检验的实验室"。① 因此,教育哲学是哲学中具有重要意义的一个方面。

在杜威的实用主义哲学中,经验是其中的一个重要和核心的概念,也是杜威教育理论中歧义最多也最难以理解的概念。那么,什么是经验呢? 杜威的经验包含三层意义。

首先,经验是指主动的尝试或实验活动。杜威认为:"经验包含一个主动的因素和一个被动的因素,这两个因素以特有的形式结合着。……在主动的方面,经验就是尝试。……在被动的方面,经验就是承受结果。"②人获得的主观经验是客观世界存在的前提条件,没有人作为主体的存在,也就没有客观的存在;客观世界中一切事物的存在要依赖于由人的兴趣和愿望出发而形成的主观经验。"一个孩子,仅仅把手指伸进火焰,这还不是经验;当这个行动和他遭受的疼痛联系起来的时候,才是经验。从此以后,他知道手指伸进火焰意味着灼伤。一个人被灼伤,如果没有觉察到是另一行动的结果,就只是物质的变化,像一根木头燃烧一样。"③这样,杜威就把人的主观经验与客观存在的物质世界捆绑在了一起。这也就是杜威所肯定的"从经验中学习","就是在我们对事物有所作为和我们所享的快乐或所受的痛苦这一结果之间,建立前前后后的联结。在这种情况下,行动就变成尝试;变成一次寻找世界真相的实验;而承受的结果就变成教训——发现事物之间的联结"。④

其次,经验指由经验的过程即活动产生的结果。杜威认为,"经验"是人的有机体与环境相互作用的结果(或称为"统一体"),是人的主动的尝试行为与环境的反作用而形成的一种特殊的结合。因此,行为和结果之间的连续不断的联系和结合就形成了人的经验。他说,经验"既包括人们所做的、所遭遇的事情,人们所追求的、所爱的、所相信的、所忍受的事情,也包括了人们怎样活动和接受活动,人们的行动和遭受、意欲和享受、观察、信仰、享受的方式——总之,包括各种经验的过程"。⑤ "经验既在自然之内,也是关于自然的。被经验到的并不是经验,而是自然——石头、植物、动物、疾病、温度、电力等等。以某种方式起着相互作用的事物,乃是经验;它们是被经验到的东西。当它们以另一些方式与另一种自然对象——人的机体——发生联系的时候,它们又是事物怎样被经验到的情况。"⑥从上述言论可以看出,在杜威这里,"经验"是无所不包的,经验的对象、经验的过程、经验的主体(人)、经验的客体(环境)等都在经验之中,即所谓"精神和物质两者属于同一个东西,这就是那些构成自然的事件的复合"。⑦

---

① [美]杜威.杜威教育论著选[M].赵祥麟,王承绪,译.上海:华东师范大学出版社,1981:230—231.
② [美]杜威.民主主义与教育[M].王承绪,译.北京:人民教育出版社,2001:153.
③ [美]杜威.民主主义与教育[M].王承绪,译.北京:人民教育出版社,2001:153.
④ [美]杜威.民主主义与教育[M].王承绪,译.北京:人民教育出版社,2001:154.
⑤ [美]杜威.杜威教育论著选[M].赵祥麟,王承绪,译.上海:华东师范大学出版社,1981:272.
⑥ [美]杜威.杜威教育论著选[M].赵祥麟,王承绪,译.上海:华东师范大学出版社,1981:267.
⑦ [美]杜威.杜威教育论著选[M].赵祥麟,王承绪,译.上海:华东师范大学出版社,1981:267.

再次,经验中必定包含"反思"。所谓"反思"是指辨别"所尝试的事"与"由此发生的结果"之间有什么关系。没有反思,就不可能获得有意义的经验。杜威认为,"心理学家所谓尝试错误法"没有考虑行为与结果之间的联结,而全靠环境的支配,环境发生了变化,就不能按照预期的方式行动。"但是,如果我们详细了解结果所依靠的条件,我们就能注意看到我们是否具有所需要的条件。这种方法能扩大我们对环境的实际控制。"①杜威把经过反思所得来的经验称为"反省的经验"。

关于经验与理论的关系问题,杜威更看重经验的价值。他说:"一盎司经验所以胜过一吨理论,只是因为只有在经验中,任何理论才具有充满活力和可以证实的意义。""离开经验的理论,甚至不能肯定被理解为理论。"②

综上所述,杜威的经验论拓宽了经验的外延,经验不再仅仅是感觉的作用或感性的认识,还含有行动、行为。人的喜怒哀怨、酸甜苦辣都是经验的组成部分。人的认识、情感、意志等理性的和非理性的因素都涵盖在经验之内。杜威的经验论也克服了西方哲学史上经验与理性二元对立的局面,理性不再是凌驾于经验之上的存在,而是寓于经验之中,并在经验中不断修正的"实验的智慧",一种使经验更有效的智慧。经验不再是零散的感觉印象,而是有机体与环境相互作用的联结。经验的过程就是一个实验的过程,一个运用智慧的过程。在经验的过程中,人是具有自己的主动性的。经验的过程是一个主动的过程,人不仅受环境的影响(塑造),人还要主动的改造环境。这一理论引入教育,一方面强调,学生的学习应该是"从经验中学习""从做中学";另一方面强调"教育就是经验的改造或改组"。

(二) 本能论心理学

杜威认为,人的本能与冲动是潜藏于儿童的身体内部的与生俱来的能力,并原封不动地一代又一代传递下去。儿童的能力、兴趣、需要和习惯都是建立在他自己的原始本能基础之上的。儿童心理活动的实质就是其本能的发展。儿童身上潜藏有四种本能:语言和社交的本能,研究和探索的本能,制作的本能,艺术的本能。其中,制作的本能是最重要的本能。杜威提出:"每一兴趣都产生于某一本能或某一习惯,而习惯最后仍然是以某一本能为基础。"③从此可以看出,杜威把心理活动等同于生物化本能的活动,而忽视了心理是客观世界在人的大脑中的反映。

杜威很重视心理学在教育中的作用。1900年,他以美国心理学会主席的身份在当年的心理学年会上作了"心理学与社会实践"的主题发言,指出心理学是教育理论和实践的基础,"假如我们的教师像技师一样受过训练,假如我们的学校真正地在心理学基础上进行管理,就如同大工厂

---

① [美]杜威.民主主义与教育[M].王承绪,译.北京:人民教育出版社,2001:159.
② [美]杜威.民主主义与教育[M].王承绪,译.北京:人民教育出版社,2001:158.
③ [美]杜威.杜威教育论著选[M].赵祥麟,王承绪,译.上海:华东师范大学出版社,1981:73.

以化学和物理科学为基础一样,假如我们的心理学组织得更完善更有系统,能够对人性给以合适的机械的解释,就如同物理学解释物质一样,那么,我们就永远不会想到要讨论这个问题了"。因此,"教育必须从心理学上探索儿童的能量、兴趣和习惯开始。它的每个方面,都必须参照这些加以考虑"。①

三、"双中心"的教育价值观

杜威在其《我的教育信条》一文中写道:"教育过程有两个方面:一个是心理学的,一个是社会学的。它们是平列并重的,哪一个也不能偏废;否则,不良的后果将随之而来。"②由此,形成了他的儿童中心和社会中心的"双中心"教育价值观。

(一) 儿童中心论

杜威认为,在教育思想发展史上,历来有两种根本对立的观点:"内在发展说"和"外力形成说"。这种对立表现为"进步教育"与"传统教育"的分歧。传统教育的问题是,"学校的重心是在儿童之外,在教师,在教科书以及在其他你所高兴的任何地方,唯独不在儿童自己即时的本能和活动之中"。③ 这种教育只适合于"贵族社会",而不适宜于"民主社会制度"。杜威主张把教育的重心转移到儿童身上。这样,"儿童变成了太阳,而教育的一切措施围绕着他们转动。儿童是中心,教育的措施便围绕他们组织起来"。④ 他宣称这是一场革命,"这是和哥白尼把天文学的中心从地球转到太阳一样的那种革命"。⑤

按照杜威的解释,教育以儿童为中心,就是以儿童的本能及其活动为中心。他认为:教育的天然的基础是儿童的本能,而本能又是一切学问和训练的依据。利用儿童的自动能力,发展他们原有的天性,才是新教育的宗旨。儿童的本能有四种,教育要使儿童的本能得以充分发展就必须以他们的社会活动为中心。因此,"学校科目相互联系的真正中心,不是科学,不是文学,不是历史,不是地理,而是儿童本身的社会活动"。⑥ "儿童的社会生活是他的一切训练或生长集中或相互联系的基础。"⑦

杜威强调儿童在教育过程中的中心地位,并非完全排斥或否定教师在教育过程中的作用。

---

① [美]杜威. 杜威教育论著选[M]. 赵祥麟,王承绪,译. 上海: 华东师范大学出版社,1981: 8.
② [美]杜威. 杜威教育论著选[M]. 赵祥麟,王承绪,译. 上海: 华东师范大学出版社,1981: 2.
③ [美]杜威. 杜威教育论著选[M]. 赵祥麟,王承绪,译. 上海: 华东师范大学出版社,1981: 31.
④ [美]杜威. 杜威教育论著选[M]. 赵祥麟,王承绪,译. 上海: 华东师范大学出版社,1981: 32.
⑤ [美]杜威. 杜威教育论著选[M]. 赵祥麟,王承绪,译. 上海: 华东师范大学出版社,1981: 32.
⑥ [美]杜威. 学校与社会. 明日之学校[M]. 赵祥麟等,译. 北京: 人民教育出版社,1994: 9.
⑦ [美]杜威. 学校与社会. 明日之学校[M]. 赵祥麟等,译. 北京: 人民教育出版社,1994: 10.

在他看来,在理想学校中,"经常而细心地观察儿童的兴趣,对于教育者是最重要的"。① 根据这一观点,他要求教师"必须能够判别哪种态度是真正地引导继续的生长,哪种态度起着阻碍的作用。此外,他必须对各个人作为个人有同情的了解,以便对正在学习的儿童的真实思想活动有一个了解"。② 从此可以看出,杜威非常重视教师在教育过程中的主导作用。

(二) 社会中心论

杜威将教育适应社会变革作为教育的基本原则。在杜威看来,教育不仅是社会的过程,同时也具备社会的功能。教育是社会进步及社会改革的基本方法。他认为,世界目前正在经历着巨大而复杂的变化,引起其变化的真正动力,并不是阶级斗争,而是是科学方法,以及由科学发展而产生的技术的发展。杜威的社会理想是民主主义的社会,而民主社会的目的要求有民主的方法来实现。所谓"民主的目的",就是他所谓理想的资本主义"民主"制度。所谓"民主的方法",又叫"智慧方法",其中最主要的是教育。因为他认为,"民主主义"和教育有着"相互"的关系。在他看来,民主主义本身就是教育的一个原则,而且如果没有我们通常所想的狭义教育,没有我们所想的家庭教育和社会教育,民主主义便不能维持下去,更谈不到发展。教育不是实现民主的唯一工具,但它是首要的工具,第一的工具,最审慎的工具。因此,杜威再三强调,教育要有个"参照点",这个参照点就是"民主",要把民主的思想作为教育行动的出发点和指导思想的源泉。

杜威认为,要使教育在社会变动中发挥积极作用,必须改变关于学校就是训练的认识。在他看来,当时占统治地位的"传统学校"的训练完全与社会生活隔离,传统学校给学生的是过去生活的知识,过去生活的技能,学生学习的都是过去生活的成就,这些东西根本不适应现代社会生活需要。为此,杜威给"教育"和"学校"赋予新的涵义。教育应与儿童的日常生活融为一体,教学要以目前的社会生活情境为主要内容。他主张把学校办成"一个小型的社会,一个雏形的社会",使"每个学校都成为一种雏形的社会生活,以反映大社会生活的各种类型的作业进行活动"。③ 因此,他要求把社会生活的基本组织形式搬到学校中来,在学校内开办工场、商店、银行、邮局、巡查团之类的机构。使学生在校内的生活如同在家庭、街道、社会上所经历的生活一个样子。杜威深信:"当学校能在这样一个小社会里引导和训练每个儿童成为社会的成员,用服务的精神熏陶他,并授予有效的自我指导的工具,我们将有一个有价值的、可爱的、和谐的大社会的最深切而最好的保证。"④

---

① [美]杜威.杜威教育论著选[M].赵祥麟,王承绪,译.上海:华东师范大学出版社,1981:10.
② [美]杜威.杜威教育论著选[M].赵祥麟,王承绪,译.上海:华东师范大学出版社,1981:357.
③ [美]杜威.杜威教育论著选[M].赵祥麟,王承绪,译.上海:华东师范大学出版社,1981:21.
④ [美]杜威.杜威教育论著选[M].赵祥麟,王承绪,译.上海:华东师范大学出版社,1981:28.

四、论教育本质

杜威对教育的本质提出了自己的独特看法,即"教育即生长""教育即生活""教育即经验的改造"。

(一)教育即生长

杜威在批判传统教育的基础上,提出"教育即生长"的教育观。他说:"生长是生活的特征,所以教育就是生长;在它自身之外,没有别的目的。"①生长是一个生物学概念,但在杜威这里,生长既是一个过程,又是一个结果,它表示有机体与环境、内在条件与外部条件相互作用的过程和结果,它不仅仅是生物学意义上的概念,它还有着丰富的社会内涵,它是一个持续不断的社会化的过程。与教育联系在一起,所谓的"生长"就是指儿童原始的本能生长的过程,不仅包括身体方面,而且也包括智力和道德方面。在他看来,儿童的本能是教育的基础,教育不能是拿外面的东西强迫儿童去吸收,而是要使人类与生俱来的能力得到生长。教育的目的就是,通过组织保证继续生长的各种力量,使教育得以继续进行下去。

杜威在批判传统教育的几种教育观、发展观的基础上,揭示了"生长"的内涵和意义。首先是对"教育即预备"的批判,认为预备说只强调为未来作准备,而预备说所说的未来是固定不变的,它忽视了教育现实本身有意义、有乐趣、有想象的元素,也没有看到事物发展的可变性。而"教育即生长"就是要使教育过程顾及儿童的需要和兴趣,使儿童在教育和生长过程中享受种种乐趣。"教育即生长"也顾及儿童的未来,但这里的"未来"不是固定不变的。其次是对"教育即展开"的批判。杜威认为,福禄贝尔的抽象的象征主义,黑格尔的向绝对理念趋近的发展观都是"展开说"的典型代表。"教育即展开"体现的观点是:挖掘儿童的潜在能力向未来的特定目标的展开,但这个目标是完美无缺、不可企及的,任何阶段的展开都不可能达到目标,只是向这个目标展开。它的价值只在于从有限中体验无限,从短暂体现永远。杜威认为,这样的一个遥不可及的目标,从理论上讲是先验的,从实践上讲是空洞的,从逻辑上讲是"教育即预备"的变种,而且将预备的目标更含蓄,更遥不可及。再次,杜威批判了教育的"形式训练说"。"形式训练说"认为人生来就具备某些观察、记忆、判断、概括等心理官能或能力,教育的任务就是通过反复练习训练这些官能,至于用什么材料训练,则无关紧要,因为这些材料(教材)是外部的。杜威认为,人生来只有一些"未成熟"的"天赋倾向",而且,人没有一般的看、听或记忆的能力,只有看、听或记忆某种东西的能力。离开练习所用的材料,能力训练全是废话。实际上,人的各种能力是天赋的主动倾向与外

---

① [美]杜威.杜威教育论著选[M].赵祥麟,王承绪,译,上海:华东师范大学出版社,1981:158.

界某些材料相互作用的结果。因此,人的发展与生长是人的心理与外界因素相互作用的过程与结果,生长离不开一定的社会环境。第四,批判"教育即塑造",认为生长与塑造不一样。"教育即塑造"也称为"外铄论",其典型代表是赫尔巴特,他强调外界因素对人成长的塑造作用,强调外部环境对人心灵的影响,没有意识到人的主观能动性。杜威认为,可塑性是养成倾向的能力,但如果一味地强调可塑性只会减弱教育对生长的作用。第五,批判"教育即复演或追溯",提出生长不是复演。"复演说"认为,人的发展就是按照一定秩序复演动物的生活或人类历史过去进化的顺序。教育的本质就是追溯过去,用过去的精神塑造心灵。杜威认为,这种理论的生物学基础本身是错误的,个体人的发展不会按照人类种族发展的阶段推演,教育的任务是解放儿童,而不是让他们复演人类的老路。教育可以利用过去走向未来,生长需要积极地面向现在和未来。第六,批判"自然教育",认为生长不能等同于自然发展。卢梭是自然主义教育的代表,他认为"来自造物主之手的东西都是好的,一经人手就变坏了"。他强调教育要重视人的身体活动,关注儿童的爱好和兴趣,反对儿童小小年龄就融入社会。杜威认为,自然教育在强调生长的内部条件时,忽略了生长的外部条件。人类个体天生的冲动或倾向没有善恶之分,教育和环境可以使人类个体的天然倾向得到发展。

综上所述,杜威认为,传统教育无视儿童的需要和兴趣,忽视儿童天性,对儿童采取消极的态度,以外在的动机强迫儿童记诵文字符号,以成人的标准去要求儿童,让现时的儿童为遥不可测的未来做准备,全然不顾儿童的自身感受和期待。"教育即生长"则要求抛弃阻碍儿童自由发展的各种条件,追求适合儿童的心理发展水平和兴趣的教育和教学,它是指儿童的本能、兴趣、冲动、习惯、身体、知识、情绪、情感、道德等的全面生长,没有终极目标。已展现的是一种转自发展观和教育观。

(二) 教育即生活

杜威从其经验论和心理学出发,提出"教育即生活"。他认为教育是生活的过程:"没有教育即不能生活。所以我们可以说,教育即生活。"[①]杜威所说的"生活"是一种"改造"了的"新"生活,这种生活打破了成人生活与儿童生活的界限,融合了学校生活、家庭生活和社会生活。这种生活因为满足了儿童的兴趣和需要而成为了儿童的生活,而不是为未来的生活作准备。当时的美国学校生活脱离了现实的社会生活,也脱离了儿童的生活,杜威想做的就是把它们很好地结合起来。由此,杜威的"教育即生活"实际上有两方面的含义:一是学校生活与社会生活结合,适应现代社会变化的趋势并成为推动社会发展的重要力量,校园不应是世外桃源而应积极参与社会生活。二是学校生活与儿童生活结合。满足儿童的需要和兴趣,使校园成为儿童的乐园而不是囚

---

① [美]杜威.杜威三大讲演[M].刘伯明,译.上海:泰东图书局,1921:8.

笼和监牢,使儿童在现实的学校生活中得到乐趣。与此相应,杜威提出"学校即社会",以克服学校与社会、与儿童生活的分离。

杜威的"学校即社会"并不是使学校生活等同于社会生活,而是使社会生活渗入学校生活,使学校成为一个雏型的社会,成为一种经过选择的、净化的、理想的社会生活。他认为,学校的功能有三:第一,简化社会生活。学校要在纷繁复杂的社会生活中选择那些基本的、可以使青少年掌握的东西,从而简化社会生活。第二,纯化社会生活。学校在简化社会生活时要去除其糟粕,保留其精华。第三,平衡社会生活。"学校环境的职责,还在于对社会环境的各个要素保持平衡,使每个人都有机会不受社会团体的限制,接触更广泛的环境。"①

杜威反对教育是成人生活的预备,他认为,使教育为儿童的成人生活作预备,容易使教育失去动力。"儿童生活在现在,这不仅是一个不能回避的事实,而且是一件好事。将来只是作为将来,它缺乏紧迫性和可见的形体。为某件事情作预备,这是抛开已有的力量,而在模糊的机会中寻找动力。"②"教育是生活的过程,而不是将来生活的预备。""学校必须呈现现在的生活——即对于儿童来说是真实而生气勃勃的生活。像他在家庭里,在邻里间,在运动场上所经历的生活那样。不通过各种生活形式或者不通过那些本身就值得生活的生活形式来实现的教育,对于真正的现实总是贫乏的代替物,结果形成呆板而死气沉沉。"③"既然教育并不是谋生的手段,而是与过富有成效和本身有意义的生活过程是一致的,它所能提供的惟一最终价值正是生活的过程本身。"④所以,"教育即生活"中的"生活"是现在的、儿童的生活,是一种美好的生活,他要求教育应成为美好生活的积极手段,教育要与现实生活相联系,要挖掘儿童生活的内在价值,使儿童从生活中得到乐趣。

(三) 教育即教育经验的改造

如果说"教育即生长"主要讲教育与个体发展的关系;"教育即生活"主要讲教育与社会生活的关系;那么,"教育即经验的改造"则是同时强调了"生长"与"生活"。即经验的改造不但是个人的,也是社会的,教育不仅能使儿童与青年得到发展,同时也可以使将来的社会得到发展。

"教育即经验的改造"是杜威教育思想中的一个重要命题。他认为:"生长的理想归结为这样的观点,即教育是经验的继续不断的改造或改组。"⑤在他看来,这种改造或改组既能增加经验的意义,使受教育者认识他们所从事的各种活动彼此之间的内在联系,又能够提高后来经验进程的

---

① [美]杜威.民主主义与教育[M].王承绪,译.北京:人民教育出版社,2001:23.
② [美]杜威.民主主义与教育[M].王承绪,译.北京:人民教育出版社,2001:58.
③ [美]杜威.杜威教育论著选[M].赵祥麟,王承绪,译.上海:华东师范大学出版社,1981:4.
④ [美]杜威.民主主义与教育[M].王承绪,译.北京:人民教育出版社,2001:254.
⑤ [美]杜威.民主主义与教育[M].王承绪,译.北京:人民教育出版社,2001:86.

能力,使受教育者能够预料将要发生的事,并能预先做准备,以便将来获得有益的结果,避免无益的结果。杜威强调了经验的连续性,把经验的改造或改组看作一个"继续不断"的过程,他说:"经验作为一个主动的过程是占据时间的,它的后一段时间完成他的前一段时间;它把经验所包含的但一直未被察觉的联系显露出来。因此后面的结果揭露前面结果的意义,而经验的整体就养成对具有这种意义的事物的爱好或倾向。所有这种继续不断的经验或活动是有教育作用的,一切教育存在于这种经验之中。"①杜威的"教育即经验的改造"的思想为其教学论奠定了理论基础。

五、论教育目的

教育目的所要回答的是"教育要为一定的社会培养什么样的人"的问题。杜威的教育目的论是其思想中非常重要又难以理解的部分。杜威关于教育目的的理论,主要反映在他的几句经典论述之中。"教育的过程,在它自身以外没有目的;它就是它自己的目的。"②"因为生长是生活的特征,所以教育就是不断生长;在它自身以外,没有别的目的。"③"我们探索教育目的时,并不要到教育过程以外去寻找一个目的,使教育服从这个目的。我们整个教育观点不允许这样做。"④"我们要提醒自己,教育本身并无目的。只是人,即家长和教师等才有目的;教育这个抽象概念并无目的。"⑤从字面意义可知,杜威的教育目的论有两层意义:一是教育无目的,二是生长是教育的目的。

(一) 教育无目的

目的性是人类活动的根本特性,人的实践活动与动物本能活动的区别,就在于人的实践活动都具有自觉的意图和预期的目的。目的是人为的,教育作为人类的实践活动,其目的体现的是人的目的。

杜威认为教育本身无目的,教育目的就在教育过程中,所以他说:"我们探索教育目的时,并不要到教育过程以外去寻找一个目的。"同时他又强调:"教育一事,不可以无目的。无目的则如无舵之舟,无辔之马,教育的精神从何发展,其结果必不堪设想。"⑥这种认识看上去是自相矛盾的,也是我们理解杜威教育目的论时的困惑之点。杜威所谓的"教育本身无目的"主要是说教育活动离开了人,教育目的也就不存在了。教育目的指导教育实践,从杜威一生的教育实践与教育

---

① [美]杜威.民主主义与教育[M].王承绪,译.北京:人民教育出版社,2001:89.
② [美]杜威.民主主义与教育[M].王承绪,译.北京:人民教育出版社,2001:54.
③ [美]杜威.民主主义与教育[M].王承绪,译.北京:人民教育出版社,2001:57.
④ [美]杜威.民主主义与教育[M].王承绪,译.北京:人民教育出版社,2001:106.
⑤ [美]杜威.民主主义与教育[M].王承绪,译.北京:人民教育出版社,2001:114.
⑥ [美]杜威.杜威教育论著选[M].赵祥麟,王承绪,译.上海:华东师范大学出版社,1981:439.

理论研究来看,都受他自己的改革教育的理想和目的指导。

杜威实际上是反对外在的、固定的、终极的目的,他认为外在的教育目的没有很好地顾及儿童的兴趣和需要,固定的目的呆板,不具备灵活性,不能适应变化了的情况,终极的目的显得遥不可及,只具备理论上的意义,而世界是不断变化的。杜威所希求的是教育过程内在的目的,在他看来,所有良好的教育目的必须考虑儿童的固有活动和需要,必须提供一种能够解放儿童能力所需要的环境,必须能激发儿童的上进心。这样的目的就是"生长"。

(二)生长作为教育的目的

如前所述,杜威提出以生长作为教育的目的,主要是为了反对传统教育目的的外在性、固定化和终极性的问题,强调教育要关注儿童的发展,要尊重儿童的需要、兴趣和心理发展水平。但以生长作为教育目的受到了一些学者的质疑。美国学者霍恩认为:"问题在于我们的生长不止一种,而有多种,有正当方式的生长,也有错误方式的生长;有常态的生长,也有变态的生长;在许多犯罪学生中,有许多错误的生长;许多生长乃是歪曲的生长;一些所谓的'新教育',乃为停止之生长。我们仅称'教育即生长'还不够,必须加以补充,而称教育为正当方式的生长,生长必须建立一个正当的标准。"①杜威在其《经验与教育》中回应了霍恩的批评。杜威承认生长有不同的方向:"一个人有可能成为老练的强盗、恶棍或腐化不堪的政客,这是毋庸置疑的。但就教育即生长、生长即教育的观点来看,问题就在这种方向的生长,一般说来,是促进还是阻碍生长。……只有当按照特殊方向的发展有助于继续生长时,才符合教育即生长的标准。"②在此,杜威将"继续生长"作为衡量生长好坏的标准。但从实际来看,"继续生长"只能说明生长的过程,并不能说明生长的好坏。坏的生长不能因为其不断的生长或在生长过程中导致了好的生长而成为好的生长。如某人因为贪腐而发家致富,有了钱后做了许多的慈善活动,但这并不能因此可以说贪腐是好的生长。后来杜威又提出"包含最多生长的可能性"作为衡量的标准,但此说同样令人费解。

教育目的涉及的是为一定社会培养什么样的人的问题,杜威的"生长"作为教育的目的只看到了儿童发展的过程,它没有反映教育目的的本质属性,即它本身没有解决"什么样的人"这一问题,不能给人提供一个切实的可以依据的目的,起不到教育目的应起的作用。

从杜威一生的教育实践和教育理论研究来看,是包含有他自己的教育理想和目的的,那么,杜威要为什么样的社会培养什么样的人呢? 它与"生长"之间是什么样的关系呢?

在杜威看来,生长不是信马由缰的自然发展,生长具有强烈的社会性。强调教育过程内的目

---

① H. H. Horne. *The Democratic Philosophy of Education*. London: The Macmillan, 1932: 52.
② [美]杜威.杜威教育论著选[M].赵祥麟,王承绪,译.上海:华东师范大学出版社,1981:355.

的不等于否定教育的社会性目的,他提出"教育是社会进步及社会改革的基本方法","学校是社会进步和改革的最基本的和最有效的工具"。① 杜威的社会理想是民主主义社会,认为教育是民主的工具,同时教育也应是民主的,"民主主义本身便是教育的一个原则,一个教育的方针和政策"。② 要求教育为社会民主服务,为民主制度的完善服务。杜威认为在非民主的社会里,教育目的是外在于并强加于教育过程的,饱含权威与专制色彩。而在民主社会里,教育目的应内在于教育的过程之中,权威主张以生长为教育的目的,其主要意图在于反对外在因素对儿童发展的压制,在于要求教育尊重儿童的愿望和要求,使儿童从教育本身中、从生长过程中得到乐趣。民主主义的理想还要求个人得到充分生长、全面发展,这样的人要具备以下几方面素质。第一,具有良好的公民素质,具有民主理想和参与民主政治生活的能力。杜威认为只有培养了这些方面的素质才能够避免美国民主政治的滥用和失败。第二,掌握科学思维的方法,具有解决实际问题的能力,能适应变化迅速的现代社会。第三,具有良好的道德品质,有合作意识,能处理好个人与社会的关系,有服务社会的精神。第四,具有一定的职业素养,能通过从事某种职业发展个人才能并为社会尽力。上述几个方面的素质鲜明地体现了美国社会民主化、工业化对教育的客观要求,反映了杜威力图通过教育改革社会的一贯精神。

这样,在"教育即生长"的口号下,在民主主义的旗号下,杜威就把个人与社会统一起来了。

六、教学理论

教学理论是杜威教育理论体系中的又一个重要组成部分,他从批判传统教育出发,把其经验论和本能论心理学应用于教学研究,提出有关课程与教材、"从做中学"、五步教学法等理论。

(一) 课程与教材

在课程与教材上,杜威要求课程与教材既要考虑与现在生活经验的联系,又要考虑与儿童的联系。

首先,课程与教材要考虑到与现实社会生活经验的联系。杜威认为,传统教育的课程是传授人类社会日积月累的系统知识。但知识不是凝固不变的东西,随着社会的发展,知识也在发展。在新的社会情境中,课程和教材也需发生变化,这如同工商业方式的变化一样,是社会生活改变的产物,这种系统知识如果以不恰当的方式灌输给儿童时,其效用就会丧失。所以,课程与教材要考虑社会生活。要牢记课程和教材与现实生活经验的联系。他说:"一个课程计划必须考虑课

---

① [美]杜威.杜威教育论著选[M].赵祥麟,王承绪,译.上海:华东师范大学出版社,1981:11—12.
② [美]杜威.杜威教育论著选[M].赵祥麟,王承绪,译.上海:华东师范大学出版社,1981:407—408.

程能适应现在社会生活的需要;选材时必须以改进我们的共同生活为目的,使将来比过去更美好。"①"承认教育的社会责任的课程必须提供一种环境,在这种环境中,所研究的问题都是有关共同生活的问题,所从事的观察和传授的知识,都能发展学生的社会见识和社会兴趣。"②而学校教材"迫切的问题是要在儿童当前的直接经验中寻找一些东西,它们是在以后的年代里发展成为比较详尽、专门而有组织的知识的根基"。③ 从此可以看出,杜威不仅看到了教材与现实生活的联系,同时也看到了课程和教材与儿童的联系。他认为,儿童之所以对抽象的课程和教材感到厌倦,主要是因为课程和教材所提供的东西是与现在的生活经验相脱离的东西。学校的课程和教材要切记与生活经验的联系。"经验有它的地理方面、艺术和文学方面、科学和历史方面。一切的学科,都是从……生活的各方面产生的。……只要把学校和生活联系起来,那么一切的学科就必然地联系起来,而且,如果把学校作为整体和把生活也作为整体结合起来的话,那么它的各种目的和理想——文化修养、心灵训练、知识、实利——不再是各不相同的东西,不再为一个目标选择某一学科,为另一目标选择另一学科。"④为了使低级的教学和高级的教学统一起来,使它们看起来不存在高级低级之分,需要把各门学科的教材和知识的各部分恢复到原来的经验,让儿童循着历史上人类知识的演进足迹,重演其发展过程。

其次,课程与教材要考虑到与儿童的联系。一要考虑到儿童的兴趣、需要和能力。要站在儿童的立场考虑课程与教材,不要给儿童一些超出他们已有经验范围外的东西,儿童比课程与教材更重要,对于儿童的生长来说,课程与教材是处于从属地位的,是为儿童的生长服务的。二要考虑儿童的生活和经验是统一的,完整的,所以,课程与教材给予儿童的东西也应该是统一的、整体的,而不是支离破碎的。

杜威所倡导的教材是具有活动性、经验性、多样性的主动作业。⑤ 他说:"学校所以采用游戏和主动作业,并在课程中占一明确的位置,是理智方面和社会方面的原因,并非临时的权宜之计和片刻的愉快惬意。没有一些游戏和工作,就不可能有正常的有效的学习;所谓有效的学习,就是知识的获得是从事有目的的活动的结果,而不是应付学校功课的结果。"⑥作业的形式多种多样,"除了无数种的游戏和竞技以外,还有户外短途旅行、园艺、烹饪、缝纫、印刷、书籍装订、纺织、油漆、绘画、唱歌、演剧、讲故事、阅读、书写等具有社会目的的(不是仅仅作为练习,以获得为将来应用的技能)的主动作业"。⑦ 这样,儿童入学后的学习和他们原来的生活可以很好地联系起来,也

---

① [美]杜威. 民主主义与教育[M]. 王承绪,译. 北京:人民教育出版社,2001:209.
② [美]杜威. 民主主义与教育[M]. 王承绪,译. 北京:人民教育出版社,2001:210.
③ [美]杜威. 杜威教育论著选[M]. 赵祥麟,王承绪,译. 上海:华东师范大学出版社,1981:323.
④ [美]杜威. 杜威教育论著选[M]. 赵祥麟,王承绪,译. 上海:华东师范大学出版社,1981:62.
⑤ 按照杜威的认识,主动作业包括工作和游戏.
⑥ [美]杜威. 民主主义与教育[M]. 王承绪,译. 北京:人民教育出版社,2001:211—212.
⑦ [美]杜威. 民主主义与教育[M]. 王承绪,译. 北京:人民教育出版社,2001:213.

能把人类的基本事务引入课程。他说：“学校科目相互联系的真正中心，不是科学，不是文学，不是历史，不是地理，而是儿童本身的社会活动。”①在杜威学校里，杜威专门设计了一套以主动作业活动为中心的课程教材，包括历史或社会研究、自然科学、思想交流三方面，并提出了相应的方法。

（二）教学方法论原则——"从做中学"

杜威依据其经验主义的认识论，在批判传统教育的基础上，提出了教学方法论的原则——"从做中学"。

杜威认为，哲学和教育理论是密不可分的。"哲学就是教育的最一般方面的理论"，"教育乃是使哲学上的分歧具体化并受到检验的实验室"。他自称他的实用主义哲学是"自然主义的经验主义"或"经验的自然主义"，其核心概念是"经验"。而"经验"是"认识自然的唯一方法"。他提出，知识绝非源于"感觉"，而是得之于"活动"。有机体向着环境动作，环境所产生的变化又反作用于有机体及其活动。"这个动作和感受（或经历）的密切关系就形成我们的所谓经验。"正是从这一概念出发，杜威极其重视操作、行动在认识过程中的重要性，认为"认识本身就是一种行动"。观念、知识都是在操作、行动、实验、探究的过程中获得的。因此，他强调"一切学习来自经验""教育就是经验的改造或改组"。

根据其认识论，杜威坚持"知"和"行"的紧密结合，反对传统教育中由教师宣讲、学生静听的教学。他曾描述传统的教室："如果我们留心看一看一般的教室，例如按几何图形排列着一行一行的简陋的课桌，紧紧地挤在一起，很少有移动的余地；这些课桌的大小几乎都是一样的，仅能够放置书、笔和纸；另外，有一个小讲台，一些小椅子，光秃的墙壁，还可能有几幅画。……这一切都是有利于'静听'的，因为单纯地学习书本上的课文，只是'静听'的另一种形式，它标志着一个人的头脑对别人的依赖性。"②他认为，教师在这样固定的教室、固定的讲台上给学生讲授系统性、逻辑性很强的教科书中的知识，这些知识远离生活、远离儿童，儿童坐在固定的位置上，静听并记诵教师讲授的内容。这是一种典型的以教师、教室、教材为中心的教学，其目的是为了让儿童获取知识。在这样的教学活动中，学生、学生的活动、教室以外的世界是被忽视的。儿童在教学过程中处于消极、被动的地位，学生获取知识只是为了考试。杜威要做的是变教师讲授、学生静听的教学为师生共同活动、共同生长的教学，以学生、活动、经验代替传统教育的教师、教室、教材。他提出，所谓教学不是把东西交给学生去"学"，而是把东西交给学生去"做"，即"从做中学"，或者说"从经验中学习"。只有那些从"做"或"经验"中得来的知识才是"真知识"。所以，杜威主张教学

---

① [美]杜威.杜威教育论著选[M].赵祥麟，王承绪，译.上海：华东师范大学出版社，1981：6.
② [美]杜威.杜威教育论著选[M].赵祥麟，王承绪，译.上海：华东师范大学出版社，1981：29—30.

从学生的经验和活动出发,使学生在游戏和工作中,采用与儿童和青年在校外从事的活动类似的形式。他要求在学校里设置车间、实验室、烹饪室、农场等教学设施,让学生在从事他们感兴趣的活动中学习实际的知识技能。他坚信"从做中学"是一种科学的方法,可以改变传统教育中的形式主义,使"学校整个精神得到新生"。

儿童从做中学中获得的经验只是个体的直接经验,如何把个体的直接经验转化为种族的间接经验呢?杜威并不反对间接经验,他看到了直接经验的局限性,也看到了间接经验在个体生长过程中的作用。他反对的是传统教育中不顾儿童的接受能力,强制灌输获取间接经验的方式。为了使儿童在学习过程中既能获取系统的间接经验,又能照顾其心理发展水平,杜威提出"教材心理化"的主张。"把各门学科的教材或知识的各部分恢复到原来的经验。它必须恢复到它被抽象出来的原来的经验,它必须心理化。"①而且"在经验的范围内发现适合于学习的材料只是第一步,第二步是将已经经验到的东西逐步发展成为更充实、更丰富、更有组织的形式,这是渐渐接近于提供给熟练的成人的那种材料的形式。"②但是,如何组织不同于成人和专家编写的教材的"渐渐接近于提供给熟练的成人的那种材料的形式",杜威似乎也没有提出更好的方法。

(三) 思维与五步教学法

杜威非常重视思维在教学过程中的作用。他认为,"经验包含着行动或尝试和所经受的结果之间的联结"。这个"联结"得靠"思维"来实现。"思维就是有意识地努力去发现我们所做的事和所造成的结果之间的特定的联结,使两者连接起来",③"没有某种思维的因素便不可能产生有意义的经验。"④在杜威看来,人们形成清晰经验的思维是一个"从疑难的情境趋向于确定的情境"的过程。这个过程一般包括五个步骤:

(1) 疑难的情境;

(2) 确定疑难究竟在什么地方;

(3) 提出解决问题的种种假设;

(4) 推断每个阶段所含的结果,看哪个假设能解决这个困难;

(5) 进行试验、证实,驳斥或改正这个假设。

这个思维过程一般被称为"思维五步"。杜威认为,这是"科学的方法",任何科学的发明和发现都是按这个思维方法进行的。当然,这五个步骤的顺序不是固定的,在实际中可能几个步骤匆匆掠过,或两个步骤结合在一起分不开。

---

① [美]杜威.杜威教育论著选[M].赵祥麟,王承绪,译.上海:华东师范大学出版社,1981:89.
② [美]杜威.杜威教育论著选[M].赵祥麟,王承绪,译.上海:华东师范大学出版社,1981:366—367.
③ [美]杜威.民主主义与教育[M].王承绪,译.北京:人民教育出版社,2001:159.
④ [美]杜威.民主主义与教育[M].王承绪,译.北京:人民教育出版社,2001:158.

按照杜威的说法："教学法的要素和思维的要素是相同的。这些要素是：第一，学生要有一个真实的经验的情境——要有一个对活动本身感兴趣的连续的活动；第二，在这个情境内部产生一个真实的问题，作为思维的刺激物；第三，他要占有知识资料，从事必要的观察，对付这个问题；第四，他必须负责有条不紊地展开他所想出的解决问题的方法；第五，他要有机会和需要通过应用检验他的观念，使这个观念意义明确，并且让他自己发现他们是否有效。"[①]杜威所说的这个教学过程在教育史上被称为"教学五步"。杜威认为，这个方法是一种明智的教学方法，是"获得有教育功用的经验的方法"，或"方法的要素"。因此他把培养学生优良的思维习惯作为教学的主要任务，甚至说，学校所能做或所需要做的一切，就是培养学生思维的能力。

将思维方法用于教育的目的是为了培养人的智慧，他讲道："知识与智慧的区分，是多年来存在的老问题，然而还需要不断地重新提出来。知识仅仅是已经获得并储存起来的学问，而智慧则是运用学问去指导改善生活的各种能力。"[②]杜威要培养的是人的智慧，即明智地行为、行动的能力，解决实际问题的能力。传统教育以知识为目的并以知识扼杀智慧，杜威则以智慧为目的并以知识增进智慧。

七、杜威教育思想评析

杜威的教育思想是建立在对前人教育思想系统批判的基础上的，以其实用主义经验论、本能论心理学为理论基础的一种崭新的教育思想。杜威的教育思想所要解决的是教育与社会脱离的问题，教育与儿童生活脱离的问题，理论与实践的脱离问题，其教育思想的核心是要实现教育的内在价值与工具价值的结合。在教育本质上关注儿童的生长，关注儿童的生活。在教育目的上追求教育过程本身的目的和社会性目的，使教育过程本身既充满乐趣，尊重儿童，有利于儿童个体的发展，又富有实际效果，有益于国计民生。在课程与教学上提倡通过活动性、经验性的课程和教学使学生掌握科学的思维方法。这些理论体现了杜威教育思想中现实主义与理想主义的完美结合，以及希望通过教育建立民主社会，使社会由不完美的现实走向完美的理想之境。杜威教育思想的历史价值在于它立足于现实又高于现实的境界，宣告了教育理论旧时代的终结和新时代的开始。

杜威的教育思想不仅推动了美国的进步主义教育运动，而且影响了美国整个教育理论和教育实践领域，推动美国教育进入了一个崭新的时代，杜威本人也成为了美国精神，尤其是美国教育精神的代言人。杜威曾经访问过日本、中国、苏联、土耳其、墨西哥等国家，对这些国家的教育

---

① [美]杜威.民主主义与教育[M].王承绪，译.北京：人民教育出版社，2001：179.
② [美]杜威.我们怎样思维·经验与教育[M].姜文闵，译.北京：人民教育出版社，2005：60.

理论和实践的发展都产生了广泛而深刻的影响。他的著述被译成多种文字在世界范围内广泛流传,杜威的教育思想随之也成为世界性的讨论话题。正如美国教育家克伯屈对杜威的称誉:"在教育哲学史上的地位,依我看来,他是世界上还未曾有过的最伟大的教育家。"①

【思考题】
1. 论杜威教育本质论的内容与现实意义。
2. 如何评价杜威的教育目的论?
3. 评述杜威的"从做中学"的理论。
4. 评析杜威的"双中心"的教育价值观。

【阅读书目】
1. [美]简·杜威.杜威传[M].单中惠,译.合肥:安徽教育出版社,1987.
2. [美]杜威.民主主义与教育[M].王承绪,译.北京:人民教育出版社,2001.
3. [美]杜威.杜威教育论著选[M].赵祥麟,王承绪,译.上海:华东师范大学出版社,1981.
4. 单中惠.现代教育的探索:杜威与实用主义教育思想[M].北京:人民教育出版社,2002.
5. 褚宏启.杜威教育思想引论[M].长沙:湖南教育出版社,1997.

---

① [美]简·杜威.杜威传[M].单中惠,译.合肥:安徽教育出版社,1987:182.

第十七章 儿童世界的揭秘者：蒙台梭利的教育思想

> 心理学家也一致同意，教学方法只有一个，那就是必须保持学生的高度兴趣和强烈而持续的注意力。因此，教育所要求的只有一项：通过孩子的内在力量来达到自我的学习。
>
> ——玛利亚·蒙台梭利

玛利亚·蒙台梭利
(Maria Montessori, 1870-1952)

【内容摘要】蒙台梭利是教育史上一位伟大的幼儿教育家，欧洲新教育运动主将之一。她吸取了生命哲学、生物学、心理学、人类学等科学的成果，总结了卢梭、裴斯泰洛齐、福禄培尔的自然主义教育思想，创办了儿童之家，创立了蒙台梭利教育体系。蒙台梭利教育思想主要涉及其独特儿童观及其儿童发展观、教学思想、儿童"工作"思想、教师观等。蒙台梭利教育思想在世界幼儿教育史上占有极其重要的地位，并对后世幼儿教育理论和实践的发展产生了极为重要的影响。

【核心概念】蒙台梭利；儿童观；适宜的环境；儿童工作；教学思想；教师观

一、生平及教育活动

玛利亚·蒙台梭利，意大利人，欧洲新教育运动的重要代表人物，是继福禄培尔之后又一位著名的幼儿教育家。

1870年8月31日，蒙台梭利出生在意大利安科纳省的希亚拉瓦莱小镇上。作为独生女的蒙台梭利从小受到良好的家庭教育，但父母并不溺爱她。因此从小便养成自律性强，懂得自爱的独立个性。6岁时进入安科纳的公立学校读书。12岁时，蒙台梭利的父母为了使她受到更好的教育，把家搬到了罗马。受到其当银行会计父亲的影响，蒙台梭利对数学具有浓厚的兴趣并表现出卓越的才华。1886年,蒙台梭利进入高等技术学院,学习现代语言和自然科学,当她快毕业时,对生物学产生强烈兴趣,使她产生了学医的想法。1890年,她不顾家人的反对,冲破当时的习俗对女性的束缚,毅然考入罗马大学医学院。1896年她以优异成绩毕业,成为意大利第一位女医学博士。毕业之后她被聘为罗马大学附属医院精神病诊所的助理医生。其间,她从开始治疗有身心缺陷的儿童,逐渐转向对低能儿童的研究,法国心理学家依塔德(Jean Itard, 1774-1838)和塞贡(Edouard Seguin, 1812-1880)的著作和思想对她产生了深刻的影响。随着理论的丰富和实践经验积累,蒙台梭利坚定了"儿童智力缺陷主要是教育问题,而不是医学问题"的信念。

1898年9月,蒙台梭利出席了在意大利都灵召开的全国教育会议。会议上提出了她对低能儿童教育的看法,指出智力缺陷儿童应当和正常儿童享有平等的教育权利,她的主张在国内引起了强烈反响。不久蒙台梭利被教育部任命为国立特殊儿童学校的校长。任职期间,蒙台梭利以极大的热情致力于低能儿童的教育工作当中。通过自己坚持不懈的辛勤劳动,蒙台梭利成功地使许多低能儿童通过国家考试并取得不错的成绩。但蒙台梭利并没有满足于现状,她开始思考,如果低能儿童通过适当的教育可以达到正常儿童的基本水平,那么正常儿童通过合适的教育手段是否能达到更高的水平呢?于是,1901年蒙台梭利开始深入研究3—6岁儿童的教育问题,并重新步入罗马大学深造研修哲学、实验心理学和正常儿童教育学以及人类学等课程。

1907年1月,蒙台梭利在罗马圣罗伦佐区为3—6岁贫民儿童建立了幼儿学校,创办了第一所"儿童之家"(Casa dai Bambini),这也就意味着世界上第一所蒙台梭利学校正式成立。在"儿童之家",蒙台梭利勤于观察和实践,逐步形成了初期的蒙台梭利教育原则:重复、工作和选择的自由。结果超乎寻常,这些孩子变得有礼貌、独立、自理并懂得照顾伙伴。他们形成自尊的意识,他们不要奖励,为内在的满足感而工作。儿童之家里的第一群孩子被称之为"创造奇迹的儿童",并引起国内外人士的广泛关注。1909年,蒙台梭利书写成《适用于"儿童之家"的幼儿教育的科学方法》(此书英文改名为《蒙台梭利方法》)一书。她在该书中总结了自己的实践经验,全面阐述了自己的教育观点和方法。该书出版后迅速被翻译成二十二个国家的文字,慕名前来参观儿童之家的国内外人士络绎不绝。为了满足各国的需要,1919年蒙台梭利在不少国家开设了每期半年,招收各国学员的国际训练课程班,[①]亲自传播教育方法,受训人甚至达到四五千。学员回国后,大力传播蒙氏方法,由此形成的蒙台梭利运动在世界范围内进一步扩大。

蒙台梭利于1912年和1915年两次访问美国,备受各界热烈欢迎。1913年美国蒙台梭利教育协会宣布成立。在美国,以蒙台梭利的名字命名,并采用蒙台梭利教学法的学校一度达两百多

---

① 此课程班从1919年一直办到1938年。其中首届及每隔一年固定在伦敦办班,其余年份则在欧、美、印度等其他国家办理。参阅 W. F. Connell. *A History of Education in the Twentieth Century World*. New York: Columbia University Press, 1980:138.

所,杜威还曾在《明日之学校》中介绍了蒙台梭利的方法。1916年以后,由于美国一些教育家对的蒙氏方法持不同观点,导致蒙台梭利的热潮很快就衰退了。第二次世界大战后,蒙台梭利晚年仍然坚持到各国巡回演讲,指导教育工作,呼吁通过教育来改造世界,促进世界和平,最后客逝于荷兰。

除《蒙台梭利方法》外,蒙台梭利的主要著作有:《教育人类学》(1908)、《蒙台梭利手册》(1914)、《高级蒙台梭利方法》(1912)、《童年的秘密》(1933)、《新世界的教育》(1946)、《儿童的发现》(1948)等。

二、教育思想的理论渊源

(一)哲学渊源

蒙台梭利接受了法国唯心主义哲学家伯格森(Henri Bergson,1859-1941)生命哲学的影响。伯格森指出生物的进化是意志创造的过程,他主张用个性自由的开放社会来代替暴力统治的封闭社会。他认为,生命本质上是一种不断创新、不断克服物质阻力的冲动。受到伯格森影响,蒙台梭利也提出生命冲动是通过儿童的自发的活动表现出来的。

(二)心理学渊源

蒙台梭利接受了英国心理学家麦独孤(William McDougall,1871-1938)的目的心理学(后称为策动心理学)思想。麦独孤认为控制人类行为的是本能冲动,"本能冲动决定所有活动的目的,并提供保持心理活动的策动性的力量;本能冲动是维持和塑造所有个体和社会生活的心理动力,我们从中看到了生命、心理和意志最核心的秘密"。[①] 强调幼儿来自天生的自发的能动性的重要作用。麦孤独指出情绪也是本能的核心内容,在人的行为中起着重要的作用。托马斯·沛西·能(Thomas Percy Nunn,1870-1944年)是20世纪上半期英国著名的教育理论家,英国进步主义教育运动的理论代表。他提出教育的目的就是"帮助男女儿童尽其所能达到最高度的个人发展"和"每个人必须具有自己独特的思想"等。[②] 他认为,本能决定了人们活动的倾向,甚至是自由创造必须遵循的固定路线,是一种先天的决定趋势。蒙台梭利受他们的影响,将儿童的心理发展看作是一种由本能驱动的并且奋力达到某种生长目的的过程。她强调人的心理具有创造的功能,并认为儿童在来自先天的自发的能动性的作用下,有一种很强的、天赋的内在潜伏能力和继续发展的积极力量。

---

① [英]麦独孤.社会心理学导论[M].俞国良,译.杭州:浙江教育出版社,1997:32.
② [英]托马斯·沛西·能.教育原理[M].王承绪,赵端瑛,译.北京:人民教育出版社,1992:5,22.

此外,蒙台梭利在担任罗马大学附属精神病诊所助理医生期间,还深受法国特殊教育专家以及医学专家依塔德和塞贡教育低能儿童的方法的影响,并借鉴塞贡的训练方法和教具。在此基础上深入实践、研究,形成了自己的教育思想。

(三)教育学渊源

蒙台梭利的教育思想深受卢梭、裴斯泰洛齐、福禄培尔的教育思想的影响。卢梭曾说:"人是万物的一部分,我们把成人视为成人看待,我们也应该将儿童当成儿童看待。"[①]卢梭主张对儿童的教育要使儿童回归到自然状态,注重儿童天性的自然发现;裴斯泰洛齐、福禄培尔也主张自然主义教育的理论,强调儿童的自然表现和自我发现,认为教师对儿童的教育要遵循儿童的天性,遵循自然的法则,反对成人对儿童过多的帮助或者是干预。这些观点对蒙台梭利教育思想的形成都具有重要影响,她指出,旧式教育忽略了儿童发展的内在力量,强加给幼儿成人的思想,对儿童横加干涉,压抑了儿童的本性,窒息了儿童创造力的发展。蒙台梭利认为,儿童是具有天赋本能的,儿童的发展是他的天赋本能在适宜环境中的自然表现,儿童的心理具有吸收能力,他们无时无刻不在默默吸收着周围环境中的一切,并内化成自己心理的一部分。因此她还主张儿童应该多接触大自然并到大自然中进行自由活动。"儿童的肉体生命需要大自然的力量,那么他的精神也需要使心灵与天地万物接触,以便直接从生动的大自然的造化中吸取养分。"[②]

三、儿童及儿童发展观

(一)儿童观

1. 儿童是成人之父

在父权为本位的社会里,儿童没有自己的独立位置,如果有人声言"儿童是成人之父",那不仅有违常识,而是在社会伦理方面也会显得骇人听闻。蒙台梭利却在《儿童的秘密》里写道:"事实上,母亲和父亲对他们子女的生命有何贡献呢?父亲提供了一个看不见的细胞,母亲除了提供另一个细胞外,还为这个受精的卵细胞提供了一个生活环境,以便使它能最终成长为一个充分发展的小孩。说母亲和父亲创造了他们的孩子,那是不对的。相反地,我们应该说:'儿童是成人之父'。"[③]蒙台梭利认为传统观点所认为的儿童是由成人塑造的看法是错误的,儿童不是一个事事依赖成人的呆滞生命,不是一个需要成人去填充的容器。她说:"儿童创造了成人,不经历童年,

---

① [法]让·雅克·卢梭.爱弥儿(上卷)[M].李平沤,译.北京:商务印书馆,1978:74.
② [意]玛丽亚·蒙台梭利.蒙台梭利幼儿教育科学方法[M].任代文,译.北京:人民教育出版社,2001:160.
③ [意]玛丽亚·蒙台梭利.童年的秘密[M].马荣根,译.北京:人民教育出版,2005:59.

不经过儿童的创造,就不存在成人。"①因而,恰恰是儿童创造了成人。蒙台梭利阐述了儿童与成人的关系:儿童不像成人那样走向死亡,而是正走向生活,走向更加完美。他的工作就是要形成一个健全的成人。蒙台梭利提出"儿童创造了成人"的旨趣在于揭示无论是追溯人的生命起源,还是追随人的成长过程,成人是经由儿童期、经过儿童的努力工作而创造出来的。儿童期在人一生发展中的价值不言而喻。

2. 儿童拥有内在生命潜力

蒙台梭利认为人生来就具有内在生命潜力,它是儿童自我成长、发展并形成独特心理的内在源泉的基本动力。正是这种内在生命潜力的分化发展,使得儿童逐渐出现各种心理现象并形成复杂的心理系统。蒙台梭利强烈批评旧学校抑制着学生个性的发展,她说:"在这样的学校里,儿童像被钉子固定的蝴蝶标本,每人被束缚在一个地方——桌子边。"②在这里,儿童的发展都偏离原有的发展轨迹,也就是说"儿童的自我发展未能实现其原来的计划"。蒙台梭利认为,人生来并不具备其他动物所具有的固有能力和行为方式,但是却具备能使自己适应环境并不断发展自身的内在生命潜力。在蒙台梭利看来,这种生命潜力正是儿童生命发展的原动力。

3. 有吸收力的心理

蒙台梭利认为儿童具有"吸收性心理",她强调婴幼儿具有一种"利用他周围的一切来塑造自己"③的能力,婴幼儿通过与周围环境的相互作用获取各种感知、文化等,从而为自身的心理、个性和行为习得作准备,最终形成其特有的模式。蒙台梭利看来,在生命的最初几年里,儿童正是依靠这种吸收性心理获得了关于周围世界的各种印象和文化模式,将自己塑造成具有适应当地条件的体质和心理的人。蒙台梭利认为吸收性心理所要吸收的便是环境因素,儿童的心理发展正是他们自己积极主动吸收环境的过程。"在一个不受约束的环境中,即在一个适宜于他年龄的环境中,儿童的精神生命会自然地得到发展并揭示它的内在秘密。"④所以她主张应为儿童提供有准备的环境,使他们大量吸收有准备环境中那些有益成分,促进其心理健康发展。

(二)儿童发展观

1. 心理胚胎期与儿童发展

蒙台梭利认为人有双重胚胎期。第一胚胎期是在母亲体内的"生理胚胎期",这个胚胎期是

---

① [意]玛丽亚·蒙台梭利.蒙台梭利幼儿教育科学方法[M].任代文,译.北京:人民教育出版社,2001:334.
② [意]玛丽亚·蒙台梭利.蒙台梭利幼儿教育科学方法[M].任代文,译.北京:人民教育出版社,2005:61.
③ [意]玛丽亚·蒙台梭利.蒙台梭利幼儿教育科学方法[M].任代文,译.北京:人民教育出版社,2005:358.
④ [意]玛丽亚·蒙台梭利.童年的秘密[M].马荣根,译.北京:人民教育出版,2005:116.

人和动物所共有的,是由一个细胞分裂成许多细胞,然后形成各种器官,发育成胎儿的过程。第二胚胎期为"心理胚胎期",是出生以后一年间形成最初心理萌芽的时期。所以蒙台梭利说:"人似乎有两个胚胎期,一个是在出生以前,与动物相同;另一个时期是在出生以后,只有人才有。"①

蒙台梭利认为"心理胚胎期"是幼儿心理发展的重要时期。与"生理胚胎期"相似,幼儿心理发展也是从一片空白开始的,幼儿在其自身的"内在潜力"或称为"内在生命力"驱使和推动下形成其独特心理感受点和心理器官,继而进一步发展其心理。正如她所说的"儿童成长是由于其内部潜在的生命在发展,使生命的胚胎按照遗传决定的生物学规律发育。"②蒙台梭利认为,处于"心理胚胎期"的幼儿"有一种特殊的敏感性引导他去吸收其周围的一切,而且正是这种观察和吸收使他能够使自己适应生活",③从而获得发展。

2. 敏感期与儿童发展

荷兰生物学家德佛里斯(Hugo De Vries,1848-1935)从动物身上发现了敏感期,蒙台梭利从中受到很大的启发,她经过反复观察和实验,提出了幼儿心理发展的敏感期。蒙台梭利认为,在幼儿身心发展的过程中有一种现象,即在特定的年龄阶段在外界的特殊刺激下对某种知识的掌握十分迅速或者对某种技能的形成变得异常简易。幼儿心理发展会经历过不同的阶段,但在每个年龄阶段会表现出某种心理的倾向性和可能性,然而过了特定的年龄阶段,其敏感性也随之消失,这一特定年龄阶段的时期即为某种知识掌握和技能形成的敏感期。关于敏感期形成的生理机制,蒙台梭利认为:"一个敏感期跟一种特殊的敏感性有关,这种敏感期是生物在其早期仍处于个体发育的过程中获得的。它是一种暂时的倾向,限于获得一种特殊的品质。一旦这种品质或特性获得之后,这种特殊的敏感就消失了。"④敏感期的存在对幼儿的身心发展来说具有重要意义,"使儿童以一种特有的强烈程度接触外部世界。这个时期,他们容易地学会每样事情;对一切都充满了活力和激情。"⑤总之,敏感期是某种潜在能力爆发式的展示期和突飞猛进的进步期。

蒙台梭利认为儿童各种敏感期的出现具有一定的顺序性和延续性,在某一敏感期内,某种能力的发展将为下一个敏感期的发展奠定一定的基础,儿童就是通过经历一个又一个敏感期而不断得到发展的。正因为"敏感期"是儿童成长过程中一段很短暂的时期,只在特定的时间出现,如果儿童不能在敏感期内从事协调一致的活动,儿童就将失去并永远失去这个自然取胜的机会。因此,教育者必须善于识别敏感期,提供适宜的环境和儿童相应活动机会,正确引导,从而促进儿

---

① [意]玛丽亚·蒙台梭利.蒙台梭利幼儿教育科学方法[M].任代文,译.北京:人民教育出版社,2005:391.
② [意]玛丽亚·蒙台梭利.蒙台梭利幼儿教育科学方法[M].任代文,译.北京:人民教育出版社,2005:337.
③ [意]玛丽亚·蒙台梭利.蒙台梭利幼儿教育科学方法[M].任代文,译.北京:人民教育出版社,2005:126.
④ [意]玛丽亚·蒙台梭利.童年的秘密[M].马荣根,译.北京:人民教育出版,2005:51.
⑤ [意]玛丽亚·蒙台梭利.童年的秘密[M].马荣根,译.北京:人民教育出版,2005:52.

童的身心发展。

3. 工作与儿童发展

蒙特梭利认为工作是人类的本能,儿童喜欢操作材料,并从工作材料中得到满足与乐趣,她认为3至7岁的儿童的发展是在"工作"中实现的。蒙台梭利指出:"儿童的'工作'欲正象征着一种'生命的本能',在顺利的环境下,'工作'这种本能自然而然地从内在冲动中流露出来。"[1]在蒙台梭利看来,只有"工作"能培养儿童多方面的能力并促进儿童的全面发展。蒙台梭利对"工作"和"游戏"进行了区分,她将儿童在有准备的环境自发地选择和操作活动材料称之为"工作",而将儿童日常的玩耍和使用普通玩具的活动称之为"游戏"。幼儿"工作"的性质和特点决定了它能对幼儿的生理和心理发展产生促进作用。从生理的角度讲,"工作"有助于儿童肌肉的协调和控制,发展正确支配自己行动的能力。从心理角度讲,"工作"有助于幼儿意志力、专注力的发展。除此之外,蒙台梭利还认为"工作"对幼儿独立性的培养也是有帮助的。

4. 有准备的环境与儿童发展

蒙台梭利认为儿童的内在潜能是在环境的刺激、帮助下发展起来的,是个体与环境相互作用的结果。蒙台梭利对旧式教育只关注教师和儿童两个因素提出了批评,她认为教育应当包括教师、儿童和环境三个因素,她称这种环境为"有准备的环境"。儿童正是借助于自身感觉器官与周围环境的接触,获得各种感知,形成自己的心理、个性和行为模式,因而,教师的真正职责是以发现幼儿内在生命潜力的特征以及为幼儿的发展提供必要的环境,最终实现幼儿的自由发展。在蒙台梭利的"儿童之家"里,一切布置和设计都是符合儿童身心发展特点的。为了有利于儿童的自由活动,教室和大花园是相连的,孩子们可以随时进出教室,可以在花园自由玩耍。教室里的桌椅轻巧,儿童可以按照意愿随时移动,教室放置了很多适合儿童高度的矮柜,多种教具供儿童自由取用。

蒙台梭利曾说:"我们的教育体系的最根本特征是对环境的强调。"在她看来,有准备的环境需要符合以下六个条件:必须是有规律、有秩序的生活环境;能提供美观、实用、对幼儿有吸引力的生活设备和用具;能丰富儿童的生活印象;能为幼儿提供感官训练的教材或教具,促进儿童智力的发展;可让儿童独立地活动,自然地表现,并意识到自己的力量;能引导儿童形成一定的行为规范。蒙台梭利认为,儿童的内在潜能是在环境的刺激、帮助下发展起来的,是个体与环境相互作用的结果,只有重视"有准备的环境"的营造,才能促进孩子的发展。

---

[1] [意]玛丽亚·蒙台梭利.童年的秘密[M].马荣根,译.北京:人民教育出版,2005:184—185.

四、论幼儿教育内容

（一）日常生活练习

蒙台梭利十分重视幼儿的日常生活练习。她认为，通过日常生活练习，可发展儿童手与脑的动作，并且培养独立生活和适应环境的能力。它可以分成两大类：一类是与儿童自己有关的自我服务工作，另一类是与环境有关的管理家务工作。

1. 自我服务工作

自我服务工作包括穿脱衣服、梳头、刷牙、洗脸、洗手、刷鞋、洗手帕、洗衣服等。在这些日常生活练习中，"重复练习"是幼儿工作的专门特征。蒙台梭利注意到，教师教幼儿一些日常生活中确实有用的事——如何洗手，幼儿在自己的手已经洗干净后仍在继续不断地洗，他们一次又一次地重复练习，在这样做的时候，儿童并没有外在的目的。蒙台梭利认为，幼儿在自己的手已洗干净的情况下仍在洗手是处于一种内在需要。表明一项练习的各种细节教得越是详细，它似乎越能成为无穷尽的重复练习的一种刺激物。

2. 管理家务工作

管理家务工作包括卷小毯子、扫地拖地板、擦桌子和椅子、擦亮门手柄、打扫走廊、削土豆、剥豌豆、摆餐桌、端菜、洗盘子、开关门窗、整理房间等。为了激发幼儿活动动机，唤起幼儿的注意力和幼儿与他人一起生活的能力，蒙台梭利主张教师必须设置一种适合幼儿内在需要和兴趣的、能够诱发幼儿自发学习、自动工作的环境。在"儿童之家"里，蒙台梭利摆设了装饰着花朵的低矮窗户、仿制现代家庭家具的各种微型家具、小桌子、小扶手椅，美丽的窗帘，幼儿自己可以方便地开门和关门的矮橱以及橱内存放儿童可以随意使用的各种教具。这样，把所有这一切看来是对幼儿生活的一种真正的和实际的改进，便会有助于幼儿的发展。

由于幼儿内在生命力的驱使或生理和心理的需要而产生一种自发性活动，这种活动是自动发生的，蒙台梭利把它称为自动教育。从而让幼儿自己不断地与环境交互作用而获得经验，积累经验，促进其生理和心理的发展。因此，蒙台梭利提倡自然教育，认为幼儿的生活应多赋予大自然的气息，其中在自然环境中进行的园艺活动就对幼儿有颇多益处。例如，刨土、下种、浇水、整理花朵、喂养小动物等。通过园艺活动，可以使儿童产生对自然的热爱，获得新的生活经验，得到更大的满意；在训练儿童的感觉、观察力、识别事物的同时，能激发儿童探索实物发展内部原因的求知欲，从而促进其智力的发展。

(二) 肌肉训练

蒙台梭利认为心理和大脑的发展依赖于运动,运动在儿童发展中起着至关重要的作用。通过肌肉的运动,幼儿能更加恰当地表达自己的意愿,并且能准确地阐述自己的思想。

为了增强幼儿肌肉之间的协调能力,蒙台梭利设计了一些专门的器械和设施,例如,平行木栅、摇椅、球摆、螺旋梯、绳梯、跳板、攀登架等。以绳梯为例,由于幼儿攀登用麻绳做成的带有横木棍的梯子上下,就可以锻炼上下肢、手的抓握以及身体的平衡等。通过幼儿上下攀登、左右前后跳跃等动作的重复练习,使肌肉在这个过程中进行协调工作,从而提高其运动协调能力并且使自身的心理得以完善,进而凭借心理来对运动产生有利影响。

幼儿在肌肉训练中能根据自己的喜好去选择,表现出自己的工作,靠自身的意志来使自己获得发展,使幼儿的内在运动潜能得以发觉。所以教师应尊重每一个幼儿的选择,因为每个人的肌肉应当做着各种各样的工作,这些都是由幼儿自己的意愿决定的。为了防止肌肉系统的退化,学校应开展体育和游戏课程,使幼儿的脑力和体力活动交替进行,张弛有度,这样便使得幼儿的整个肌肉组织获得有效的锻炼。最后,蒙台梭利认为运动是有目的的,都是为一些共同的目标服务的。比如,在肌肉训练中,教师可以设计有音乐伴奏的走步、跑步和跳跃练习,这样既让幼儿感到有兴趣,又锻炼了幼儿肌肉的力量,还发展了幼儿的节奏感。为了理解幼儿的工作,更好地对他们进行指导,我们应该知道,在自然法则当中,每一种生命都依赖特定的运动,而这些运动除了为他们自身的目的服务以外,还要为他人、为社会服务。

(三) 感官教育

感官教育在蒙台梭利的教育体系中占有极其重要的地位,是构成她教育实验的主要部分,《蒙台梭利方法》一书用四分之一的篇幅专门论述感官教育及与感官教育有密切联系的知识教育。这是儿童之家的重要特色,也是蒙台梭利方法的一大特点。

为了使儿童的感官得到最充分的发展,蒙台梭利在"儿童之家"里对幼儿的感官教育主要包括视觉、听觉、嗅觉、味觉以及触觉的训练,其中以触觉练习为主。蒙台梭利说:"幼儿常常以触觉替代视觉或听觉。"即常以触觉来认识周围事物,故尤为重视触觉的训练。触觉训练让幼儿辨别出物体的光滑粗糙程度、温度的冷热、物体的轻重和大小、长短、厚薄以及形态;视觉训练是为了帮助幼儿提高鉴别度量的视知觉、颜色、大小、高低、长短以及各类几何图形;听觉训练主要让幼儿习惯于辨别和比较声音的差别,使他们在训练过程中,形成初步的审美和鉴赏能力;嗅觉和味觉训练注重提高其嗅觉和味觉的灵敏度。蒙台梭利还主张让幼儿进行专门的手工作业,主要是指绘画和泥工。蒙台梭利认为,绘画能使幼儿为写字做准备,故称绘画为写字的"间接法"。幼儿可以先用手指触摸各种几何图形的轮廓,再把这些形体放在纸上把它们的轮廓勾画出来,然后再用颜色笔给勾画出来的形体轮廓涂色。经过一段时间的练习之后,幼儿会由涂得不规则变成涂得正确和线条均匀整齐。另外,幼儿也可以用泥土做生活中常见的各种器具或动物。泥工即可练习手的动作,也为幼儿提供了自我表现的机会,让幼儿按照自己所喜欢的方式去做。但蒙台梭利并不主张通过绘画等工作来培养幼儿的想象力。

针对儿童的各种感官,蒙台梭利专门设计了一套独特的"感官练习材料"(亦称"蒙台梭利练习材料")。蒙台梭利这套感官练习材料大致具有以下重要特点及使用要领。(1)根据其用途分为不用的种类,每一种教具材料都配合一系列的固定动作,各训练一种特殊的感觉。在训练时,应尽可能排除其他感官的干扰,以便使训练的感官以最大的敏锐度去感知所接触的物体,从而得到较为纯正、清晰的印象。(2)教具材料既要符合幼儿心理发展的特点,又能激发幼儿自身的内在冲动、一种感觉或特殊的兴趣。因为对于幼儿来说,是"刺激,而不是对事物的思维,吸引着他的注意"。例如,训练触觉的教具材料有"粗滑板":在长方形模板上各贴一半光滑的纸和粗糙的纸或交错贴两种纸;"轻重板":用三种不同木料制成的光滑小板,漆上不同的颜色等。(3)教具有让儿童自我纠错的功能。通过幼儿自己操作,尝试错误,根据教具的"暗示"从而达到"自我教育"的目的。例如,蒙台梭利设计的一套训练视觉感知能力的教具,在一块木板上有10各大小不等的孔,每个孔对应这一个圆柱体,每一个圆柱体直径只差1毫米,要求儿童正确地把混在一起的圆柱体放进相应的孔中。儿童通过独立操作教具,反复练习,不断比较,并自行纠正错误,提高了他们的视觉感知能力的精确性和观察基础上的分析、推理能力。蒙台梭利说:"人之所以成人,不是因为教师的教,而是因为他自己的做。"[①]

蒙台梭利重视对幼儿进行系统的、全方位的感官、感觉训练和智力的培养,并使幼儿以一种特别强烈的方式与外部环境发生关系,从而达到训练幼儿的注意、比较和判断能力的目的,使幼儿的感受性发展得更加敏捷、准确和精炼。在他看来,学前阶段的幼儿正处在各种感觉的敏感期,这时若适时满足其内在敏感性的需要,可以不失时机地使感官得到最充分的发展。她认为,幼儿在2—4岁时期是视觉、听觉和触觉的敏感期,2—6岁是良好行为规范的敏感期,应该在这些敏感期内加强训练,从而得到良好的教育效果,达到事半功倍的目的。同时,感官训练是整个教育阶段的继续,同样感官对幼儿智力的发展具有重要作用。蒙台梭利认为"智能的培养首先依靠感觉……感觉练习是初步的基本的智力活动。通过感觉的练习使儿童能辨认、分类、排列顺序,这就是智能和文化学习"。再者,她认为通过感官教育,可以在早期发现某儿童在感觉机能的某方面所存在的欠缺,以便及时治疗和纠正,因为她始终坚信"儿童智力缺陷主要是教育问题,而不是医学问题"。

蒙台梭利的感官教育强调了"自我教育"和"循序渐进"的教育原则和教育方法。蒙台梭利认为感官教育应当遵循自我教育的原则,在幼儿的教室里设置一些系统的刺激物——按照物体的

---

① 单中惠,刘传德.外国幼儿教育史[M].上海:上海教育出版社,1997:258.

属性类别设计出不同系列的分等级、层次的程序教学教具材料。她说:"一旦感官教育走上正途并唤起兴趣,我们就可开始真正的教学。"教师必须要创设一种能够满足幼儿的内在需要和兴趣的,能够诱发幼儿自发学习、自动工作的环境。在教师的指导下,通过幼儿自己的兴趣、需要和能力使幼儿自由选择、独立操作、自我矫正、自动练习和自我教育,努力把握好自己和环境之间的关系。同时,教育者应该循序渐进地对幼儿进行进行感官教育。根据幼儿的认识发展规律和年龄特点,针对幼儿的敏感期拟定不同的感官教育内容,利用教具按照由简到繁、有易到难的原则编排教具材料的顺序,并使得每种教具分别训练幼儿的各个感觉器官,通过有目的性的、分层次的反复练习,增强幼儿对环境中不同事物特殊性能的感受能力,去识别接触到的多种多样的物体,去增进各种感知觉能力。

但是,蒙台梭利的感官训练也存在着明显的缺陷。主要有两点:一是她的感官训练是孤立地进行的,她鼓励训练幼儿的各种感官,某个活动只注重专门联系特定的感觉,却忽略了各种感觉之间的内在联系。由于强调单一的器官的孤立训练,必然使个体与丰富的社会生活和现实世界相脱离,影响儿童全面地认识世界,从而也就影响儿童的认识发展,因为知觉的整体并不是色、形、声等感觉的简单总合。二是感觉训练所用的教材、教具过于死板划一,都是按严格的分类、等级的排列、固定的方法进行的,每种教具只有一个目的,不能变化,不能用来做游戏、发展语言或进行其他创造性的独立活动,这必然不利于发展儿童的想象力、创造力、情感和语言等。

(四) 初步的知识学习

蒙台梭利认为,3—6岁的幼儿天生已经具备学习初步知识的能力,完全可以学会阅读、书写和算术。她说,儿童之家的这些幼儿"一向生活在孤独的环境里,没有机会去学习或掌握什么。一旦有了机会,就像饥饿的狮子一样猛扑过去,渴望学习文化知识"。

3—6岁这个年龄段幼儿的大脑吸收文化的接受能力很强,因为幼儿具备学习文化知识的能力与具有吸收力的心理特征是一致的,处在这个年龄段的幼儿只有通过工作才能开展学习并且使自己得到发展。教育者应适时利用这种能力,为儿童准备适当的教具教材,并提供正确的学习途径。在阅读和书写的教学方面,蒙台梭利认为书写的练习常常先于阅读的练习,通过触觉的训练,幼儿可以自然地练习书写。在描摹的基础上,幼儿很快就出现了"书写爆发期",有了写字的强烈欲望和能力,开始不断地写字,任意地写字。

教师为孩子布置新的环境时,孩子们看起来很快乐,对新的知识也充满了强烈的渴望。教师为幼儿准备的字母教具,使他们的视觉、听觉、触觉和发音结合起来,激发其兴趣,从而快速学会辨认语音和拼音、阅读单词和理解短句。在吸收学习的这一过程中,幼儿对曾经出现在自己周围环境当中的东西具有一种特别的兴趣,使得他们的注意力很快集中到这些事物上。例如,幼儿"书写爆发期"的开始就跟他们对语言的敏感性有一定的相关性。在幼儿可以说话之后,书写爆发期就体现出较强的操作性了。在这样,幼儿掌握了文字书写的技能之后就转入阅读的练习。蒙台梭利通过自己的研究实践发现,学习书写的关键期是三岁半到四岁半,只有在这一阶段学习书写,幼儿才会表现出很高的兴趣和热情。如果错过了这个年龄,他们很可能失去了自然赋予他们的特别时机,之后学习就要付出很大的努力了。在算术教学方面,除了运用感觉教育的教具外,蒙台梭利还专门设计了一套算术教学的教具,一起用于对儿童开展的算术教学课程。算术教学教具的运用是与教学目的匹配的,例如,运用的数棒、砂数字板、纺锤棒和纺锤箱让儿童理解 0—10 的数字和数量;运用金色串珠、数字卡片让儿童认识十进位的基本结构等等。在此基础上,蒙台梭利提出幼儿在学习计算应该先与日常生活相联系,让幼儿感到学习计算的趣味性和生活性;其次再用图形数目字让幼儿认识和记忆数字;最后再让幼儿学习 1 到 20 的加减乘除。蒙台梭利根据自己的实践经验指出,6 岁以前的幼儿已经进入了学习的敏感期,因此学习读、写、算对幼儿来说不会有什么困难。

蒙台梭利的上述教育思想为儿童初步知识学习提供了理论基础和成功范例,对早期教育具有启迪和借鉴的意义。但由于教育理念的不同,蒙台梭利的教育方法也受到一些教育家的指责,认为蒙台梭利过于强调词汇的学习和积累,而忽略了句子结构的掌握;另外,还指出其教育方法带有机械和形式主义的性质,忽略了儿童之间及儿童与成人之间语言交流的作用。

五、论自由、纪律与工作

康纳尔曾指出:"自由、工作和秩序是蒙台梭利为儿童所构房屋的三根主要支柱"。[①] 蒙台梭利对于现实存在的种种压抑儿童的做法提出了批评,认为成人把儿童当作植物来养育,对于其身体过于操心,却阻碍其内在人格的自由发展。成人在教育儿童的过程中过分强调外在的压抑的纪律,窒息儿童刚刚开始的积极的自发活动,因而窒息儿童的生命。因此,她呼吁成人社会还给儿童自由,为儿童创设一个自由发展的环境。她声言真正的纪律只会在自由的基础上产生,儿童最喜爱及最需要的活动是工作,只有通过工作,才能让自由与纪律协调起来。

(一) 论自由

关于自由,蒙台梭利指出:"当今给予儿童的自由纯粹是生理的。"[②]蒙台梭利指出应把儿童从妨碍其身心发展的障碍中解放出来,好动、好奇心强、求知欲强,这些都是儿童的特点,不应该被抑制,否则是不利于儿童发展的。因此,成人社会应还儿童应有的自由。同时,蒙台梭利所说的"自

---

① [意]玛丽亚·蒙台梭利.教育中的自发活动[M].江雪,编译.天津:天津人民出版社,2003:15.
② [意]玛丽亚·蒙台梭利.教育中的自发活动[M].江雪,编译.天津:天津人民出版社,2003:15.

由"也是有限度的,它不等于放任自流。"孩子的自由应该被限制在集体利益之内。"①蒙台梭利认为,只有让孩子明白了什么该做,什么不该做,才能渐渐学会分辨好与坏,才能形成自主的纪律。

基于以上认识,蒙台梭利认为实现"自由"应该要做到以下几点。第一,要为儿童创设一个适宜的环境。在儿童之家,蒙台梭利为儿童提供了适宜他们自由活动的环境:与身材相匹配并且可移动的桌椅,可随意取用的各种教具,其中甚至有许多瓷器和玻璃制品。蒙台梭利认为孩子的身体训练比那些易碎物要珍贵得多,而且她相信儿童会因为处在一个属于自己的环境中而尽力控制自己的行为,并且因此得到发展。第二,发挥教师的指导作用。蒙台梭利认为,教师的主要任务不是把知识传授给学生,而是引导学生主动学习。儿童之家的教师不会对儿童的活动进行太多干预,主要充当观察者和指导者的角色。她们在儿童的自然状态下观察儿童,运用科学的方法对儿童的行为进行分析和研究,并且引导儿童进行与自己的水平相符的活动。只有当儿童真正出现不良行为时,教师才会出面阻止。

蒙台梭利强调,要使儿童自由,首先要使他们独立。成人往往喜欢好心"帮助"儿童来完成他们想要做的事情,事实上,是"习惯性地阻碍孩子进行自我教育"。② 在蒙氏的著作中有很多这样的例子,例如《蒙台梭利方法》中的这样一幕:一群孩子围在一起,饶有兴趣地看着放在中间的水盆,水盆里放有玩具。一个较小的孩子也想进去看,可他个子太小,不能进去,于是他找来一把椅子,打算站在椅子上看,孩子脸上显露出开心和激动。可是这个时候,教员出现了,她立马抱起孩子,让他能够看到中间水盆中的玩具,以为孩子会因此感到开心,然而孩子此时再没有了兴致,反正有些失望。事实上,水盆里的玩具并不是孩子想要的,他只是在享受自己解决问题的过程,而教员却因为"好心"而破坏了这一切。蒙台梭利反对因为觉得儿童做不到或者儿童需要花大力气才能做到,成人便帮助或者替代儿童来做一切。她认为儿童朝着一个目标努力的过程正是他成长的过程。

(二) 论纪律

在人们的印象中,儿童是不守纪律的。他们总是大吵大闹,到处跑动。然而,在蒙台梭利的儿童之家里,人们却很惊奇地发现这里的每一个儿童都在认真地做自己喜欢的事,没有人吵闹或者四处乱跑。在蒙台梭利眼里,纪律不是"像哑巴一样默不出声和像瘫痪病人一样不动弹",而是"成为自己的主人并遵循一些生活规则"去"管住自己的行为"。③ 这种纪律"决不是靠命令、说教

---

① [意]玛丽亚·蒙台梭利.蒙台梭利早期教育法全书[M].邵夏珍,主编.万信琼,译.北京:中国发展出版社,2004:201.
② [意]玛丽亚·蒙台梭利.蒙台梭利早期教育法全书[M].邵夏珍,主编.万信琼,译.北京:中国发展出版社,2004:203.
③ [意]玛丽亚·蒙台梭利.蒙台梭利早期教育法全书[M].邵夏珍,主编.万信琼,译.北京:中国发展出版社,2004:201.

以及常为人们所称道的惩戒性的措施所能得到的"。① 蒙台梭利所说的纪律是在自由的基础上产生的纪律,而不是唯命是从。蒙台梭利认为,自由和纪律是相辅相成的两个概念。一方面,纪律是对自由的约束,另一方面,纪律又是自由的保障。

孩子们专心地做自己的工作,保持安静,不互相干扰,这就是儿童之家里的儿童体现的纪律性。蒙台梭利不赞同通过对儿童进行惩罚或奖励来控制儿童,她认为这样只能产生强制的纪律。这种纪律只能在表面上有效,并不能持久。在儿童之家,幼儿的纪律是自发性的,即使教师不在场,他们也能像平时一样工作并且保持安静。

蒙台梭利没有直接定义什么是纪律,但她强调了她所追求的纪律是怎样的。"我们的目的是要建立积极的纪律、工作的纪律、良好的纪律,不是建立静止不动的纪律、被动的纪律、屈从的纪律。"②那么这样的纪律是如何形成的呢?要形成纪律,首先要使儿童理解纪律。我们常常可以在幼儿园看到教师用命令的方式要求幼儿不准大叫、不准乱跑等等。然而,幼儿只会暂时地服从,过后依然没有改变。蒙台梭利强调,纪律是不能靠说教和惩罚达到的,我们应该让儿童在活动中理解集体的规则。这样,儿童才能在需要遵守规则时自己控制自己,而不是仅靠外界的压制来遵守纪律。当纪律形成后,儿童之家的教师会通过"肃静课"来巩固纪律的持久性。例如,集中注意力倾听远处传来的低声呼叫自己名字的声音,完成各种协调动作等,从而使孩子们的外部活动和心理活动都进入有序状态。

(三) 论工作

"工作"是蒙台梭利教育思想中的一个基本概念,它是一种手脑结合,身心协调的活动,具有自由、自主、自助的特点。蒙台梭利将儿童在有准备的环境中与之交互作用的活动称之为"工作","工作"是能多方面的培养、促进和激发幼儿的"内在生命潜力"的活动,"工作"也是最受儿童喜爱的活动,儿童一旦投入其中,就浑然忘我。

蒙台梭利在"儿童之家"多次发现幼儿专心于自己的工作,而置周围环境于不顾,儿童使用完工作材料后,会主动将它们放回到原来的位置,而当他们发现工作材料不在原来的位置上时,他们会主动地把它放回原来的位置。在蒙台梭利的幼儿教育理论体系中,纪律与工作是密不可分的,纪律是在工作过程中体现出来的。她指出:"真正纪律的第一道曙光来自工作。在孩子们非常热衷于某件工作的特定时刻,他们的激情、高度集中的注意力、细心和耐心、毅力和持续性、自动性和创造精神,是纪律的充分体现。"③

---

① [意]玛丽亚·蒙台梭利.蒙台梭利方法[M].江雪,编译.天津:天津人民出版社,2003:251.
② [意]玛丽亚·蒙台梭利.蒙台梭利方法[M].江雪,编译.天津:天津人民出版社,2003:67.
③ [意]玛丽亚·蒙台梭利.蒙台梭利方法[M].江雪,编译.天津:天津人民出版社,2003:251.

蒙台梭利认为儿童的工作与成人的工作有着本质不同,它与社会化的生产毫不相关。蒙台梭利认为,虽然孩子生来就有建立协调运动的倾向,但是由于其肌肉缺乏训练,年幼孩子的运动总是处于无序的状态。孩子的肌肉和神经系统必须经过大量的过程才能建立起秩序,这个过程不能依靠成人的命令,而是要通过孩子的工作来完成。当孩子拒绝成人的帮助或替代行为,完全依靠自己的力量来完成工作时,他就为独立作出了最初的努力。随着时间的推移,他们在各种丰富多样的活动中锻炼了身体活动和思维能力,在心智发展的同时又进一步增加了他们的独立自主性。因此,在蒙台梭利看来,工作是儿童通过手脑结合与环境相互作用的过程,也是纪律养成的基本途径。

六、论教师

蒙台梭利认为教师的首要任务是用科学的态度、科学的方式去观察、研究"自然的儿童",真正了解儿童的本来面目,从而揭开生命发展的神秘面纱,探讨生命的"深刻真理",激发儿童的内在生命潜力,让"生命自由发展"。

(一) 幼儿权利实现的保障者

蒙台梭利曾说:"生长,是由于内在的生命潜力的发展,使生命力显现出来,儿童的生命就是根据遗传确定的生物学的规律发展起来的。"① 因此,教育的首要任务就是发现儿童的"内在生命潜力"。在蒙台梭利看来,在儿童发展的历程中,"自由活动"和"自由教育"是儿童最应该享受的最基本的权利,而教师也应该为成为儿童这项权利的实施的保障者而努力。教师应当明确"激发生命,让生命自由发展,这是教育者的首要任务"。② 教师应严格控制自己干涉和不适宜地介入到儿童的自由活动中去的次数,教师的"教学必须严格遵照最大限度地减少教育者的干预的原则"。③ 再者,教师要为幼儿积极地创设有利于其进行自由活动的、安全的、舒适的、喜爱的"有准备的环境",并能在该环境中自由自在地展示自身,自然地发展儿童的个性。

(二) 幼儿内在潜力的研究者

蒙台梭利强调一个优秀的教师应当具备科学家的献身精神和科学的态度,能运用科学的方式方法去观察和研究儿童,揭开儿童心理的神秘面纱,了解儿童的内在的秘密。蒙台梭利认为,

---

① [意]玛丽亚·蒙台梭利. 蒙台梭利幼儿教育科学方法[M]. 任代文,译. 北京:人民教育出版,2001:11.
② [意]玛丽亚·蒙台梭利. 蒙台梭利幼儿教育科学方法[M]. 任代文,译. 北京:人民教育出版,2001:134.
③ [意]玛丽亚·蒙台梭利. 蒙台梭利幼儿教育科学方法[M]. 任代文,译. 北京:人民教育出版,2001:218.

研究幼儿对教师来说不仅要具备科学家的献身精神和科学的态度,还要具备良好的品德,因为"教师的研究对象是人自身",①是为需要生存的人类服务的。在教育实践活动中,观察能力和研究能力是教师的教育教学水平和理论水平能力不断提升的决定性的重要因素。由于教师具备研究者这一实质性的身份,也就要求教师也应是一位优秀而又勤奋的学习者。在研究的过程中,教师需要不断地学习。

(三) 幼儿自由活动的观察者

蒙台梭利指出:"生命本身在运动,为了研究它,探索它的秘密,指导它的活动,就必须观察它,不带先入之见地去了解它。"②蒙台梭利认为教师应具备最基本的素质之一就是观察能力。教师需要在教育实践活动中带上问题和用大量的时间去看、去观察,只有这样教师才会耐心地等待,而不会对幼儿的活动进行不适宜的干扰和介入,才能使儿童能够自如地将其真正的内在需要外露。蒙台梭利说:"观察孩子是否对对象感兴趣,怎样感兴趣,兴趣的持续时间长短,等等,甚至应该注意孩子的面部表情。"③只有这样才能真正去了解儿童的精神,为儿童提供适时和适宜的帮助。"教师不仅要观察儿童本身及其表现,而且要了解家庭和周围环境对他的影响。"④蒙台梭利主张教师去观察儿童的言行举止,深入了解和发现每个儿童的个体水平差异,以便自身更好地去发现、了解和评价幼儿。同时蒙台梭利也提出,幼儿教师的观察者这一重身份并不是天生的,它需要对幼儿教师进行一系列有效的培训和训练。

(四) 幼儿自我成长的指导者

蒙台梭利提出,教师的作用是指导孩子的心理活动和生理发展,因此,她说"我把教师名称改为指导员(directress)"。⑤ 蒙台梭利认为虽然儿童心智的发展具有"吸收力",但仍离不开教师的引导和协助。"指导的意义比一般理解的要深远和重要得多,因为这位教师指导的是生命和灵魂。"⑥蒙台梭利将教师的指导工作总结为以下几点:第一,做好事前的必要准备。教师应在平时仔细查看各种材料是否完好无损、是否美观整洁和秩序;在必要时对各种材料进行修补工作等。此外教师必须使自身具有一定的吸引力,衣着美观整洁、从容、自然、细心、保持冷静等。第二,解释和示范。在儿童教育实践活动中接触教学用具但不熟悉操作时,教师要在鼓励幼儿操作的前

---

① [意]玛丽亚·蒙台梭利.蒙台梭利幼儿教育科学方法[M].任代文,译.北京:人民教育出版,2001:722.
② [意]玛丽亚·蒙台梭利.蒙台梭利幼儿教育科学方法[M].任代文,译.北京:人民教育出版,2001:173.
③ [意]玛丽亚·蒙台梭利.蒙台梭利幼儿教育科学方法[M].任代文,译.北京:人民教育出版,2001:129.
④ [意]玛丽亚·蒙台梭利.蒙台梭利幼儿教育科学方法[M].任代文,译.北京:人民教育出版,2001:23.
⑤ [意]玛丽亚·蒙台梭利.蒙台梭利幼儿教育科学方法[M].任代文,译.北京:人民教育出版,2001:173.
⑥ [意]玛丽亚·蒙台梭利.蒙台梭利幼儿教育科学方法[M].任代文,译.北京:人民教育出版,2001:173.

提下,做示范性的操作,或者在儿童操作一些已经使用过的但操作仍困难的教学用具时给予必要解释和讲解。用词必须简洁明了,使儿童能听得明白。第三,支持和帮助。教师是儿童发展的指导者,她说"必须把教育理解为对儿童生命的正常扩充与发展给予积极的帮助"。① 故而,教师掌握给儿童提供适宜的指导和帮助的时机和方式,而不要过犹不及地给幼儿造成不适宜的困扰。第四,禁止和纠正。蒙台梭利认为儿童的自由是相对的,这是以不损害他人或集体的利益,不冒犯或不干扰他人为前提。因而,教师有责任维持良好的纪律,在儿童自由活动时,阻止不良行为的出现。对幼儿冒犯或打扰他人等要予以禁止和纠正。

(五)活动环境的保护者与管理者

蒙台梭利提出:"注意儿童的环境是教师的第一个职责,也是最重要的职责。"②这是源于儿童的心智发展具有"吸收性",儿童受到了"内在生命潜力"的驱动下不由自主地对环境中的信息进行吸收。蒙台梭利虽然强调环境"是生命现象的第二因素,它可以促进和阻碍生命的发展,但绝不能创造生命"。③ 但她认为,"儿童利用他周围的一切塑造了他自己"。因此她指出,教师应为儿童提供适宜的"有准备的环境"。儿童能够在这种"有准备的环境"中,有规律、有秩序地生活,独立地、自然地表现,能意识到自己的力量,丰富生活印象,促进智力的发展,培养良好的社会性行为等。④

(六)学校与家庭、社区的联络者与沟通者

蒙台梭利曾在"儿童之家"的章程规则中提出:"家长对指导员和'儿童之家'的其他工作人员应给予最大的尊重,在儿童教育方面与指导员密切合作。母亲每周必须去'儿童之家'一次,与指导员交谈,向指导员提供孩子在家中的表现,听取指导员的有益建议。"⑤这指明了教师具有家园双向合作的联络者和沟通者的多重身份,因为家庭与社区都是儿童的社会环境,并在儿童的发展中占据重要的地位。通过这种联系也有利于重新树立家长和社会的"新教育"观念,从而达到幼儿与家庭、社会之间合作和共同努力,以达到促进儿童身心全面和谐发展的最终目标。

七、蒙台梭利教育思想评析

蒙台梭利是一位伟大的幼儿教育家,她反对以教师为中心的灌输式教育,关注并尊重儿童的

---

① [意]玛丽亚·蒙台梭利.蒙台梭利幼儿教育科学方法[M].任代文,译.北京:人民教育出版,2001:126.
② [意]玛丽亚·蒙台梭利.蒙台梭利幼儿教育科学方法[M].任代文,译.北京:人民教育出版,2001:599.
③ [意]玛丽亚·蒙台梭利.蒙台梭利幼儿教育科学方法[M].任代文,译.北京:人民教育出版,2001:126.
④ 吴振东.蒙特梭利关于幼儿教师角色论述的启示[J].中国教育学刊,2001(4):59.
⑤ [意]玛丽亚·蒙台梭利.蒙台梭利幼儿教育科学方法[M].任代文,译.北京:人民教育出版,2001:101.

内在需求,主张通过"有准备环境"的创设和儿童的"工作",促使儿童内在潜力的实现。蒙台梭利通过利用教育实验来寻求科学的教育方法,她从对儿童本性的认识出发来对儿童施教,提出儿童的"心理胚胎期""吸收性心理"以及儿童发展的"敏感期",重视早期教育,关注儿童主体性和自主发展的观点,给后人留下了非常宝贵的理论财富,并在理论和实践上推动了世界学前教育的发展。

然而,由于历史的局限性,蒙台梭利理论存在着一些唯心主义和宗教色彩,方法论上也存在一定的主观片面和机械刻板。如她在儿童心理发展问题上,她不承认人心理发展的根本动力来自于主客观相互作用引起的内部矛盾;感官感觉训练呆板、机械、枯燥、繁琐。还有一些观点认为蒙台梭利教育对发展儿童的想象力和创造力不利,对儿童社会性和语言发展也有限制等。

20世纪初,蒙台梭利教育思想诞生之后开始,就在世界范围内产生了广泛的影响。蒙台梭利教学方法因材料丰富具体、方法简单、操作性强得到普遍推崇和认同,美国和欧洲的许多国家掀起了蒙台梭利教育运动,建立了许多蒙台梭利学会,采用蒙台梭利教育方法的学校纷纷出现。20世纪20年代,蒙台梭利的教育曾对中国的学前教育产生过一定的影响。20世纪50年代以来,蒙台梭利教育再次在世界各国得到广泛的关注,新一轮蒙台梭利教育运动更为强劲,显示出蒙台梭利思想的强大生命力。对此,我们应当历史和辩证地看待蒙台梭利教育思想,做到古为今用、洋为中用。

【思考题】

1. 论述蒙台梭利的儿童发展观。
2. 论述蒙台梭利"心理胚胎期"与其"适宜的环境"之间的关系。
3. 试述蒙台梭利的纪律观及其启示。
4. 评述蒙台梭利的教师观。
5. 评述蒙台梭利的儿童"工作"思想。

【阅读书目】

1. 单中惠,钟文芳,李爱萍等.蒙台梭利幼儿教育著作精选[M].上海:华东师范大学出版社,2006.
2. (日)相良敦子.蒙台梭利教育的理论概说[M].台北:新民幼教图书公司,1993.
3. 吴晓丹.蒙台梭利教育思想与方法[M].上海:复旦大学出版社,2011.
4. 张位颖.蒙台梭利教育思想与实践[M].石家庄:河北人民出版社,2006.

第十八章 "发展性教学"理论的探索者：赞科夫的教育思想

> 如果能在提高学生的一般发展上取得重大成效，那就会给学生真正地掌握知识开辟一条广阔的道路。
>
> ——赞科夫

列·符·赞科夫（Занков Леонид Владимирович 1901–1977）

【内容摘要】列·符·赞科夫，是苏联著名教育家、心理学家、教学论专家。他创立的"教学与发展"实验教学体系（也称新教学论体系），是国际上三大教学理论流派之一，反映了世界教学论发展的趋势。其中，"发展性"教学是其教学理论的核心。为了论证教学与发展的关系，赞科夫展开了教育教学实验，并在此基础上提出了"发展性教学论"体系，包括"发展性"教学目标、"发展性"教学模式与发展性教学原则。赞科夫的"发展性"教学论体系对苏联乃至全世界的教育改革产生了深远的影响。

【核心概念】赞科夫；"发展性"教学目标；"发展性"教学模式；"发展性"教学原则

一、生平及著作

列·符·赞科夫是苏联著名的教育家、心理学家、教学论专家，曾任苏联教育科学院院士。

1917年，赞科夫从文法中学毕业后去乡村学校任教，后进入儿童农业营（国家收养和教育战后农村孤儿的机构）任教导员和主任。20世纪20年代末30年代初，赞科夫进入莫斯科大学心理学系学习。毕业后，他留校任教，在苏联著名心理学家维果茨基的指导下从事心理学与儿童缺陷学的研究。

赞科夫把毕生的精力都献给了"教学与发展问题"的实验研究。1957—1977年,他以"教学与发展"为课题,进行了长达20年的教育科研与教改实验。1952年,他建立了实验教学论实验室,从事"教师语言与直观手段相结合"的研究。他主编出版了《教学中的词与直观相互作用的研究经验》《教学中教师语言与直观手段相结合》和《教学中的直观性和调动学生的积极性》等著作,由此名声大震。1957年,赞科夫将"实验教学论实验室"更名为"教学与发展问题实验室",致力于小学阶段教学与发展问题的实验研究。

赞科夫说:"现代生活不仅为学生的发展创造了巨大的可能性,而且对学校在学生发展方面的工作提出了更高的要求。"这就是:教学要走在发展的前面,促进学生的发展。赞科夫一生出版/发表了22本专著和150多篇论文。其主要著作有《论小学教学》《和教师的谈话》《教学与发展》《教学论与生活》《论教学论研究的对象与方法》《学生的记忆》《直观性与学生在教学中的积极化问题》等。其中,《论小学教学》、《和教师的谈话》与《教学论与生活》等书在苏联被誉为"教师的必备书"。他的一些著作,如《教学与发展》在美国、日本、德国等13个国家被翻译出版,享有世界声誉。20世纪70年代,赞科夫的发展性教学陆续传入我国,引起我国教育界的注意和极大兴趣。

赞科夫的独特贡献在于,他将自己的教改指导思想付诸长期的实验研究,从而创立了一套自己的"小学实验教学体系"。赞科夫的实验教学,就其时间之长、规模之大、影响之深远,可称之为教育史上著名的教育实验之一。在国际上,赞科夫的"发展性教学理论"作为现代教学论三大典型流派之一,与美国布鲁纳的"结构主义教育理论"、德国瓦·根舍因的"范例教学理论"齐名。他所创立的实验教学体系(也称新教学论体系),反映了世界教学论的发展的趋势,20世纪70年代以来,对苏联乃至世界的教育教学改革产生了重大影响。1970年苏联教育部部长普罗斯科耶夫认为,赞科夫在某种意义上为教学特别是为小学阶段的教学奠定了现代化基础。为了表彰他为苏联教育科学的发展作出的重大贡献,苏联政府先后授予他一枚列宁勋章、两枚劳动红旗勋章和其他多种奖章。

1977年冬,赞科夫逝世。苏联教育部和苏联教育科学院在《教师报》发表悼念文章,指出:"赞科夫以自己在教育科学和学校实践的众多创造性贡献而闻名于世。"

二、"教学与发展"理论产生的背景

"教学与发展关系问题"的研究发端于20世纪50年代中期,主要是基于以下几个方面的原因。

(一)苏联教育界对传统教学理论的反思

20世纪50年代,苏俄教育界开始对以凯洛夫为代表的传统教学理论进行反思。苏联的中小学教学,由于长期偏重于死记硬背和机械练习,学生的思维缺乏灵活性和创造性。正如美国人苏珊·雅各比所说,苏联学校所采用的死记硬背的学习方法,既不能培养出一流的学者,也不能培养富有创造精神的人才。这与以凯洛夫为代表的传统教学论体系在苏联教育界长期占据主导地位有关。在凯洛夫看来,教育就是传授知识和经验。他认为,在教学过程中讲授起主导作用。安排得当的讲授是学生顺利掌握知识、技能和技巧的主要条件。

这种教学论思想最主要的缺点就是"教育学中无儿童"。针对此种弊端,1956—1968年,学者们在《苏维埃教育学》杂志上开展教学理论问题的探讨。赞科夫等教育家和心理学家们认为,传统教学理论的重点,只是放在如何使儿童掌握现成的知识及概念上,而不重视或忽视了学生智力的发展,即忽略了学生的思维、想象力、逻辑记忆等能力的发展,不以研究儿童的心理发展规律作为教育教学的科学依据。与此同时,心理学也不重视研究在教学过程中儿童的智力发展,对智力发展的理解,也只归结为积累知识和使知识在儿童的头脑中得到系统化。教育教学过程成为直接由教师活动决定的过程,而不是由儿童心理发展的内在规律性决定,智力发展过程完全等同于教学过程。

(二) 科技发展与国际竞争的挑战

20世纪50年代中期,苏联教育正面临科技迅猛发展和国际竞争的挑战,要求提高教育质量。教育、教学与发展的研究又重新获得意义与动力。赞科夫在他1968年出版的《教学论与生活》一书中,联系到贯彻苏共中央和苏联部长会议1966年11月通过的《关于进一步改善中等普通教育学校的工作的措施的决议》精神曾写道:"长期以来没有从教学论方面加以探讨的一些问题,有必要予以广泛而深入的研究。教学与发展的相互关系便属于这些问题之列。揭示教学点结构与学生在发展上的进步之间的客观联系的性质,才能从根本上提高学校工作的效果。"①他强调使学生获得一般发展对迎接科技革命的意义,认为学生的一般发展对于他们从学校毕业后的活动的意义是无论怎样估计也不会过高的。

科学技术的突飞猛进、科学领域的新发现和技术领域新工艺的不断涌现,向学校教学提出了更高的要求。"无论学校的教学大纲编得多么完善,学生在从学校毕业后仍将不可避免地遇到他所不熟悉的科学发明和新技术。他们将不得不独立地、迅速地弄懂这些新东西并掌握它。只有具备相应的智慧、意志和情感品质的人,才能迅速地辨明方向和掌握他不熟悉的资料。"②这说明,学生在学校学习到的相对稳定的知识与社会生产日新月异的发展变化之间拉开了越来越大的差距。学生必须通过掌握知识的过程发展智慧、意志,才能与天赋,发展独立性与创造性,才能解决未来工作中不断出现的新问题。

---

① [苏联]赞科夫.教学论与生活[M].俞翔辉,杜殿坤,译.北京:教育科学出版社,1984:2.
② [苏联]赞科夫.教学论与生活[M].俞翔辉,杜殿坤,译.北京:教育科学出版社,1984:2.

(三) 苏联学校教育的目标趣旨

教学与发展关系问题的研究和苏联学校的教育目的联系紧密。赞科夫在《教学论与生活》中指出：教学与发展的问题的迫切性，不仅是由科学技术的迅猛进展所决定的。在实现崇高的人道主义理想——个性的全面发展上，苏联学校起着卓著的作用。个性的全面发展，意味着精神丰富、道德纯洁和体魄完美在个性中的和谐的结合。赞科夫由此而得出结论说："现在，教学论已经不能只限于研究知识和技巧的领域，无论这一领域有多么重要。必须探讨教学过程的这样一种结构的科学教育学的原理，使这种结构在学生的发展上取得最优的结果。这样一来，就必须找出适应这一任务的新的原则、规则和要求。"①

赞科夫认为，教学改革势在必行，但是这种改革绝不能零星地改进或只是修修补补，而不去触动教学的教学论和教学法基础，而必须从彻底改造小学教育、教学入手，进行根本的改革。他强调，改革的最终目的是使学生得到"一般的发展"。他说，必须以尽可能大的教学效果来促进学生的一般发展。

(四) 维果茨基的"最近发展区"理论

苏联心理学的研究，尤其是维果茨基的"最近发展区"理论为赞科夫开展教学实验奠定了理论基础。维果茨基提出"现有发展水平"和"最近发展区"两种发展水平的概念。前者"由已经完成的发展程序的结果而形成，表现为儿童能够独立解决智力任务"；后者"说明那些尚处于形成状态、刚刚在成熟的过程正在进行，表现为：儿童还不能独立解决任务，但在成人的帮助下，在集体活动中，通过模仿却能够解决这些任务。儿童今天在合作中会做的事，到明天就会独立地做出来。"②

维果茨基通过研究认为，传统教学过分强调教学应与儿童的身心发展水平相适应，却没有认识到教学对儿童身心发展的巨大促进作用，只有当教学走在发展前面的时候，这才是好的教学。教育学不应当以儿童发展的昨天，而应当以儿童发展的明天作为方向。这个儿童发展的明天，就是最近发展区。赞科夫非常赞同维果茨基的观点，并明确表示，教学与其说是依靠已经成熟的机能，不如说是依靠那些正在成熟的机能，才能推动发展前进。最近发展区的意义在于，给教学作用于儿童的发展从理论上指出了明确的途径：教学可以创造最近发展区，然后最近发展区才能转化到现有发展水平的范围之中。③ 维果茨基的"最近发展区"理论为赞科夫的发展性教学原则的构建奠定了坚实的理论基础。

---

① [苏联]赞科夫.教学论与生活[M].俞翔辉,杜殿坤,译.北京：教育科学出版社,1984：3.
② 张天宝.赞科夫的发展性教学理论及其对我国教育改革实验的影响[J].湖南教育,2000(20).
③ 张天宝.赞科夫的发展性教学理论及其对我国教育改革实验的影响[J].湖南教育,2000(20).

三、"教学与发展"的实验研究

赞科夫的教育实验从1957年开始,到1969年夏基本结束,其间分为三个阶段。

第一阶段:改革教学。实验的第一阶段从1957—1958学年到1960—1961学年,实验只在莫斯科一所小学一年级的一个班级进行,另设两个对照班。为了突出实验的主题,研究教学过程的结构(包括教学的指导思想、教学内容与方法)与学生一般发展水平的关系,赞科夫选择了刚刚入学的一年级班级,学生不经挑选,教师刚从中师毕业。

在这个阶段,赞科夫积累了大量资料,证明原来的小学教学落后于儿童的发展水平。学制过长、教学进度太慢;教材编写太容易,理论知识缺乏,整个小学教学的安排服从于技能技巧的训练,教学过程单一化,多采用口头和文字教学手段,通过参观和观察使学生直接认识周围世界的活动过少,儿童的好奇心得不到满足;多次单调地重复、机械地练习,忽视了学生的思维活动;学生没有或很少表现出学习的内部诱因,只为获得好分数而被动地学习。这一切都影响了学生的一般发展。

赞科夫在实验中进行教学改革。他与实验人员、任课教师"几乎把每一节课、每一次活动、跟学生的每一次谈话都做了详细的记录或录音",掌握了大量第一手资料。实验人员与教师每周都要对这些资料进行几次分析研究,提出下一步的改进意见,然后又拿到课堂上进行试教。通过实验,证明提高教学难度和加快进度以后,学生获得了优于普通班的一般发展水平,原来4年的学习课程可以用3年的时间学完。在这样的实验研究基础上,赞科夫提出了关于小学教学体系的具体设想。

第二阶段:改革课程。实验的第二阶段,从1961—1962学年到1964—1965学年。在这个阶段,实验班增多,发展到了外地。1964—1965学年,实验班数目达到371个,学制由4年改为3年,编出了俄语、数学、劳动教学、唱歌等学科的实验教学大纲的初步方案,确定了自然和地理的教学内容。从一年级开始,单独开设自然和地理课。从二年级起,单独开设了历史课(按原有的教学计划,在小学阶段不单设自然和地理课,而只是在四年级设自然常识,历史课在四年级才开设)。为了指导实验班的工作,编出了3本教学参考书。

第三阶段:大规模推广。第三阶段是从1965—1966学年开始。作为准备工作,编写了实验班的教科书和教学指导书《小学教学新体系》。实验在更大规模上进行。实验班的总数在1966—1967学年达到1281个班,分布在俄罗斯联邦共和国和8个加盟共和国的一些地方。此后,实验班的数目逐渐减少。到1969—1970学年,实验班的实际教学工作基本结束,转入对实验研究成果的系统总结。实验班分布面广,也是为了排除影响儿童发展的其他条件,突出教学结构对学生一般发展的影响。

赞科夫的教育实验在研究方法上有很大突破。他总结了研究教学与发展关系问题的历史经验,并以矛盾论和系统论为指导,制定了自己的研究方案。他进行教育实验的目的,是要创立一个立足于学生一般发展的教学论体系,从整体上改进小学教学,而不是局限于解决某个局部的教学问题。在实验过程中,他引进了实验心理学和心理分析的方法,研究学生在他的实验教学体系中取得的发展水平进展。他坚持将实验教学体系与传统教学体系的做法与效果进行对比研究并获取科学数据,这都是以前的苏联教学论专家没有尝试过的。

四、"发展性"教学的目标

赞科夫经过长期的教育实验,建立并论证了"发展性教学论"体系。他提出,"发展性"教学的目标在于"使学生的一般发展取得成效"。

对于什么是"一般发展",赞科夫从不同角度揭示了它的含义。他指出:"当谈到一般发展的时候,人们所指的是人的发展问题的心理和教育学方面。'一般发展'的概念并不取代'全面发展'的概念,也不跟它等量齐观。全面发展主要是指该问题的社会方面或者广泛的社会和教育学方面……我们所理解的一般发展,是指儿童个性的发展,它所有方面的发展,是跟单方面、片面的发展相对立的。"①

赞科夫强调,一般发展既不同于特殊发展(数学、语言、音乐等某一方面才能的发展),又有别于智力发展。但一般发展和特殊发展并不是人为形成的两条彼此隔绝的渠道,"一般发展是特殊发展的牢固基础并在特殊发展中表现出来,而特殊发展又在促进一般发展"。② 他认为一般发展不仅包括智力发展,而且包括情感、意志、道德品质、个性特点和集体主义精神的发展,我们的时代不仅要求一个人具备广泛而深刻的知识,而且要求发展他的智慧、意志、情感,发展他们的能力和禀赋。一个儿童成长的过程就是其发展的过程,他无时无刻不在发展着、变化着。这种发展当然包括各方面的发展,从知识到智力、从品德到个性、从心理到生理的各种素质的发展。教学的任务应当是,配合教学以外的其他教育手段和措施,促进儿童获得全面而又和谐的发展。就教学本身来说,它也需要以学生较高的发展水平作为基础,只有这样,才能更好地传授知识、促进智力的发展。③ 而且,教学绝不仅仅是传授知识、发展智力,它还是德育的重要途径,通过教学进行德育往往能有潜移默化的效果。其次,赞科夫认为,发展是一种质变与更新。在他看来,传统教学法的主要特点就是要求进行多次、单调的重复,而在儿童的发展上所下的功夫确实极其薄弱而无

---

① [苏联]赞科夫.论小学教学[M].俞翔辉,杜殿坤,译.北京:教育科学出版社,1982:20.
② [苏联]赞科夫.教学论与生活[M].俞翔辉,杜殿坤,译.北京:教育科学出版社,1984:25.
③ 傅岩.试论赞科夫对教学论思想的发展和贡献[J].徐州师范学院学报,1984(1).

系统。因此他进一步阐述了"一般发展"的含义："学生的'一般发展',是由简单到复杂、由低级到高级、由旧质到新质的上升运动。这是学生顺利地掌握任何一门学科的教材的基础,而在从学校毕业以后,又是人类活动的任何一种领域里从事创造性劳动的基础。"①

赞科夫提出的学生"一般发展"的教学目标,是其教学理论的出发点与归宿,像一条红线贯彻于他的整个教学思想体系。他提出的五项教学原则,无一不是从学生的发展着眼并促进学生的发展水平的。在学生发展问题上,赞科夫着重指出："对于最差的学生提供真正智力活动的可能性是最少的。……然而,学业落后的学生,不是较少地,而显然是比其他学生更多地需要在他们的发展上系统地下功夫。我们的经验证明,这种工作能使差生在发展上取得很大进步,从而也就使他们在掌握知识和技巧方面达到较高的成绩。相反,许多训练性作业使得差生负担过重,不仅不能促进这些儿童的发展,反而只能扩大他们的落后状态。"②这充分证明,发展与教学的密切关系。

五、"发展性"教学的模式

赞科夫运用矛盾论和系统论深刻地阐述了"发展性"教学的模式——内外因相互作用的整体性教学模式。③他分析了教学结构作为外因的重要作用,指出,"教学结构是学生一般发展过程发生的原因","教学的结构是'因',学生的发展进程是'果'。这种因果关系很重要,因为它能决定学生的发展进程"④。赞科夫这种观点的理论依据是维果茨基的"最近发展区"理论。维果茨基认为,教学与其说是依靠已经成熟的技能,不如说是依靠那些正在成熟的机能,才能推动发展。教学要不断地创造"最近发展区",把教学建立在那些尚未成熟的心理机能上,就和儿童发展的现有水平出于矛盾之中,这种外部的对立性会引起儿童心理上的内部矛盾,内部矛盾推动着学生的一般发展。

赞科夫明确地提出了发展的外因和内因及其相互关系的问题。他认为儿童的一般发展,是儿童与周围世界相互作用的一种运动形式。因此,对发展的研究可以从对外部世界、对客观现实主要关系的研究入手：儿童怎样与客观现实"面对面"地接触(观察活动);认识现象的本质(思维活动);直接作用于客体从而改变客体,创造新事物(实际操作)。这体现了人对外部世界的关系是积极的关系。赞科夫把观察活动、思维活动和实际操作活动视为促进儿童一般发展的三条切实可行的途径,也是儿童发展的外因。

---

① [苏联]赞科夫.论小学教学[M].俞翔辉,杜殿坤,译.北京：教育科学出版社,1982：22.
② [苏联]赞科夫.教学与发展[M].杜殿坤,译.北京：教育科学出版社,1980：49.
③ 刘黎明.论赞可夫的"发展性教学"理论[J].湖南教育学院学报,1998(4).
④ [苏联]赞科夫.教学与发展[M].杜殿坤,译.北京：人民教育出版社,1985：363.

赞科夫提出用实验心理学的方法"通过观察活动、思维活动和实际操作活动来研究儿童的一般发展",具有很大的现实意义,"它不仅表现在解决了具体的研究方法问题本身,而且表现在一定程度上可以用数量来判断儿童的一般发展水平,有可能用数据来说明不同教学体系对学生的发展所起作用的优劣"。①

赞科夫不仅重视外因的作用,还特别强调内因的作用。在他看来,在教育或教学过程中,儿童的一般发展是外因与内因相互转化和交互作用的结果。他指出,在研究学生的一般发展进程时,我们从发展的整体性这一观念出发,在研究方法上表现为发展的内部统一性和内部制约性。据赞科夫分析,发展过程的特点,除外部的决定性的影响外,还有内部的制约性。正因为看到了内部矛盾是心理发展的源泉,赞科夫十分重视学习的内部诱因如好奇心、对智力活动以及对论证所找到答案的内部诱因等。这些"学习的内部诱因"为学生的脑力活动提供了强烈稳定的内在动力,有力地推动了教学活动的发展。所以,他强调"为了在教学上取得预想的效果,仅仅是指导学生的脑力活动是不够的,还必须在他身上树立其掌握知识的志向,即创造学习的诱因"。②

赞科夫十分重视激发、培养儿童的观察兴趣、学习兴趣、操作兴趣、思考的积极性、主动性和顽强精神等,其目的是为了形成学生"学习的内部诱因",使学生越来越想知道更多的新事物,产生对知识的需要感,越来越强烈地感到跟大自然、劳动、科学和艺术领域打交道的需要。赞科夫明确地指出,发展是自我运动,它的源泉是内部矛盾。他把儿童内心的思想、感情、愿望看作是教学成败的重要条件。他十分重视激发儿童的思想感情,也十分注意发展儿童的积极性、首创精神和独立活动能力。他主张要给儿童提供独立活动的机会,激发其积极创造性;要注意保持儿童的良好情绪和认知的需要——精神需要,而积极的情绪会造成精神的高涨。赞科夫还主张利用"冲突"来激发学生的学习积极性,即人为地为掌握知识设置各种矛盾,在教材中包含着许多使学生所学的新旧知识相互冲突的情况,促使学习质量不断上升。

赞科夫之所以重视内因和外因相互作用的教学模式,是因为他意识到,整体具有首要意义,教育作用的完整性是保证教育作用对发展有高效果的关键所在。正是在这种整体性教学模式的影响下,赞科夫的实验教学取得了很大的成功。"实验学校的学生不仅在思维发展方面,而且在观察力、实验活动、情感和意志的发展方面,都显示出突出的进步,这一点具有十分重要的意义。这样就证明了新的体系在各方面都是有效果的。"③

---

① [苏联]赞科夫.教学与发展[M].杜殿坤,译.北京:人民教育出版社,1985:28.
② [苏联]赞科夫.和教师的谈话[M].杜殿坤,译.北京:教育科学出版社,1980:44.
③ 赞科夫,邓鲁萍.小学教学新体系的实验[J].外国教育动态,1980(3).

六、"发展性"教学的基本原则

赞科夫的"发展性教学论"包括教学原则、教学大纲、教学法等各个方面的观点,其中以教学原则最为重要。他认为:"教学论原则决定教学大纲的内容和结构,决定教学法(教科书、教学指导书)的典型属性。"[①]"发展性教学论"的教学原则来源于"发展性教学"的指导思想。这些原则是在教育实验的过程中逐渐形成的,最终被确定为五条。

(一)以高难度进行教学的原则

高难度教学原则在"发展性教学论"中起决定性的作用。难度的含义是要求学生通过努力克服障碍。他认为,以高难度进行教学,首先在于展开儿童的精神力量。如果教材和教学方法在学生面前都没有提出他们应当克服的困难与问题,他们的精神就会萎靡不振,儿童就得不到应有的发展。在教学内容上,他要求增加系统理论知识的分量,赞科夫解释说:"我们指的不是任意一种难度,而是要能认识现象的相互依赖性及其内在的本质联系的那种难度。"[②]

内容充实以后,教学方法一定要随之相应革新。以前是教师讲、学生听,照着例题做习题,按照指定的提纲写作文,学生可以不动脑筋;"发展性教学"要求学生过紧张甚至是"沸腾的"精神生活,学会独立思考和推理,独立地探求问题的答案。要引导学生从不能独立完成任务到能够独立完成任务,变最近的发展区为现有的发展区,而不是让儿童在发展上原地踏步。"只有这种能为学生紧张的脑力活动不断提供充足的食粮的教学,才能使学生得到迅速而积极的发展。"[③]

当然,高难度并不意味着越难越好,而是要掌握难度的分寸,即"适度"。他指出,困难的程度要控制在学生的"最近发展区"的范围内,教学的难度如果超过学生的理解能力,学生的脑力活动"就会不由自主地走上机械记忆的道路。那样一来,高难度反而从一种正面的因素变为负面的因素。"[④]对于教学难度分寸的把握,赞科夫认为体现在教学大纲、教科书和教学法中,还取决于教师关注学生掌握知识和技巧的过程和结果。教师要针对全班学生及个别学生的情况,准确地判定学生知识掌握的质量与特点。

(二)以高速度进行教学的原则

赞科夫指出,"高难度原则是实验体系的基本原则,同时又在一定程度上依存于另一条原

---

① [苏联]赞科夫.教学与发展[M].杜殿坤,译.北京:人民教育出版社,1985:31.
② [苏联]赞科夫.教学与发展[M].杜殿坤,译.北京:人民教育出版社,1985:31.
③ [苏联]赞科夫.论小学教学[M].俞翔辉,杜殿坤,译.北京:教育科学出版社,1982:24.
④ [苏联]赞科夫.教学与发展[M].杜殿坤,译.北京:人民教育出版社,1985:24.

则——在学习大纲教材时高速度前进的原则。传统教学的最大弊端就是单调、机械的重复,把教学的进度不合理地拖得很慢,浪费学生大量的宝贵时间,严重阻碍了学生的一般发展,学生的学习主要是在'走老路'"。① 可见以高速度进行教学的原则所否定的是传统教学中的烦琐哲学和形式主义。它要求教学不断地向前运动,以各方面内容丰富的知识来充实学生的头脑。

但是,高速度的实质并非"开快车"、"赶进度",让学生在一节课上做尽可能多的例题和练习,而是要揭示所学知识的各个方面,不断深化并把这些知识练习起来。要用不同的方式进行教学,通过各种不同的教学手段让学生获得丰富的知识。要让他们多读点课外书,多参加点课外活动,参观,旅行,多交谈,多讨论。赞科夫认为,如能做到这点,就不仅能使学生的知识巩固,而且能够活用。克服多余的重复和繁琐的讲解,就能节约时间,加快进度。赞科夫指出,"传统教学论"认为巩固知识、技能技巧的最重要的方法是重复(复习),但由于所传授的知识大多是零散的,没有形成一个广泛的知识体系,虽经多次重复,仍然不易巩固。

他认为,观察、思维和实际操作是使知识和技能完善的三个主要方面,要从这三个方面安排学生的活动,才有利于知识的理解与巩固和技能技巧的培养。要善于利用直观,多安排一些散步、参观和旅行,充实儿童的感性认识;要使学生认识现象之间的依存性及其内在的本质联系,使他们的知识系统化;要让学生在劳动与各种活动中学会手脑并用。因此,要克服教学中的形式主义和单纯的口头传授。赞科夫还提出要利用无意识记忆的问题。他说,要让学生顺便记住一些东西,不要要求学生一下子就记住所有的东西。

(三) 理论知识起主导作用的原则

赞科夫认为,以高难度、高速度进行教学的原则都要求增加知识的系统性和理论知识的分量。也就是让那些说明现象的相互依存性及其内在的本质联系的系统知识在小学教学内容的结构中占主导地位。他批评传统教学过分地强调知识训练(如俄语、算术)的技巧,而不重视理论知识的学习。他指出,过去强调低年级儿童主要是具体的形象思维,与此相联系的是,只强调感性认识,事事强调直观,致使学生的认识停留在表面、孤立的形象上,很难形成抽象概念。赞科夫说,科技发展既已使人的感官延伸到宏观世界和微观世界,还要把儿童的认识活动局限于用手摸、用肉眼看的水平上,这是不对的;电视、电影、广播早已把儿童带到远方世界,还把儿童的认识局限在乡土周围,当然不能满足儿童求知的欲望。

赞科夫认为,感性认识和理性认识是有机地交织在一起的。经验和理论处在不断的相互作用之中,不能只强调一面。一年级学生就能掌握许多抽象的概念,理解事物之间的某些内在联系。实验教学体系在一年级就引进"加数"、"和"、"被减数"、"减数"、"差"等许多定义和概念,要

---

① [苏联]赞科夫.教学与发展[M].杜殿坤,译.北京:人民教育出版社,1985:46.

求懂得加法和乘法交换律,使用代数符号。学生掌握这些概念之后,大大地加强了运算的可论证性,能够举一反三。赞科夫反对让学生盲目地做些互不联系的练习。他呼吁大大提高小学教学理论知识的比重:"我们绝不否认训练学生的正字法技巧、计算技巧及其他技巧的重大意义。但是,必须在完满的一般发展的基础上,在尽可能深刻理解语言的规律性、数的概念及数的运算概念的基础上,来形成这些技巧。"①

(四)使学生理解学习过程的原则

赞科夫指出,传统教学论是指向外部的,即把应当掌握的知识、技能和技巧作为理解的对象。使学生理解学习过程的原则则是指向内部,要求学生理解的对象是学习过程本身,即理解学习的结构和进程。也就是说,它要使学生掌握获得知识的方法与途径,掌握学习的特点与规律,教会学生学习。例如,如学习乘法表,传统做法是让学生背诵乘法表,而按照使学生理解学习过程的原则,就是要使学生弄懂教材编排的根据,教给他们总结学习的方法。例如,让学生背诵"3"的乘法表时问:"为什么在'3'这个数的乘法表里不需要背诵 3×2 等于几呢?"学生通过对乘法表里的几栏的比较找到了答案:在"3"这个数的乘法表里没有 3×2 这一行,不需要背诵它,因为 $3\times2=6$ 和 $2\times3=6$ 是一样的,而 $2\times3=6$ 在"2"这个数的乘法表里已经有过了。又如,如果知道任何数乘以"1",其积不变,学生就可以不必再背 $1\times1=1,1\times2=2……1\times9=9$。

总之,教师在教学过程中,应随时向学生说明,哪些教材要熟记,哪些教材不必记,知识之间怎样是怎样联系的,错误是怎样产生的,应该怎样防止等。归根到底,教师要引导学生自己去学,使学生学会进行分析、比较、综合、归纳,了解所学的知识之间的内在联系,掌握这一部分知识和那一部分知识的异同,知道产生错误与克服错误的心理机制等。这样做有利于发展学生的思维能力,培养学生学习的独立性、主动性与积极性,从而使他们掌握学习的方法,发现学习过程的奥秘。

(五)使全班学生(包括差生)都得到发展的原则

赞科夫认为,这条原则不是要降低教学的要求、限制优等生的发展,而是要使全班所有的学生在各自的智力范围内得到最理想、最充分的发展。他要求教师进行目标明确、系统的工作,力求将教学内容建立在每个学生不同的最近发展区内。赞科夫区别了掌握知识与得到发展这两个概念。他指出,学生可能得到好的分数,说明他们完成了学校教学大纲规定的任务,掌握了某些知识,但如果他们的知识和技能是表面的、零散的,没有在他们的头脑中形成一个明确的体系,他们在新的、不曾习惯的环境中就不会运用所得的知识。这说明他们没有得到发展。

---

① [苏联]赞科夫.论小学教学[M].俞翔辉,杜殿坤,译.北京:教育科学出版社,1982:25.

他说,"传统教学法"只强调给学生传授知识、技能与技巧,但知识不等于发展。一个学生按所得的分数可能是优等的,但在发展方面却可能处于中等甚至于更低的水平上,不能认为分数考得好就是发展水平高,或者掌握知识就会"自然而然地"变成发展水平高的人。当然,它们是有联系的,发展不能在真空里进行。学生的发展是要在掌握知识的过程中进行,问题是要明确,一定要在发展上下功夫。

赞科夫还指出,这最后一条原则之所以必要,还因为在小学的普遍实践中,对于最差的学生提供的真正智力活动的可能性是最少的。人们往往把补课和布置大量训练性的练习当作克服学业成绩不好的学生落后状况的主要手段,而不分析产生落后的原因,没有在他们的发展上下功夫。结果更增加了他们的学习负担,扩大了他们的落后状况。他说,要解决学习差的学生的问题,首先必须设法增强他们的学习信心,利用一切机会引导他们观察事物,培养他们的求知欲,发展他们所缺乏的心理品质。

在他看来,优等生和差生是相对的,他们的发展也是不均衡的,有迂回曲折、加速与减速,有许多复杂和逐步积累的"地下活动"过程。教师不能用固定的眼光看待他们,而应该以科学的教学体系和方法促进他们的发展。如果克服了学得不好学生的真正障碍,知道他卡在什么地方,帮助他解决了问题,他的学习成绩也就上去了。所以要设法使所有的学生在原有的基础上得到进步。为了做到这一点,需要教师热爱每一个学生,研究每一个人,了解他们的性格、爱好、需要与才能,了解他们喜怒哀乐的原因。只有深入了解每个学生的个人特点,才能发现他们潜在的长处,采取适当的措施,使他们得到发展。

赞科夫认为,上述这些原则都有各自的作用,但又是相互联系、相辅相成的。贯彻这些教学原则主要是为了激发、增加和深化学生学习的内部动因,而不是借助分数及类似的外部手段对学生施加压力。"传统教学法"中起特殊作用的往往是一些实质上跟认识没有内在联系的学习动机,如获得良好的分数,掌握知识变成了获得良好分数的手段。这个原则体系的另一个特点是给学生的个性以充分发挥的余地,也就是尊重学生个人的特点与愿望。赞科夫还认为,集体生活是可以保证共同的思想方向性,但不可事事要求统一,事事统一就会压制学生的个性,阻碍他们的一般发展。

七、赞科夫教育思想评析

教育、教学与发展之间的关系研究,在第二次世界大战以后曾经得到苏联当局的支持,许多教育家和心理学家从不同的角度对这一问题进行了探讨,赞科夫可以说是其中的卓越代表。在教育实验方面,赞科夫教育实验之长、规模之大都是罕见的,而且取得了很大的成绩。他以大量的实验资料证明,当代儿童的年龄特征与几十年前的儿童年龄特征有许多不同之处,不同的教学体系带来不同的教学效果。事实说明,必须对小学教学进行整体改革。他提出的发展性教学理论的主要成就大体可以归纳为如下几个方面。

(一) 以学生为本

赞科夫对小学教学新体系的构建是建立在研究学生的基础上,体现了以学生为本的理念,从而使实验更好地适应学生的学习。他重视对学生的研究,在课堂和其他活动中对学生进行全面观察,每一节课的进程都会用记录的形式写下来或用录音机录下来,并对这些事实材料加以分析。他的实验室还开展了对照研究,把新体系跟传统小学教学法的效果加以比较,在比较的基础上制订了小学教学实验体系的教学论原则。他提出的发展性教学原则,有助于挖掘和唤醒学生的内在潜能,为学生的一般发展创造学习的内部诱因,从而推动学生的一般发展。这种实验理念、实验精神和实验原则是很值得称道的。我们的基础教育课程改革也提出"一切为了每一位学生的发展",激发所有学生的学习兴趣,帮助他们建立自主、合作与探究的学习态度,提高人文素养、增强实践能力,培养创新精神。赞科夫的教学理论为我国基础教育课改理念提供了启示。

(二) 有效促进学生全面发展

赞科夫提出的一般发展的教学目标,其实质就是促进学生身心的全面发展,尤其是智力因素和非智力因素的整体发展。他强调,教学要着眼于使学生获得一般发展,让他们在发展的基础上自觉地掌握知识、技能与技巧,有力地破除了把掌握知识混同于发展的陈旧观念,突出了教学的发展功能。他对一般发展的界定突出了一般发展与智力发展的区别,扩大了发展的内涵。赞科夫以系统论为理论基础,提出并论证了以尽可能大的教学效果来促进学生的一般发展为主导思想的实验教学体系。我国基础教育课程改革提出的"知识与技能、过程与方法、情感态度与价值观""三位一体"的教学目标,和赞科夫的发展性教学理论精神实质是一致的。

(三) 培养和满足学生的精神需求

赞科夫从整体性的观念出发,提出观察活动、思维活动和实际操作作为研究儿童发展进程的三条线索,并对这种研究儿童心理发展进程的方式进行了符合辩证唯物主义认识论观点的论证。他强调了解释和研究学生精神需要各种表现(主要指认识需要,如兴趣、动机等内部诱因)的必要性,认为教学的重要任务之一是尽最大可能创造有利的条件,使学生对认识的需要得以多方面地表现出来,并培植、发展这种需要。赞科夫提出的散步、参观、旅行等方式都是充实儿童感性认识、帮助其知识系统化的重要途径。我国的基础教育课程改革非常重视中小学的综合实践活动,强调学生在"探究"、"考察"、"实验"等一系列活动中发现与解决问题,体验和感受生活,培养实践精神与创新能力。赞科夫的教学理论为我们提供了前瞻性的启示。

赞科夫的教育实验和理论对苏联教育理论与实践的发展影响较大。他的教育实验成果为苏联一度将小学学习年限由四年改为三年提供了重要依据。他的发展性教学理论的一些观点也为苏联教育理论界所接受，并且被吸收到20世纪70—80年代出版的教育学著作和教科书中。

尽管赞科夫在教育实验和理论研究方面都取得了很大的成绩，但是他的研究工作和理论成果仍有较大的局限性。赞科夫并没有讨论教育学或教学论的全部问题，只是以"教学与发展"为课题对改革小学教学进行了实验探索。赞科夫在此基础上写出的实验报告和专著，只是在教学目的、教学原则、课堂工作、教师工作等方面提出了自己的独特见解。从这个意义上讲，他的教学论思想在很大程度上只是对传统教学思想的修正、补充与发展，并非一种脱离传统教学思想的"全新的创造"。

赞科夫的教学论思想本身也有一定的局限性。这表现在他的研究主要是从儿童心理的角度并针对苏联在20世纪30年代以来形成的教学理论中只论教师如何教，不管学生怎样学，侧重知识、技能、技巧的传授，没有把发展作为教学任务进行专门研究等"不见儿童"的缺陷来进行的。他的研究没有涉及对教学的控制、管理因素，也没有建立教学过程的社会政治与道德要求。例如，他对一般发展的界说虽然比较宽泛，但主要论述的还是儿童心理的整体发展。他仅仅研究了观察、思维、实际操作三种心理活动的形式。在界定儿童学习的内部诱因时，他虽然提到道德品质和审美情感等精神需要，但更多强调的仍是认识的需要。尽管如此，赞科夫的教育思想在教育科学发展中，仍占有重要的历史地位。

【思考题】
1. 评析赞科夫"发展性"教学的教学目标。
2. 评析赞科夫"发展性"教学的教学原则。
3. 联系实际，谈谈你对赞科夫教学模式的看法。

【阅读书目】
1. [苏联]赞科夫等.赞科夫新教学体系及其讨论[M].杜殿坤,译.北京：教育科学出版社,1984.
2. [苏联]赞科夫.教学论与生活[M].俞翔辉,杜殿坤,译.北京：教育科学出版社,1984.
3. [苏联]赞科夫.教学与发展[M].杜殿坤,张世臣等,译.北京：人民教育出版社,1985.
4. [苏联]赞科夫.论小学教学[M].俞翔辉,译.北京：教育科学出版社,1982.
5. [苏联]赞科夫.和教师的谈话[M].杜殿坤,译.北京：教育科学出版社,1980.

第十九章　和谐发展教育的坚定维护者：苏霍姆林斯基的教育思想

获取知识——这意味着发现真理、解答疑问。你要尽量使你的学生看到、感觉到、触摸到他们不懂的东西，使他们面前出现疑问。如果你能做到这一点，事情就成功了一半。

——苏霍姆林斯基

瓦·亚·苏霍姆林斯基（В. А. Сухомлиʼнский，1918－1970）

【内容摘要】瓦·亚·苏霍姆林斯基是第二次世界大战后苏联著名的教育理论家和实践家。他以马克思主义理论为指导，长期扎根基层学校，从事中小学教育实验和教育理论研究，赋予人的全面和谐发展思想以丰富内涵，建立以"个性发展""全面发展"和"和谐发展"相协调统一的发展理论。苏霍姆林斯基建立了卓有成效的教育管理思想体系；他所领导的帕夫雷什中学成为20世纪60年代驰名世界的实验学校。苏霍姆林斯基在苏联教育历史上建立了卓越功勋。

【核心概念】苏霍姆林斯基；人的全面和谐发展理论；学校管理；启示价值

一、生平及教育活动

苏霍姆林斯基1918年9月28日诞生于乌克兰的一个农民家庭。他的启蒙老师充满爱心，教学有方，给他的童年带来了很多的欢乐；从儿时起，他便对教师职业充满憧憬。1933年他从工农速成中学毕业，后进入克列明楚格师范学院师资培训班学习，完成学业后返回家乡，年仅17岁即担任农村小学教师。

尽管教育工作繁忙，苏霍姆林斯基仍抽空学习深造。经过不懈努力，他通过了波尔塔瓦师范学院乌克兰语言文学系的函授班学习,取得了中学教师资格。他曾深情回忆在波尔塔瓦的生活:"我真走运,能在波尔塔瓦师范学院学习两年……该校的那种创造性思想、好学精神、求知渴望的氛围笼罩着我们这批20来岁的青年小伙子和姑娘们。"①

1941年,卫国战争爆发,苏霍姆林斯基应征入伍,次年,在战斗中不幸身负重伤;伤愈出院的苏霍姆林斯基受命担任吾瓦镇中学的校长兼任俄语教师。1944年,他被调回家乡任教育局局长,同时在中学兼课。1948年,苏霍姆林斯基辞去局长职务,出任帕夫雷什中学校长达23年,直至1970年病逝。

苏霍姆林斯基的教育活动伴随着苏联20世纪30年代开始的教育改革。在苏联教育改革中,知识教育和劳动教育长期处于矛盾状态,时而重视知识技能的传授,时而加强生产劳动的教学,时而又注重学生智力的开发。针对于此,苏霍姆林斯基绝不盲从,基于前期积累的中小学教育经验,在帕夫雷什中学坚持教育实验研究,以此为基础,确定了全面和谐发展的教育理论。苏联人称他是"实事求是、敢于'逆潮流而进'的人"②。

正是因为坚定的教育信念、对孩子满腔的爱以及长期的教育工作实践,使他成为了一名卓越的具有创造性的教育实践家、理论家。到20世纪60年代,他领导的帕夫雷什中学已经从乌克兰的一所普通农村中学变成享誉苏联国内外的实验学校。这一时期也是苏霍姆林斯基创作的高峰时期。1955年,他顺利通过了题为"学校校长——教育教学工作的领导者"的副博士论文;一年后,他的首部专著《学生集体主义的培育》问世。此后,大量的论文在各种报刊上发表。他一生共完成了41本教育专著,600多篇教育论文和1 200多篇童话、故事和短篇小说。在他的文章中,既有大量生动活泼的事例,又有精炼成熟的理论概括。他的书被人们誉为"活的教育学""学校生活的百科全书"。

由于杰出的教育贡献,苏霍姆林斯基于1957年当选俄罗斯联邦教育科学院通讯院士;1968年起任苏联教育科学院通讯院士;1969年获乌克兰社会主义加盟共和国功勋教师称号,并两次获得列宁勋章及一枚红星勋章、多枚乌申斯基和马卡连柯奖章等。苏联教育界将他的教育研究赞誉为"不仅旨在解决今天学校面临的课题,同时也旨在发展明天的教育学。"③

二、人的全面和谐发展教育理论

(一)人的全面和谐发展教育理论的基础

苏霍姆林斯基在教育理论和实践方面最伟大的贡献是关于人的全面和谐发展的教育理论。这个理论贯穿于他的整个教育教学思想体系,从教育目的到教育内容,从原则方法到教学设计,

---

① [苏联]瓦·亚·苏霍姆林斯基.苏霍姆林斯基选集(第1卷).[M].王义高,译.北京:教育科学出版社,2001:7.
② 田本娜.外国教育思想史[M].北京:人民教育出版社,2001:509.
③ [苏联]瓦·亚·苏霍姆林斯基.苏霍姆林斯基选集(第1卷)[M].王义高,译.北京:教育科学出版社,2001:66.

无不以这一思想为基石。

苏霍姆林斯基的人的全面和谐发展理论根植于苏联的教育改革,在吸收苏联教育家的思想精华基础之上确立形成。他曾引用马卡连柯的观点论证他的集体主义教育思想;伟大的马列主义者、苏联女教育家克鲁普斯卡雅的家庭教育观、劳动教育观等都曾给苏霍姆林斯基以启迪。然而,给予苏霍姆林斯基影响最为深刻的是马列主义的人的全面发展学说。他说:"苏维埃教育学的主要基础乃是列宁的思想和教育学遗产……我校全体教师在他们的工作的全部岁月中都在竭力把列宁的思想——教育学遗产当作我们的创造和经验的基础,指导我们的教育、教学工作。"①

20世纪50—70年代,苏联教育出现了较为严重的升学与就业矛盾。由于苏联在20世纪30—50年代十分强调劳动者知识化,普通学校也以为高等教育输送合格新生为主要任务。50年代中叶后,中学生数量大规模增加,可高校招生名额有限,无法容纳全部的中学毕业生,而不能进入高校的中学生既没有做好就业的思想准备,同时也没有胜任职业的技术能力,由此导致出现了很多游手好闲的青年,给社会造成了极大的隐形危害。且相当数量的家长、学生都鄙视、厌恶体力劳动,视从事体力劳动是一种耻辱,形成了十分恶劣的社会影响。在这样的历史背景下,为了更好地兼顾升学与就业,苏霍姆林斯基从马克思主义人的全面发展理论出发,提出了把全体学生培养成全面和谐发展的人,使之成为社会进步的积极参与者。

他在《学生的精神世界》一书中曾强调:"我们的任务是使每个学生懂得认识和改造世界的伟大意义,认识思维的巨大力量……倘若学生只是以将来是否有用这种观点来看待知识,他就会没有激情、计较个人利益、动机不纯,甚至情操低下。"他还强调:"有人认为,似乎从事繁重的体力劳动,克服生活上的艰难——这本身就是精神锻炼和思想教育。我绝对不能同意对教育过程的这种肤浅的看法。"②

以上论述说明,苏氏所要培养的全面和谐发展的人不仅是可以认识和理解客观世界、参加生产劳动的人,而且是能够将丰富的精神生活、纯洁的道德、健全的体格和谐统一于一身,并对自我有深刻的认识,同时愿意为了社会进步而努力奋斗的人。这是苏氏对马克思主义的人的全面发展思想的深刻理解。

(二) 人的全面和谐发展教育理论的内涵与目标

1. 人的全面和谐发展教育理论的内涵

苏霍姆林斯基的人的全面和谐发展理论是一个内容十分丰富的教育学思想体系,其核心是使全体学生都得到全面和谐的发展。全面和谐的发展"意味着劳动与人在各类活动中的丰富精

---

① [苏联]瓦·亚·苏霍姆林斯基.帕夫雷什中学[M].赵玮,等,译.北京:教育科学出版社,1983:2.
② [苏联]瓦·亚·苏霍姆林斯基.学生的精神世界[M].吴春荫,等,译.北京:教育科学出版社,1981:4、25.

神的统一,意味着人在品行上以及同他人相互关系上的道德纯洁,意味着体魄的完美、审美需求和趣味的丰富及社会和个人兴趣的多样"。① 这就是苏氏对于人的全面发展的深刻解读,同时也是他领导的帕夫雷什中学进行教育工作的指导方针和奋斗目标。

然而,苏霍姆林斯基的全面和谐发展并不是狭义的人的全面发展——人人都在德、智、体、美、劳各方面受到全面训练、得到全面发展,也不是各个方面的单项总和,而是因人而异、因材施教的全面发展。在苏霍姆林斯基的教育理念中,他既认为五育要全面发展,又强调各个方面的发展程度要根据学生的不同情况而区别对待。"全面发展""和谐发展"与"个性发展"相互渗透、相互交织,才能使教育呈现为一个统一的、完整的过程。

2. 人的全面和谐发展教育理论的目标

全面和谐发展教育思想的目的是培养有个性的公民。苏霍姆林斯基认为,每个学生从青少年时期起就应该有意识地找到适合自己的志向,并在这方面尽可能地施展才华,为将来选择一条足以使自己的劳动达到高度技艺和创造水平的生活道路而做好准备。

同时,他还提出"要在每个孩子身上发现他最强的一项,找出他作为个人发展根源的'机灵点',做到使孩子在他能够最充分地显示和发挥他天赋素质的事情上达到在他的年龄可能达到的卓著成绩"②。而这一切都是为了"使所有的儿童都成为幸福的人,使他们的心灵由于劳动的幸福而充满欢乐"。③ 如果学生在学习领域表现出了难以克服的困难,教师就要打开他的精神发展领域,"使他能在这个领域里达到顶点,显示自己,宣告大写的'我'的存在,从人的自尊感的源泉中吸取力量"。④ 苏霍姆林斯基全面和谐发展理论是以学生作为主体,关注学生个性特点,顺应学生的发展优势,帮助学生全面进步、和谐发展。这是非常值得我们仔细琢磨、细心体悟的地方。

(三) 人的全面和谐发展教育理论的内容

苏霍姆林斯基的全面和谐发展思想,建立在他对社会主义社会基础教育的培养目标的认识基础之上。他认为,学校教育的任务是把学生培养成有社会主义觉悟、有理想、有才能并有丰富精神生活的合格的公民。具体到教育实施阶段,就是指学生在德育、智育、体育、美育、劳育这五个方面的全面和谐发展。他要求教育工作者注意到各育之间的相互联系,发挥他们的综合教育作用。

---

① [苏联]瓦·亚·苏霍姆林斯基.帕夫雷什中学[M].赵玮,等,译.北京:教育科学出版社,1983:8—9.
② [苏联]瓦·亚·苏霍姆林斯基.帕夫雷什中学[M].赵玮,等,译.北京:教育科学出版社,1983:13.
③ [苏联]瓦·亚·苏霍姆林斯基.给教师的建议[M].杜殿坤,译.北京:教育科学出版社,1984:486.
④ [苏联]瓦·亚·苏霍姆林斯基.关于全面发展教育的问题[M].王家驹,等,译.长沙:湖南教育出版社,1984:13—14.

1. 德育

在苏霍姆林斯基的教育思想体系中,德育居于非常重要的地位。他曾说:"人的所有各个方面和特征的和谐,都是由某种主导的、首要的东西所决定。……在这个和谐里起决定作用的、主导作用的成分就是道德。"①所以,他将德育放在全面和谐教育体系的主导位置。

(1) 培养基本的道德素养和道德习惯

道德教育实质就是把人类道德的宝贵财富一代又一代传承下去。苏霍姆林斯基与他的教师集体为学生们提供了培养道德素养的最主要的道德准则,如"你们生活在人们中间。你们的每一个行为,你们的每一个愿望,都会对别人有所影响。你们应该知道,在你们想要做的事情和可以做的事情之间,是存在界限的"、"生活中的一切幸福和快乐都是劳动创造的,而且只能用劳动来创造。不劳动就不可能正当地生存"②等等,只有在掌握了这些基本素养之后,学生在道德发展方面才能有所收获。

培养道德习惯与培养道德素养同等重要。因为有了道德习惯,社会觉悟和道德准则才能成为一个人的精神财富。

培养道德习惯有三条规律,首先,要使最基本的道德习惯成为一种传统。因为形成传统的习惯,对人们的行动有着巨大的支配作用,尤其是对于学生开展自我教育活动是有力的推动。第二,"要求少年对自己的行为,特别是那些能反映出一个人对劳动、对亲人、对集体里的成员的态度的行为,做出感情上的评价和产生亲身感受。"③也就是说要启发少年做出自我评价,这种自我评价可以促使少年自身态度向习惯的转变。第三,教师要求学生作出的行为和道德原则相一致。根据这些规律,苏氏及他的学校集体为学生们制定了道德习惯的纲要,促使道德习惯向道德信念的转变。

在培养道德习惯的过程中,有一点需要特别注意,那就是不容许采取惩罚的手段。因为未经周密思考的惩罚,会给儿童带来很大的伤害,有可能导致儿童再无法振作。教师应该充满耐心,在潜移默化中引导学生进行自我教育,这将会得到比惩罚更好的教育效果。

(2) 培养坚定的道德信念和丰富的道德情感

在苏霍姆林斯基看来,道德教育的最终结果,就是个人道德信念的养成。他说:"道德信念,是道德发展的最高目标,是顶峰。""只有当对真理的认识和概念的认识能深深地反映在一个人的精神世界里,成为他个人的观点,能激发出深沉的情感,同他的意志融合起来,并能在他的活动行

---

① [苏联]瓦·亚·苏霍姆林斯基. 苏霍姆林斯基. 帕夫雷什中学[M]. 赵玮,等,译. 北京:教育科学出版社,1983:9.
② [苏联]瓦·亚·苏霍姆林斯基. 苏霍姆林斯基选集(第3卷). 公民的诞生[M]. 北京:教育科学出版社,2001:629—632.
③ [苏联]瓦·亚·苏霍姆林斯基. 苏霍姆林斯基选集(第3卷). 公民的诞生[M]. 北京:教育科学出版社,2001:648.

为方式、行动举止以及待人、对己的态度中表现出来时,才能谈得上道德信念。……信念,不是指人知道些什么,而首先是指他怎样把这些知识变为行动。"[1]坚定的道德信念必须通过积极的活动、行为、劳动及克服困难的斗争来实现,且要通过学生的亲自获得、亲身体验,才能成为他们的精神财富。

苏氏在《帕夫雷什中学》一书中强调了道德情感在道德信念形成过程中的特殊地位,他认为情感是道德信念、原则性和精神力量的核心和血肉。没有情感,道德就会变成枯燥无味的空话,只能培养伪君子。在帕夫雷什中学,情感教育无时无处不在,渗透在学生的一切学习生活之中。每个孩子一入校门,就要学会感受校园中植物的成长,如果树木有了断枝,孩子们会感到心痛并且迅速地采取行动进行补救;如果看到玫瑰丛或桃树根周围的土已经干裂,就把它们刨松散,到傍晚再浇上水等等,这些行为都有其道德意义,能够让学生们通过日常行为学会对劳动的尊重;而通过劳动又学会对人这个创造者品格的尊重。通过这些道德行为,激发学生对丑陋现象的愤慨,对美好现象的赞叹,从而培养了他们高尚的道德情感。

（3）道德教育要渗透到学校的教学及活动中去

苏霍姆林斯基在强调德育在人的全面和谐发展中的主导地位的同时,也强调教育的各个因素是和谐统一的。德育不能单独进行,必须将德育贯穿于学校的整个教学与教育工作中去。

苏霍姆林斯基为学生们制定了独立的德育大纲,在学校生活中,教师要适时地给学生讲解道德准则及道德基础知识,同时,带领学生从记载着忠于祖国、忠于人民、忠于自己的信念的丰功伟绩中感受先人的崇高道德,以此激励他们从内心里确立自己正确的、具有创造性的道德信念。

知识的学习是道德教育的另外一种途径,是非直接的道德教育。但是,授予学生知识,并不等于进行了德育,知识只有通过生动的语言,触及学生的灵魂,促使他们用行动去捍卫知识的真理时,才谈得上转变为学生的道德信念。

学校的各门课程都可以成为促进学生知识及道德发展的途径。如人文科目最重要的任务是培养公民,培养坚强的爱国主义者,培养为共产主义理想而奋斗的战士;文艺书籍的阅读可以培养学生共产主义世界观的形成等等,因此,各科教师在教学中不应只是僵硬地陈述客观知识,而应直接面对被教育者的精神世界,设法触动儿童的心灵,使之对社会生活的各种事件做出反应。课堂教学应成为点燃学生求知欲和道德信念的第一朵火花。

苏霍姆林斯基强调,道德习惯和道德信念的养成需要一个长期培养的过程。苏霍姆林斯基反复强调的一个思想是:只有从儿童时期起就培养对人的关怀,他成人之后才能具有与人共患难的高尚情操。

---

[1] [苏联]瓦·亚·苏霍姆林斯基.苏霍姆林斯基选集第4卷·帕夫雷什中学[M].北京:教育科学出版社,2001:255—256.

2. 智育

"智育包括：获得知识和形成科学的世界观，发展认知能力和创造能力，培养脑力劳动文明，使一个人在整个一生中都对丰富自己的智慧和把知识运用于实践感到骄傲。"① 在苏霍姆林斯基看来，智育的实质就是使一个人通过获得知识而变得聪明。

苏霍姆林斯基高度赞扬了知识的意义。"知识会使人的心灵变得高尚，不仅因为知识所反映的是真理，而且知识也能提高一个人的价值。"② 同时，他也给与了智育很高的评价："智育对于人之必不可少，不仅是为了劳动，而且是为了精神生活的充实。无论是未来的数学家，还是未来的拖拉机手，都应当善于创造性地思考，都应当成为聪明的人。"③

（1）教学目的

"教学是进行智育的重要手段，教学过程中要实现智育的主要目的——发展智力。"④ 学习知识是获得智力发展的重要途径，而智力的提升同时又反过来促进知识的获得。因此，在教学中一定要防止教学过程与智力发展相脱节，教师不可以把知识的累积和知识量的扩大作为教学的终极目的，而应把它们当作发展学生智力的工具，这样才能在教学过程中实现真正的智育。

智育的另外一个目的是培养学生形成正确的科学社会主义世界观，其中最首要的是培养学生的个人兴趣，因为只有在脑力劳动触动了个人兴趣的情况下，教学过程中的思维才能成就科学世界观。帕夫雷什中学正是在这种思想的引导下，为学生设计了很多旨在形成世界观的劳动作业，学生通过劳动作业来探寻真理，通过劳动作业对所学知识进行更深层次的理解和反思，从而达到独立形成世界观的目的。

（2）知识与智育

苏霍姆林斯基很重视知识的运用。在他看来，一定要让知识活起来。知识如果变成了"滞销的货物，知识的累积只是为了储存，而得不到运用"⑤，那么这些知识将成为学生的负担，并且毫无意义。所以他提倡，要努力做到使知识既是最终目的，又是获取新知识的工具和手段。因此，在他主持的帕夫雷什中学，他经常引导学生利用已有的知识对事实、现象进行思考，得出结论并获得新的知识。通过这样的途径，既可以使学生巩固已有知识，也可以提高记忆和思考能力，实现

---

① ［苏联］瓦·亚·苏霍姆林斯基.苏霍姆林斯基选集(第1卷)·全面发展的人的培养问题[M].北京：教育科学出版社，2001：118.
② ［苏联］瓦·亚·苏霍姆林斯基.苏霍姆林斯基选集(第3卷)·全面发展的人的培养问题[M].北京：教育科学出版社，2001：545.
③ ［苏联］瓦·亚·苏霍姆林斯基.苏霍姆林斯基选集(第1卷)·全面发展的人的培养问题[M].北京：教育科学出版社，2001：120.
④ ［苏联］瓦·亚·苏霍姆林斯基.苏霍姆林斯基选集(第4卷)·帕夫雷什中学[M].北京：教育科学出版社，2001：328.
⑤ ［苏联］瓦·亚·苏霍姆林斯基.苏霍姆林斯基选集(第2卷)·给教师的100条建议[M].北京：教育科学出版社，2001：575.

知识与智育的统一。

当然,对学生的评价不能以知识的识记为标准,也不能以学生某一次学习成绩或学生在某一堂课上的一次回答为标准。教师应通过一段时间的观察,根据学生回答问题、课堂表现、书面作业、课外阅读、劳动技能等多方面因素对学生进行综合评价。而对于"困难学生",更不应急于打出不及格的分数,应从其他方面激发他的兴趣,发现他的特长,培养他感兴趣的某一方面的能力,从而使他树立对自己的信心,达到各方面全面发展,这样的评定方式是科学的、理智的。

（3）智育的途径和方法

第一,培养学生的求知欲。学生对所学知识具有强烈的学习愿望,这是教与学统一的起点,是学生进行学习的重要动因。

课堂教学有两项任务:一是传授各门科目的科学经验和知识,二是启发学生对知识的渴望,启发他对于世界的探索欲。而学习愿望的养成,是在日常劳动中、在克服困难中逐步培养出来的。这就要求教师不仅要在教学方法上引起学生对于知识的兴趣,更要在学习内容上激发学生的兴趣,并通过克服困难树立自信心,使他们产生热爱学习的情感状态。

对于求知欲的养成,我们要适度把握所教知识的难易程度。认识对象既可以被理解,也要有适当的难度。若知识过难,则会挫伤学生学习积极性,导致兴趣的衰退;如果太简单,则不能使儿童产生"思考的劳动者"的自豪感和自尊感。

第二,教学要与生活相联系。教学是不可以孤立进行的,成功的教学必须是以丰富的生活为背景,所以苏氏积极提倡教学要与生活相联系。"教学同生活的联系,不在于机械地用体力劳动来补充脑力劳动,而在于把用双手来创造世界和用智慧来创造世界统一起来。"①

所以,应该让学生利用课余时间到大自然中进行劳动,因为这是学生自我表现的重要途径,学生在为他人而劳动的过程中,也看到了自己的创造力;没有这样的劳动,世界观的形成就无从谈起。

第三,避免死记硬背。苏氏认为知识应该通过研究获得,而非死记硬背,他曾说:"我们认为教育的任务就在于帮助少年在自己的智能劳动中,在学习中把自己提高到形成世界观的高度。决不允许死记硬背和机械式的识记,这一点十分重要。死记硬背不仅是智力的大敌,而且是道德的大敌。当出现死记硬背的情况,作为积极的创造力的个性渐渐消失了。"②

所以,不能让学生的精神生活中只有要求识记的课堂教学、听讲、坐着看书,那样学生将失去自我衡量和自我认识的能力,更为悲哀的是这种心理状况会将政治道德理想降到次要的地位。

---

① [苏联]瓦·亚·苏霍姆林斯基.苏霍姆林斯基选集(第3卷)·公民的诞生[M].北京:教育科学出版社,2001:555.
② [苏联]瓦·亚·苏霍姆林斯基.苏霍姆林斯基选集(第3卷)·公民的诞生[M].北京:教育科学出版社,2001:548.

死记硬背还会使知识与学生的思想感情脱节,教学与教育脱节。所以,教师要给学生提供需要不断探索的作业,帮助学生掌握最合理的识记方法,教会学生对所学知识进行正确的逻辑分析,这样才可以保证教育目的的真正实现。

3. 体育

在人的全面和谐发展的思想体系中,体育被苏霍姆林斯基确定为各育之基础。因为学生的脑力劳动以及其他一切生活、学习活动是否可以顺利进行在很大程度上取决于孩子的身体状况。"身体健壮,感到自己体力充沛,似乎有使不完的劲——这是树立生气蓬勃的世界观、培养乐观精神和做好克服困难的准备的极为重要的条件。"①所以,他要求全体教师必须特别注意研究儿童的健康状况,同时,他自己也潜心研读了很多医学著作,这使他更加清晰地了解了学生内在生理、心理、性机能等方面发展的特点。根据他的观察研究表明,85%的学生之所以成绩差,是因为其健康状况不佳或患有某种疾病。"虚弱无力、容易得病的孩子,上课时很快就会疲乏,他的眼睛无神,动作迟钝。"②所以,要使学生得到全面发展,必须研究学生的健康状况。

遗传因素是影响学生健康状况的原因之一,对此,教师是无能为力的。但是,还有一个因素对于学生健康的影响不容小觑,那就是精神生活,尤其是脑力劳动的素养。苏霍姆林斯基强烈反对学校将孩子的头脑看作是能够无休止地输入的电子构件,他认为孩子的脑部是极其精细娇嫩的器官,需要细心对待,不可一味求快,而要注意脑力劳动组织得是否正确、周密与合理。

一方面,苏霍姆林斯基带领他的学校集体与学生家长一起,根据学生的不同情况,为孩子制定合理的作息制度和饮食制度。苏霍姆林斯基指出,不能让学生把全部时间都用在学习上,要给学生留下许多自由支配的时间,他才能够顺利地学习。苏氏还非常详细地对学生一天的学习与休息进行了限制,提出不应让儿童大脑过度疲劳。他将人的休息分为两种:"一种是什么事都不做,一种是从事积极活动的休息。"③苏氏更提倡后者,一个人生活的每时每刻都应该用来丰富精神生活,"对于那些善于休息的人来说,连观察自然界和欣赏艺术作品也都是创造性的活动"④。

除了合理的作息外,苏霍姆林斯基也非常重视学生们的饮食问题。每一个学生家庭都持有

---

① [苏联]瓦·亚·苏霍姆林斯基.苏霍姆林斯基选集(第1卷)·全面发展的人的培养问题[M].北京:教育科学出版社,2001:263.
② [苏联]瓦·亚·苏霍姆林斯基.苏霍姆林斯基选集(第1卷)·全面发展的人的培养问题[M].北京:教育科学出版社,2001:263.
③ [苏联]瓦·亚·苏霍姆林斯基.苏霍姆林斯基选集(第1卷)·全面发展的人的培养问题[M].北京:教育科学出版社,2001:267.
④ [苏联]瓦·亚·苏霍姆林斯基.苏霍姆林斯基选集(第1卷)·全面发展的人的培养问题[M].北京:教育科学出版社,2001:267.

学校为他们分发的、照顾了每个孩子个人特点的有关正常合理营养的手册。

另一方面,安排校园良好的外部环境。帕夫雷什中学是一所美丽的校园,苏氏一直致力于将校园美化成为一所"有氧校园",苏氏指出:"在新鲜空气中的、紧张的体力和脑力劳动的时间越多,各个器官的发育及其功能的发挥就越协调,就越不容易疲劳,睡眠的恢复作用也越好。"①

4. 美育

美育在苏霍姆林斯基的教育体系中占有十分特殊的地位,因为"它与个人和集体的精神生活的各个领域都有着多方面的联系"。② 他将美育称为"情感教育"。情感教育通过其特有的方式对学生起着潜移默化的作用。

（1）美育的任务

苏氏认为:"美是道德纯洁、精神丰富、体魄健全的强大源泉。美育的最重要的任务,就是教会儿童从周围世界的美和人的关系的美中看出精神的高尚、善良和诚恳,并在此基础上在自己身上确立这种美。"③所以美育的进行是同德育、智育、体育、劳动教育紧密联系在一起的,在各个教育领域中,教师通过带领学生用发现美的眼睛去学习,去欣赏,激发出学生对美的赞赏之情,从而净化心灵,形成心灵的美,最终才能实现人的全面和谐发展。

（2）美育的基础和核心

苏氏认为,感知和理解美是审美教育和审美修养的基础和核心,离开这个核心,对于生活中一切高尚的东西就会没有感情、失去知觉。所以,在帕夫雷什中学,孩子从入校接受教育的第一天起,就被引导着观看、领会、感知、理解周围世界的美。

（3）美育的途径

他很重视绘画和音乐在美育中的特殊地位,这两种途径可以赋予儿童看见美和感受美的能力。绘画和音乐所起作用的领域,是在其他途径所无法触及的地方开始的。他还高度评价了文艺作品在美育中的作用。比如我们无法用言语表达的东西,可以用色彩和音符来抒发,同时,在欣赏一些具有深刻思想的绘画和音乐作品的过程中,学生自主地审视自己的内心,陶冶着学生的情感,这种情感强烈地震动学生的价值观和世界观。

苏氏指出,教师一年四季都应带领学生走进大自然,"欣赏朝霞和开着荞麦花的白色田野……

---

① [苏联]瓦·亚·苏霍姆林斯基.苏霍姆林斯基选集(第4卷)·帕夫雷什中学[M].北京:教育科学出版社,2001:229.
② [苏联]瓦·亚·苏霍姆林斯基.苏霍姆林斯基选集(第1卷)·全面发展的人的培养问题[M].北京:教育科学出版社,2001:241.
③ [苏联]瓦·亚·苏霍姆林斯基.苏霍姆林斯基选集(第1卷)·全面发展的人的培养问题[M].北京:教育科学出版社,2001:241.

欣赏云雀的歌唱和蜜蜂的嗡鸣"。① 当儿童注意到这一切的时候,教师就要以鲜明的、充满情感的语言向他们揭示这种美。

5. 劳动教育

劳动教育是苏霍姆林斯基全面和谐发展理论的重要支柱。在他看来,没有劳动,就没有真正的教育。劳动教育是与德育、智育、体育、美育紧密结合在一起的,贯穿于整个全面和谐发展理论之中。他曾说:"我们认为学校教育的使命就在于,使劳动进入个人的精神生活、进入集体的生活,要使热爱劳动早在少年时期和青年早期就成为一个人的最重要的品质之一。"②因此,他为学生们建立了一套完整的劳动教育体系。帕夫雷什中学的教师们就是通过这一套系统来发挥劳动教育的作用,推动学生德、智、体、美全面发展,并发掘学生的天赋和才能,增强学生自尊感和责任感,使劳动成为学生精神上的需要,同时为将来所要从事的职业做好准备。

(1) 劳动教育的两种途径

第一条途径是教学大纲所规定的全体学生的必修劳动课。课程要求掌握一些劳动的技能和技巧,如学习操纵内燃机、拖拉机,电工的初步课程,进行植物栽培和动物饲养方面的实习等,女生所进行的是花费体力较少,但要求精确度和设计技巧较高的劳动作业。

第二条途径是根据学生的素质、兴趣和爱好而自愿选择的劳动。例如,学校中有少年设计师小组、建筑家小组、园艺小组等,各种技术小组和农业小组将儿童引进了创造性的世界,激发儿童对于劳动的热爱,促进儿童智力的发展以及自尊心、自豪感和责任感的养成。

(2) 劳动教育与其他各育的关系

在苏霍姆林斯基看来,劳动教育实质上是人的全面和谐的基础,他与德育、智育、体育和美育有机地联系在一起。劳动教育对德育具有促进作用。学生只有通过亲身劳动,感受劳动的困难,才能真正养成热爱劳动和尊重劳动人民的品质,才能形成科学的世界观和远大的人生理想。

劳动教育对智育也有很好的促进作用。苏氏认为,儿童在劳动中会遇到很多不懂的东西,思想故而变得活跃。同时,劳动是推动学生学习、开发智力的强大情感动力。

劳动是增强学生体质的主要手段,能够培养学生完美的体魄;劳动教育可让学生们发现美、体会美,使孩子的劳动成为一个审美创造活动,使劳动产品具有审美价值。

总之,劳动教育是贯穿于整个教育之中的。苏氏曾说:"离开了思想教育、智育、德育、美育、情感教育和体育,离开了创造、兴趣和需求,脱离了学生之间多方面的联系,劳动就成了学生们的

---

① [苏联]瓦·亚·苏霍姆林斯基.苏霍姆林斯基选集(第1卷)·全面发展的人的培养问题[M].北京:教育科学出版社,2001:243.
② [苏联]瓦·亚·苏霍姆林斯基.苏霍姆林斯基选集(第1卷)·全面发展的人的培养问题[M].北京:教育科学出版社,2001:226.

负担。"①劳动必须要成为学生精神上的需求,才能起到它应有的作用。

(四) 实施人的全面和谐发展理论的主要途径

1. 通过学校教育促进人的全面和谐发展

学校主要通过教师、课程和环境三个方面对学生进行全面和谐教育。

首先是教师。"把整个心灵献给孩子"便是苏霍姆林斯基一生从事教育事业的真实写照。苏氏很重视教师在学生求学生涯中所起的关键性作用。他将儿童比作花朵,如果无人照看,它很快就会枯萎。同样道理,任何一个人如果无人管教,他就会随波逐流,成为社会的危害。苏氏曾说:"我的夙愿始终是不再使任何一个少年成为违法分子和犯罪分子。"②教师的任务是使学生在儿童期形成感知周围世界的细腻感情和情感素养,同时还具有人的自尊心和自豪感,不去侵犯任何私人的和隐秘的事情。

其次是课程。包括一切课内与课外的活动。苏氏认为课堂学习与课外活动必须结合起来。课堂教学是进行智育的最主要途径,教师通过教学对学生进行智力的开发,使学生掌握各科的基础知识和基本原理。同时,课外学习、课外活动也是培养人的全面和谐发展的重要组成部分。苏氏为学生制定了具体的作息制度,提供给学生充足的课余活动时间,通过课外活动和阅读开阔学生眼界,丰富学生的精神生活,使学习变得简单愉快。

最后是环境。苏氏认为美丽的大自然以及校园环境可以对学生进行潜移默化的影响。他倡导学生们多去欣赏大自然的美,捕捉自然界很多细微的变化,从而陶冶心性;观察变化万千的自然现象,也有助于锻炼学生的观察能力、思维能力。优美的学校环境对于儿童的道德观念、情感陶冶、身体素质等方面的发展也有着特殊的作用。

2. 通过家庭教育促进人的全面和谐发展

苏霍姆林斯基高度重视家庭教育的作用,关注家庭与学校的紧密配合。他认为,没有家庭教育配合的学校教育,和没有学校教育支持的家庭教育,都不可能完成培养和谐发展的人的教育任务。所以在帕夫雷什中学里,他建立了一个完整的"学校—家庭教育体系"。他曾说"没有比让母亲和父亲学会如何教育儿童更为重要的任务了"③,为此,苏氏潜心研究家庭教育的理论,并从20世纪50年代初起就在学校中开设"家长学校",使家长掌握最低限度的教育学和心理学知识,并鼓励家长把学到的理论和自己孩子的精神生活联系起来。苏氏强调,学校要做到和家庭协调一致

---

① [苏联]苏霍姆林斯基选集(第3卷).公民的诞生[M].北京:教育科学出版社,2001:819.
② [苏联]苏霍姆林斯基选集(第3卷).公民的诞生[M].北京:教育科学出版社,2001:406.
③ [苏联]瓦·亚·苏霍姆林斯基.苏霍姆林斯基选集(第2卷).给教师的100条建议[M].北京:教育科学出版社,2001:683.

地教育儿童,对他们提出共同的要求,抱着一致的信念,始终从同样的原则出发,才能为儿童的和谐发展创造良好的条件。

3. 通过自我教育促进人的全面和谐发展

苏联教育的普遍现象是将儿童视为被动的、抽象的教育对象,课堂只重视知识灌输和机械记忆,无视儿童作为教育对象的主体性以及儿童自身发展的内在需求,导致儿童变成了没有理想、没有信念的装满知识的容器。

据此,苏氏提出,真正的教育在于激发学生进行自我教育。通过自我教育,儿童才能真正地认识自我,也只有这样,外在的知识才能内化为儿童的精神财富。

进行自我教育的最重要的途径是阅读。苏氏挑选了360多本世界优秀文学作品充实"少年期金色图书馆",他认为,只有通过读书、领会书中人物的崇高的精神境界,并对自己提出要求,形成自我要求的品质,才算是自我教育的开始。

除了阅读,苏氏强调必须确认并提高学生对自学的需求。培养和自我培养自学需求的道路是"从被小组活动吸引到被书本吸引,从书本到自己的科学知识领域,从知识到创造性劳动"。① 在其中起决定性作用的是要将生活在书的世界和进行创造性劳动统一起来。

同时,自我教育还要建立在兴趣和爱好的基础上。苏氏在帕夫雷什中学组织了很多兴趣小组和活动小组,学生们利用下午的时间选择自己感兴趣的活动进行学习、劳动,通过这些活动,在由自己的双手和智慧所创造的东西中"看到自己",因为自己从事劳动所获得的满足感是一个人自尊感的根源,同时,也是一个人严格要求自己的根源。

教育与自我教育的关系是辩证统一的,教师要通过教育引导学生进行自我教育,同时,"没有自我教育,没有为了认识和自我认识的需要而去集中智力和意志力,知识教育和教学就不可能具有教育作用"②。所以,学生是在一定的教育影响下成长的,自我教育是教育的结果,但反过来,自我教育也是进一步进行教育的条件和动力。如果学生缺乏自我教育的愿望,再好的外界环境以及教育,都难以培养出个性全面和谐发展的人。

4. 通过集体主义教育促进人的全面和谐发展

集体主义是培养全面和谐发展人的一条重要教育原则。在苏氏的教育体系中,对学生进行集体主义教育主要是通过三条途径,第一是通过教师个人及教师集体进行教育;第二是通过班集

---

① [苏联]瓦·亚·苏霍姆林斯基.苏霍姆林斯基选集(第3卷).公民的诞生[M].北京:教育科学出版社,2001:604.
② [苏联]瓦·亚·苏霍姆林斯基.苏霍姆林斯基选集(第3卷).公民的诞生[M].北京:教育科学出版社,2001:599.

体进行教育；第三是通过课外活动进行教育。由于苏霍姆林斯基的集体主义思想大多来自于马卡连柯的教育思想，所以其内容从本质来讲是一致的，故不赘述。

三、论学校管理

苏霍姆林斯基的学校管理思想精辟而独到，时至今日，仍有很多值得我们借鉴的地方。

(一) 学校的领导，首先是教育思想上的领导

苏霍姆林斯基认为，校长必须树立正确的教育思想，他首先应该是教育思想上的领导，其次才是行政上的领导。苏霍姆林斯基在谈论这个问题时讲到，教师的思想水平和业务水平不断提高，校长如果把主要精力放在行政事务方面，他就有跟不上教育科学最新进展的危险。那么，对学校进行教育思想上的领导究竟应该从哪些方面入手？

1. 完善个人修养

校长是学校的灵魂，是整个学校运行的中心。所以，一个校长是否具备做校长的修养就显得至关重要。

首先，校长应"深深热爱孩子，有跟孩子们在一起的内在需求，有深厚的人道精神，有深入到儿童精神世界中去并了解和觉察每个学生的个性和个人特点的能力"。[①] 这种品质，是无法从书本学习中获得的，而是一个人高度的教育素养。"尽可能深入地了解每个孩子的精神世界，是教师和校长的首条金科玉律。"[②]

其次，精通教育科学是学校的领导者的素质。要想把学校领导好，校长一定要精通教育科学，并把这门科学应用到指导教育以及组织全校师生活动之中，同时还要成为教育教学的能手，掌握影响儿童的艺术。

再次，具有高度的知识素养。苏氏认为，校长及老师高度的知识素养是促使孩子热爱知识的首要源泉，所以，作为一校之长，要不断提升自己的文化素养和知识素养，不仅要懂得教学大纲所要求的知识内容，还要了解每个学科最前沿的发展，只有这样，才能够领导学校的发展。苏氏在这方面为每一位教师做出了榜样。

---

① [苏联]瓦·亚·苏霍姆林斯基.苏霍姆林斯基选集第4卷.帕夫雷什中学[M].北京：教育科学出版社，2001：35.
② [苏联]瓦·亚·苏霍姆林斯基.苏霍姆林斯基选集第4卷.帕夫雷什中学[M].北京：教育科学出版社，2001：45.

2. 建立教师集体、统一教育信念

教师,是学校发展的轴心。教师集体应该是一股团结的力量,是一个友好的、志同道合的、有创造性的并拥有统一的教育信念的集体。只有建立了这样的教师集体,集体中所保留下来的珍贵的道德财富和智力财富才能够被继承、发展,一批批新教师在这样的环境中才能够得到快速成长,这是实现学生的全面和谐发展的根本保障。

苏氏认为,教师集体的生存和发展必须要依靠集体的思考和创造将他们联合起来。校长作为这个集体的组织者和领导者,要善于"把各个教师组织起来进行集体思考,并在创造性的劳动中去实现集体的思想"。[①] 苏氏还强调,整个学校应是一个完整的集体,学校的全体人员(从校长到看门工人)要有一致的教育思想,为同一个教育目标努力。

3. 要成为"教师的教师"

苏霍姆林斯基认为,作为一校之长,除了做到以上两点之外,还必须通过以身作则的榜样作用,去影响、带动和领导教育集体,成为教师的教师,为教师所尊重和信赖。

首先,要领导全体教师进行创造性的劳动。苏氏说,面对教育、教学,并不是每一位教师从任教开始就是激情澎湃的,校长所要做的就是将每一位老师看作被教育者,带领他们探索、分析并通过艰辛的努力解决教育现象和问题。但是,苏氏强调,这种"带领"不是命令,而是通过一步步引导启发或者是亲身示范,让教师自己从教学经验中独立反思和钻研,从而点燃教师发现和创造的火花,驱散教师对工作的冷漠和惰性。

其次,要带领教师集体了解和研究儿童。苏霍姆林斯基将"科学地研究儿童"看作是科学地领导学校和管理教育过程的主要条件之一,并且把"了解孩子"视为教育学理论和实践的最主要的接合点和对学校集体进行领导的各条线索的集结点。苏氏很看重和孩子的接触和交流,他积极参与集体活动,和学生们成为了朋友、同志,他还坚持观察他所教授班级的学生,直接观察人数达到 3 700 多人,这正是他以身作则,为教师集体做出的榜样。在苏氏的引导下,"了解并研究儿童是培养学生全面和谐发展的第一步"成为了教师们心中笃定的信念之一。

最后,要帮助教师完善教育教学技巧。实现学生的全面和谐发展,就必须有高素质的教师,但"好教师并不总能带着已经成熟的素养到学校来"[②]。所以,作为校长,要善于对他们进行耐心细致的培养和教导。作为学校的领导者,一定要了解新任教师从事教育的真实想法,并根据实际情况为他提供学习上的帮助,同时,在教学技巧上,校长通过大量的听评课,分析和判断教师的问

---

① [苏联]瓦·亚·苏霍姆林斯基.苏霍姆林斯基选集(第1卷).全面发展的人的培养问题[M].北京:教育科学出版社,2001:273.
② [苏联]瓦·亚·苏霍姆林斯基.苏霍姆林斯基选集(第4卷).帕夫雷什中学[M].北京:教育科学出版社,2001:60.

题所在,通过引导刺激教师发现问题、解决问题、探索创新的积极性。

(二) 校长的工作不仅在校内,而且在校外

1. 走访学生家庭、了解儿童生活环境

苏氏认为,一个校长作为学校的首要教育者,应当分析和研究儿童入学前的生活环境。苏氏每周都会走访个别学生的家庭,和学生的家长、邻居、以前的老师交谈,以便深入了解这些学生形成道德的最初环境。苏氏曾说:"孩子们的健康,在我们学校也是校长经常关注的对象。不经常关心孩子体质的增强,就不能想象有成效的教育。患有疾病和身体不适的孩子有时仅仅因此而没法接受教育。……教师不能不去了解孩子身上发生了什么情况。"[①]

2. 接待外来参访人员

在苏霍姆林斯基的领导下,帕夫雷什中学成为了 20 世纪 60 年代苏联有名的实验学校,前来参观的来自世界各地的教育者络绎不绝。苏氏在《和青年校长的谈话》中提到,接待别的学校校长和教导主任来校参观访问已成为帕夫雷什中学的一个传统。苏氏认为这是推广学校领导工作经验的一种十分有价值的形式。正是因苏氏的努力,外界纷纷效仿帕夫雷什中学的领导模式,为传播有效的学校领导经验作出了很大的贡献。

(三) 做一个好校长,同时做一个好教师

苏霍姆林斯基认为:"通过教师去教育孩子,充当教师的教师,教授教育工作的科学和艺术——这是非常重要的,但这只是学校多方面领导工作中的一个方面。如果主要教育者只是教别人怎样教育而并不直接接触孩子,它就不再是一个教育者了。"[②]所以,要当好一名校长,就一天也不能脱离学生和教学。

一个好教师意味着什么?

首先,意味着他是一个热爱孩子的人,愿意了解孩子的心灵并善于与孩子交朋友。这就要求教师相信每一个孩子都能成为好人,不论他曾经犯过什么错误,都不能视其"不当行为"为"存心作恶",都要相信教育力量可以使他成长。只有将教育建立在相信孩子的基础上,它才会成为一种现实的力量。此外,苏氏还强调要避免体罚,他说,当孩子犯错之后,不应对孩子严惩,而应施予以爱为主的教育,把热爱孩子当作治愈他们内心创伤的良药。

---

① [苏联]瓦·亚·苏霍姆林斯基. 苏霍姆林斯基选集(第 4 卷). 帕夫雷什中学[M]. 北京:教育科学出版社,2001:51.
② [苏联]瓦·亚·苏霍姆林斯基. 苏霍姆林斯基选集(第 3 卷). 我把心给了孩子们[M]. 北京:教育科学出版社,2001:7.

其次，一个好教师应该是精通他所教科目的那门科学的人，热爱那门科学，并了解它最新的发展动态。只有教师本人热心于自己所教科目，并具备进行独立研究的能力，他才具有成为好老师的条件。苏霍姆林斯基对自己正是这样严格要求的。他在自己所擅长的语文专业上具有高深的素养，而且做到了精益求精。为了能够领导好教师集体，他对其他科目也均进行深入学习和仔细研究。

再次，一个好教师应是懂得心理学和教育学的人。只有懂得心理学和教育学，在学生表现出异常时，教师才知道该如何应对。这一点是至关重要的，也是每一位从教人员所必备的基础知识，是走进学生内心的必经之路。

四、苏霍姆林斯基教育思想评析

苏霍姆林斯基将自己的一生奉献给了教育事业，毕生都在教学实践和领导岗位上辛勤工作，立足自身教育经验，不断吸收国内外的先进教育思想，确立了系统的教育思想体系。他的教育教学思想涉及内容十分丰富，很多论述也独具特色，虽是针对当时苏联的教育问题进行的分析纠正，对于我国今日的教育也有着非常重要的启示。

（一）苏霍姆林斯基教育思想对苏联教育的影响
1. 苏霍姆林斯基教育思想针对苏联教育时弊提出

苏霍姆林斯基对苏联 20 世纪 30 年代至 60 年代的教育改革活动一直持有自己的看法，他不赞同任何绝对化的教育政策和目的，而是主张在教育实践中实施和谐发展，知识学习与劳动锻炼二者不可偏废其一。在当时的历史环境下，他的教学行为避免了盲目推崇智力发展或一味追逐"劳动教学"的两个极端化表现，对于匡正苏联错误的教育政策具有特殊的历史意义和现实意义。

2. 全面和谐发展的教育理论影响苏联教育实践的发展

基于当时苏联教育出现的问题，许多教育家都进行了有针对性的研究，提出各自的观点。苏霍姆林斯基提出的全面和谐的教育理论避免片面地强调知识、智力的发展，同时避免过度重视劳动教育，强调人的全面发展，关注学生的主体存在，尊重学生的个性特征，指出要将人的个性化的全面和谐发展建立在广泛的多方面教育的完全实施上。只有这种全面发展的教育理论，才能补救以往苏联普通教育理论发展中的缺陷。

3. 成功的教育管理树立了学校教育的杰出榜样

作为一个充满着爱心和责任感的伟大教育家，苏霍姆林斯基自身作则，作为校长时刻不离教育第一线,与学生、与教师、与家长密切联系。他严格要求自己,提升自身素养,在教育知识、教师品德、教学技能各方面做教师们的表率;也注重做"教师的教师",通过教师集体带动教师共同成长,使教师成为学生的贴心人和指导者。此外,苏霍姆林斯基还注重放眼校外,与家长沟通,与社会联系,利用各种资源,推进学生的全面和谐发展。

(二)苏氏教育思想对我国的基础教育的启示

1. 充分重视学生在教学过程中的主体地位

苏氏的全面和谐发展思想既注重学生的全面发展、和谐进步,亦将学生置于主体地位,关注学生的个性和特长,促进学生快乐成长,将学生的自尊和幸福置于重要的地位,与我国的素质教育目标相一致,对反思我国的应试教育具有重要的意义。我国现有应试教育过分重视智力教育而忽视德、体、美等方面的协调发展,教育评价也同样是以分数作为考查学生学习和评估教师工作的基本依据,误导着中国教育的发展。

2. 教师是学生学习过程中的引导者和辅助者

苏氏所提倡的教师形象应是学生的朋友、同志,不论在生活上还是学习上都能够给学生以正确的引导,而非进行强行灌输和要求学生死记硬背的单纯的授课老师。苏氏在其文章中曾反复提到教师的作用:在课上,教师要善于引导学生进行艰苦的脑力活动,对于"困难学生"要尤其耐心,要懂得因材施教。在课下,教师要将身边一切有教育意义的事物呈现在学生面前,熏陶学生的情感、树立其正确的价值观,促进学生的全面和谐发展。为了更好地促进学生发展,校长应将教师的专业成长置于重要地位,只有教师集体充满活力,不断进取提升,对学生充满爱,对教育兢兢业业,才能有助于学生的全面和谐发展。

3. 一切教育教学活动都要以促进人的发展为根本目的

苏氏认为,学校所做的一切都要有教育意义,而这个教育意义便是促进人的全面和谐发展。例如:课堂上,教师进行教学不能只是呆板地将科学知识灌输给学生,而应将人类的宝贵财富以一种精神性的东西传递给学生,使其思想受到鼓舞,同时,评价学生不能以学生某一次的回答作为评判的唯一标准,这是只见花瓣忽视花朵的行为;在课外阅读时,教师要通过书中主人公的优秀品格激励学生,激发学生的求知欲以及自我教育的意识,这是促进人的发展的非常重要的途径;在劳动教育中,要将学生的智力、道德、美感以及体能发展与其相结合,如果只是单纯地进行体力劳动,那么劳动教育就失去了它应有的教育价值。苏霍姆林斯基重视校园文化对学生的深刻影响,通过校园文化建设,促进学生独具特色的个性化的全面和谐发展。苏霍姆林斯基教育思想的产生尽管已经五十年了,但其教育思想至今仍值得研究、回味和借鉴。

【思考题】

1. 评述苏霍姆林斯基关于人的全面和谐发展的教育理论。
2. 简述苏霍姆林斯基的学校管理观。
3. 试析苏霍姆林斯基的教育思想对我国的基础教育现状及改革有何借鉴意义。

【阅读书目】

1. 魏智渊主编.苏霍姆林斯基教育学[M].北京：经济管理出版社,1999.
2. 蔡汀主编.走近教育家苏霍姆林斯基[M].北京：教育科学出版社,2007.
3. 王天一主编.苏霍姆林斯基教育理论体系[M].北京：人民教育出版社,1992.
4. 毕淑芝主编.苏霍姆林斯基的全面发展理论[M].上海：上海教育出版社,1991.

第二十章 现代人本主义教育的大师：罗杰斯的教育思想

卡尔·罗杰斯（Carl Ransom Rogers，1902 - 1987）

> 个体内部具有大量的有助于自我理解、有助于更改个体自我概念、态度和自我主导行为的资源；而且，假如能提供明确的、使人奋进的态度这样一种心理气氛，这些资源就能被开发。
>
> ——罗杰斯

【内容摘要】罗杰斯是美国著名的人本主义心理学家和教育家，也是著名的心理治疗专家。他以存在主义的哲学、"以我为中心"的人格理论、"以人为中心"心理疗法的理论与实践为依据，论述了他的人本主义教育思想，涉及自我实现的教育目的论、教学过程观、"非指导性教学"理论、有意义学习与自由学习、师生关系理论。他的人本主义教育思想对现代教育理论的发展作出了重要贡献，产生了深远影响。

【核心概念】罗杰斯；自我实现；教学过程观；非指导性教学；人际关系

一、生平活动

卡尔·罗杰斯是美国著名的人本主义心理学家和教育家，他因其"以人为中心"的心理治疗法的理论与实践而于1956年荣获美国心理学会授予的"杰出科学贡献奖"，也因其心理学的研究工作于1972年被美国心理学会授予"心理学杰出专业贡献奖"。

卡尔·罗杰斯出生在美国的一个宗教氛围浓厚的家庭里。父亲和母亲都在威斯康星大学受过高等教育，都信仰基督教，并且热心于地方的宗教事务。他的童年生活是美好而孤独的。受父母的影响，他从小就喜欢读《圣经》的故事。父母对自家的所有孩子都关怀和爱护，但家庭教育很严格,崇尚艰苦劳作的美德,对孩子的行为控制很严,如不能喝任何含酒精的饮料、不跳舞、不打牌、不去戏院,社交活动很少。在家庭中,罗杰斯尽管有欢乐,但不能忘情投入,更多的时候是独处,生活在自己的幻想世界里。罗杰斯12岁时,全家搬到芝加哥的一个大农庄。他对大飞蛾产生了极大兴趣,观察和研究它们,后来居然成了研究树林蛾类的权威专家。

1919年,罗杰斯17岁时考入父母的母校——威斯康星大学,主修农业。大学前两年期间,因为几次激动人心的宗教集会,他改变了他的专业目标,从农业科学家转向做一个牧师。他在完成学业和结婚后选择在联合神学院学习,为将来的职业准备知识,但在学习过程中感到自己不适合做牧师,于是到哥伦比亚大学教育学院攻读临床心理学和教育心理学学位,师从威廉·基尔伯特里学习教育哲学,于1928年获得硕士学位,接着从事儿童临床实践,在这一过程中产生了"做一名临床心理学者"念头。1928年,罗杰斯成功地谋得了一个心理学工作的岗位——纽约罗切斯特"预防儿童虐待协会"担任主任一职,尽管薪水不高,但他非常喜欢这一职业,在这里工作了12年,积累了丰富的实践经验。

1940年,俄亥俄州立大学在罗杰斯《问题儿童的临床治疗》出版后,慧眼识英雄,聘他为教授,从此他开始了全职的学术研究。1940年12月,他把自己给研究生讲课中的一些独特想法整理成文,并在明尼苏达大学发表演讲,结果引起强烈的反对声浪。他说:"我第一次体验到这样一个事实:我自己的一个新的观念,在自己看来显得光华四射,潜能巨大,可是对他人却似乎是某种极大的威胁。我发现自己成了学术批评的焦点,成了正反两方辩论的源头,这使我感觉心中不安,并产生了困惑和疑问。"[①]1942年,为了解答困惑和疑问,他完成了他的第二部著作,即畅销全球的《咨询与心理治疗》,明确阐述了有效的治疗方法的取向。

1945年,罗杰斯受聘于芝加哥大学,受命组建了一个心理咨询中心,自此开始了12年的教学、研究和咨询实践生涯。他一边担任心理学教授,一边完成了芝加哥大学心理咨询中心的建设工作。1951年他的最重要的第三部著作《当事人中心疗法》出版,系统地总结了他的当事人中心疗法的思想和实践,涉及的领域不仅包括个别疗法,还包括游戏疗法、团体治疗、组织和领导,以及以"学生为中心"的教育。1956年,罗杰斯因其杰出的成就成为"美国心理治疗学会"的第一任主席。他于61岁时退休,但仍然笔耕不辍。

二、教育思想的理论基础

(一) 存在主义的哲学基础

罗杰斯的教育思想是以存在主义哲学为基础的。存在主义哲学关注人的独特存在和体验,

[①] [美]罗杰斯.个人形成论[M].杨广学,等,译.北京:中国人民大学出版社,2005:12—13.

建构"我与你"的师生关系,强调人的自由选择和自我实现,都对罗杰斯的教育思想产生了重要影响。在教育目的上,罗杰斯的"自我实现"的教育目的就受到了存在主义的"自我生成"教育目的观的影响。萨特的"自我创造"观、海德格尔的"自我设计"和雅斯贝尔斯的"自我超越"观,无不彰显存在主义教育目的的自我生成性质。存在主义的教育目的,就是通过情感教育、人文教育和个性化教育,彰显人的自我实现,使学生在教师的帮助和引导下自由选择,负责任地成为自由的人和自我实现的人。雅斯贝尔斯就认为:"教育的目的在于让自己清楚当下的教育本质和自己的意志,除此之外,是找不到教育的宗旨的。"[①]这种"自我生成"的教育目的观,构成了罗杰斯的"自我实现"教育目的观的重要的思想来源。在师生关系理论上,罗杰斯受到了马丁·布伯的"我与你"关系理论的影响。马丁·布伯认为,教师与学生的关系是"我与你"的关系,而不是"我与它"的关系。前者真诚地表现了两个具体主体性的人的"对话"关系,即双方真诚地赏识对方、欢迎对方、肯定对方,同时也受到对方的赏识、欢迎和肯定。在这种思想的影响下,罗杰斯也试图在心理治疗和教学活动中建立"我与你"的关系,他要求教师与学生之间保持一种真诚透明、互相欣赏和接纳、共情理解的关系。

罗杰斯对自己的理论与存在主义哲学之间的承继关系有过清楚的表达:"我不是存在主义哲学的研究者。我最先熟悉的是克尔凯郭尔和马丁·布伯的著作,我在芝加哥大学时一些研究神学的学生竭力向我推荐这些著作。这些学生确信我会发现这些人的思想与我的旨趣相投,在这一点上他们没有说错。例如,对于克尔凯郭尔的某些思想我并没有多少共鸣,但他许多深刻的洞见和信念完美地表达了我所持有但却未能明白说出的观点。虽然克尔凯郭尔是生活在一百年前的古人,我却禁不住要认定他是一个敏锐而极有远见的同道。本文(指《要人,还是要科学?》)可以表明我十分感激他对我思想的启发,最重要的事实是,阅读他们的著作使我能够放开思路,使我更愿意信任并且愿意表达我自己的体验。"[②]

(二)"以我为中心"的人格理论

1. 人性本善的建设性倾向

关于人性的看法,当时美国学术界流行的观点是,人就其本质而言是非理性的,如果对人的非理性的冲动不加以控制,既会对他人也会对自我造成伤害。罗杰斯认为,这种观点是根本错误的。"其原因在于这样一个事实,即在治疗中,总是存在着不加遮掩的敌意和反社会情感,所以我们很容易作出假定,说这个现象表现了人类深层的因而也是根本的天性。因此,经过了很长时间之后,我才慢慢地承认,这些野性的和非社会化的情感,不是最深层的、最强烈的人类情感;人格

---

① [德]雅斯贝尔斯.什么是教育[M].邹进,译.北京:生活·读书·新知三联书店,1991:44.
② [美]罗杰斯.个人形成论[M].杨广学,等,译.北京:中国人民大学出版社,2005:185.

的内核就是有机体自身,而有机体在本性上是自我保存的、社会性的。"①人性本善,而不是恶的。人性中的恶是现存世界的商业文化和技术文化对人的需要加以控制和压抑所造成的。在罗杰斯看来,人性的核心、人格的最深层面,在本性上是积极的——从根本上说是社会性的、是向前运动的,是理性的,也是现实的。他说:"当自由地发挥机能时,人类的基本特征是建设性的,而且是值得信赖的。这是我从四分之一个世纪的心理治疗经历中得出的一个必然结论。当我们能够把个体从自我防御中解放出来,使他向自身各种各样的需要以及各种各样环境和社会的需求开放,那么就可以相信他的反应是积极的、向前发展的、建设性的。"②由此可见,罗杰斯对人性的认识是持乐观的、建设性的态度,其核心在于:一个人能用建设性的方式处理自己的生活情境。

2. 人格发展的自我概念

自我概念是罗杰斯人格理论中的一个核心概念,是罗杰斯于50年代在其"患者中心治疗"的理论中阐发出来的。罗杰斯对"自我"的界定是:"自我包括个体整个儿地去知觉他的机体,他体验到的所有知觉,体验到的这些知觉与所处环境中其他知觉以及整个外部世界发生关系的方式。"③这个定义表明,自我是一种体验,一种对自己的生理、情感、态度、能力等因素的整体认识以及个体对自己与所处环境关系的认识。概括地说,"自我"具有如下特点:④(1)自我是对"我"的特点的觉知,是对与我有关的人和事物的觉知的总和;(2)自我是一个有组织的稳定结构,它能吸收或同化其他经验,但仍保持其"基本的格式塔"性质不变;(3)自我不同于弗洛伊德的人格结构要素,不是控制行为的主体;(4)作为一种整体的经验模型,自我主要是有意识的或可以进入意识的东西。自我概念理论对于教育具有重要意义,因为学生是依据自我概念来对现实作出反应的,积极的自我评价是学生充分实现自我的条件。

3. 自我实现的倾向性

自我实现的倾向既是罗杰斯人格自我心理学的动机理论,又是罗杰斯充分发挥机能者思想的自然基础。所谓"自我实现的倾向性"是指一个人使自己的内在潜能得到充分发挥的倾向,是一个趋向健康人格、美好生活的先天动力倾向。在罗杰斯看来:"人先天就有一种自我实现的需求,完善自己的需求,过上惬意生活的需求,一旦后天的环境满足了这种需求,人就自然而然地会得到充分、和谐、完美的发展;一旦满足了这种需求,个体就自然而然地'形成'为一个'真正的人'。"⑤

---

① [美]罗杰斯.个人形成论[M].杨广学,等,译.北京:中国人民大学出版社,2005:84.
② [美]罗杰斯.个人形成论[M].杨广学,等,译.北京:中国人民大学出版社,2005:180.
③ 钟启泉,黄志成.美国教学论流派[M].西安:陕西人民教育出版社,1993:245.
④ 杨鑫辉.心理学通史(第5卷)[M].济南:山东教育出版社,2000:299.
⑤ 钟启泉,黄志成.美国教学论流派[M].西安:陕西人民教育出版社,1993:250.

其结果就是"自我"、"自我概念"的发展、扩充及实现。

这种"自我实现的倾向性"理论,无论对教师,还是对学生,都有重要意义。对教师而言,学生的自我实现的倾向是教师依靠的基本动力。如果学生能真实地接触生活的问题,那么他就会愿意学习,想要成长,寻求发现,渴望创造。教师会认为自己的作用在于与学生建立这样一种个人的关系,能在班级创造这样一种气氛,从而能使人的自然倾向得到实现。对学生而言:"学习和变化的动力源于生命自身的自我实现的倾向,这一机体倾向能朝着所有不同的潜能发展的方向流动,于是就有了自我提升的体验。"①

(三)"以人为中心"心理疗法的理论与实践

"以人为中心"心理疗法是罗杰斯一生的主要学术活动,也是他建构"以我为中心"的人格理论的实践基础。不了解他的"以人为中心"心理疗法也就难以具体掌握他的人格自我理论的丰富内涵,更难以把握他的"以学生为中心"教学方法的精神实质。诚如他自己所说:"心理治疗的经验对于教育、人际交流、家庭生活和创造过程,具有丰富的甚至是深刻的意义。"②他把他的"以学生为中心的教学"看作"把心理治疗的原则应用于教育的一种教学方法"。③

1. 心理治疗的基本假设:来访者具有自我成长的能力

罗杰斯坚信,每个来访者都具有自我实现、自我成长的能力,是他们而不是治疗者决定治疗和咨询过程的进行,也就是说他们是治疗过程中的主人。如果治疗者能为患者提供最佳的心理环境或心理氛围,他们就会调动自身的所有资源来进行自我理解,改变对他人和自我的认识,产生自我指导行为,从而使自身的心理趋于健康。

2. 心理治疗的基本目的:使来访者的人格得到成长和重建

追求使来访者的人格得到成长和重建是罗杰斯心理治疗的最高目标和最高境界。1957年,罗杰斯在《治疗性人格改变的充分必要条件》中表述了这种最高目标,他说:"'心理治疗的改变','建设性的人格改变'这些说法是什么意思?……它们的意思是:个人人格结构在表面层次和较深层次上的改变,其改变方向——按临床心理学家一致的看法——是更为整合,较少内部矛盾,有更多的能量可用于有效率的生活;是行为上的改变,从通常认为不太成熟的行为向成熟的行为的转变。"④这里所讲的人格的"整合"的意思就是使来访者的人格得以重建,最终达到自我和谐。

---

① [美]罗杰斯.个人形成论[M].杨广学,等,译.北京:中国人民大学出版社,2005:262.
② [美]罗杰斯.个人形成论[M].杨广学,等,译.北京:中国人民大学出版社,2005:249.
③ [美]罗杰斯.个人形成论[M].杨广学,等,译.北京:中国人民大学出版社,2005:251.
④ 江光荣.人性的迷失与复归——罗杰斯的人本主义心理学[M].武汉:湖北教育出版社,1999:107.

3. 心理治疗的基本条件：建构助益性人际关系

罗杰斯认为，心理咨询的成功取决于咨询者本身和他对被咨询者的态度，也就是能否建立一种助益性人际关系。这种助益性人际关系由三个方面的内容构成。(1) 真诚一致。在治疗关系中，心理治疗师能够不加"掩饰"和不戴面具，对当事人真诚以待，与当事人做直接而正面的沟通，能够开放地体验和表达他自己的情感，与他自身流动的情感和态度融为一体，他就可以促进当事人的变化。(2) 无条件积极关注。它要求治疗师能够真正愿意体验当事人此刻的任何一种情感——恐惧、困扰、痛苦、骄傲、愤怒、憎恨、爱恋、勇气、敬畏，能以一种尊重的方式关心当事人，以一种完全的而不是有条件的方式来欣赏当事人。治疗师的这种对当事人的内在经验体验到一种亲切、积极和接纳的态度，会有助于促进当事人的变化。(3) 共情理解。"当治疗师每时每刻体验到的情感和个人的意义就是当事人现在的体验，当他似乎从当事人的'内心'洞察到这些情感和意义，就如同他就是当事人一样，而且能够成功地把这种理解传达给他的当事人，那么这个共情理解的条件就实现了。"① 只要治疗师具备这三个助益性的条件，并且在一定的程度上被当事人所准确感知，"治疗的时刻"就会出现，当事人会感到痛苦，但明确地发现他正在学习和成长，而且他自己和治疗师都认为结果是成功的。总之，一个富有人情味、热心、真诚的治疗师，全心全意地关注、理解与他对话的当事人此时此刻的感受，才能称得上是最有效、最成功的治疗师。

三、教育目的论

罗杰斯的教育目的观建立在对传统教育目的观批判的基础上。他认为，传统教育目的只注重人的理智发展，片面地训练了人的认识能力，摒弃了与学习活动相联系的任何情感，忽视了自身最重要的部分，即学生精神世界的知情一体性。在这种教育目的影响下，教师和书本被置于教学过程的核心地位，学生成了被动接受知识的容器，师生互不信任；民主精神被忽视，人际关系紧张；学生的自我得不到发展和实现，难以适应急剧变化的社会。因此，罗杰斯对传统教育全盘否定，甚至提出了"废除教学"、"废除考试"、"废除年级和学分"等激进色彩浓厚的口号，要求协调学生的情感活动和认识活动，使学生成为知情统一的"完整的人"。

罗杰斯针对世界的迅速变化、充满矛盾和危机四伏的状况，从人本主义的视角提出了自我实现的教育目的观。他认为，每个人都具有与生俱来的优秀潜能，而这种潜能"在本质上是积极的、向前运动的、理性的和现实的"。② 根据"以患者为中心"的心理治疗的经验和感受，他断言："人

---

① [美]罗杰斯.个人形成论[M].杨广学，等，译.北京：中国人民大学出版社，2005：56.
② 钟启泉，黄志成.美国教学论流派[M].西安：陕西人民教育出版社，1993：246.

的本性,当它自由运行时,是建设性的和值得信任的。"①人的形成和发展就是人类先天潜能的展开或实现。因此,教育目的就是发展学生的潜能,促进学生的自我实现,使之成为"充分发挥作用的人"。

在罗杰斯看来,这种自我实现的"充分发挥作用的人"的人格特征是:(1)整体性。罗杰斯认为,真正意义上的人是情感与认知统一的完整的人,不仅身体、心智、精神、情感、情绪融为一体,而且内部世界与外部世界和谐一致。(2)动态性。罗杰斯认为,现代世界中,变化是唯一可以作为教育目的的依据。人的生命不是一种状态,而是一个过程。因此,变化是制定教育目的的依据。"如若我们要生存,这种教育目的是:促进变化和学习。唯一受过教育的人是已学会怎样学习的人,已学会怎样适应和变化的人,已认识到任何知识都不是完全可靠,唯有探索知识的过程才是完全的基础的人。变化性,一种对过程而不是对固定知识的信赖,是现代世界唯一的能作为教育的一种目标而具有意义的东西。"②因此,教育目的就是"培养对变化开放的、灵活的和适应的人"。(3)建设性。他相信人的本性是好的,积极向上的,对社会和别人都能持一种建设性的态度,能够适应社会的变化。(4)创造性。有创造性的人富有创新精神,"能够创造性地对各种新旧条件作出健全的顺应",会不断地趋向自我的实现,以一种为他最迫切的需要提供最大限度的方式行事。(5)有选择行为的自由。人的行为不完全是由环境和刺激决定的,在很大程度上是由人自己作出的选择决定的。人本主义教育就是要培养能够进行自我选择,并为这些选择负责的人。

四、教学过程观

罗杰斯的教学过程观是他整个教育思想的重要组成部分。罗杰斯论述的教学过程是人与人相互作用、形成以"接受""真实""移情性理解"为特征的完好"人际关系"的过程。它突破了传统的教学过程本质观,启示我们要重视情感、人格、潜能、生命体验在教学中的价值。

(一)教学过程的本质

在罗杰斯看来,传统教学过程是以知识的传授和接受维系的,师生之间彼此不信任,缺乏情感的交流和沟通。作为教育主体的学生经常被置于恐惧状态中,其民主精神和价值也常常被忽视。"多年来,我们所受的教育只是强调认知,摒弃与学生活动相联系的任何情感。我们否认了

---

① 钟启泉,黄志成.美国教学论流派[M].西安:陕西人民教育出版社,1993:238.
② 方展画.罗杰斯"学生为中心"的教学理论述评[M].北京:教育科学出版社,1990:90.

自身最重要部分。"①针对这种知情分离的教学过程的弊端,罗杰斯提出了以人际关系为核心的教学过程本质观。

人际关系,是贯穿罗杰斯整个教育思想的一个基本线索和中心思想,也是罗杰斯研究和构建教学过程本质观的出发点。在罗杰斯看来,人际关系并非普通意义上人与人之间的相互作用,而一种"帮助的关系",它能够"促进生长、发展、成熟,改善机能,改善处世能力"。处在这种关系中的学生,能够满足他们的心理需要,能够充分表现他们的"自我",发挥他们的创造性,获得建设性的发展。因此,人际关系相互作用最本质特征,是一种对他人的积极帮助和作为一种"动力"发挥作用。

罗杰斯认为,良好人际关系的形成取决于三个要素。第一,真实。也称"一致"或"真诚",即要求师生之间坦诚相见,坦率地暴露自己内心真实的思想、感情,做到言行一致,表里如一,摒弃任何做作和虚伪。在构成"心理气氛"的三个人际关系要素中,"真实"这个要素是最重要的,它是人际关系的总则。第二,接受。有时也称"信任"或"尊重",指师生之间无条件地喜欢、接纳对方表露出来的真情实意。教师要充分尊重学生的个人经验、感情或意见,相信每个学生都有自己存在的价值,欣赏并表扬学生的优点,宽容其缺点,维护学生的尊严和处世态度。第三,移情性理解。就是要深入学生的内心世界,设身处地地为学生着想,体会其所思所为,这也就是我们通常所说的"心理位置互换"。

人际关系在教学过程中具有重要地位。罗杰斯说:"只有当我创造出这样的自由气氛时,教育才能成为真正名副其实的教育,才能变成一种顽强的探索和科学的研究……只有这时,学生才能真正处于生命的过程之中,才能过一种绚丽多姿变化万千的生活。"②在《自由学习》一文中,他强调,有意义学习的发起,"不依赖领导(教师)的教学技术,不依赖他在该领域的精博学问,不依赖他的授课计划,不依赖他所利用的程序教学,不依赖他的讲授和演示,不依赖众多的书籍。虽然它们当中的每一种都会在此时或彼时被当作一种重要的资源受到利用,但促进有意义学习依赖于促进者和学习者彼此关系中的某些态度",③也就是依赖真实、接受和理解。因而,他把教学过程的本质表述为:教学过程是形成真实、接受、理解心理气氛的过程,是形成完好"人际关系"的过程。

(二)教学过程的特征

罗杰斯教学过程不同于一般的教学过程,有自己的特征。正确认识和把握罗杰斯教学过程

---

① 方展画.罗杰斯"学生为中心"的教学理论述评[M].北京:教育科学出版社,1990:75.
② 方展画.罗杰斯"学生为中心"的教学理论述评[M].北京:教育科学出版社,1990:50.
③ 方展画.罗杰斯"学生为中心"的教学理论述评[M].北京:教育科学出版社,1990:129.

的特征,有助于我们进一步理解和认识其教学过程的本质。

1. 情感性

罗杰斯非常重视情感在教学过程中的作用,因为他认识到人类有一种对亲密的和真实的人际关系的渴求,在这种关系中,情感和情绪能自发表现出来。他倡导的"真实、接受、理解和心理气氛"实际上就是指师生之间、学生之间情感沟通与交流。他认为,愉快活泼充满理解、信任、友好的气氛能引起学生思维能力的改观。情感的关怀是一种已知的培育创造性的态度——在这样一种培育的气氛中,能产生美妙的、尝试性的新思想和创造过程。无论是蹒跚学步的孩子,还是玩积木的儿童,都是兼有了自身的思考与情感的方式,发现对自身有某种意义的东西。因此,他要求人的学习既要有丰富的认识因素的参与,更要有丰富的情感因素的参与。

2. 参与性

学生的"参与"是教学中人际关系相互作用最深刻的活动机制。正是有了学生的参与,师生才亲密无间,课堂教学才变得充满生命活力。因此,罗杰斯强调课堂教学应"鼓励自我表现而不是自我戒防,赋予每个人一种强烈的归属感,要造成这种印象:争论是好的,是期盼的。鼓励儿童相信他们自己的机体,强调学习此时此刻的和不断形成的特征"。要让学生"自由表达同个人有关的任何问题——感情的和思想的"①。这可以使"班级变成一种个人的、关心的、信赖的学习团体,在那里,学生整个儿地畅然参与构成他们的教育课程以及其他所有方面"。②

3. 民主性

罗杰斯认为,民主性是良好师生关系的重要特征,它要求教师和学生相互尊重,相互信任,平等相处,建立起亲密交流的"朋友"关系。教师不再扮演"权威者"、"指导者"的角色,而是学生学习活动的咨询者、合作者和促进者。学生可以自由地表达个人的经验和感情,提出对教学目标、课程和学习方式的不同见解。

4. 主体性

罗杰斯主张,学生在教学中应处于主体地位,自己决定学习内容、开展学习活动和自我评价学习效果,突出学生"自我"在教学中的价值。根据罗杰斯的经验,如果能产生一种以真实、尊重

---

① 方展画.教学功能新论[J].外国教育动态,1988(1).
② 方展画.罗杰斯"学生为中心"的教学理论述评[M].北京:教育科学出版社,1990:138.

和理解为特征的气氛,那么,激动人心的事情就会发生,即在这样一种气氛中的个人和小组,就会离开僵化走向灵活性,离开凝固的生活走向变化过程的生活,离开依赖走向自主,离开戒防走向自我接受,离开被预见走向一种不能预料的创造性。

5. 创造性

罗杰斯指出,一旦真诚、对个人的尊重、理解学生内心世界等态度的出现,那么振奋人心的事情就会发生。所得的报偿不仅在像分数和阅读成绩之类的事情上,而且还会体现在较难捉摸的事情上,诸如更强的自信心,与日俱增的创造性,等等。在这种安全和自由的心理条件下,"存在着我们可以获得建设性创造力的最大限度的机会",个人在这个气氛里,就会允许他固有的个性在新颖而各异的状态下以衔接周围与他的那个世界的方式透视出来,表达出来。这是一种基本的对创造性的培育。

6. 开放性

罗杰斯认为,在心理自由和心理安全的条件下,学生的防御戒备心理和僵化态度往往会消失,而将以更加开放的态度对待自己的经验。罗杰斯把"向经验开放"描述为:"它是灵活的,在概念、信念、知觉和假设中它是敞开的。对于其中的模糊性,它是宽容的,是允许它如其存在那样的。它固而具有接受许多矛盾的信息而不拒之于经验之外的可能性。"[①]在这一过程中,学生感到精神振奋,更加自由开放,更能接受自己和他人;同时由于学生努力去理解和接受,因此也乐于倾听新思想了。

7. 人格性

真实、接受、理解的心理气氛能使学生人格发生积极的变化。一些性格怪僻、固执、武断的人,变得通情达理;一些神经过敏,好冲动的人,变得精神放松,更能对外界敞开自己的心怀;一些放肆、好斗的人变得细腻、谦逊。

五、"非指导性教学"理论

"非指导性教学"理论是罗杰斯人本主义教育思想最具人本主义色彩的教育思想,它彰显了"以学生为中心"的教育理念,对现代教育思想的发展产生了重大影响。

---

① 卡尔·罗杰斯.走向创造力的理论[J].外国教育资料,1984(3).

(一)"非指导性教学"的内涵

罗杰斯提出的"非指导"并不是不要指导,而是另一种指导或指导的另一种特殊形式。它不同于传统教学中的那种直接告诉、简单命令、详细指导式的指导,而更多的是强调指导的间接性和非命令性以及教师在教学过程中的促进和催化作用,要求教师扮演促进者的角色。可见,"非指导"是不同于传统"指导"思想和方法的新概念,它不是"不指导",而是强调要讲究指导的艺术。

所谓"非指导性教学"就是"以学生为中心",把学生的经验运动置于教学过程的核心,教学过程的其他方面(包括教师的教)都要围绕这个核心来旋转,为这一核心服务。它要求一切让学生自由选择,自主学习,所以它又称为"以学生为中心教学"。教师扮演促进者的角色,对教学过程中起促进和催化的作用,如生动地呈现学习材料,开列参考书,营造良好的、安全的心理环境,使学习渗透到学生的行为、态度和个性中,让学生能自由地释放自我实现的潜能等。在"非指导性教学"中,教师和学生共同担任教学与学习的任务,由此呈现的课堂是教师和学生共同的课堂,双方都对彼此的行为、态度负有责任,因而教师和学生都是受益者。

(二)"非指导性教学"的原则

根据罗杰斯的理解,要落实"非指导性教学",必须遵循如下九条原则。

1. 基本原则。课堂教学的气氛必须是融洽的、有诚意的、开放的和相互支持的,教师与学生之间必须有基本的信任感关系。即教师必须让自己和学生充满安全感,他信任学生,同时感到学生同样也信任他,不把学生当成"敌人"加以防范。这是首要的基本原则。只有满足这个前提条件,其他八条原则才有落实的可能性。

2. 共同责任原则。促进者同其他人(学生、家长、社会人士)共同承担对学习过程的责任。课程计划、管理方式、资金积累以及制定政策等,都是某个特定小组的共同责任,而不像传统教师那样独揽这些事情,学生没有发言权,也没有任何责任。

3. 促进者提供学习资源原则。这些学习资源来自他们自身以及他们自己的经验,来自书籍和其他材料。鼓励学生将自己掌握的知识和经历的事情"带到"课堂教学中来。促进者对外界的资源敞开大门。

4. 形成学习计划原则。学习的决策是由师生共同参与完成的,学生或单独或者同其他人协同地形成他们自己的学习计划,并对自己的探索、选择的后果承担责任。

5. 营造良好学习氛围的原则。课堂教学应有充满真诚、相互关心和移情性理解的心理氛围。这种心理氛围最初来自"促进者",随着学习过程的进行,越来越多地由学生自己彼此营造。

6. 形成持续的学习过程的原则。这是学生学习活动中应重点解决的问题。尽管学习的内容也有意义,但处于次要的地位。这样,成功地结束某个课题,不是学生掌握了"需要知道的东西",

而是学生学会了怎样掌握"需要知道的东西"。也就是说,教师要让学生"学会学习"。

7. 自我训练原则。学生通过自律实现个人的目标。自我训练是实现学生目标所必须的训练,学生必须认识到这种训练是他们自己的责任,并勇于承担这种责任。自我训练要取代外部训练。

8. 自我评价原则。评价每个学生学习的程度和意义,主要依靠学习者自己作出。当然,来自小组其他成员和促进者的关心反馈也会影响和增强这种自我评价。

9. 深入学习原则。学生在促进成长的氛围中的学习能以更快的速度更加深入地进行,并且能广泛地渗透到其生活和行为之中。因为学习的方向是学生自定的,学习是自发的,学生的情感、激情和理智沉浸于这一过程之中。

(三)"非指导性教学"的方法

尽管罗杰斯在前期和后期对方法的认识有所不同,前期关注方法,后期则关注人际关系,但他承认方法的存在。他对教学方法的理解是广义的,将其应用限制在如何处理学生的经验、情感、态度诸方面,对认知方面的考虑相对较少。他把教师可能使用的教学方法具体描述为以下几种:[①]

1. 促进者帮助引出并且澄清学生希望做的东西。
2. 他们帮助组织学生已认可的经验,并且帮助提供广泛的学习活动和学习材料。
3. 他们作为一种灵活的资源为学生服务,即为班级成员所利用。
4. 他们建立接受的课堂气氛。
5. 他们作为学习的参与者——作为小组成员而活动。
6. 他们主动地与小组一起分享他们自己的感情和想法。
7. 他们认识并且承认自己的缺点。

六、有意义学习与自由学习

罗杰斯将"当事人中心"的心理疗法运用于教育领域,在"以人为中心"的理念指导下,通过大量的深入到真实课堂的观察和实验,认识到真正的学习就是"青少年在源源不断的好奇心的驱使下,不知疲倦地吸收自己听到、看到、读到的一切有意义的东西",[②]从而提出了自己独到的学习观。

[①] 方展画.罗杰斯"学生为中心"的教学理论述评[M].北京:教育科学出版社,1990:117—118.
[②] [美]卡尔·罗杰斯.自由学习[M].伍新春,管琳,贾蓉芳,译.北京:北京师范大学出版社,2006:41.

（一）有意义学习

1. 学习的分类

罗杰斯将学习分为两类：第一类是无意义音节的学习，如机械地记住一连串 arl、lud 等毫无关联的、独立成个的音节。这种学习往往使学生感到枯燥乏味，甚至难以理解，因为很难找到与之相关的知识背景。学生不容易将自己的情感体会投入其中，导致此类学习只有脖子以上的"脑"的参与，而缺乏与整体的人的联系。第二类为有意义学习，也称体验式学习。它不再是知识的拼凑堆砌，而是调动了个人经验的学习。例如：学生很难掌握老师课堂上传授的"阅读技巧"，但是某一天，他突然阅读到了十分符合自己喜好或是兴趣的书籍，于是在阅读过程中，他将自己的情感与经验投入其中，最终发现了适合自己的阅读方式。再例如：小孩不经意间触碰到烧热了的暖气片，从而理解了"烫"的意义。诸如此类通过自己亲身体会掌握的知识，是永生难忘的。

2. 有意义学习的要素

罗杰斯指出有意义学习需要具备以下四种要素：

（1）学习者全身心的参与。左脑的认知活动与右脑的直觉思维缺一不可；智力、情感、经验缺一不可。

（2）自发性学习。学习的推动力、激励可以来自于外部（例如父母的夸奖等），但是对学习的责任感、学习时的理解感以及最终获得的成就感必须是发自内心的。

（3）渗透性。有意义的学习对学习者而言不仅仅是知识上的积累，更重要的是能渗透到学习者的人生中，影响到学习者的行为方式，更进一步能影响到其人格。

（4）自我评价。学习是否有意义不应该依赖统一化的外部评价标准，而要由学习者自己评判学习内容是否满足了自身的兴趣，是否解答了自己的疑惑。

（二）自由学习

罗杰斯在阐述有意义学习时，指出有意义学习的最为重要的原则便是要保障学习者的自由学习。要求学习应当全面地考虑学生的兴趣、能力和需求，让学生自发地、主动地、自由地学习认为对自己有意义的知识，从而实现完整的人的全面发展。

1. 激发自由学习的条件

（1）学生中心地位的确立

以人本主义教育思想为基础，罗杰斯对传统学校教育进行了批判，他认为传统学校教育充斥着不胜枚举的强制规定和测评，并且越来越多地受官僚主义的影响，学生不再是教师关注的重点,教学也不再是教师的核心任务,"一大推干扰正常教学的愚蠢的文案"①成了教师的主要工作。这便造成了教师对待教学敷衍塞责,罔顾学生个体差异性,用模板式的无差别无新意的教学方法,教学生学习相同的老旧的阅读方法,而学生的偏好、兴趣与个性则被排斥在教学之外,从而失去了学习的自由选择权。基于此,罗杰斯明确指出应当"把学生摆在中心位置是学习发生的必要条件。"②

(2) 教师促进者身份的确立

罗杰斯主张,在自由学习中,传统教师将自己定位于"专家、信息的来源……考官和教育目标的最终决策者",③在教学中摆出权威姿态的做法是不可取的。只有教师将自身角色由"学习掌控者"向更为温和、平等的"学习促进者"转换,学生的自由学习才能良好开展。在罗杰斯看来,学习促进者需要做到两点:其一,与学生坦诚相待。只有当教师摘下专家般高高在上的面具,更加真实真诚地表现原本的自我,允许学生自由地向自己提出看法或建议,此时,教师在学生眼中才会由"课程标准的代言人"变为一个"关心学生的教师",学生才会更加乐意去听取教师的教导。正如罗杰斯总结的那样,真正对学习起促进作用的教师,他们的共性便是真实。其二,体验学生内心。教师必须站在学生的角度去体验他们的内心,只有这样,学生才会感受到教师不是要对他进行残酷的解剖,虚妄的评判。一旦察觉自身是被教师理解的,他们便会消除对学习的厌恶,从而"尽情地发展,成长和学习。"④

2. 促进自由学习的途径

罗杰斯从纷繁详实的案例研究中,总结概括出了促进自由学习的途径。

(1) 创设真实的问题情境

罗杰斯认识到学校的理论学习与现实问题的解决中间有着较大的跨度,故而,教师要尽可能创设一个问题情境,使得它既与所学的理论知识相关,又与现实问题相关。只有这样,才能保证理论学习不会与生活相脱节。

(2) 提供学习资源

教师作为学习促进者,关注的重点必须从传统的考试与讲课上转移至多维度学习资源的提供上。所谓多维度资源,即除了基础的教学资源(参考书,工具,实验装备等)外,还需提供人力资源。人力资源的核心依旧是教师,例如给后进生提供个人咨询,在学生有需求时向学生提供行之有效的经验、技巧等。当然,除了教师,任何能对学生有贡献帮助或能引起学生兴趣的人都属于

---

① [美]卡尔·罗杰斯.自由学习[M].伍新春,管琳,贾蓉芳,译.北京:北京师范大学出版社,2006:39.
② [美]卡尔·罗杰斯.自由学习[M].伍新春,管琳,贾蓉芳,译.北京:北京师范大学出版社,2006:30.
③ [美]卡尔·罗杰斯.自由学习[M].伍新春,管琳,贾蓉芳,译.北京:北京师范大学出版社,2006:46.
④ [美]卡尔·罗杰斯.自由学习[M].伍新春,管琳,贾蓉芳,译.北京:北京师范大学出版社,2006:145.

人力资源。

（3）明确学习目标

罗杰斯主张用体验式学习目标代替传统行为学习目标。传统行为学习目标如"学生能正确背诵出金属活动性顺序表"，它已经规定了具体的学习内容。而体验式学习目标如"学生能独立制定计划，并实地去博物馆参观埃及收藏品"，它重视了学生的学习体验，而并未对具体的学习内容作出约束。相比于传统的更加注重学习结果的行为学习目标，体验式学习目标更在意学生学习经验的丰富与实践能力的培养。

（4）学习契约

学习契约是指在课程规定范围内，学生通过制定切合自身学习方式的学习计划进行学习的一种方式。只要学生按照契约完成了目标任务，那么他就可以拿到当初契约中给自己设定的分数。一份合格的契约要包括以下几点：契约的持续时长；契约的完成者是谁（个人或小组）；要解决的学习问题；相关资料和信息；研究步骤；教师反馈；完成目标后能获得的分数。

（5）充分利用社区资源

除了学习外，社区中的学习资源其实也十分丰富。在社区中开展学习、实践（如跟着心理学家或社会工作者为社区提供心理咨询服务），能使学生收获到难以在课堂中获得的实践学习经验，不再是被动的接受理论知识，而是主动地探究，积累经验。

（6）同伴教学

同伴教学顾名思义，不再是"师—生"，而是"生—生"，即由高年级辅导低年级，优秀生帮助后进生的一种学习模式。因为同是学生，故而更容易站在对方的角度思考问题，学习的促进效果也颇为显著。在班级容量过大或是学校经费不足，教师资源不够的情况下，同伴教学对辅导者和被辅导者而言都是有益的。

（7）分组学习

罗杰斯意识到，自由学习并不是每一位学生都能适应的，因此要给期待自由的学生以自由，给予偏好传统学习的学生以教学，二者不可偏废。所以学生分为两组，一组自我指导学习，一组进行传统学习。学生可以自由选择参与哪一组，也可以中途选择换组。而在自我指导学习的大组中，又可分成各种形式的小组，比如按兴趣划分，按学习的主题划分等等。具有代表性的是"促进者学习小组"，这个小组往往由7—10人组成，成员轮流充任主席，主席负责协调及在小组会议向老师汇报学习进度。

（8）探究训练

死记硬背的学习模式为罗杰斯所斥责，他提倡采用探究训练的形式。例如在生物课上学习酵母菌的呼吸方式，教师通过适当的引导提示，让学生以小组为单位，自己设计实验方案，在实验室进行实验探究，而不是传统的教师演示或是以讲授法直接告诉学生正确答案。这种探究训练意在激发学生的主动思考的能力,让学生学会自觉学习,在探究中体会到自由学习的乐趣。

(9) 自我评价

自我评价往往与学习契约、分组学习等方式结合在一起促进学生的自由学习,它能促使学生认清适合自己的学习目标、学习标准、学习方式,从而能够使学生自发调整学习的方向,让学习成为自觉,学会对自己的学习负责。

七、师生观

(一) 教师的角色与作用

罗杰斯认为,在传统教育的视野中,"教师"这个称呼意味着领导、知识和权威的拥有者,意味着对学生居高临下地传授知识,学生是被动的知识接受者,这不利于建立人本主义的师生关系,应改称为"促进者"。教师的任务是对学生发展的"促进",而不是传统教育中对学生的"训练"和"教导",因此,教师要扮演好"促进者"的角色。罗杰斯指出,衡量一个教师优秀与否的标准就是,看他有多大的创造性以促进学习以及保持和激发学生对学习的热爱,给予学生学习经验、学习态度、学习兴趣、学习方法的东西,而不是掌握现存的知识和技能。教会学生有意义学习比掌握教学内容更重要。

如何成为有效的促进者?罗杰斯认为,这不是由教师的专业学识、教学才能所决定的,也不取决于课程设计、先进的教学工具利用与否、参考书籍的多寡等,而取决于教师与学生互动时的态度。也就是说,要把教学的重心放在为学生创造良好的心理气氛上,"怎样创造出一种特殊的心理气氛,使学生感到自由和安全,可以任意发挥好奇心,不怕出错和失败,既可以从书本上和老师那里学习,也可以从环境、同学和个人经验中学习"[①]。这种"态度"或"心理气氛"就是前面所说的真实、接受和移情性理解。在这种心理气氛中,学生的学习会更主动、更积极、更富有创造性,学习兴趣日益浓厚,学习效率越来越高。罗杰斯还认为,学生的好奇心是珍贵的财富。作为促进者的教师要珍视学生的好奇心,意识到自己的使命就是保持和释放学生的好奇心,充分激发学生的创造性和自我实现的潜能。

(二) 学生观

罗杰斯认为,在传统教育中,学生只是被动的接受者,其主动性和创造性受到压抑和限制。要使学生由被动学习回归到自主的学习,教师必须"以学生为中心",让学生处于教学过程中的主

[①] 江光荣.人性的迷失与复归——罗杰斯的人本主义心理学[M].武汉:湖北教育出版社,1999:201.

体地位,树立人本主义的学生观,帮助学生了解下列陈述:①

第一,我是一个决策的的个体,在生命的过程中不能逃避抉择;

第二,我是一个自由的个体,有完全的自由去设定我的生活目标;

第三,我是一个负责的个体,当我抉择了我应该过何种生活时,我必须对其负责。

(三) 师生关系

在师生关系上,罗杰斯反对传统教育中的那种教师领导而学生被动的师生关系,倡导马丁·布伯的"我与你"的关系,即两个具有主体性的人的关系,而不是"我与它"的关系。罗杰斯试图建立"我与你"的关系,这种关系就是具有真实、接纳、移情性理解的完好的人际关系。这是一种民主、平等、交融的伙伴关系。教师的真实性,就是要求教师做到真诚透明,能公开坦率地面对自己的态度;能接纳自己的真实情感。"对自己喜欢的话题,他会热情洋溢;而对不喜欢的,也会感到厌烦。他会愤怒,但也容易伤感或表示出同情。由于他觉得自己的情感只是自己的,所以他不想把它们强加于他的学生身上,也不强求他们要有同感。"②教师接纳学生,意味着"能整个儿地接受学生碰到某个新问题时表现出来的畏惧和犹豫,并且接受学生达到目的时的满足。这样一种教师能接受学生偶尔的冷漠、他那钻牛角尖的错误想法,以及他实现主要目的的艰苦努力。他能接受既干扰又促进学习的个人情感——与兄弟姐妹的竞争,对权威的仇视,对个人适宜性的关注。"③移情性理解要求教师换位思考,站在学生的立场上,设身处地地为学生着想。

要形成课堂教学中这种完好的人际关系,教师必须具备四种特质:(1)信任感,充分信任学生自我发展的潜能;(2)诚实,以真诚的态度对待学生,表里如一;(3)尊重,做到尊重学生的个人经验,重视他们的感情和意义;(4)善于洞察学生的内心世界,给学生无条件的关注。

八、罗杰斯教育思想评析

罗杰斯是现代人本主义教育大师,对现代教育思想的发展作出了极其重要的贡献。

第一,他的教育思想的理论基础,继承了存在主义哲学的理念,阐释了人格发展的自我概念和自我实现倾向,彰显了人性本善、人的自我实现倾向,肯定了人的价值和人的尊严,凸现了以人为本的意蕴,为现代人本主义教育思想的提出奠定了坚实的理论依据。

第二,他的教育目的观是在批判只注重人的理智发展,忽视人的情意发展的传统教育目的的

---

① 毛亚庆.试论人本主义的教育图景[J].西南师范大学学报,1997(6).
② [美]罗杰斯.个人形成论[M].杨广学,等,译.北京:中国人民大学出版社,2005:263—264.
③ 方展画.罗杰斯"非指导性教学"述评[J].华东师范大学学报(教育科学版),1987(1).

基础上提出的,是对传统教育目的的反叛。与传统的教育目的不同,罗杰斯的教育目的关注学生发展的整体性、动态性、建设性、创造性和自由性,强调要把学生塑造成自我实现的、"充分发挥作用的人"。这种自我实现的教育目的所追求的不是知识渊博的人,而是具有独特判断和独特个性的人,体现了以自我为核心的个人本位论思想。它在彰显人的创造性和自我实现的潜能,突出人性、人的价值和尊严、人的主动性和独特性,反对把人非人格化和无个性化方面,无疑具有积极的现实意义和深远的历史意义。

  第三,罗杰斯论述的教学过程是一个认识与情感相互影响、相互促进的辩证统一的过程。他对教学过程中真实、接受、理解的人际关系的强调,意味着教学过程不再是知识的传授与接受的过程,而是师生之间进行有意义的交流与沟通、展开对话和不断进行双向理解的交往过程。它对情感的重视,突破了传统的教学过程本质观。长期以来,人们简单地把教学过程看作是一种认知过程,或者说一种特殊的认识活动,而忽视了情感活动。建立在这种教学过程本质观基础上的教学原则、教学方法以及教学评价,都很重视知识的传授,重视学生认知因素的发展,忽视师生之间的情感交流。教学过程只有认知信息回路,而缺乏情感信息回路,这种惟理性的教学过程本质观,忘却了教学活动的主体是富有情感的活生生的教师和学生,他们都是以其个性的全部内容投入其活动中去。学生对知识的掌握,是借助于情感媒介这个动力因素而实现的。因为思维和情感几乎总是彼此伴随,所以,忽视我们适宜的感情教育是对我们最巨大潜能的一种阻碍……或许,人本主义教育的主要特点是重新认识情感在教育中的重要性。① 罗杰斯的教学过程本质观启示我们,要重视情感在教学过程中的价值。因为情感是获取知识的土壤和动力,能促进学生认知的发展;情感能使学生体验到生命的价值。在充满情意的教学过程中,学生自由参与,自由表达,意识到自己力量的存在,实现了主体的本质力量的对象化。学生投入所有的心理因素参与教学,其主动性、创造性得到了极大发挥。情感的动力性质,确保了学生主体作用的实现。课堂教学因情感的滋润焕发出生命活力。

  第四,罗杰斯在继承卢梭、杜威的"儿童中心"教育思想的基础上,结合自己的"以人为中心"心理治疗的理论和实践,提出了独具特色的"非指导性教学"理论,彰显学生中心的意蕴,体现了对学生关心和热爱的人本主义情怀。它有许多值得借鉴的地方,如重视发展学生的潜能,相信学生能够自我实现;教学要以学生为中心,努力促进学生的自主性和创造性的发挥,培养学生独立自主、自我实现的人格;重视真实、信任、移情性理解的人际关系在教学过程中作用,置学生于被关心、理解和信任的地位,充分营造快乐学习的氛围;注重对学生的自由意识和责任心的培养;重视学生的独立探索,注重知识的形成过程,让学生学会学习;提倡有意义学习和自由学习等。当然,它也存在着对人的社会性重视不够、夸大教师的态度对学生发展的作用、忽视教师的主导作

---

① 刘黎明.论罗杰斯教学过程的本质观[J].湖南师范大学教育科学学报,2003(2).

用等局限。

第五，罗杰斯倡导的以真实、接受和移情性理解为内核的师生关系，是对传统师生关系理论的重大突破。传统的师生关系是"教师为中心"的，"被看成是'给予'和'接受'、上级和下级甚至是'主人'和'奴隶'的关系。这种不平等的人际关系阻滞了师生之间的亲密交流，易使学生失去自信心和独立性，因而压抑了学生能力的正常发展，导致教学效率降低。"[①]与传统的师生关系理论不同，罗杰斯的师生关系理论能改变师生的角色观，使教师扮演"促进者"的角色，而学生扮演"主体"和"主人"的角色。这种角色关系往往能营造自由和安全的心理环境，有助于师生之间的亲密交流，有助于促进学生的学习和自我实现，从而有助于教学效率的提升。因为在以真实、接受和移情性理解为内核的师生关系中，教师理解学生的言行和内心体验，深信自己了解、宽容和理解学生，能与学生心心相印，同时也能感受到学生的爱戴和信赖。对学生而言，他们能感受到教师的爱、理解和信赖，从而亲其师，信其道。这对于提升学习效率是十分有益的。

【思考题】
1. 如何理解罗杰斯的自我实现的教育目的？
2. 罗杰斯的教学过程观对我们的教学改革有何启示？
3. 论罗杰斯的"非指导性教学"理论。
4. 如何看待罗杰斯的有意义学习与自由学习？
5. 评罗杰斯的师生关系理论。

【阅读书目】
1. 江光荣.人性的迷失与复归——罗杰斯的人本主义心理学[M].武汉：湖北教育出版社，1999
2. 方展画.罗杰斯"学生为中心"的教学理论述评[M].北京：教育科学出版社，1990
3. 钟启泉，黄志成.美国教学论流派[M].西安：陕西人民教育出版社，1993
4. 李洋，雷雳.罗杰斯心理健康思想解析[M].杭州：浙江教育出版社，2013
5. 赵同森.解读人本主义教育思想[M].广州：广东教育出版社，2006

---

① 方展画.罗杰斯"非指导性教学"述评[J].华东师范大学学报(教育科学版)，1987(1).

参考文献

一、中国教育名家思想参考文献

1. 舒新城.近代中国教育思想史[M].福州:福建教育出版社,2007.
2. 毛礼锐,沈冠群.中国教育通史[M].济南:山东教育出版社,1985.
3. 王炳照,阎国华.中国教育思想通史[M].长沙:湖南教育出版社,1994.
4. 孙培青,李国均.中国教育思想史[M].上海:华东师范大学出版社,1995.
5. 张瑞璠,王承绪.中外教育比较史纲[M].济南:山东教育出版社,1997.
6. 郭齐家.中国教育思想史[M].北京:教育科学出版社,1987.
7. 余子侠.中国教育名家思想[M].武汉:华中师范大学出版社,2010.
8. 朱永新.中国教育思想史(上、下)[M].上海:上海交通大学出版社,2011.
9. 张传燧.解读中国古代教育思想[M].广州:广东教育出版社,2009.
10. 张传燧.解读中国近现代教育思想[M].广州:广东教育出版社,2009.
11. 任时先.中国教育思想史[M].台北:台湾商务印书馆,1981.
12. 肖健彬.中国教育思想史[M].北京:高等教育出版社,2001.
13. 施克灿.中国教育思想史[M].北京:高等教育出版社,2008.
14. 孙培青.中国教育史[M].上海:华东师范大学出版社,2000.
15. 余家菊.孔子教育学说[M].北京:首都师范大学出版社,2010.
16. 曲阜师范学院,孔子研究所.孔子教育思想论文集[C].长沙:湖南教育出版社,1985.
17. 罗佐才.孔子教育思想体系研究[M].长沙:湖南教育出版社,1989.
18. 陈文华.老子思想的教育之"道"[M].北京:中国科学技术出版社,2008.
19. 周德昌.朱熹教育思想述评[M].长春:吉林教育出版社,1987.
20. 韩钟文.朱熹教育思想研究[M].南昌:江西教育出版社,1989.
21. 北京师联教育科学研究所.(明)王守仁"心学"教育思想与《传习录》选读(第3辑,第2卷)[M].北京:中国环境科学出版社,2006.
22. 邓艾民.朱熹王守仁哲学研究[M].上海:华东师范大学出版社,1989.
23. 钱明.儒学正脉——王守仁传[M].杭州:浙江人民出版社,2006.
24. 张祥浩.王守仁评传[M].南京:南京大学出版社,1997.

25. 金林祥.蔡元培教育思想研究[M].沈阳:辽宁教育出版社,1994.
26. 梁柱.蔡元培教育思想论析[M].北京:高等教育出版社,2006.
27. 蔡建国.蔡元培与近代中国[M].上海:上海社会科学院出版社,1997.
27. 王凌皓.蔡元培教育名著导读[M].长春:吉林文史出版社,2014.
28. 何国华.陶行知教育学[M].广州:广东高等教育出版社,2002.
29. 唐澜波.平民教育家陶行知[M].武汉:武汉大学出版社,2012.
30. 胡国枢.生活教育理论:陶行知教育思想研究[M].杭州:浙江教育出版社,1991.
31. 董宝良.陶行知教育学说[M].武汉:湖北教育出版社,1993.
32. 田正平,周志毅.黄炎培教育思想研究[M].沈阳:辽宁教育出版社,1997.
33. 陈广庆.黄炎培职业教育思想文萃[M].北京:红旗出版社,2006.
34. 宋恩荣,熊贤君.晏阳初教育思想研究[M].沈阳:辽宁教育出版社,1994.
35. 宋恩荣.教育与社会发展——晏阳初思想国际学术研讨会论文集[C].长沙:湖南教育出版社,1991.
36. 扈远仁,唐志成.固本与开新:晏阳初的平民教育思想研究[M].成都:四川大学出版社,2010.
37. 李济东.晏阳初与定县平民教育[M].石家庄:河北教育出版社,1990.
38. 王伦信.陈鹤琴教育思想研究[M].沈阳:辽宁教育出版社,1995.
39. 黄书光著.陈鹤琴与现代中国教育[M].上海:上海教育出版社,1998.
40. 陈虹.陈鹤琴与活教育[M].长春:东北师范大学出版社,2010.
41. 张凤琴.世界著名教育思想家陈鹤琴[M].北京:北京师范大学出版社,2012.
42. 吉多智,李国光,戴永增.徐特立教育学[M].广州:广东人民出版社,2007.
43. 曹国智,孟湘砥.徐特立教育思想讲座[M].长沙:湖南科学教育出版社,1983.
44. 陈桂生.徐特立教育思想研究[M].沈阳:辽宁教育出版社,1993.
45. 戴永增等."群众本位"教育之光——徐特立教育思想体系浅说[M].西安:三秦出版社,2002.
46. 涂光辉,周树森.徐特立基础教育实践与理论[M].长沙:湖南师范大学出版社,1998.

二、外国教育名家思想参考文献

1. 滕大春.外国教育通史[M].济南:山东教育出版社,1995.
2. 吴式颖,任中印.外国教育思想通史[M].长沙:湖南教育出版社,2002.
5. 赵祥麟.外国教育家评传[M].上海:上海教育出版社,1992.
6. 李明德,金锵.教育名著评介(外国卷)[M].福州:福建教育出版社,1992.
7. 单中惠.西方教育思想史[M].太原:山西人民出版社,1996.
8. 杨汉麟.外国教育名家思想[M].武汉:华中师范大学出版社,2010.

9. 张斌贤.西方教育思想史[M].北京:人民教育出版社,2011.

10. [法]涂尔干.教育思想的演进[M].李康,译.上海:上海人民出版社,2006.

11. [英]乔伊·帕尔默.教育究竟是什么? 100位思想家论教育[M].任钟印,诸惠芳,译.北京:北京大学出版社,2008.

12. [美]佛罗斯特.西方教育的历史和哲学基础[M].吴元训等,译.北京:华夏出版社,1987.

13. 吴式颖.外国教育史教程[M].北京:人民教育出版社,2008.

14. 戴本博.外国教育史(上、中、下)[M].北京:人民教育出版社,1997.

15. 刘黎明.西方自然主义教育思想史[M].武汉:华中科技大学出版社,2014.

16. 色诺芬.回忆苏格拉底[M].吴永泉,译.北京:商务印书馆,1984.

17. [爱尔兰]弗兰克·M·弗拉纳根.最伟大的教育家:从苏格拉底到杜威[M].上海:华东师范大学出版社,2009.

18. 戴本博.夸美纽斯的教育思想[M].武汉:湖北人民出版社,1957.

19. 程方平.划时代的伟大教育家:夸美纽斯诞辰四百周年纪念论集[C].北京:开明出版社,1996.

20. 于书娟.世界著名教育思想家卢梭[M].北京:北京师范大学出版社,2012.

22. 赵南.卢梭教育哲学思想的内在困境与真正价值[M].天津:天津教育出版社,2014.

22. 李清雁.卢梭《爱弥儿》的教育思想[M].长春:吉林文史出版社,2013.

23. [瑞士]布律迈尔.裴斯泰洛齐与当代教育[M].顾正祥,译.北京:中央编译出版社,2013.

24. 肖朗,赵卫平.跨文化事业中的教育史研究:裴斯泰洛齐教育思想国际研讨会论文集[C].杭州:浙江大学出版社,2011.

25. 余中根.裴斯泰洛齐教育思想研究[M].昆明:云南大学出版社,2009.

26. 中国教育史研究会.杜威、赫尔巴特教育思想研究[C].济南:山东教育出版社,1985.

27. 黄华.世界著名教育思想家赫尔巴特[M].北京:北京师范大学出版社,2012.

28. 单中惠.现代教育的探索——杜威与实用主义教育思想[M].北京:人民教育出版社,2002.

29. 褚宏启.杜威教育思想引论[M].长沙:湖南教育出版社,1997.

30. 王玉梁.追寻价值——重读杜威[M].成都:四川人民出版社,1997.

31. 丁永为.变化中的民主与教育——杜威教育政治哲学的历史研究[M].北京:教育科学出版社,2012.

32. 康桥.杜威:教育即生活[M].上海:上海辞书出版社,2014

33. 卢乐山.蒙台梭利的幼儿教育[M].北京:北京师范大学出版社,1985.

34. 张莅颖.蒙台梭利教育思想与实践[M].石家庄:河北教育出版社,2006.

35. 吴晓丹.蒙台梭利教育思想与方法[M].上海:复旦大学出版社,2011.

36. 续润华. 苏霍姆林斯基和谐发展教学思想研究[M]. 北京：中国档案出版社，2004.
37. 毕淑芝等. 苏霍姆林斯基的全面发展理论[M]. 上海：上海教育出版社，1990.
38. 韩和鸣. 苏霍姆林斯基的教学方法和艺术[M]. 开封：河南大学出版社，2008.
39. [苏联]赞科夫. 赞科夫新教学体系及其讨论[M]. 俞翔辉，等，编译. 北京：教育科学出版社，1984.
40. 毕淑芝，唐其慈，王义高等. 当代苏联教育家的新思想——赞科夫的"实验教学论"[M]. 上海：上海教育出版社，1990.
41. [美]卡尔·罗杰斯. 自由学习[M]. 伍新春，管琳，贾蓉芳，译. 北京：北京师范大学出版社，2006.
42. 方展画. 罗杰斯"学生为中心"教学理论述评[M]. 北京：教育科学出版社，1990.
42. 江光荣. 人性的迷失与复归——罗杰斯的人本心理学[M]. 武汉：湖北教育出版社，2000.

后记

为贯彻落实教育规划纲要,深化教师教育改革,全面提高教师培养质量,建设高素质专业化教师队伍,2011年10月,教育部发布《关于大力推进教师教育课程改革的意见》,并正式颁布《教师教育课程标准(试行)》。要求通过实施教师教育课程,培养未来教师应有的教育信念与责任、掌握相应的教育知识与能力。根据"教师教育课程标准"要求,一些师范院校纷纷开设"中外教育名家思想"课程。《中外教育名家思想》教材就是在这一背景下,针对教师教育培养目标和有关培训需要编写的。

为了保证教材质量,本教材的组织编写注意了以下几个方面:一是编写队伍都是长期从事教育史教学研究工作的高校教师,具有高学历、高职称,一些编者还取得丰硕且很有影响的研究成果;二是在编写过程中,本教材主编与编者就指导思想、内容取裁、篇章结构进行多次讨论,保证教材呈现知识的科学性、经典性和较好的目标适宜性;三是在编写过程中,大量参考有关文献,两位主编分工合作,对书稿进行多次审读,提出修改建议,各位编者对书稿进行了多次修改。然而,尽管做出了很大的努力,但总体上由于知识水平和经验所限,书中所存的纰漏之处,恳请专家、同行及读者们给予批评指正。

本教材在编写过程中,广泛参阅、借鉴有关著作和教材,在此,谨向有关专家、作者致以诚挚的谢意!

本教材的立项、编写及出版得到了华东师范大学出版社的大力支持,教育心理分社社长彭呈军老师对此花费了大量的心血,给予了极大的关心、支持和帮助,在此表示衷心感谢!

田景正　刘黎明
2016年6月